卫生法学

Weisheng Faxue

朱新力 王国平 主编

编 委 名 单

浙江省教育科学规划教材

人民出版社

序

不断增进人民身体健康水平，努力维护和实现公民的生命健康权利，是我们党和各级政府责无旁贷的使命。经过二十年改革开放，“依法治国”已成为我国的治国方略。卫生领域作为我国社会保障和市场经济体制改革的重要组成部分，其法治化的迫切性也已成为社会共识。先进和文明的卫生事业，不仅取决于现代科学技术的发展成果及其广泛被应用，而且依赖于完善的管理系统和它的良好运行。这一切的实现，单凭人们良好的主观愿望是不够的，需要有合乎理性的道德、伦理及其法律环境。显然，健全的社会及卫生法律制度是极其重要的保障，而科学、系统的学校教育及社会再教育是形成良好的社会卫生法律意识的先导。21 世纪的卫生人才，应该是具有强烈法律意识的人才，因而，高等医学院校开展基础法律和专业卫生法学的课程教学具有深远的意义，对各级各类卫生从业人员的法制再教育也很有必要。由浙江大学法学院朱新力、杭州医学高等专科学校王国平两位年青学者主编的《卫生法学》一书，对卫生法治作了系统的研究和总结，这在卫生法制领域里是一项具有开拓性的工作，不仅推动了我省高校卫生法律的教学工作，也对加快我省卫生法制建设的进程产生了积极影响。

卫生领域的法律及适用的对象是相当广泛的，它不仅涉及到医疗卫生保健系统、司法界，而且还涉及到国家各级行政系统、教育界、科研机构及其广泛的社会组织和个人。本书全面系统地阐述了卫生法学的方方面面的内容，分为五大部分：第一部分是卫生法学的总论性内容，主要介绍了卫生法的界定、卫生法的民事法律基本原理、卫生法的行政法基本原理等内容。第二部分至第四部分是分论，其中第二部分介绍了公共卫生与疾病控制法，包括国境卫生检疫法律制度、传染病防治法律制度、公共卫生法律制度、环境卫生法律制度等内容；第三部分论述了健康相关产品法，包括食品卫生法律制度、药品管理法律制度、化妆品卫生法律制度及健康相关产品管理法律制度等内容；第四部分介绍了卫生服务与发展法，包括医疗管理法律制度、医疗事故处理法律制度、妇幼卫生及计划生育保健法律制度、初级卫生保健法律制度、医疗保障法律制度、医学卫生教育与科研管理法律制度、现代科学技术引起的卫生法律新问题等内容。第五部分论述了卫生民事争议处理、卫生行政争议处理、卫生犯罪与刑罚、卫生国家赔偿等内容。纵观全书，从法律关系的性质差别来研究卫生法律的原理，从法律规范调整的类别侧重分析具体的法律制度，从权利与义务的实现途径来阐述卫生法律的运行程序，形成了结构严谨而颇具逻辑发展的卫生法学体系。本书还从历史发展到国外相关制度的要览，从法学与医学的结合到社会与卫生的接轨，均作了恰当的处理，集权威性、学理性和实用性于一体，并具有以下几个方面明显的特点。其一是本书非常全面。凡是涉及到卫生法的有关法律、法规及各种规章制度全部予以介绍，尤其是本书在论述过程中，把建国以来我国所颁布的有关卫生方面的法律均予以介绍，为各方行使权利与义务提供了完备的法律知识，达到了权威性、系统性与实用性的结合，因此本书可以看作是有关部门执法及发生纠纷的各方依法保障自己权利的良师益友。同时由于在我国有关卫生方面的法律及法规的介绍很分散，不是很完整，因而在实际工作中使用起来很不方便，本书的作者对法律条文、法规等的介绍是按照分类予以介绍的，只要找到相关的分类就能找到相应的法律条文，因此方便了读者阅读，是我国高等医学院校学生及卫生系统的医务工作人员学习和了解相关法律、法规的一本好教材，也是我国法律界系统了解卫生领域法律知识的一本好书。其二是本书的实用性很强。由于本书所涉及的内容很全面，不仅有理论的分析，而且注重了法律的实际运用，并有一些生动的案例予以解释，因而，不仅适用于医学界、法学界，也为人们解决实际生活中发生的有关卫生方面的各种纠纷提供法律帮助，是广大群众了解有关卫生方面的法律知识，更好地行使公民的权利与义务的有力助手。其三是本书的新颖性。该书构建了卫生法学耳目一新的学理结构，涵盖了最新的法律内容，还简要介绍了国内外卫生法学的最新研究动态，对于其中的一些热点问题也进行了介绍与分析，同时对于这些热点问题的法律界定及其发展趋势也进行了展望，对于广大的读者了解这些问题的现状及其发展动态有很大的帮助，是医学工作者、法学理论工作者以及广大读者的重要参考读物。总之，该书资料翔实，观点正确，内容系统新颖。体现于其中的还有两位主编及其作者严谨的治学态度，富于开拓、创新的精神，这是很难能可贵的。值此该书付梓之际，谨为本书欣然作序，以寄勉励。

浙江省卫生厅厅长：李兰娟

1999 年 12 月 16 日

前　言

加强卫生法的学科研究，健全卫生法学教育，是21世纪高等医学教育和卫生法制建设所必需的。由浙江大学、杭州医学高等专科学校及有关单位从事卫生法学教育、研究及卫生行政执法工作的同志，组成了《卫生法学》编写组，本着体现科学性、系统性、实用性和开拓性的原则，经过大家的共同努力，已使本书幸于付梓。

参加本书撰稿的作者及分工如下：朱新力：第一章；王国平：第五章、第六章、第十一章、第十三章、第十五章、第十六章；李宇阳：第九章、第十二章；陈东恩：第十二章、第十四章；王康：第十一章；张钰林：第十七章；蔡晓卫：第四章；陈旭峰：第二章；武光华：第三章；胡秀杰：第十八章；潘源舟：第十九章；余军：第二十章；陈建方：第五章；俞平：第六章、第八章；方坚：第十章；徐钦方：第十五章；杜君：第七章；何向阳：第二十一章、第二十二章。

本书由主编提出编写体例和提纲，经编委会审定，由朱新力、王国平最后统改定稿。李宇阳同志协助主编做了部分统稿工作；侯公林博士给予了宝贵的学术指导。本书在编写过程中，还得到了浙江省卫生厅法规处及杭州医学高等专科学校党委宣传部、社科部和科研处的热情帮助和支持，尤其是本书承蒙浙江省卫生厅李兰娟厅长指正并作序，谨此表示衷心感谢。

卫生法学是一门新兴的交叉学科，由于占有资料的局限，加上成书时间较为仓促，书中难免不当之处，敬请专家、学者指正，以便修改完善。

编　者

1999年12月18日

目　录

分论一　公共卫生与疾病控制法

分论二　健康相关产品法

分论三　卫生服务与发展法

附　　论

总　　论

第一章　卫生法概述

第一节　卫生法的界定和要素

一、卫生与法

正像民法是有关民事的法、行政法是有关行政的法一样，卫生法是有关卫生的法，所以，要知道什么是卫生法，必须先了解什么是卫生，什么是法。

作为汉语词组，"卫生"一词在我国先秦时期即已出现，其最初含义为"养生"，有"护卫生命"之意。随着社会的发展，卫生的含义不断变化。根据《辞海》的解释，现代意义的卫生是指，为增进人体健康，预防疾病，改善和创造合乎生理要求的生产环境、生活条件所采取的个人和社会的措施。简言之，卫生就是为维护人的健康所进行的一切个人和群体的社会活动，它主要包括：使人在出生前后有一个强健的身体素质；在生命旅程中，使人避免和抵御外部环境的不良影响，保持健康；对患病者进行治疗，使之恢复健康。① 值得注意的是，无论个人措施，还是社会的措施，健康人身不仅指身体没有疾病，还应该包括完满的精神状态和良好的社会适应能力。随着地球物质文明和精神文明的不断提升，卫生问题已成为各国政府普遍关注的社会事业，围绕这一问题的立法因此得以蓬勃发展。

"法"在古汉语中繁写为"灋"。据《说文解字》解释："灋，刑也，

① 有人把它概括为优生优育、防疫与保健、医疗与康复。

平之如水，从水；廌，所以触不直者去之，从去。”① 这一解释的意思是，中国古代法律合为一体，不分刑法、民法等门类，并且法与刑通用；灋，由“水”、“廌”和“去”三字组成，“水”表明中国古代的法有公平的意义，“廌”（念“置”）是一种形如野牛的独兽，它生性正直，古人打官司常将它引入公堂，而它因正直会“触不直者去之”，即独角触向无理一方，争诉双方的纠纷因此得以解决。时代的变迁，使法的含义也产生相应变化。当代我国法学理论上，法通常被定义为：由国家专门机关创制的、以权利义务为调整机制并通过国家强制力保证的调整行为关系的规范，它是意志与规律的结合，是阶级统治和社会管理的手段，它应当是通过利益调整从而实现社会正义的工具。

卫生与法本来毫无关系，卫生与人类产生同步，而法却与国家同步，是在氏族社会的后期逐渐形成的。但是，自从有了国家，法律便开始对卫生进行规范。早在公元前三千年左右，古埃及的国家法律就对公共卫生和清洁居室、屠宰食用动物和正常饮食、尸体掩埋、性关系等问题作了规定。在奴隶制时代，罗马奴隶制社会已拥有当时最发达和完备的卫生法律，其著名的《十二铜表法》对饮用水、城市埋葬等均有具体明确的规定。今天，卫生方面的法律已成为各个国家法律体系中具有相当比例的部分，发达法治国家的卫生法甚至已经形成相当完整的卫生法结构和体系。

二、卫生法的含义

从表现形式上看，卫生法是各种卫生法律规范的总称。简单地说，卫生法律规范就是一种规则，是一种规定卫生法律关系参加人的权利和义务的规则。这些规则由国家制定并旨在调整卫生关系，它具有普遍的适用性，即在一定的时间、空间和对人的效力上具有普遍适用力。在我国，卫生法律规范散见于宪法、法律、法规、

① 王充：《论衡》，上海人民出版社 1974 年版，第 270 页。

自治条例、单行条例、行政规章及我国参加或签订的条约和协定之中。卫生法律规范的分散性表明，没有专门的卫生法典并不等于没有卫生法。

从调整对象上看，卫生法是以卫生关系为调整对象的法律。卫生关系是国家卫生行政机关、医疗卫生组织和其他各类组织及个人，因预防和治疗疾病，改善人们在生产、工作、学习和生活环境及卫生状况，保护和增进人的健康而产生的各种社会关系。这些社会关系从总体上可以分为三大部分：一是平等主体之间因保护人的健康而产生的关系，如医院与病人之间的诊治关系；二是不平等主体之间因保护人的健康而产生的行政管理关系，如卫生行政机关对化妆品生产企业的管理关系；三是平等主体之间或不平等主体之间，因保护人的健康而产生的犯罪与惩罚关系。需要强调的是，卫生法律是通过人的行为来调整卫生关系的，离开了人的行为，法律就无法调整和控制卫生关系。这是卫生法区别于其他社会规范的一个重要特征。

从创制主体和方式上看，卫生法是由国家专门机关制定、认可和解释的行为规范。卫生法的创制是国家的活动，是国家的权力运用，它以国家名义创制，以国家主权范围为适用界限，以国家强制力保障实现。

从活动方式上看，卫生法的创制是国家专门机关依照法定职权和程序进行的活动，它以制定、认可和解释为主要方式。制定是国家机关通过立法活动制定、修改和废止卫生法律规范；认可是国家机关根据社会需要，将社会中已存在的一些行为规范认可为法律规范；解释是国家机关有权依法对现行法律进行阐释。

从内容上看，卫生法是以卫生权利和义务为内容的法律。从一般意义上说，法律规范的行为模式都以授权、禁止和命令的形式规定为权利义务，而法律规范中的法律后果则是对权利义务的再分配，所以，不管法律规范出于何种动机与目的，以什么为本位，它们都表现为权利和义务，它告诉受法律约束的人们该怎样行为和不能怎样行为。从特殊性上说，首先，卫生法以保障人的健康权为根本宗旨。健康权是人以其身体的生理机能的完整性和良好的心理状态为内容的权利，保护人的健康是卫生法存在的根本目的。其次，卫生法与自然科学有特别紧密的联系，许多卫生法律规范都是依据基础医学、临床医学、药物学和预防医学的基本原理而制定的；正是因为它与自然科学的特别关系，许多卫生法律规范都是技术规范，比如食品卫生的标准、诊断护理的规程、母婴保健的准则等。另外，由于人的健康是世界各国的共同问题，所以卫生法律规范在某种程度上更具有世界性，当然他国的卫生法律规范或国际卫生组织（比如世界卫生组织，简称为 WHO）的协议、条例和公约并不能直接成为我国的卫生法。

从保障角度上看，卫生法与其他法律一样都以国家强制力为后盾。国家强制力是指国家的军队、警察、法庭、监狱等有组织的国家暴力。许多社会规范都有强制力，但法律规范是以国家强制力为保证的行为规范，一般的社会规范不具有这一特征。比如道德规范就不具有国家强制力的保障。须强调的是：第一，以国家强制力为保证，并不意味着卫生法律规范必须直接依赖国家强制力才能实现，强制力通常是一种潜在和间接的权能，只有人们违反法律时才正面体现。第二，强制力并不是纯粹的暴力，法律规范的强制力是法定主体依法定程序执行的法定手段、方法或措施。第三，法律规范主要依靠法律自身的品格被人们自觉遵守，强制力只是在迫不得已情况下的必然手段，在它发挥作用之前或过程中，其他诸如人性、经济、文化、宗教、道德等因素也有推动法律规范实现的重要意义。

综上所述，卫生法就是由国家专门机关创制、以保护人的健康为目的、以权利义务为调整机制并通过国家强制力保证的调整卫生关系的法律规范。

三、卫生法的要素

卫生法的要素，是指卫生法是由哪些基本因素或元件组成。在成文法国家，法律概念、法律条文、法律规范、基本原则、法律文件都是构成成文法的元件。以下即介绍卫生法各元件的内涵及其表现。

(一)卫生法律概念

卫生法律概念是构成卫生法最小的元素，它指在卫生法律上对各种事实进行概括，抽象出它们的共同特征而形成的权威性范畴。法律概念的产生是人类文明的重要标志，它体现了人类区分和归类的智慧，它使混沌世界的事实状态得以明晰。但是，由于法律概念必须借助词汇表达，而词汇本身存在专业与非专业之分、确定与不确定之分，所以对卫生法律概念在理解上应坚持下列原则：在专业与非专业词汇上，卫生法律概念应坚持专业词汇和遵循专业理解原则，非专业词汇坚持理性与合立法目的性原则，比如，《药品管理法》中的"假药"除"药品所含成分的名称与国家药品或以他种药品冒充此药品的"药品外，还应包括"国务院卫生行政部门规定禁止使用的"、"未取得批准文号生产的"、"变质不能药用的"或"被污染不能药用的"药品。在确定与不确定词汇上，确定的卫生法律概念是指内涵与外延都非常明确、清楚的概念，只需进行正常理解即可；不确定的卫生法律概念是外延界限具有模糊性和开放性的概念，比如"公共利益"，对此种概念的理解应坚持合理性，即理智上能够接受的标准。

(二)卫生法律条文

卫生法律条文是指由卫生法律概念及各种限制词、连接词、判断词共同构成的卫生法律文件的条、款、项、目。卫生法律条文是卫生法律文件中依序数排列的条、款、项、目；狭义的卫生法律条文仅指其中的条。对卫生法律条文的认识应注意卫生法律条文是否构成独立的卫生法律规范以及条文之间及其内部的逻辑关系。

(三)卫生法律规范

卫生法律规范是卫生法律中对一种事实状态赋予一种确定法律意义的规定。法律规范有严密的逻辑结构,至于规范在逻辑上究竟由哪些要素构成,理论界争论颇多。通说认为,法律规范分别由假定、处理和法律后果三部分组成。处理是法律规范中权利(力)、义务的规定,指可以如何行为、应当如何行为、禁止如何行为;法律后果是法律规范中对遵守规范或违反规范的行为予以肯定或否定的后果规定。比如,《刑法》第335条规定:"医务人员由于严重不负责任,造成就诊人死亡或者严重损害就诊人身体健康的,处3年以下有期徒刑或者拘役。"此一规定中,"假定"就是如果医务人员严重不负责任,造成就诊人死亡或者严重损害就诊人身体健康;"处理"就是医务人员在工作中有认真负责的义务,以免就诊人员因其不负责任而死亡或身体健康遭受严重损失;"法律后果"则是医务人员将被处3年以下有期徒刑或者拘役。值得注意的是,为了避免繁琐和重复,法律条文不仅常常省略法律规范的某些要素,而且一个法律规范常由数个条文组成。有时,法律规范中的一个要素也可能分别规定在不同的条文甚至不同的法律文件之中。比如,上面例子的"假定"实际上就应包含更多内容,诸如,该医务人员是否处在因精神疾病发作而不能辨认行为的社会意义的状态等。

对于卫生法律规范,除了解上述构成要素外,还应注意规范间的冲突。卫生法律规范冲突是指卫生法律规范之间出现了相互矛盾或不一致的假定、处理或法律后果的规定。冲突既可能发生在不同层次的卫生法律规范之间,也可能发生在相同层次的卫生法律规范之间。解决规范冲突的一般原则是:高法优于低法,特别法优于普通法,新法优于旧法,法律文本优于法律解释。

(四)卫生法的基本原则

卫生法的基本原则是其效力贯穿于卫生法的制定、修改、废除、实施、监督等全部过程的根本规则。它是卫生法本质内容的反映,是社会全体对卫生法及其运行的最基本要求,也是克服成文法局限的方法。深刻把握卫生法的基本原则,不仅有助于准确理解、适用具体条文,更重要的是当卫生法律规范本身缺乏具体规定或存在某种缺陷时,基本原则就是根据。另外,基本原则既可协调有限之法条与无穷之人事的矛盾,也可克服法条机械不变而社会生活日新月异的矛盾。

卫生法究竟应包含哪些基本原则,这在立法上并无明确规定,理论上说法也不一致。通说认为,根据《宪法》第 21、25、45、49 等条文的精神,卫生法的基本原则至少包括下列几项:保护公民健康权原则(意指卫生法的最高宗旨是保护公民的健康权,所以一切卫生事宜均应围绕这一主题展开);预防为主原则(意指卫生事业应坚持防治结合,预防为主的方针);中西医协调发展原则(意指在人的健康保护方面,应坚持中国传统医学与西方医学共同发展、相互结合、取长补短的协调策略);社会参与和政府管理相结合原则(意指卫生事业系关个人健康、民族繁荣、国家昌盛,所以应动员全社会参与人的健康保护,与此同时,政府应对人的健康保护事业加强管理、增强服务)。

(五)卫生法律文件

卫生法律文件是指表述卫生法律规范的文本整体,在结构上一般包括以下几个部分:文件名;通过和发布文件的机关和时间;文件的内容(即正文)。必须明确的是,一个法律文件只有在总体上属于卫生事务,我们才称它为卫生法律文件。

文件名是一项法律的名称,一方面,它应该尽量反映文件的基本内容,另一方面也应尽可能体现该项法律在我国法律体系中的地位。比如《中华人民共和国药品管理法》使人一看便知其所含内容及其在法律体系中的地位。

标明通过和发布文件的机关和时间,是为了表明该文件产生的国家权力根据,从而说明该法律文件的地位。比如《化妆品卫生监督条例》文件标题下括号内的文字"1989 年 9 月 26 日国务院批准,1989年11月13日卫生部发布”,即标明该文件的发布机关和发布时间。

文件的内容,在结构上,有的设有序言、总则、分则、附则等部分,有的按编、章、节、条、款来设置,有的直接按条款顺序设置。在实质上,一个卫生法律文件通常包括制定目的和依据、适用范围、主管部门、具体规范、奖惩办法、立法解释机关、施行日期、规定废除其他与之相抵触的或陈旧的法律文件等内容。

以上所有成文法的元件实际上都可以由卫生法律规范概括。卫生法律概念、术语和定义是卫生法律规范的构成要素;卫生法律条文直接体现卫生法律规范的各种要素;卫生法律原则已经隐含在具体的卫生法律规范之中,它是卫生法律规范必要的组成部分;卫生法律文件只是以一定形式表现卫生法律规范的载体。

第二节 卫生法的渊源与效力

一、卫生法的渊源

“渊源”一词原指水从地底下流出的地方,法学借用后,有人又把它等同于法源。通常人们在两种意义上把握渊源的内涵:一是指法律规范的存在形式,即法律规范的载体,这种载体是法律规范的出处;二是指法律规范产生的原因或原动力,也即法律规范是由谁制定的。本书限于前一层意义上阐释卫生法的渊源。

当代中国卫生法的渊源只限于成文法。① 它主要包括:

(一)宪法

宪法是国家的根本法,其内容范围很广,涉及我国各方面的重

---

① 根据创制方式、表达形式的不同,法可分类为成文法和非成文法。成文法是国家机关制定和公布的并以法律条文形式出现的法,又称制定法。非成文法是由国家认可的不具有规范条文形式的法,又称非制定法。

要事项，其中有关卫生的条文和序言文字都是卫生法的渊源。宪法所包含的卫生法律规范，有的由法条直接规定，比如《宪法》第21条即规定，国家发展医疗卫生事业，发展现代医药和我国传统医药，鼓励和支持农村集体经济组织、国家企事业组织和街道组织举办各种医疗卫生设施，开展群众性的卫生活动，保护人民健康；有的由法条直接包含，比如有关国家行政机关组织、基本工作制度、职权、行政管理活动规则中就直接包含卫生行政机关的相关内容。再如宪法中有关公民基本权利和义务的规范就直接包含了卫生民事法律关系主体的基本权利和义务；有的则间接体现在法条之中。与其他卫生法律规范相比，宪法中的卫生法律规范具有最高效力，虽然它很原则，但却起统率作用。

（二）法律

法律是指国家最高权力机关制定的规范性法律文件，其中全国人民代表大会制定的是基本法律；全国人大常委会制定的是基本法律以外的法律。目前我国尚无全国人大制定的卫生基本法，但是由全国人大常委会制定的基本法律以外的专门卫生法数量却不少，如《食品卫生法》、《药品管理法》、《执业医师法》、《国境卫生检疫法》、《传染病防治法》、《红十字会法》、《母婴保健法》、《献血法》。另外，非专门性的卫生法律中也常有卫生法律规范，如《婚姻法》、《刑法》、《行政处罚法》、《合同法》等法律文件中的部分条款也属于卫生法的渊源。

（三）行政法规

行政法规是国务院根据宪法和法律制定的有关行政方面的具有法律效力的规范性文件。行政法规调整着国家经济、社会、文化等各方面的广泛的社会关系，其中调整卫生关系的法律规范也不在少数。行政法规是仅次于法律的卫生法渊源，部分行政法规可能在整体上具有卫生法的性质，如国务院制定公布的《医疗机构管理条例》、《麻醉药品管理办法》等；部分行政法规则仅有部分甚至个别条文是卫生行政法律规范。

(四)地方性法规

地方性法规是指省级人大及其常委会,省、自治区人民政府所在地的市的人大及其常委会,国务院批准的较大的市的人大及其常委会和最高国家权力机关授权的市的人大及其常委会,在不与宪法、法律、行政法规相抵触的前提下所制定的规范性法律文件的总称。地方性法规是地方政府及其他组织和个人进行卫生事务时的重要法律根据之一。比如,1989 年黑龙江省八届人大常委会通过的《黑龙江省工业劳动卫生管理条例》就是一个地方性法规。

(五)自治条例和单行条例

它们是自治区、自治州、自治县的人民代表大会依照宪法、民族区域自治法和其他法律规定的权限,结合当地的政治、经济和文化特点所制定的在本自治区域有效的规范性文件。自治条例和单行条例中涉及卫生问题的法律规范也是卫生法的渊源。

(六)行政规章

行政规章是法定行政机关根据法律、法规制定和发布的具有普遍性法律效力的规范性文件。它分为部门性行政规章和地方性行政规章两类。部门性行政规章是国务院各部门根据法律和国务院的行政法规、决定、命令在本部门的权限内按照规定程序制定的具有法律效力的规范性文件。其中国务院卫生行政部门制定的规章通常是专门的卫生行政规章,它数量巨大。地方性行政规章是由省、自治区、直辖市以及省、自治区人民政府所在地的市,经国务院批准的较大市和得到最高国家权力机关授权的市的人民政府根据法律、法规,按照规定程序制定的具有法律效力并适用于本地区的规范性文件。这些部门制定和发布的有关地方卫生管理方面的规章或规章中的条款只在本地区有效。

(七)法律解释

法律解释是有权机关就法律在具体运用过程中,为进一步明确界限或进一步补充以及如何具体运用所作的解释。根据 1981 年第五届全国人大常委会第 19 次会议通过的《关于加强法律解释工作的决议》,在我国正式有效的法律解释包括立法解释、司法解释、行政解释和地方解释。这些解释只要涉及卫生领域都属于卫生法律规范,属卫生法的渊源。比如,卫生部《关于香烟中添加罂粟壳问题的函复》和《关于进口药品管理的补充通知》等,就属于行政解释。

(八)国际条约和协定

国家间的条约和政府间的协定时常会涉及一国的卫生问题。如果这些条约或协定是我国与外国或国际组织签订或参加或承认的,那么,它就是我国卫生法的渊源。比如我国已加入的《1961 年麻醉品单一公约》、《1971 年精神病药物公约》、《国际卫生条例》(1969 年公布,我国于 1979 年 6 月 1 日正式承认)等国际公约就是我国卫生法的渊源之一(我国声明保留的条款除外)。

由于技术性特点,权力机关或经其授权的国家机关经常制定一些卫生标准和技术规范,如生活饮用水卫生标准、放射性卫生防护标准等,这些卫生标准和技术规范只要是法定机关在职权范围内依法定程序制定,就是卫生法规范,属于卫生法的重要渊源。

二、卫生法的效力

卫生法的效力是指卫生法在什么时间、什么地点、对什么人发生约束力和强制力。本部分只阐述卫生法的效力范围,即卫生法在时间、空间和对象上的效力范围。

(一)卫生法的对象效力范围

卫生法的对象效力范围是指卫生法适用于哪些人,即卫生法律规范对什么人生效。对此,世界各国规定不尽相同。根据我国法律规定,卫生法和其他法一样采用以属地主义为基准,以属人主义和保护主义为补充的原则。其具体内容是:①中国公民在中国领域内一律适用中国法律;②对在国外的中国公民,原则上仍适用中国法律,法律另有规定的除外;③对中国组织的法律适用与中国公民一样;④外国人(包括无国籍人,下同)在中国境内,除法律另有规定外，一般适用中国法律，外国组织适用同样规则；⑤对在中国境外的外国人原则上不适用中国法律，但如该外国人在中国境外对中国国家或中国公民犯罪的，按中国《刑法》规定的最低刑为3年以上有期徒刑的，可以适用中国《刑法》，但按犯罪地的刑法不构成犯罪的除外。

(二)卫生法的空间效力范围

卫生法的空间效力范围是指卫生法在哪些地域范围内具有约束力和强制力。卫生法的空间效力范围与其他法一样是以制定主体和法律文件本身规定来确定的，它大致分为三种情形：①全国性的法律其效力及于我国全部领域。它不仅包括我国全部的陆地、水域及其底土和上空，还包括延伸意义上的领土，如驻外使领馆、航行或停泊于境外的我国飞机、船舶等。②地区性法律的效力通常只在该地区有效。如省级国家机关制定的法律只在其管辖范围内有效。像江苏省人大常委会通过的《江苏省食品商贩和城市集市贸易食品卫生管理办法》，只适用于江苏省。③有的法律明文规定具有域外效力，即超出国界的效力。比如，为行使我国对领海的主权和对毗邻区的管制权，维护国家安全和海洋权益，全国人大常委会于1992年2月25日公布的《中华人民共和国领海和毗连区法》第13条规定，中华人民共和国有权在毗邻区内，为防止和惩处在其陆地领土、内水或者领海内违反有关安全、海关、财政、卫生或者入境出境管理的法律、法规的行为行使管制权。

(三)卫生法的时间效力范围

卫生法的时间效力范围是指卫生法在什么时间范围内具有约束力和强制力，包括何时生效、何时终止生效以及法律对其生效以前的事件和行为有无溯及力几个方面。卫生法和其他法类似，其生效时间通常有三种情况：一是法律文件中明文规定自公布之日起生效，如《精神药品管理办法》第28条规定“本办法自发布之日起施行”；二是法律文件中明文规定公布后经一定时间生效；三是法律文件明文规定生效日期，如《药品管理法》第60条规定：“本法自一九八五年七月一日起施行。”另外，法律文件可能未规定生效时间，按惯例自公布之日起生效，或由专门决定规定具体的生效日期，或规定以法律文本到达时间为生效时间（例如，1985年8月20日国家工商局和卫生部发布的《药品广告管理办法》第11条即规定，“本办法自文到之日起执行”）。卫生法终止效力的形式也和其他法类似，常见的方式有：①新法公布后，原有法律即丧失效力；②新法公布时明文宣布原法作废；③有关国家机关专门以命令或决定形式宣布某法律文件或其条款失效；④期限届满自动失效，或因完成历史任务而自行失效。法的溯及力是指新法律颁布后，对它生效以前发生的事件和行为是否有适用力，如果适用，就有溯及力，反之，则不具有溯及力。我国法律坚持“法不溯及既往原则”，卫生法也不例外，这也是世界各国通行的做法。当然，这一原则也有例外，例外必须有法律明确的规定。

第三节　卫生法的分类与地位

一、卫生法的分类

根据不同的标准，卫生法可以分为不同种类。例如，以社会形态为标准，卫生法可分为奴隶制卫生法、封建制卫生法、资本主义卫生法、社会主义卫生法等；以适用范围为标准，卫生法可分为中央卫生法和地方卫生法；以适用时期为标准，卫生法可划分为平时卫生法和战时卫生法。这里只介绍三种基本分类。

（一）实体卫生法和程序卫生法

这是按卫生法律规定内容的不同对卫生法所作的分类。实体法是指以规定和确认权利与义务或职权与职责为主的法，如卫生民法、卫生刑法等。程序法是指以保证权利与义务得以实施或职权与职责得以履行的有关程序为主的法律，如卫生民事诉讼法、卫生行政诉讼法等。在实际立法中，法律文件通常既包括实体法的规定，也包括程序法的规定，即使该法律文件以实体法或程序法为宗旨制定，仍可能在实体法中涉及程序的规定，在程序法中出现实体权利、义务、职权、职责的规定。比如，像《行政诉讼法》中就有专门的行政赔偿实体规定。由于行政管理的特殊性，在专门的卫生行政法律文件中，我们经常可以看到程序和实体并存或各有侧重的规定。比如1990年11月2日颁布的《进口药品管理办法》，虽然主要规定了进口药品管理中的实体问题，但该法也规定了诸如注册、检验等程序性规定。

(二)一般卫生法和特别卫生法

这是根据适用范围的不同对卫生法所作的分类。一般卫生法是针对一般人或一般事并在全国适用的卫生法。特别卫生法是相比于一般卫生法而言的，它针对特定的人或事，在特定范围或时段适用的卫生法。比如，以事项为标准，《药品管理法》就是一般卫生法，《放射性药品管理法》就是特别卫生法。一般卫生法与特别卫生法的分类是相对的，一部法律(或一个法律规范，下同)相对于某一部法而言是特别卫生法，而相对于另一部法，它又是一般卫生法。划分一般卫生法和特别卫生法的意义在于：在效力同等的卫生法之间，特别卫生法优于一般卫生法，在不同效力的卫生法之间一般不适用低层次法作出的特别规定，但基于高层次法的授权或确认，允许低层次法作出特别规定的，则优先适用低层次法的特别规定。

(三)公共卫生与疾病控制法、健康相关产品法和卫生服务与发展法

这是根据卫生法所调整的社会关系的类别侧重所作的部门分类。一个社会的公共卫生状况和社会人群的健康状况休戚相关，任何政府均高度重视社会公共卫生事务，力求从公共卫生管理着手，达到减少和控制各种致病因素，以增进人群整体健康水平的目的，调整由此而产生的社会关系的卫生法统称为公共卫生与疾病控制法。目前，这类法主要包括国境卫生检疫法、传染病防治法、

公共卫生法及环境卫生法。影响人类健康的另一方面因素是维护人类生命及生活的各种物质，从社会意义上讲，主要是指社会所生产的各种产品，以保障产品质量及卫生安全为主要目的的法律规范体系，统称为健康相关产品法，主要包括食品卫生法、药品管理法、化妆品以及其他健康相关产品法。维护人体健康，还需要依赖医学的发展和科技的进步，需要医学的良好服务体系及整个社会健全的医疗管理和保障体系，以此为主要调整对象的卫生法律、法规，统称为卫生服务及发展法，主要包括医疗管理法、医疗事故处理法、妇幼卫生及计划生育保健法、初级卫生保健与医疗保障法、医学教育与科研管理法以及促进医学卫生发展活动所引起的法律新问题等。《中共中央、国务院关于卫生改革与发展的决定》关于"要加快卫生立法步伐，完善以公共卫生、与健康相关产品、卫生机构和专业人员的监督管理为主要内容的卫生法律、法规"的规定不仅为我国卫生立法指明了方向，而且为卫生法学的学科发展及卫生部门法的完善奠定了理论与现实的基础。我们认为，以公共卫生与疾病控制法、健康相关产品法和卫生服务与发展法为大卫生部门法的分类是科学的。

二、卫生法在我国法律体系中的地位

法律体系指一国现行全部法律规范按照不同的法律部门分类组合而成的一个彼此区别又相互联系的有机整体。通说认为，法律部门是法律体系的基本组成要素，它是根据一定的标准和原则，按照法律调整社会关系的不同领域和不同方法等所划分的同类法律规范的总和，各种不同的法律部门经有机组合，便成为一国的法律体系。我国法学界一般都认为划分法律部门的基本标准是法律调整对象，同时还应适当考虑法律调整的方法。另外，法律可调整的社会关系的广泛程度及相应法规数量、某类社会关系法律调整的现行状况和未来发展也是法律部门划分时应考虑的因素。就实际状态而言，当代中国（大陆部分）已初步形成了以宪法为核心的社会主义法律体系框架，这个法律体系主要包括以下法律部门，即宪法法律部门（它规定国家的根本制度、基本原则和方针，规定国家机关的组织结构和活动的基本原则，以及公民的基本权利和义务等根本性的问题）、行政法律部门（调整国家行政管理活动中形成的社会关系的法律规范的总和）、民商法法律部门（调整平等主体间的财产关系和人身关系以及商事关系的法律规范的总和）、经济法法律部门（调整国家在国民经济管理中和各种经济组织的活动中所发生的经济关系的法律规范的总和）、劳动法法律部门、自然资源法和环境法法律部门、刑法法律部门（指有关犯罪和刑罚的法律规范的总和）、诉讼法法律部门（指有关诉讼程序的法律规范的总和）、军事法法律部门、国际法法律部门。

根据上述划分法律部门的准则，我们认为，卫生法应该是我国大陆社会主义法律体系中一个正在形成的独立的法律部门，理由是：

第一，卫生法有自己特定的调整对象，即保护人的健康领域的社会关系，也称卫生关系，这些卫生关系从总体上说尽管可以大致分为卫生组织关系、卫生服务关系、卫生管理关系、卫生犯罪关系、卫生诉讼关系，并相应划为民法、行政法、刑法和诉讼法等领域，但由于这些社会关系是一个纵横交错、复杂多层的有机整体，切块式地划归不同部门调整难免产生顾此失彼的局面，更何况卫生法与自然科学有特殊的联系，如能从总体上进行研究必然更有利于卫生法治的发展。

第二，卫生法调整社会关系的多样性决定了卫生法调整手段的多样性。在调整方法上，卫生法既要利用行政法手段调整卫生行政管理中的社会关系，用民法手段调整卫生组织与服务对象之间的卫生服务关系，也要借用劳动法、刑法、诉讼法等部门法的手段综合调整卫生关系，以有效保护公民的健康权。多种调整手段的整体运用只有卫生法能够实现。

第三，国家对公民健康权保护的不断重视和大量的已成系统的卫生法律的出台表明卫生法已具备成为部门法的条件。卫生法的发展具有鲜明的时代特色，随着社会经济的不断发展，各国政府都越来越重视人的健康权的保护，我国政府也不例外，除对因卫生服务引起纠纷提供法律救济（比如民事诉讼制度）外，还从优生优育、防疫与保健、医疗与康复整个过程的多个方面进行有节制的国家干预、服务和管理。另外，医药学科技的发展也不断对国家管理提出挑战，诸如器官移植、试管婴儿、精神健康化等问题显然需要新的立法和新的法学理论予以解决。总之，卫生事业已成为我国政府建设现代化国家战略中的一个重点，作为人权重要组成部分的公民健康权保护也已成为我国法治建设的重要内容。与此同时，我国卫生立法业已取得重大进展。经过近 20 年的努力，目前除缺少一部卫生基本法外，我国在卫生立法方面已初步建成了具有中国特色的卫生法体系，该体系以《宪法》为龙头，以全国人大常委会制定的卫生法律和国务院制定的专门卫生行政法规为支撑，以大量的地方法规和政府规章为覆盖面，是一个法律数量庞大、内部体系比较完整、涉及全面的卫生法律群。

需要强调的是，我们认为卫生法是我国法律体系中一个正在形成的独立的法律部门，更多的是出于实际需要，就调整对象而言，卫生关系基本上可以被民事关系、行政关系、刑事关系和诉讼关系支解；在调整方法上，卫生法主要也是借助民法、行政法、刑法和诉讼法的调整手段。说卫生法是一个独立的法律部门，就像说经济法是一个独立的法律部门一样，目的是对卫生法作系统的整理和研究，从而为卫生立法、执法和司法服务，并最终实现公民健康权的最佳保护。

第四节　卫生法律关系

一、卫生法律关系的概念

卫生法律关系是卫生法在调整人们在卫生组织、管理和服务过程中形成的权利、义务关系。在任何一个社会中，所有的卫生关系并没有、也不可能完全由卫生法调整，因为卫生法律规范不是（也不可能是）卫生关系的惟一调整手段。在卫生法律规范不能干预或没有必要干预的卫生关系领域，只能通过道德规范、社团纪律、社会习俗等予以调整。因此，卫生法律关系范围不能等同于卫生关系范围，这是我们理解卫生法律关系时必须首先掌握的精神。

和其他法律关系一样，卫生法律关系也具有三大特征，即法律关系是以法律规范为前提而形成的社会关系，法律关系是以法律上的权利与义务为纽带而形成的社会关系，法律关系是以国家强制力作为保障手段的社会关系。但是，卫生法律关系是法律关系的下位概念，所以它还有自身的特点：第一，卫生法律关系是根据卫生法律规范而结成的法律关系；第二，卫生法律关系是在卫生管理和医药卫生预防保健服务过程中基于保护人的健康这一根本宗旨而产生的法律关系，其他法律关系尽管也可能涉及卫生领域，但它不会始终全面地围绕人的健康权问题；第三，卫生法律关系是一种纵横交错、内外交叉的法律关系，按照主体间的相互地位，卫生法律关系可划分为平权型的法律关系和隶属型的法律关系。平权型法律关系是指卫生法律关系主体在地位平等的前提下形成的无隶属关系的法律关系，典型的平权型法律关系是卫生民事法律关系。比如医疗组织及其医护人员与病人之间形成的医患法律关系。再如，从事药品生产和经营的企业和药品使用单位或个人之间结成的卫生服务法律关系。隶属型的法律关系是指卫生法律关系主体之间是相互隶属的，一方必须服从另一方的法律关系。卫生行政法律关系是典型的隶属型法律关系。比如，卫生行政机关与卫生医疗组织之间形成的卫生管理法律关系。再如，卫生行政机关与生产经营卫生药品的组织或个人之间形成的卫生管理法律关系。复如各级卫生行政机关与其工作人员之间形成的内部管理法律关系。值得提出的是隶属并不意味着两主体间必须具备包容关系，在很多时候，隶属权意味着一方必须接受另一方的管理，而不是身份上的包容。

二、卫生法律关系的要素

卫生法律关系包括主体、客体和内容三方面的要素。

(一)卫生法律关系的主体

卫生法律关系的主体是卫生法律关系的参加者,即在卫生法律关系中享有权利或负有义务的人。这里的人既可能是为万物之灵长的理性生物,即有生命并具有法律人格的个人,称自然人,包括公民、外国人和无国籍人;也可以是组织,是法律拟制的人,指由法律赋予人格并将其视同自然人一样有独立意志和利益的组织体,包括特定情况下的国家、国家机关、企事业单位、社会团体和外国组织。

如果以内容为标准,卫生法律关系可以分为卫生民事法律关系、卫生行政法律关系、卫生刑事法律关系、卫生诉讼法律关系等。由于各种类法律关系中的主体地位并不一致,称谓也不相同,所以很有分别阐述的必要。以下主要介绍两类最重要的法律关系主体,即卫生民事法律关系主体和卫生行政法律关系主体。

卫生民事法律关系主体主要有两类:一是自然人,包括公民、外国人和无国籍人;二是法人(详见第二章相关部分)。

卫生行政法律关系主体,即卫生行政法主体,是卫生行政法权利的享有者和卫生行政法义务的承担者,其双方当事人分别是行政主体和行政相对人(详见第三章相关部分)。

以往的卫生法学教材通常把卫生法律关系主体分为国家机关、企事业单位和社会团体、公民三个类型加以介绍。我们认为,只要能正确认识各类卫生法律关系,就可以正确定位各类卫生法律关系的主体。事实上,(1)国家机关、企事业单位、社会团体和自然人都可以成为卫生法律服务关系中的被服务方,但要成为服务方则必须是能够提供医疗卫生预防保健服务的个人或组织。(2)国家机关、企事业单位、社会团体和自然人都可能成为卫生行政管理中的被管理方,但要成为管理方则必须是各级政府的卫生行政主管部门和相关部门及其工作人员,得到国家法律、法规授权行使卫生管理职权的非行政机关组织及其工作人员和受委托从事卫生行政管理工作的其他人员。(3)各类提供医疗卫生预防保健服务的公共事业单位和社会团体与其本单位工作人员之间必然结成内部的卫生法律管理关系。比如,一个个体医生,他在为病人服务时会成为卫生法律服务关系中的服务一方,同时该医生又是卫生行政法律关系中的被管理方。

(二)卫生法律关系的内容

卫生法律关系的内容,是指卫生法律关系的主体所享有的权利和应承担的义务。卫生法律关系主体的权利,是由卫生法律规范规定的,是卫生法律关系主体以相对自由的作为或不作为的方式获得利益的一种手段。卫生法律关系主体的义务,是由卫生法律规范规定的,卫生法律关系主体以相对抑制的作为或不作为方式承担负担或保障权利主体获得利益的一种手段。比如,卫生行政机关根据《食品卫生法》的有关规定,有权责令不符合卫生要求的企业经营厂家改正或责令其停业,就是行政主体根据法定权利(力)要求负有义务的相对人作出一定的行为。而同法第 35 条第 4 款关于"食品卫生监督员对生产经营者提供的技术资料负有保密的义务"的规定则意味着行政主体及其工作人员必须抑制一定的行为。卫生法律关系中的权利是相对于卫生法律关系中的义务而言的,而卫生法律关系中的义务则是相对于卫生法律关系中的权利而言的。另外,卫生法律关系中的权利义务具有一致性,这一方面表现为,权利人享受权利依赖于义务人承担义务,另一方面则表现为权利人在行使自己权利时必须承担一定的义务,而义务人在履行自己义务的同时也享有一定的权利。

(三)卫生法律关系的客体

卫生法律关系客体是卫生法律关系的当事人的权利义务所指向的共同对象。这是联系卫生法律关系主体的权利和义务的中介,没有客体,就不可能形成卫生法律关系。在哲学上,客体是相对主体而言的,它是不依主体意识而转移的客观现象。法律关系的客体也具有这一特征,它不仅可以是客观物质世界的各种现象,如药品、医疗器械等,也可以是客观精神世界的各种现象,如休息、劳动、健康等。当然,法律关系的客体必须是能够满足人们需要的客观现象。随着社会的发展,许多原来不属于法律关系客体的社会财富变为客体,如清洁的空气、试管婴儿等。另外,没有法律规范的规定,客观现象就无法成为法律关系的客体。比如,在大气污染防治法等法律规范作出明文规定前,大气就不能成为法律关系的客体。卫生法律关系的客体主要有物、非物质财富和行为结果三种。物是一切可以成为财产权利对象的自然之物和人造之物。比如,在药品买卖法律关系中,药品和价金就是表现为物的客体;非物质财富是创作活动的产品和其他与人身相联系的非财产性的财富,如科学发明、商标、合理化建议等智力成果、人格利益和身份利益即与人身相联系的非物质财富。行为结果也能够满足权利人的利益,所以也可以成为卫生法律关系的客体。如医患服务法律关系中医生对病人的就诊结果就是卫生法律关系的客体。

在不同的卫生法律关系中,卫生法所规定的权利和义务不尽相同。在卫生行政法律关系中,行政主体的权利表现为行政立法和制定非立法性行政规范权、行政许可权、行政奖励权、行政处罚权、行政强制权、行政裁决权等。行政主体的义务主要有:履行职务不失职,遵守权限和权能不越权,合理行使裁量权不滥权,正确适用法律、避免适法错误,重证据和事实,遵守法定程序、防止程序违法。行政相对人的权利主要有:行政参与权、获得行政保护权、生存照顾权、因行政所生之权(比如听证权)、行政监督权、获得法律救济权。行政相对人的义务主要有:遵守行政法律规范的义务、服从具体行政管理的义务、协助行政的义务。在卫生民事法律关系中,卫生民事主体双方的权利和义务基本上是对等的。比如医疗卫生服务机构有为对方提供卫生服务的义务,同时又有获得相应报酬的权利，相对地，被服务方有权获得一定的卫生服务，同时也有支付服务方报酬的义务。

三、卫生法律关系的产生、变更和消灭

卫生法律关系是卫生法对卫生关系加以调整的结果，它具有一定的稳定性。但是，由于卫生关系具有变动性，所以卫生法律关系也必然产生变动，其具体形态表现为卫生法律关系的产生、变更与消灭。产生是指卫生法律关系主体间形成了权利、义务关系；变更是指卫生法律关系的主体、内容或客体发生了变化；消灭是指卫生法律关系主体间的权利义务关系完全终止。

能够引起卫生法律关系产生、变更和消灭的根据，在法理学上称为法律事实。比如双方当事人签署买卖药品的事实，就是能够引起当事人之间形成卫生合同法律关系的事实。当然，某一事实能否引起卫生法律关系的产生、变更或消灭，完全取决于卫生法律规范的预先设定。从某种意义上说，法律事实就是卫生法律规范结构中的假定部分。比如《传染病防治法实施办法》第 63 条规定："传染病管理监督员、传染病管理检查员执行任务时，有关单位和个人必须给予协助。"本条中的"传染病管理监督员、传染病管理检查员执行任务"就是一个假定，当这个法律事实出现时，传染病管理部门与"有关单位和个人"就产生了卫生行政法律关系，即协助关系。

法律事实通常可分为法律事件和法律行为两类。法律事件，是指能够引起卫生法律关系产生、变更或消灭，而不以人的意志为转移的事实。法律事件不是由当事人的意志行为引起的，导致事件发生的原因可能来自社会，也可能来自于自然，如战争、动乱、流行病暴发、人的出生和死亡、洪水或地震等。这些事件的发生不以人的意志为转移，但它却能引起卫生法律关系的产生、变更或消灭。例如，人的死亡可以引起医患法律服务关系的终止。法律行为，是指能够引起卫生法律关系产生、变更或消灭，与当事人意

志有关的行为和不作为。法律行为与法律事件最大的不同是，前者是依赖当事人的主观因素引发法律关系产生、变更或消灭的原因。当事人既无故意又无过失，而是由于不可抗力或不可预见的原因而引起的某种法律后果的活动，在法律上不被视为法律行为，而被归入意外事件。根据合法与否，法律行为还可以划分为合法行为与非法行为，合法行为引起肯定性法律后果，非法行为引起否定性法律后果。

第五节　卫生法的历史和作用

一、卫生法的历史

(一)外国卫生法的历史

在历史长河中，人类运用法律手段来维护公共卫生、加强医疗保健已有数千年的历史。

在奴隶制社会，四大文明古国均有卫生方面的立法。据文献记载，公元前三千年左右，古埃及国家就颁布有卫生方面的法令，这些法律对公共卫生和清洁居室、屠宰食用动物和正常饮食、性关系、尸体掩埋等都有明确规定。公元前三千年末和公元前二千年初，在两河流域的中部形成的巴比伦奴隶制国家，制定了人类历史上迄今发现的最早的一批成文法，其中最著名的是《汉谟拉比法典》，该法典有关医药方面的条文有四十余处，约占整个条文的七分之一，内容涉及公共卫生、食品保洁、医事组织、医疗事故赔偿等方面。考古发掘的废墟表明，印度河谷在公元前二千年就有了高度发展的卫生系统。富丽的浴室建筑物和系统的排污管沟无不显示那个时代的伟大，尤其是同一时期产生的《摩奴法典》对卫生问题更有严厉的规定。例如，只有为祭神而屠宰的动物肉方可食用，要时常洗眼，妇女在经期和产后应遵守严格的卫生要求，医生治病引起事故后要受处罚等。特别值得一提的是，古老犹太人医学对卫生制度的建立作出了卓越贡献,如安息日休息的规定是迄今发现的人类最早的休息法;再如对生下的男孩在出生后第八天必须行包皮环切术。当然,在所有奴隶制社会中,罗马奴隶制社会的卫生法律最为发达和完备,它对城市公共卫生、食品卫生监督、疾病预防、妓女管理等都作了具体规定。其中著名的《十二铜表法》规定:不得饮河水,而要饮泉水;禁止在城市内埋葬;医生疏忽而使奴隶死亡要赔偿;医生失职要受惩罚;禁止出售腐败变质食品等。这些规定表明古罗马在公共卫生和医事制度方面已建立了相对完善的卫生法。

公元 5 世纪,西罗马帝国灭亡,欧洲封建国家先后兴起。至 17 世纪后半叶,各国逐步加强了卫生立法。随着卫生管理的发展,各国卫生法所调整的范围逐步扩展,内容涉及公共卫生、食品和医药管理、医事制度、卫生检疫、学校管理等,部分领域甚至出现了专门的成文卫生法规和专门的卫生管理部门。13 世纪欧洲麻风病流行,为此,各国实施严格的隔离措施,建立了许多麻风病院。14 世纪被称为"黑死病"的鼠疫在欧洲泛滥,为防止鼠疫传播和蔓延,各国颁布了防治法令。意大利的威尼斯港口在 1374 年成立了第一个检疫组织,实行港口检疫。亚得里亚海东岸的拉古萨共和国规定疫船或疫区来船及海员等必须在指定的登陆地点停留 40 天,这就是现行"海港检疫"的由来。在医事制度方面,1140 年,西西里亚罗杰二世颁布了欧洲历史上最早的关于医生资格及活动的法令,13 世纪法国的腓特烈二世在继承前人成果基础上还制定了《医生开业法》和《药剂师开业法》。在公共卫生方面,法国、德国、罗马等国的部分城市先后颁布法律禁止群众在供饮用的河水中洗衣服,禁止制革人在河岸洗皮子,禁止染色工人往河里倒染料渣滓。米兰自 14 世纪甚至制定了下水道的管理法规。在药品管理方面,英国先后制定了《佛罗伦萨药典》、《纽伦堡药典》和《伦敦药典》。

17 世纪中叶的英国革命,18 世纪的美国革命和法国革命,使资产阶级在西方国家取得了政权，从此资本主义制度代替了封建主义制度。大工业生产、科技的发展既为医药学发展提供了契机，也对卫生法的需求提出了挑战。在资本主义早期的英国，为解决工业革命带来的城市人口激增、贫民窟等问题，1960年制定了《伊丽莎白济贫法》，该法规定个别教区有义务向贫民提供包括医疗在内的救济。19世纪以后，专门性的卫生法律不断出台，1757年议会为泰晤士河上的运煤工人颁布了一项社会健康保险方面的法令，1802年为改善纺织厂童工的劳动条件颁布了《学徒健康与道德法》，1833年作为《卫生法》(1848年颁布)序曲的《清除污染物与预防疾病法》和《澡堂和洗衣房法》得以制定，1872年颁布了《严禁食品或饮料掺假法》，1976年颁布了《河流防污法》，1911年颁布了《全国检疫法》。以后又逐步制定了《助产士法》、《妇幼保健法》、《精神缺陷法》、《国家卫生服务法》、《全国卫生保险法》等。在美国，作为后来居上的资本主义大国在卫生立法方面也得到了大规模发展。1878年颁布了《全国检疫法》，1899年制定了《河流与港口法》，1906年公布了《纯洁食品和药物法》，1912年制定了《公共卫生署法案》，1914年颁布了《联邦麻醉剂法令》，1921年公布了《产妇与婴儿法》。再如日本，从资本主义制度建立到二战之前也制定、颁布了大量的卫生法，如1906年的《医师法》、1922年的《健康保险法》、1925年的《药剂师法》、1933年的《医师法》、1942年的《国民医疗法》、1948年的《药事法》和《医疗法》等。与此同时，像法国、德国等其他一些资本主义国家也都不同程度地制定了专门的卫生法律。

二战以来，各国卫生立法进入了一个新阶段。首先是宪法上，各国都相继规定了保护公民健康权的条款。其次是原有的卫生立法得到了进一步完善和加强，在公共卫生、疾病控制、医政管理、药政管理、医疗保健等方面，各类有系统的卫生配套法律得以制定。比如：英国先后制定颁布了《国家卫生服务法》、《食品卫生法规》、《药品法》、《国家精神卫生法》等；日本先后制定了《传染病预防法》、《医师法》、《药事法》、《精神卫生法》等；美国制定了《职业安全与卫生法》、《公共卫生服务法》、《食品、药品、化妆品法》、《病人权利法案》、《精神障碍治疗设施与社区精神卫生中心组织法规》等；法国制定了《医院管理法》、《开业医师法》、《护士法》、《传染病管理法》、《妇幼保健法》等。特别值得一提的是，二战以来，社会主义国家的卫生立法也得到了大力加强。比如苏联在1969年制定了《苏联和各加盟共和国卫生基本法》，在1974年批准了新的《苏联国家卫生监督条例》；罗马尼亚于1978年颁布了《全民安全和保健法》；东德1973年制定了《关于医学检查及证明的规定》、《麻醉药的经营》，1976年制定了《药典》等。二战以来，世界各国卫生立法发展的另一个新特点是科技进步导致卫生立法在新问题上的立法。比如，美国自加利福尼亚州1976年制定《自然死亡法》以来，目前已有一半以上的州制定了安乐死法案。再如，脑死亡的定义和标准，已被许多国家广泛承认。复如，试管婴儿、器官移植等新问题，不少国家均在研究立法对策。

(二)中国卫生法的历史

中国是世界上最早运用法律手段管理医疗卫生的国家之一，其最早的卫生法律规范可追溯至商代。在已发掘的商代殷墟遗址中已发现有畜圈、厕所和排水沟。商代对违反公共卫生规定采取严厉的制裁手段，如"弃灰于道者断其手"。另外，对环境卫生也作了一些合理的要求，如除虫、灭鼠、扫房、淘井、疏渠、排水等。《周礼》中有类似护井公约的记载，以保护饮水卫生。《春秋》中有"国人逐瘈狗"的记载，以防狂犬病。《左传》中记载的"男女同姓，其生不蕃"，更反映了当时对繁衍健康后代的认识和要求。周代建立了我国最早的专门医事制度，周代宫廷医生分为食医(营养医生)、疾医(内科)、疡医(外科)和兽医四科。国家制定了一套医政组织和医疗考核制度，规定医师为众医之长，"掌医之政令，聚毒药以供医事"，医师之下又设有上士、中士、下士(皆为医官)，史(管文书医案)，府(管药物、器械、会计)，徒(供使役、看护)等官职。周代有世界上最早的病历记录和报告制度:"凡民之有疾病者,分而治之,死终则各书其所以,而入于医师。"另外,周代还对医师实行年终考核制度。"岁终则稽其医事,以制其食。十全为上,十失一次之,十失二次之,十失三次之,十失四为下。"

从春秋战国开始,一直到清朝灭亡,中国经历了长达二千余年的封建时代。比较奴隶社会,这一时期的卫生法有了相当的发展。从秦代起,我国封建社会便有了较系统的法典,如《秦律》、《汉律》、《唐律》等。在这些法典中,也有对医药卫生方面的具体规定。如《秦律》规定了禁止杀婴、堕胎等,《唐律》对医师误治、合药和针刺差错、卖药不实、贩卖毒药、行医诈伪等,都规定了惩罚措施。北宋王安石为相时,颁布《市场法》,规定由政府控制药品交易。宋代颁布了《安剂法》,规定医务人员人数和升降标准,这是我国最早的医院管理条例。宋代还有著名医学家宋慈所著的死伤断狱法典《洗冤集录》。元朝的《元典章》规定,政府禁售剧毒药品和堕胎药,禁止假医游街售药;医生医死人必须酌情定罪;医生和百姓发生争执和诉讼时,管民的官和管医的官共同决断。到了明代,《大明会典》规定了医家要世代行医,太医院的医生必须经考试录用,对医生失职或庸医杀人应予处罚等制度。清朝政府同样在其法典中对卫生问题进行了具体规定,比如对庸医和失职人员,清《新清律》规定了具体明确的认定标准和处刑方式。总之,整个中国封建时代,由于诸法合体,当时国家并不存在专司卫生行政职能的卫生行政机关,纯粹调整卫生问题的法律文件也不多见。值得一提的是,鸦片战争之后,中国沦为半殖民地半封建社会,在此期间,作为与清政府对立的太平天国农民革命政权,在药医卫生方面有了一些进步措施,比如推行公医制度,重视公共卫生等。为保障人民健康,太平天国政府明令禁止鸦片、酗酒、蓄婢、缠足、娼妓、溺婴等。

中华民国时期,中国经历了北洋军阀的统治和国民党的统治。这一时期的政府通常设有专司卫生行政管理职责的行政机关,同时也颁布了大量的卫生法律,内容涉及卫生防疫、公共卫生、医政、药政、食品卫生、医学教育等，如《解剖规则》、《全国海港检疫条例》、《西医条例》、《传染病预防条例》、《医师暂行条例》、《公立医院设置条例》、《县卫生行政实施办法纲要》等。由于当时政府的腐败，加上战争不断，虽然卫生立法得到了相当发展，但这些法律终究没有得到认真实施。

中华人民共和国成立后，我国的卫生立法进入了一个新时期。从延续性上说，新中国的卫生法发端于新民主主义革命时期中国共产党领导的革命根据地和解放区。1933 年 3 月，中华苏维埃临时中央政府颁布了《卫生运动纲要》，号召开展群众性的卫生运动。1934 年成立了中央防疫委员会，中央军委颁布了《暂定传染病预防条例》。抗战时间，各根据地坚持“预防为主”的方针，制定了一系列卫生法律，如陕甘宁边区政府制定的《陕甘宁防疫委员会组织条例》等。解放战争时期，延安总卫生部在 1946 年制定了《工作计划大纲》，广泛发动群众，改善卫生条件，支援革命战争，像《连队工作条例》、《战时卫生勤务条例》都是这个时期制定的卫生法律。这些法律既为赢得战争胜利发挥了重要作用，也为社会主义时期的卫生立法提供了丰富的经验。

新中国成立后，我国卫生法的发展大致经历了三个阶段：第一阶段是起步和初步发展阶段。1949 年到 1956 年是起步阶段。据统计，这一时期，由当时的中央人民政府政务院（后改为国务院）制定发布或批准发布的卫生法有 46 件之多，如《关于严禁鸦片烟毒的通令》（1950 年）、《关于发动秋季种痘的指示》（1950 年）、《传染病管理办法》（1955 年）等，内容包括卫生检疫、职业病防治、医院管理、初级卫生保健、药品管理和食品卫生等方面。1957 年至 1965 年是初步发展阶段。这一时期，国务院发布或批准发布了 31 件卫生法，其中有《国境卫生检疫条例实施规划》、《放射性工作卫生防护暂行规定》、《食品卫生管理试行条例》等。1957 年，第一届全国人大常委会第 88 次会议通过的《中华人民共和国国境卫生检疫条例》是我国第一部由国家最高权力机关颁布的卫生法律，它在我国卫生立法史上占有重要地位。与此同时，卫生部也制定发布了500多件规章和规范性文件。第二阶段是停滞阶段。1966年至1976年的十年动乱，使我国法制建设遭受重大破坏，卫生立法基本处于停滞状态，原有的卫生法律也不能发挥应有的作用。第三阶段是重新发展和繁荣时期。1978年以后，特别是党的十一届三中全会以来，社会主义民主与法制得以加强，卫生立法也受到了应有的重视。1982年通过的《宪法》为新时期的卫生立法提供了根本法的依据。到目前为止，全国人大常委会已颁发近十个卫生法律，国务院发布和批准发布的卫生行政法规有二十多件，卫生部制定发布的卫生规章和其他规范性文件有千余件。此外，各种其他法律、法规和规章中也有不少涉及卫生法的条款，地方人大及政府也制定了一大批地方性卫生法规和规章。总之，卫生法律体系已初步形成。另外，卫生执法队伍建设和卫生执法工作在二十年里也走上了有序的法制轨道，百姓的卫生意识和守法自觉性得到了前所未有的发展。

(三)国际卫生法则的发展

在介绍世界卫生法发展历史时，我们不能不注意到，二次大战以来世界性卫生法则的发展。1948年，世界卫生组织(WHO)成立，它以"全世界人民获得可能的最高水平的健康"为宗旨，进行了一系列卫生立法方面的工作，诸如提供专家咨询、编辑出版刊物、制定卫生相关产品的国际标准等。1969年第二届世界卫生大会正式通过的《国际卫生条例》，就是世界各国开展卫生检疫，防止传染病的国际流行，保障人体健康共同遵循的法则。另外，联合国及其系统组织也都采用各种形式订立与卫生有关的国际条约和国际标准，诸如1971年的《精神药物公约》，1990年的《儿童生存、保护和发展世界宣言》等。另一类跨国卫生立法则是由涉及医疗卫生领域的国际性非政府组织推动的。其中影响较大的是1947年成立的世界医学会(WMH)，它成立至今已制定了一系列世界性医学原则，如1964年规定人体实验原则的《赫尔辛宣言》，1970年关于医学流产问题的《奥斯陆宣言》，1968年关于死亡确定问题的《悉尼宣言》等。1977年第六届世界精神病学大会通过了对精神病人准则的《夏威夷宣言》，1981年在马尼拉召开的第二十四届国际红十字会会议通过了《献血与输血的道德规范》，等等。需要强调的是，国际卫生法则只有经一国承认方能成为该国的卫生准则。

二、卫生法的作用

传统法理学告诉我们，法的作用就是法对社会生活的影响。法本身不具有终极目的性，调整社会生活并使其适合于人类需要的状态才是法的目的。法的作用可以分为两方面：一是人利用法希望实现某种社会状态的作用，称为法的社会作用；二是法对人的行为的作用，称为法的规范作用。卫生法作为法系统中的一个部分，其作用当然也应该从这两方面来考察。

（一）卫生法的规范作用

从总体上来说，卫生法是通过规定禁止性义务（法以禁止性方式规定哪些行为不能做）、积极作为义务（法以积极义务的方式规定哪些行为必须做）和授予权利（法通过授予主体权利，要求与权利主体相对的其他人或国家随权利主体的态度而履行义务，他们或者以不作为即不侵害权利人的权利履行义务，或者以积极作为即按权利人的要求履行义务）这三种基本的规范形式来规范人们的行为，以确保卫生法的社会作用的实现。具体来说，卫生法的规范作用可以概括为指引、预测和评价三种作用。

指引作用是指卫生法对个人行为所起的引导作用。卫生法律规范不仅以上述三种基本的行为模式引导人们在法律范围内活动，还通过对违反卫生法律规范所设义务的人将承担的不利法律后果来指引人们权衡得失，自觉守法。比如《精神药品管理办法》通过对“擅自经营精神药品将被没收全部精神药品和非法收入，并视情节给予相应罚款、停业整顿、吊销许可证的处罚”的规定来引导人们合法经营精神药品。

预测作用是指卫生法能够事先预告人们,他所进行的行为的法律后果以及他人将怎样进行法律行为,从而可以合理安排、适时调整自己的行为。人们的行为选择与预测关系很大,卫生法律能够预测人们在卫生活动中相互的法律行为,从而实现自己的目标。通常,当自己的行为所引起的反应性行为有助于或无害于自己所要达成的目标时,人们倾向于从事这一预定行为;相反,如果自己的行为所引起的反应性行为将阻碍或不利自己所要达成的目标时,人们常会另寻他途。预测作用同时也使人们对法生活产生信任。比如人们通过《合同法》就可预测,合同对方在通常情况下会履行合同义务,即使对方不履行,我方也可以通过仲裁、诉讼获得保障,这在某种程度上可以加强人们的相互信赖,保障社会有序。

评价作用是指卫生法能够使人们对自己和他人的行为作出评价的作用。法的评价作用不同于一般的规范,它重在行为人的外部行为表现、实际效果和行为人责任。人们通过事先对自己预定行为合法与否的评价可以起到警戒或鼓励作用。对他人行为的评价主要有两类:一是专门评价,如法院及法官对人们行为所作的裁判;二是一般评价,即普通主体以舆论形式对他人行为的评价。评价作用能进一步实现保护合法行为、制裁违法犯罪者、警戒企图越轨者、鼓励守法行为人的作用。

(二)卫生法的社会作用

卫生法的社会作用主要体现在两个方面:一是卫生法实现阶级统治的作用,即法在政治统治、思想统治、组织统治、经济统治等方面的作用。在这一方面,卫生法主要是与其他法一起综合为现时的各国统治阶层服务的。二是卫生法实现社会卫生事务管理的作用,其最终的目的是保护人的身体健康和完满的社会适应能力,其总体的功能则是实现卫生秩序、自由、效益和正义。具体说,第一,保护卫生生产和生活的秩序。秩序与无序相对,它指人的社会活动、行为具有一致性、连续性和确定性。卫生法保障市场经济状态下卫生经济和生活的秩序,它保护人的卫生安全,保障财产所有权，提供安全卫生交易规则，调控卫生市场的活动，保障劳动者的生存条件，以文明和公平的法律制度解决卫生纠纷。比如1985年，法国爆发了世界罕见的“输血感染案”丑闻。法国全国输血中心明知拥有的100%的凝血因子被艾滋病毒感染，为牟利，仍将这批血液制品卖给血友病人。结果，2500名受用者中一半感染艾滋病毒，250人不久死亡，因外科手术接受输血而染上艾滋病的更是高达万人以上。据统计，从1881年至1989年，法国因输血感染的各种受害人高达46万之多。这一事例可以说明，为防贪婪自私的人们破坏人体健康，血液卫生领域必须有法可依并且执法必严，以保障卫生秩序和安全。第二，保护卫生生产和生活的自由。卫生自由是人们自主地对卫生行为加以选择和控制的状态，当然必须在法所禁止或要求的行为之外，这是一个无需证明的公理。卫生法对卫生生产和生活自由的保障主要表现在：卫生法要求政府必须在法律授权的范围内干预卫生生产和生活；卫生法要求政府在卫生生产和生活领域是一个积极有为的政府，即应在法定范围内尽最大努力服务于人的健康保护事业；卫生法为人的卫生生产和生活界定了明确的自由范围；卫生法为人的卫生生产和生活自由排除外在的人为障碍并提供制度化的保障机制（比如法院的诉讼机制）。第三，保障卫生生产和生活的效益。效益指由一个给定的投入获得最大的产出，即以最小资源取得最大效果。卫生法对人的健康保障效益的作用主要通过资源配置实现，其具体方法如，通过确认和维护人的健康权，调动人们的生产积极性；通过确立市场经济模式，减少资源浪费；运用合理的分配制度，改革医疗质量；通过举证责任分配制度，加强医疗人员的工作责任心；通过承认和保护知识产权，加快医学科学的进步与发展；通过加强国际卫生交流与合作，早日实现卫生领域的现代化和国际化，等等。第四，保障卫生生产和生活的正义。正义是人类所追求的一种理想状态，简单说就是公平、公道。卫生法对卫生生产和生活正义的保障作用主要体现在下列两方面：一是卫生法对卫生资源、社会合作的利益和负担进行公正的分配。比如允许符合法定条件的私立医院的存在就是卫生资源公正分配的结果；再如，根据贡献大小决定医务人员收入的多少也是一种利益的公平分配。二是卫生法对罪恶和损害进行矫正的分配，它指不管什么人，只要违法损害了别人利益就应受到法律应有的制裁并对受害人给予同等的补偿。这是基于道义和功利的正义，卫生民事诉讼、行政诉讼和刑事诉讼制度旨在实现的就是此类矫正的正义。

第二章 卫生民事法律基本原理

第一节 卫生民事法律概述

一、卫生民事法律的概念和特征

我国民法是调整平等主体的公民之间、法人之间以及公民和法人之间的财产关系和人身关系的法律规范的总称。它是规范商品经济社会的基本法。无论从各国的历史沿革还是现实情况看，凡是存在商品生产和商品交换的社会就需要制定与该社会商品关系本质特征相适应的民法。

卫生民事法律，是指调整平等主体的国家机关、医药卫生预防保健单位、其他企事业单位、社会团体和公民之间，有关医疗卫生的财产关系和人身关系的法律规范的总称。在这种有关医疗卫生的财产关系和人身关系中，双方当事人的地位是完全平等的，每一方当事人既享有一定的权利，又承担一定的义务，而且双方当事人所享有的权利和承担的义务又是对等的。例如，医院有义务向前来就医的病人提供一定的医疗服务，同时享有获得一定经济报酬的权利；病人则有义务向医院支付一定的诊疗费用，并有获得相应的医疗护理的权利。

卫生民事法律具有以下特征：(1)卫生民事法律调整的社会关系发生在国家机关、医药卫生预防保健单位、其他企事业单位、社会团体和公民之间；(2)卫生民事法律调整的社会关系属于上述主体间的财产关系和人身关系，而非其他社会关系；(3)卫生民事法律调整的是平等主体间的财产关系和人身关系，主要是有关卫生的横向经济关系和人身关系，而不是上述主体间的全部社会关系。

二、卫生民事法律的调整对象

(一)平等主体间的财产关系及其特征

财产关系,是指人们在物质资料生产、分配、交换和消费过程中形成的具有经济内容的社会关系,它属于物质的社会关系。财产关系并不都是卫生民事法律的调整对象。卫生民事法律只调整平等主体间发生的有关卫生的财产关系即横向经济关系,这种财产关系一般具有如下特征:(1)这种财产关系的主体处于平等的地位;(2)这种财产关系一般是在自愿的基础上发生的;(3)这种财产关系大都是等价有偿的;(4)这种财产关系与卫生密切相关。上述特征决定了卫生民事法律调整的财产关系的性质和范围。

(二)平等主体间的人身关系及其特点

人身关系,是指与人身不可分离而无财产内容的社会关系,如基于人的生命健康、姓名、肖像、荣誉、名誉、著作、发明等所发生的社会关系。这些关系在卫生民事法律上则表现为健康权、姓名权、肖像权、荣誉权、名誉权、著作权、发明权等权利。但并不是所有的人身关系都由卫生民事法律来调整,它只调整平等主体间有关卫生的人身关系。这种人身关系的重要特点,就是主体处于平等地位。发生于平等的社会成员之间的人身关系,具有平等相待、互相尊重、互不干涉、互不侵犯的特征,因而需要采取民法的原则与方法予以调整,从法律上确认各种卫生人身权利,并要求除权利主体以外的不特定的任何人均负有尊重和不得侵犯的法律义务。

值得指出的是,这里所谓的"平等主体"指的是法律上的平等主体,而不是事实上的平等主体。卫生民事法律上的平等主体,是指主体在发生卫生民事法律关系时,双方的地位是平等的,他们之间不存在行政上的隶属关系及命令与服从的关系,更不是一种强迫与被强迫的关系。他们在参加卫生民事活动时,任何一方不得把自己的意志强加给对方,同时,法律也向双方提供平等的法律保护。他们的权利义务是对等的,例如,患者有获得必要医疗服务的权利，相应地，医方有提供必要医疗服务的义务。

有关卫生民事关系的法律，主要体现在《民法通则》、《消费者权益保护法》、《产品质量法》、《合同法》、《著作权法》、《商标法》、《专利法》和《保险法》、《医疗事故处理办法》等法律法规中。

三、卫生民事法律的基本原则

卫生民事法律的基本原则，是指用以调整卫生民事关系的具有普遍指导意义的准则，它是卫生民事立法的基础，是卫生民事司法的依据，是卫生民事活动的准则。卫生民事法律的基本原则有以下几条：

(一)保护公民身体健康的原则

这是指每个公民都依法享有改善卫生条件并获得基本医疗保健的权利，以增进身体健康，延长寿命，提高生活质量。在我国，人民群众是国家的主人，是一切物质财富和精神财富的创造者，是社会主义现代化建设的主力军。所以，开展卫生工作必须从全体公民出发，保护人体健康，使人人享有卫生保健。这是一切卫生工作和卫生立法的最终目的，也是我国卫生民事法律的基本原则之一。

(二)平等、自愿、等价有偿的原则

《民法通则》第 3 条规定："当事人在民事活动中的地位平等。"第 4 条规定："民事活动应当遵循自愿、公平、等价有偿、诚实信用原则。"平等、自愿、等价有偿之所以成为卫生民事法律的基本原则之一，是由卫生民事法律所调整的社会关系包含财产关系这一特点决定的。在商品交换中，交换双方是以平等的所有者或管理者的姿态出现的，因而这种交换关系的成立就必须是双方自愿的，按照等价有偿原则进行的。商品关系这一特征反映到卫生民事法律关系中，双方当事人的法律地位就应当是平等的。只有这样，才符合商品交换关系的一般规律，这也正是我国《民法通则》特别规定了当事人在民事活动中地位平等的主要依据和立法精神。

(三)公平、诚实信用原则

我国民法要求民事主体在民事活动中，应当遵循公平、诚实信用的原则。这一原则是社会主义道德观念对法律的渗透，也是长期以来市场经济自身形成的行为规范，对我国卫生民事活动具有重要的指导意义。

建立在社会主义公有制基础上的我国卫生民事法律的公平原则，体现了无产阶级的公平观。社会主义公有制，既是我国卫生民事法律公平原则赖以产生的经济基础，又是我国卫生民事法律公平原则得以实施的物质条件。

社会主义经济是在公有制基础上的市场经济，在商品交换过程中，必须要求商品交换的双方做到诚实信用。只有这样才能促进社会主义市场经济的发展，才能保证社会主义现代化建设的如期完成。社会主义制度也为实行这一原则提供了可能性。《民法通则》第4条规定的诚实信用原则，也是同那些不讲诚实、不守信用、破坏社会主义正常经济秩序的不法行为作斗争的法律武器。卫生民事法律中的诚信原则就是要求卫生民事主体在卫生民事活动中维持双方的利益平衡以及当事人利益与社会利益平衡的立法者意志。

(四)遵守法律和国家政策的原则

《民法通则》第6条规定："民事活动必须遵守法律，法律没有规定的，应当遵守国家政策。"这就要求公民和法人以及其他卫生民事主体，在行使卫生民事权利，进行卫生民事活动时，必须遵守国家的法律，自觉维护法律的严肃性。

国家的政策也是国家意志的体现，它与国家的法律一样属于上层建筑的范畴。国家政策是制定法律的依据，是法律的核心和基本思想；法律是国家政策的定型化、规范化。所以，在法律没有明文规定的时候，国家政策就可以在卫生民事活动中起到法律的作用。

(五)尊重社会公德和社会公共利益的原则

《民法通则》第7条规定："民事活动应当尊重社会公德，不得损害社会公共利益，破坏国家经济计划，扰乱社会经济秩序。”我们对这一规定可以概括为尊重社会公德和社会公共利益原则。

社会公德是指在一定社会里占统治地位的道德。我国《宪法》第24条对社会主义的公德明确规定为：“国家提倡爱祖国、爱人民、爱劳动、爱科学、爱社会主义的公德。”这为人们尊重社会公德提出了明确的方向和共同遵守的思想准则。公共利益也称社会利益，是指与社会或社会成员有关的共同利益。对公共利益的侵犯，不仅包括对国家和公共财产或利益的直接损害，而且也包括对国家经济计划的破坏和对正常社会秩序的扰乱。

这一原则对于指引人们讲道德、关心集体、保护公共利益和正确处理财产关系与人身关系，发扬社会主义道德风尚，促进社会主义精神文明和物质文明建设，均有重要的意义。尤其在卫生制度中，由于医疗卫生涉及面广，所以这一原则在卫生民事活动中相当重要。

第二节　卫生民事主体

民事主体是指按照法律的规定能够参加民事法律关系并取得民事权利和承担民事义务的人，即依法享有民事主体资格的人。卫生民事主体，则是指卫生民事法律关系的参加者，亦即在卫生民事法律关系中享有卫生民事权利并承担卫生民事义务的当事人。卫生民事主体是卫生民事法律关系产生的先决条件，是卫生民事客体的占有者、使用者和卫生民事行为的实践者。没有卫生民事主体和卫生民事主体的活动，就不能产生卫生民事法律关系。在卫生民事法律关系中，主体中至少应当有一方是从事与医疗、卫生、药品、食品、保健等有关的单位或个人。

一、卫生民事主体的权利能力

民事权利能力是指民事主体取得民事权利、承担民事义务的资格。只有具备了权利能力，才具有法律上的人格或主体资格，才能作为主体参加民事活动，承担义务并享受权利。

自然人的权利能力始于出生。就何谓出生，存在多种标准，我国采用“活着出生”的权利能力开始的时间标准，但在实际上采用的是“独立呼吸说”。胎儿脱离母体，谓之“出”，脱离母体后胎儿有呼吸谓之“生”。“出”与“生”兼备，则出生者的权利能力就开始了。自然人的权利能力因死亡而终止。但是由于作为医务人员的公民，其行为直接关系到公民的生命健康，因此其主体资格就应当由法律来规定或确认，资格的取得也要经过法定程序。医务人员要成为卫生民事法律关系的主体，必须先取得行医资格。行医资格是取得卫生民事法律关系主体资格的前提，也是医务人员享有医疗权利、履行医疗义务、承担医疗责任的前提。例如，根据《中华人民共和国执业医师法》等法律法规的规定，医务人员要取得权利能力都必须经过国家举行的“医师资格统一考试”。统一考试合格者方能取得执业医师资格或者执业助理医师资格。若要实际从事医疗活动，还必须注册取得执业证书方可。未经医师执业注册取得执业证书的，不得从事医师执业活动。

法人一经成立，就具有权利能力。法人因经营业务范围的不同而权利能力不同。考虑到医疗机构的行为直接关系到公民的生命健康，因此其资格就应当由法律来规定或确认，资格的取得也要经过法定程序。医疗机构要从事医疗活动，必须首先取得执业许可证。执业许可证从申领、审核到核准、发放的过程，既是医疗机构执业资格的取得过程，同时又是医疗机构法律关系主体资格的取得过程，因为有了执业资格才能从事医疗活动，进而成为卫生民事法律关系的主体。医疗机构资格的取得问题实际上可以归结为设置医疗机构的条件问题，认定是否符合条件的法律依据主要是《医疗机构管理条例》、《医疗机构管理条例实施细则》和《医疗机构基本标准》三个法律。设置医疗机构的条件要求：拥有卫生技术人员；注册资金；医疗基础设施、医疗仪器设备和其他物资设备。

二、卫生民事主体的行为能力

民事行为能力是民事主体以自己的行为取得和行使民事权利、承担和履行民事义务的资格。

在我国,18周岁以上的公民是成年人,具有完全的民事行为能力。16周岁以上不满18周岁的公民,以自己的劳动收入为主要生活来源的,也视为完全民事行为能力人。10周岁以上的未成年人和不能完全辨认自己行为的精神病人是限制民事行为能力人,他们只能从事与自己年龄、智力和精神健康状况相适应的民事活动。10周岁以下的未成年人和不能辨认自己行为的精神病人是无民事行为能力人,他们进行的民事活动,应由其法定代理人进行。当然,医务人员的行为能力的资格与他们的权利能力一样也要由法律来规定或确认。

法人的行为能力,包括法人为法律行为和其他合法行为的能力,同时还包括法人对其违法行为承担民事责任的能力。法人的行为能力与权利能力一起发生和消灭,两者开始和终止的时间完全一致,范围也完全一致。

三、卫生民事一般主体

在我国,卫生民事法律关系的一般主体包括国家机关、企事业单位、社会团体和公民、居住在我国的外国人或无国籍的人和来华机构或人员。

(一)国家机关

国家机关在卫生法律关系中,主要是以法律、法令和法规确定卫生法律关系,体现国家改善生活和生产卫生状况,保护人体健康的法律动机以及对卫生活动进行管理的机构。它主要是指卫生行政主管部门。值得指出的是,在卫生民事法律关系中,国家机关不是作为管理者的身份出现的,它与其他卫生民事主体处于平等的地位。

(二)企事业单位

企事业单位根据其所从事的社会分工可以分为卫生企事业单位和一般企事业单位。卫生企业单位包括药品生产厂家、中西药店等;卫生事业单位是指从国家财政拨款取得经费的医疗卫生组织,包括医院、医学院校、防疫站(所)、药检所、血站、急救中心、妇幼保健院(所)和计划生育辅导站等机构。一般企事业单位则是指除上述卫生企事业单位以外的企业和事业单位。卫生企事业单位是卫生民事法律关系中很重要的主体,它们同其他机关、团体、企事业单位、公民发生平等的卫生服务关系。

(三)社会团体

社会团体可分为卫生社会团体和一般社会团体。卫生社会团体如中国红十字会、中华医学会等,它们在卫生民事法律关系中的地位和作用类似于卫生事业单位,为社会提供咨询和卫生医疗服务工作。

(四)公民

公民是指具有本国国籍的自然人。公民作为卫生民事法律关系的主体有两种情况:一种是以特殊身份成为卫生民事法律关系的主体,如执业医师、执业护士、卫生技术人员等;另一种是以普通公民身份参加卫生民事法律关系而成为主体,如医疗服务关系中的病人。

(五)居住在我国的外国人或无国籍的人和来华机构或人员

居住在我国的外国人或无国籍的人和来华机构或人员也可以成为我国卫生民事法律关系的主体。例如,在我国境内卫生医疗机构接受卫生医疗服务的外国人,他们能够参与哪些具体的卫生民事法律关系,以及权利能力范围的大小,由我国有关的卫生民事法律及我国同各国签订的卫生国际条约或国际法公认的准则加以规定。

第三节　卫生民事行为

卫生民事行为，是指基于人们的意志表示并可以发生卫生法律后果的行为。它是卫生民事法律关系产生、变更或消灭的最普遍的法律事实。卫生民事行为包括卫生民事合法行为和卫生民事违法行为。

一、卫生民事法律行为的概念和特征

卫生民事法律行为，简称卫生法律行为，是指卫生民事主体设立、变更、终止卫生民事权利和民事义务的合法行为。大量的卫生民事法律关系的产生、变更和消灭，都是由卫生法律行为引起的。卫生民事法律行为为我国法律所确认和保护。卫生民事法律行为具有民事法律行为所共有的特征：

（一）卫生法律行为以行为人的意思表示为必备要素

社会中的大多数民事法律关系，都是通过人们有意识、有目的的行为即民事法律行为而设立、变更或消灭的。人们要达到自己从事卫生民事流转或设定、变更卫生民事权利义务的目的，就必须把自己要求进行卫生法律行为的内心意思通过一定的行为和方式表现于外部。意思表示这一必备要素，把卫生法律行为同非表意行为或事实行为区分开来。后者如占有、消费自己所有的某一物品的行为，创造文学作品的行为等。在某些情况下，一个意思表示就可构成卫生法律行为，但在多数情况下需要几个意思表示相一致。

（二）卫生法律行为是以产生一定的合法后果为目的的行为

卫生法律行为是卫生民事主体以追求一定的合法后果为目的的行为。这一特征，使卫生民事法律行为同不追求法律后果为目的的行为和卫生违约行为、卫生侵权行为区别开来。

（三）卫生法律行为是一种合法行为

卫生民事行为在内容和形式上必须符合卫生民事法律的要求，或者不违背法律或社会公共利益，它才能受到法律的承认和保护，从而产生行为人所追求的民事法律后果。因此，凡有行为主体不合格，意思表示因欺诈、胁迫、当事人认识上的重大错误等原因而有瑕疵，以合法“目的”掩盖非法目的等情形，卫生民事行为就不能产生当事人预期的法律后果，依法不能具有法律效力或可以加以变更或撤销。

二、卫生法律行为的成立要件

卫生法律行为的成立要件，是指卫生民事行为合法有效所必须具备的条件。当行为人的某一表意行为符合特定法律行为的成立要件时，其行为构成特定的法律行为。当行为人的具体表意行为不符合任何法律行为的成立要件时，在观念上应当视为法律行为不存在。卫生法律行为的成立要件可以分为实质要件和形式要件。

(一) 卫生法律行为的实质要件

1、行为人具有相应的卫生民事行为能力。对于限制民事行为能力人来说，他只能进行与自己的年龄、智力相适应的民事法律行为。对于完全民事行为能力人和法人来说，则只能在其民事权利能力范围内从事相应的民事法律行为。民事主体不具有相应的行为能力，或者超出权利能力范围而为民事行为，都不能发生预期的法律效力。例如，无权经营药品的企业超出其经营范围买卖药品；没有取得医师资格的游医非法行医。

2、意思表示真实。意思表示真实，是指行为人表现于外部的意思与其内心真实意愿相一致。实际上，由于主客观原因，往往会出现二者不一致的情形。属于当事人主观方面原因的，有认识错误、口是心非等。例如，某病人认为一药品能治感冒结果中毒。属于外界客观原因的，有欺诈、胁迫等。例如，美容师欺诈、极力鼓动病者做美容手术。民法从维护民事主体合法权益和社会正常秩序出发，要求行为人对其在正常情况下所作的意思表示负责，同时规定民事行为可以因外界力量的影响或强制而造成的意思表示不真实而无效或变更、撤销，以促进和保障民事主体从事民事活动时能够表达其真实意思。因此，当事人意思表示真实也是卫生民事行为有效的必要条件。

3、行为内容不违反法律或社会公共利益。这是法律的一种弹性规定。民事主体参与民事活动的范围是非常广泛的，而我国民事法律的规定比较原则，而且法律的规定难免有遗漏和过时的情况，有了弹性条款，就可以弥补具体法律规定的不足。在卫生民事行为规避法律、不符合社会关系发展的要求或违反公共道德时，便可据以认定其无效，从而达成个别卫生民事主体的利益和社会利益之间的协调平衡。

（二）卫生法律行为的形式要件

卫生法律行为必须符合法律规定或当事人约定的形式。除法律有特别要求外，卫生法律行为采用何种形式可以由当事人自行协商确定。当法律规定或当事人约定某一卫生法律行为必须采用某种形式时，这种形式就成为该卫生法律行为的形式要件。

1、口头形式。这是指用口头语言进行意思表示，包括当面洽谈、通过电话交谈等方式，这种形式适用于简单的和即时结清的卫生民事法律行为。如一位病人进入医院诊疗，一般不会用书面形式签订医疗服务合同。

2、书面形式。这是指有文字记录的意思表示，包括一般书面形式和特殊书面形式。一般书面形式，是指卫生民事活动中记载当事人意思表示内容的合同书、信函、电传电报等，这些形式不需经过行政机关或司法机关的审核认可。特殊书面形式，则是指依法或由当事人自愿提交有关行政机关或司法机关审核认可或登记公告的书面形式，因而其信用和证明力较高。特殊书面形式包括公证、签证、审核批准、登记、公告等形式。由于书面形式对权利义务的记载明确，便于当事人履行义务、行使权利和发生纠纷时的处理，因而适合于标的金额较大和较为复杂的卫生民事法律行为。

3、默示形式。这是指不是通过行为人用语言文字所明确表达的意思，而是通过其一定的作为或不作为所推断出来的行为人的意思表示。如医疗保险合同中的保险人在保险合同期满后继续收取投保人所支付的保险费，可以视为其同意续约，这是作为（积极）的默示；又如某人知道他人以其名义为卫生法律行为而不作否认表示，应视其同意该他人代理其为卫生法律行为，这是不作为（消极）的默示。

三、无效卫生民事行为和违法卫生民事行为

无效的卫生民事行为是指不具备卫生民事法律行为有效要件的卫生民事行为，包括确定无效的卫生民事行为和可撤销、可变更的卫生民事行为。卫生民事行为无论是被确认无效，还是被撤销或者变更，都是从行为开始起无效。卫生违法行为是指卫生民事主体实施卫生民事法律规范所禁止的、侵犯他人合法权益的行为，包括卫生违约行为和卫生侵权行为。如制售假药，造成他人死亡或中毒。卫生民事违法行为不能产生行为人预期的法律后果，是无效行为并被法律所禁止，同时必须承担法律责任。

（一）确定无效的卫生民事行为

确定无效的卫生民事行为，是指不具备卫生法律行为的有效要件，从行为时起就当然无效的卫生民事行为。这类行为属于绝对无效的民事行为，根据《民法通则》第58条的规定，它主要有：(1)无卫生民事行为能力的人实施的卫生民事行为；(2)限制卫生民事行为能力的人实施依法不能由其独立实施的卫生民事行为；(3)一方以欺诈、胁迫的手段或者乘人之危，使对方在违背真实意思的情况下所作的卫生民事行为；(4)恶意串通，损害国家、集体或者第三人利益的行为，如医疗机构的药品采购员与供货方恶意串通，收受回扣而为该医疗机构购进质次价高的药品；(5)违反法律或者社会公共利益的行为；(6)违反国家指令性计划的经济合同；

(7)以合法形式掩盖非法目的的卫生民事行为,这是一种规避法律的行为,如以赠与药品的形式掩盖私自买卖杜冷丁的非法行为。

(二) 可撤销、可变更的卫生民事行为

可撤销、可变更的卫生民事行为,是指行为人享有撤销权或变更权,可以请求人民法院或者仲裁机构予以撤销或者变更的卫生民事行为。这种行为不是当然无效,如果不经撤销或变更,它就是有效的,所以属于相对无效的民事行为。根据《民法通则》第 59 条的规定,它主要有以下两种:(1)行为人对行为内容有重大误解的卫生民事行为。例如,把过期的化妆品当作正常的来使用。(2)显失公平的卫生民事行为。这是指行为所确定的权利义务严重违背等价有偿和公平的原则,对一方明显有利而损害了另一方的合法权益。

(三) 卫生违约行为

卫生违约行为是指合同当事人违反有关卫生合同债务的行为。卫生违约行为通常表现为拒绝履行、不履行、迟延履行或不当履行等形式。卫生违约行为只能在特定的卫生民事关系中才能产生。卫生违约行为发生的前提是当事人之间已经存在着卫生合同关系,卫生违约行为具有以下几个特征:(1)卫生违约行为的主体是卫生合同关系中的当事人;(2)卫生违约行为在性质上违反了卫生合同义务;(3)卫生违约行为在后果上都导致了对卫生合同债权的侵害。例如,药品买卖合同中,一方当事人延期交货,属于违约行为。

(四)卫生侵权行为

卫生侵权行为,是指行为人不法侵害他人的卫生财产权利或人身权利的行为。根据我国《民法通则》以及有关法律法规的规定,卫生侵权行为一经发生,受害人有要求加害人赔偿其财产损失或身心损害所带来的经济损失的权利,加害人则负有赔偿这种损失的义务。卫生侵权行为具有如下特征:(1)卫生侵权行为是侵害他人卫生权利的行为,如侵害他人的健康权;(2)卫生侵权行为的侵害对象是财产权和人身权等绝对权利;(3)卫生侵权行为是基于行为人的过错而实施的行为;(4)卫生侵权行为是承担卫生民事侵权责任的根据。

在卫生民事法律关系中,医疗事故侵权是常见的卫生侵权行为。医疗事故侵权行为是产生医疗事故赔偿责任的主要依据。它是指医疗单位或医务人员违反规章制度、诊断护理常规等,不法侵害病员生命健康权利的失职行为。其具体表现方式可以多种多样,如误诊、漏诊、开错药方、滥用药品、擅离职守等。由于医疗侵权行为造成病员死亡、残废、功能障碍或者其他不良后果的,医疗单位与医务人员就应当依法承担赔偿责任,即医疗侵权责任。

第四节　卫生民事权利

卫生民事权利是卫生民事法律为保障卫生民事主体实现某种利益的意思而允许作出或者不作出一定卫生民事行为以及要求他人相应作出或不作出一定卫生民事行为的界限。如在卫生民事法律关系中,患者有权获得必需的医疗服务,有权对服务者的服务质量进行监督,对医疗事故有权提出追究法律责任并获得经济补偿,但同时有义务支付医疗费用;医疗卫生服务机构有义务为对方提供医疗服务,同时又享有获得相应报酬的权利。

一、卫生民事基本权利

(一)物权

物权是民事主体依法对特定的物进行管理支配并享有物质利益的排他性财产权利。物权具有其自身的一些特征,具体表现在:物权是绝对权;以物为客体;具有独占性;具有追及权和优先权。与卫生民事法律关系有重要联系的是财产所有权和相邻权。

1、财产所有权。我国《民法通则》第71条规定:“财产所有权是指所有人依法对自己的财产享有占有、使用、受益和处分的权利。”根据该定义和所有权的排他性，可以得知所有权具有以下权能：占有权能，使用权能，受益权能，处分权能，排除他人干涉、妨害的权能。如，由于饲料加工厂的产品在卫生质量上不合格，致使公民饲养的肉猪死亡，饲料厂就侵犯了该公民的财产所有权。

2、相邻权。相邻权，是指两个或两个以上互相毗邻的不动产所有人或占有人，因为对各自所有的或占有的不动产行使所有权或占有权时，相邻各方相互间应当给予便利和接受限制而发生的权利义务关系。相邻权具体要求相邻人在排放废水、废渣、废气时，必须严格执行国家的环境保护法及卫生法，不得超过规定的卫生排放标准，影响邻人的生产和生活。相邻一方在修建厕所、粪池、污水池或堆放腐朽物、有毒物、垃圾的时候，应当与邻人生活居住的建筑物保持一定的距离，或采取相应的防范措施，防止空气污染，以免影响邻人的生产和生活。相邻一方造成的噪音、粉尘超过国家规定的卫生标准的，或散发的异味致人损害的，应当责令其停止损害并赔偿损失。

(二)债权

我国《民法通则》第 84 条规定：“债是按照合同的约定或者依照法律的规定，在当事人之间产生的特定的权利和义务关系。”债和所有权或所有权关系相提并论时，也称债权或债权关系。民法上的债权，泛指某种特定的权利和义务关系。在这种民事法律关系中，一方享有请求他人为一定行为或不为一定行为的权利，而他人则负有满足该项请求的义务。享有权利的一方称债权人，负有义务的一方称债务人。卫生民事权利中的债权同其他民事权利的债权一样，它的发生必须以一定的法律事实为根据。根据我国《民法通则》以及有关法律规范的规定，在我国，能够引起卫生民事法律关系的债权发生的法律事实即卫生债权的发生根据，通常认为是以下几类：

1、合同。任何一种民事合同的成立，都意味着当事人之间发生债的关系。因此，合同行为是引起债权债务关系发生的最主要、最普遍的根据。

与卫生民事权利有关的合同主要有以下几类：(1)医疗服务合同。医疗服务合同在订立、内容、履行、违反合同的责任等方面，都具有民事合同的一般属性。它是指医院与患者之间就患者疾患的诊察、治疗、护理等医疗活动形成的意思表示一致的民事法律关系。病人在医院挂号就是要约，医院挂号处收取挂号费，向病人交付挂号单，便是医院对病人的承诺。按照医疗服务合同的要求，如果医院一方在医疗过程中，因医护人员的过失，造成医疗事故或者医疗差错，损害患者的健康甚至造成死亡后果，属于违约行为，应当承担违约责任。(2)医疗保险合同。医疗保险一般有两种类型：一是由国家强制推行的社会保险；二是商业医疗保险。参加商业医疗保险应当签订医疗保险合同。(3)买卖合同。买卖合同是出卖人转移标的物的所有权于买受人，同时买受人支付价款的合同，如有关药品、食品和化妆品的买卖合同。(4)赠与合同。赠与合同是赠与人将自己的财产无偿给予受赠人，受赠人表示接受赠与的合同，如向灾区赠与药品或医疗设施。(5)技术合同。技术合同是当事人就技术开发、转让、咨询或者服务而订立的确立相互之间权利和义务的合同，如医疗科研机构就有关医疗设施的专利进行转让所签订的合同。

2、侵权行为。侵权行为也是我国较为普遍的债权发生根据。因侵权行为而产生的债，传统民法上称为“侵权之债”，在我国，习惯上称为“致人损害之债”。侵权行为之债是一种较为普通的债，具有如下特征：(1)侵权行为之债的债务人所负的是一种民事责任；(2)侵权行为之债的债务人所负的责任主要是一种财产责任；(3)侵权行为之债主要是针对侵犯所有权和人身权而设立的一项民事法律制度。在卫生民事法律关系中，常见的是医疗侵权之债。由于医疗侵权行为造成病员死亡、残废、功能障碍或者其他不良后果的，医疗单位与医务人员就应当依法承担赔偿责任，病员就享有债权。

（三）知识产权

知识产权，是指人们依法对其智力创造的成果享有的专有权。“专有权”包括财产权和人身权。知识产权是一种民事权利，因为权利人可以在法律规定的范围内，按照自己的意愿行使权利，在平等的基础上与他人发生权利义务关系。知识产权是人们对无形财产所享有的权利，它不同于一般的有形财产权，具有以下特征：无形性；确认性；专有性；地域性；时间性。

1、卫生著作权。卫生著作权，是指法律赋予卫生著作权人对其有关卫生的作品享有的专有权利，即作者及其他著作权人对卫生作品所享有的人身权利和财产权利的总称。卫生著作权的主体，亦称卫生著作权法律关系的主体或卫生著作权人，是指依著作权法对卫生作品享有著作权的人。公民、法人或非法人单位、国家都可以成为卫生著作权的主体。卫生著作权主体对自己的作品享有以下权利：

第一，卫生著作人身权。卫生著作人身权，又称卫生著作精神权利，是指作者对其卫生著作所享有的各种与人身相联系而又无直接财产内容的权利。具体包括：发表权，如医疗科研人员利用出版、广播、讲授等方式在一定范围内使特定的对象感知到自己的有关卫生医疗方面的著作；署名权，如在卫生著作上署上自己的姓名；修改权，如对卫生著作进行删节、充实、改写等；保护作品完整权，如药品的产品说明书受著作权法保护，未经著作权人同意，他人不得篡改。

第二，卫生著作财产权。卫生著作财产权，是指著作权人享有的因他人使用其卫生著作而获得报酬的权利，具体包括：复制权，发行权，展览权，表演权，播放权，电影、电视、录像摄制权，演绎权。例如，未经著作权人的同意，以印刷方式大量复制药品说明书和标签，复制方就是侵权人。

使用他人卫生著作应当同著作权人订立著作权许可使用合同。未经卫生著作权人许可，又无法律上的根据，擅自使用他人享有著作权的卫生著作，是著作权侵权行为，例如，药品检验药物研究所擅自出版他人医疗卫生翻译作品。卫生著作权侵权行为主要表现形式有：未经著作权人同意，发表使用其卫生作品；剽窃、抄袭他人卫生作品；没有参加创作而在他人卫生作品上署名；使用他人卫生作品而未支付报酬；未经合作作者许可，将与他人合作创作的卫生作品当作自己单独创作的作品发表；出版他人享有专有出版权的图书；未经许可，复制发行他人制作的录音录像制品等行为。侵犯他人卫生著作权的，应当承担相应的民事责任。

2、卫生专利权。卫生专利权，是指由国家专利主管机关依法授予卫生专利的申请人在一定期限内实施发明创造的专有权。申请专利的卫生作品应当具备新颖性、创造性和实用性的条件。

卫生专利权具有以下内容：(1)独占权，是指专利权人有自己制造、使用和销售卫生专利产品或者使用卫生专利方法的权利，他人未经专利权人同意，不得支配其专利；(2)转让权，是指专利权人有权将卫生专利的所有权或持有权，通过签订转让合同的方式转让给他人，例如，专利权人将“多功能喉咙探测镜”这一实用新型专利转让给医疗设备生产厂家；(3)许可权，是指专利权人有权许可其他单位或个人制造、使用、销售其卫生专利产品，使用其卫生专利方法；(4)进口权，是指专利权人有权禁止他人未经其许可进口与其卫生专利产品相同的产品或进口依其卫生专利方法可直接获得的相同的产品；(5)标记权，是指专利权人有权在卫生专利产品的包装上标明专利号和专利记号；(6)排除侵犯权，是指专利权人在自己的卫生专利权受到侵犯时，有请求专利管理机关进行处理或者直接向人民法院起诉的权利；(7)放弃权，是指专利权人通过向专利局提出书面申请或以不缴年费的方法放弃其专利权。放弃专利权，实际上是专利权人对其专利权的一种处分。

对于卫生专利的侵权行为，专利权人或者利害关系人可以请求专利管理机关处理，也可以直接向人民法院起诉。对非专利产品冒充专利产品的，或者非专利方法冒充专利方法的，专利管理机关有权责令行为人停止冒充行为，公开更正并处以罚款。

3、卫生商标权。卫生商标权又称卫生商标专有权，是指商标注册人对其注册的卫生产品的商标所享有的权利。卫生商标权的主体，即卫生商标专有权人，是指注册商标的所有人，可以是单位也可以是个人。由于卫生产品，如药品，其质量的好坏，作用的大小，直接关系到人民身体健康和生命安全，因而根据《药品管理法》规定，药品必须使用注册商标。

卫生商标专用权是个集合概念，具体内容包括三项权利：独占权，是指卫生产品的商标的专用权，它和物一样，具有绝对的、排他的权利性质；转让权，是指商标注册人有权将其卫生产品的商标权转让给他人所有；使用许可权，是指商标注册人有权通过订立合同的方式，允许他人使用其卫生产品的注册商标。

卫生产品注册商标的所有人对其所有的注册商标，享有独占的使用权，未经其许可，任何人都不准在同一卫生商品或者类似卫生商品上使用与其注册商标相同或者近似的商标。当事人侵害了注册商标的专用权时，注册商标专用权人有权采取保护措施，可以请求工商行政管理部门予以行政保护，也可以直接请求人民法院给予司法保护。卫生商标侵权行为一般有以下几种：未经注册商标权人的许可，在同一种卫生商品或者类似卫生商品上使用与其注册商标相同或者相似的商标。销售明知是假冒注册商标的卫生商品的。伪造、擅自制造他人注册商标标识或者销售伪造、擅自制造的注册商标标识的。给他人的注册商标专用权造成其他损害的，具体包括：经销明知或者应知是侵犯他人注册商标专用权卫生商品的；在同一种或者类似的卫生商品上，将与他人注册商标相同或者近似的文字、图形作为卫生商品名称或者卫生商品装潢使用并足以造成误认的；故意为侵犯他人注册商标专用权提供仓储、运输、邮寄、隐匿等便利条件的。

4、其他知识产权。(1)卫生发明权。卫生发明权，是指人们因在卫生科技领域取得重大新成就而依法享有的取得荣誉证书、奖金或者其他奖励的权利。例如,获得有关医疗设施、医疗器械等发明权的集体或个人,依法可以取得发明证书和奖章,这是其人身权利;财产权利则为获得奖金。(2)卫生发现权。卫生发现权,是指人们因阐明卫生自然现象、特征或规律等重大科研成果而依法享有的取得发现证书、奖金或其他奖励的权利。获得卫生发现权的集体或个人,依法可以取得发现证书和奖章,这是其人身权利;财产权利则为获得奖金。(3)卫生科学技术进步成果权。如在推广、应用已有中医成果工作中,作出创造性贡献并取得重大经济效益或者社会效益。(4)合理化建议和卫生技术改进成果权。如在药品工艺和试验、检验方法,医疗安全技术、卫生技术等方面的改进,工具、设备、仪器、装置的改进,科技成果的推广,引进技术、进口设备的消化吸收和革新。

(四) 人身权

人身权是指民事主体依法享有的与其人身不可分离的没有财产内容的民事权利。与其他民事权利相比较,人身权有以下法律特征:第一,人身权与权利主体的人身紧密相联。人身权的客体是人的精神上、身体上、道德上的利益或幸福,它存在于权利主体的人身,是权利主体人身不可缺少的内容。第二,人身权没有直接财产内容。人身权是关系人身的权利,难以用金钱去衡量,而且只能从社会道德观念去评价,所以对人身权本身静态地去考察,不具有财产内容。第三,人身权具有专有性。人身权只能由特定的人享有和支配,未经法律特别许可,既不能转让,也不能继承。

卫生人身权的内容很多,包括:隐私权。如某计划生育委员会为了拍摄有关计划生育的宣传电影片,未经同意到医院拍摄分娩过程,虽然避免拍到孕妇脸部,没有侵犯他人的肖像权,但仍然侵犯了公民的隐私权。肖像权。如医务人员未经他人同意,在公开出版的文章上利用了他人的脸部肖像作为病例。名誉权。如医疗单位对病人的病症无根据地诊断为艾滋病病毒感染,在社会上造成不良影响。

但是，与医疗卫生的关系最密切的是公民的生命健康权。它是公民生命权和健康权的统称，是指公民依法享有的，禁止他人侵犯自己生命和健康的民事权利。司法实践中，侵害生命、身体和健康权的违法行为主要表现为：第一，侵害生命权，即非法剥夺他人生命。如医疗单位违反药品管理法，造成患者药品中毒死亡。第二，侵害身体权，即因直接伤害行为或者不履行法律规定的义务而伤害公民身体完整。如因诊疗护理过失使病员病情加重，导致病人残废。第三，侵害健康权，即违反环境保护法或者违反相邻关系等有关法律准则，以药品、污染物、噪音等损害他人健康。如公民在输血时感染甲肝病毒。

卫生民事法律对人身权的保护主要是通过对侵犯人身权的行为人适用民事责任的手段实现的。根据《民法通则》及相关法律法规的规定，侵犯公民卫生人身权造成物质损害的，主要适用赔偿损失责任方式。其中侵害公民身体造成伤害的应当赔医疗费、因误工减少的收入、残废者生活补助费；造成死亡的，应当支付丧葬费、死者生前扶养的人必要的生活费等。侵犯公民人身权造成精神损害的，应当适用停止侵害、赔礼道歉等责任方式，但同时也兼用赔偿损失的责任方式。

二、其他法律法规有关卫生民事权利的规定

知情权。《消费者权益保护法》规定，消费者有权了解商品和服务的有关信息。具体到医患关系中，患者有权了解自己所患的疾病，包括诊断、处理、治疗及预防等方面的情况，并有权要求作出通俗易懂的解释；有权知道处方上的内容；出院时有权索要处方副本；有权查看医疗费用；有权知道医院职工姓名；有权知道医疗处理后的后果。特别是在发生医疗纠纷时，应当允许病人取得处方、病历、记录、报告等医学文书的复印件。病人提出申请后，也应当有权在医患双方在场的情况下封存上述医学文书和资料。进入纠纷解决、行政处理或诉讼阶段，应当允许病人委托的律师、医学专

家查阅这些医学文书和资料。因为医学文书与病人的切身利益有直接关系，况且这些文书是诊治过程的真实记录，除了出于保护医疗需要外，实在没有向病人保密的必要。充分保证病人的知情权，对消除医患双方分歧，公平、公正解决医疗纠纷是有积极意义的。而对于医师来说，知情权主要表现在医师有权知悉病人病史、病情的权利。

选择权。《消费者权益保护法》规定，消费者有权根据自己的意愿自主地选择其购买的商品及接受服务。具体来说，消费者有权根据自己的意愿和需要选择医疗卫生商品和医疗服务，其他人不得干涉；消费者有权自主地选择作为其交易对象的经营者或医疗机构，任何经营者或医疗机构不得强迫消费者接受其提供的医疗卫生商品或医疗服务；消费者有权对经营者经营的医疗卫生商品或医疗机构提供的医疗服务进行比较、鉴别、挑选，购买或接受自己满意的医疗卫生商品或医疗服务。

同意权。1994年国务院发布了《医疗机构管理条例》，在这一条例中首次确立了病人的“同意权”，即医疗机构施行手术、特殊检查或特殊治疗时，必须征得患者的同意，并取得其家属或者关系人同意并签字等。病人有权拒绝非治疗性活动。

诊断权。依照《执业医师法》第21条的规定，医师享有在注册的执业范围内，进行医学诊查……，选择合理的医疗、预防、保健方案的权利。

第五节　卫生民事责任

一、卫生民事责任的概念和特征

卫生民事责任，是指医疗机构和卫生工作人员或从事与卫生事业有关的机构违反法律规定侵害公民的健康权利时，应向受害人承担损害赔偿的责任。

卫生民事责任具有以下一些特征:(1)卫生民事责任是因违反卫生民事义务而应依法承担的法律责任。民事义务是由法律规定或由民事主体约定的一种作为或不作为,民事责任则是对违反民事义务人的一种制裁,因此,违反卫生民事义务是承担卫生民事责任的前提,而卫生民事责任是违反卫生民事义务的法律后果,是卫生民事义务法律效力的表现。(2)卫生民事责任主要是一种财产责任。(3)卫生民事责任是加害人向受害人承担的一种法律责任。这是由民事法律关系当事人的法律地位平等所决定的。为了维护民事法律关系的平等性,法律要求加害人承担不利后果,以恢复或弥补被破坏了的平等关系,使加害人向受害人承担民事责任。(4)卫生民事责任的范围与损害的形式和大小相适应。(5)卫生民事责任是一种法律制裁。这是民事责任强制力的表现,它能起到约束和教育违法行为人和保证人们的民事权利不受侵犯的作用。

二、卫生民事责任的构成要件

构成卫生民事责任,除行为人应具有民事行为能力之外,同时还必须具有以下四个要件:

第一,必须有违反卫生民事法律的行为存在。只有当行为人以作为的方式违反了卫生民事法律中禁止性规定,或者以不作为的方式不履行卫生民事法律中义务性规定,才构成违反卫生民事法律的行为,行为人才应该承担卫生民事责任。例如,医务人员借故推诿病人、贻误抢救时机就是以不作为的方式不履行医务人员治病救人的义务。如果行为人的行为不具有违法性,或者违反的是其他法律,则不应以违反卫生民事法律行为论处。例如,医务人员在特定条件下采取的抢救行为,它虽然损害了病员一定的合法权利,造成了一定的人身损害,但它的目的是为了病员尽快脱离危险,保护其生命和健康权利,只要它完全符合实施抢救行为的必备条件,没有超过必要的损害限度,这不仅不是违反行为,反而是法律所允许和支持的合法行为。

第二，必须有损害事实的存在。卫生法所称的损害事实，是指在卫生活动中的医疗事故、在生产经营药品和食品过程中的药品中毒事故、食品中毒事故或其他食源性疾患或财产损失。例如，《食品卫生法》第 39 条规定：“违反本法，造成食物中毒事故或者其他食源性疾患的，应当负损害赔偿责任。受害人有权要求损害赔偿。”《药品管理法》第 56 条规定：“违反本法，造成药品中毒事故的，致害单位或者个人应当负损害赔偿责任。”

第三，违法行为与损害事实间要有因果关系。所谓因果关系，是指违法行为与损害事实之间具有必然的联系。卫生民事违法行为与损害事实之间的因果关系在通常情况下不难判断，但有时也会遇到比较复杂的情况，这就要认真地对客观事实进行科学分析，实事求是地研究行为与损害结果间是否存在着符合规律的必然联系。例如，在诊疗护理过程中发生了病员死亡或残废等不良后果，我们可以从结果出发来寻找原因，并以此为据进一步确定谁应对此结果承担责任。如果医务人员的行为与不良后果之间没有因果关系，而是由于病情或病员体质特殊而难以预料和防范，或者是由于难以避免的并发症发生，或者是由病员及其家属不配合诊治为主要原因而造成，则医院对不良后果不承担责任。

第四，行为人除法律已有明确规定之外，在主观上要有过错。行为人必须在主观上对自己的行为及其所致损害确有过错时，才承担民事责任，这在归责理论上称为过错责任原则。例如，医疗工作的服务对象是有生命的人，由于病人的体质各有差异，即使同一种疾病的症状表现也各不相同，采取同一的治疗措施可能会得到不同的结果，而且每一种治疗手段都有一定的风险。如果不考虑医务人员主观上是否有过错，一经出现病人死亡或残废等不良后果就追究其责任，必然造成他们不敢也不愿对病人治疗，出现疑难病症拒之门外、危重病人往上推、有病难求医、医家求无过的局面，这样不利于支持和鼓励医务人员放手大胆地工作，也不利于及时有效地保护病人的生命健康权利。因此，医疗事故处理办法明确规定，在诊疗护理过程中出现病人死亡、残废、组织器官损伤导致功能障碍，只有当医务人员具有诊疗护理过失时，才能以医疗事故追究其民事责任。在某些特定情况下，当行为人造成了他人财产、人身损害，即使主观上没有故意或过失的心理状况，只要法律有明确规定，也应承担民事责任，这在归责理论上称为无过错责任原则。例如，《民法通则》第122条和《产品质量法》所规定的产品质量不合格造成他人损害的责任问题就适用该原则。根据这些规定，食品和药品生产经营者，其产品质量不合格，造成中毒事故，致使他人遭受财产或人身损害，不论有无过错，应该依法承担损害赔偿责任。再如，在产品储运中造成食品污染的；利用渗井、渗坑、裂隙和溶洞排放、倾倒含病原体的污水、含有毒污染物的废水和其他废弃物的；向海域排放含强放射性物质的废水或含传染病原体的医疗污水和工业废水而造成他人损害，即使没有过错，也应当依法承担损害赔偿责任。

三、卫生民事责任的主要形式

卫生民事责任的主要形式有：赔偿损失、停止侵害、排除妨害、消除危险、赔礼道歉、消除影响和恢复名誉等方式。停止侵害是指行为人正在实施卫生侵害行为，受害人有请求其停止或请求人民法院加以制止，以避免损害后果的发生或扩大的权利。排除妨害是指权利人行使权利时受到已经发生和现实存在的不法阻碍或妨害的，有权请求加害人排除或请求人民法院强制排除，以使权利得以行使的措施。消除危险是指行为人的行为对他人人身或财产具有某种危险时，他人有权请求消除那些已经存在或正在发生的危险。例如，由于医务人员的粗心大意，导致纱布遗留病人体内，病人有权请求医院或医务人员消除危险。赔礼道歉是指法院依法责令侵权人向受害人承认其侵权行为，诚恳认错并表示歉意的民事责任方式。如未经孕妇同意进行引产，除赔偿孕妇的财产损失和精神伤害外，应当进行赔礼道歉。消除影响和恢复名誉是指公民和法人的人格受到不法侵害时，有权请求加害人或诉请人民法院强制加害人在影响所及范围内，用公开认错、辟谣等方式消除受害人因此而受到的不利影响，以恢复其受损的名誉的民事责任方式。但在诸多卫生民事责任的形式中最常见的是赔偿损失。

赔偿损失，是指行为人因违反合同或者侵权行为而给他人造成损害，应当以其财产赔偿受害人所受的损失。其目的在于弥补受害人因卫生民事违法行为所遭受的财产损失和人身伤害。例如，违反食品卫生法，造成食物中毒事故或其他食源性疾患（即消费者摄入食物而直接导致的疾病）的或者因其他违反食品卫生法行为给他人造成损害的，应当依法承担民事赔偿责任。违反药品管理法，造成药品中毒事故的，致害单位或者个人应当负担赔偿责任。违反化妆品卫生监督法规，造成人体损伤或者发生中毒事故的，有直接责任的生产企业和经营单位或者个人，对受害者承担赔偿责任。基于医疗事故既给患者带来精神和肉体的痛苦，也给患者带来了健康和财产的损失的角度考虑，医疗事故处理办法规定，因医疗事故造成病人人身伤残或死亡的，受害人及其家属有权要求损害赔偿，包括医疗费、误工工资、残废者生活补助费等。例如，湖北省武汉市中级人民法院就对一起医疗事故赔偿案作出了一审判决，判令被告湖北省人民医院赔偿一对龙凤胎人民币 383 万元。

四、卫生民事责任的抗辩事由

卫生民事责任抗辩事由，是指不履行合同或发生侵权行为，致使他人的财产或人身权利受到损害的人，由于有不可归责的事由，法律不要求其承担民事责任。法律规定可以免除卫生民事责任的情况有以下几种：

第一，不可抗力和意外事件。它是指不能预见、不能避免并不能克服的客观情况。因不可抗力不能履行合同或者造成他人损害的，不承担卫生民事责任。如医疗事故是由于医疗人员无法预料的原因造成的，或者根据实际情况无法避免的医疗损害后果，构成医疗意外,应当免除赔偿责任。

第二,因受害人自己的故意或重大过失而造成损害。如在诊疗过程中,如果病员及其家属不配合治疗,说明受害病员一方在主观上有过错。按照过失责任原则,如果损害后果完全是由于病员及其家属不配合治疗造成的,则应当免除医疗单位或医务人员的赔偿责任。

第三,因紧急避险造成他人损害的,只要行为人的行为并无不当,没有超过必要的限度,就不应承担民事责任。例如,某病人股动脉完全断离而大出血,医务人员为了保全病人的生命而对他进行截肢。紧急避险的成立具有一定的条件:必须是在确实存在严重危险并且别无选择的情况下采取的行动;所损害的利益必须小于被保全的利益;采取措施必须得当。

第三章 卫生行政法基本原理

第一节 卫生行政法概述

一、卫生行政法的概念

卫生行政法是指以卫生行政关系为调整对象的各种行政法律规范的总称。具体而言,它是指有关卫生行政的主体、权限、行为、程序、违法、责任及救济的法律规范的总称。卫生行政法既不同于卫生民法、卫生刑法,也不同于交通行政法、环境保护行政法等其他部门行政法。对卫生行政法含义的把握应注意如下几点:

第一,从表现形式上看,卫生行政法是各种卫生行政法律规范的总称。卫生行政法律规范是由国家制定的旨在调整卫生行政关系的规则。在我国,这些规则散见于宪法、法律、法规、自治条例、单行条例、行政规章和我国参加或签订的国际条约和协定之中,如,《中华人民共和国药品管理法》(1984 年 9 月 20 日发布)、《公共场所卫生管理条例》(1987 年 4 月 1 日发布)、《保健食品管理办法》(1996 年 3 月 15 日发布)等 。卫生领域行政事务的复杂性、广泛性、易变性使表现形式的分散性成为卫生行政法的一个突出特征。

第二,从调整对象看,卫生行政法是调整卫生行政关系(包括监督卫生行政关系)的法。卫生行政关系是国家卫生行政机关及被授权行使卫生行政权的组织在履行行政职能和被监督过程中发生的各种社会关系。它既包括卫生行政机关之间、卫生行政机关与公务人员之间的关系,又包括卫生行政机关与被管理一方之间的关系,还包括得到授权的非行政机关组织在行使行政权和被管理监督过程中与上述主体发生的关系。调整对象是区分卫生行政法与其他部门行政法、卫生民法及卫生刑法的主要着眼点。

第三,从内容上看,卫生行政法既有管理管理者的行政组织法,也有规范卫生行政管理活动的卫生行政行为和行政程序法,还有监督卫生行政管理者及其活动并对受害者进行救济的卫生行政监督和行政救济法。

第四,从法律体系上看,行政法是宪法之下的一大法律部门,卫生行政法是一个重要的部门行政法。行政法的基本制度和基本精神对卫生行政法的制定和实施具有指导和规范作用。

第五,卫生行政法具有鲜明的专业性和技术性。卫生行政法以保护公民的健康权为宗旨,需要运用自然科学知识和现代科技手段,卫生行政法的许多内容是依据医学、生物学、卫生学、药物学等自然科学的基本原理、研究成果制定的,其中,直接关系到生命健康安全的科学工作方法、程序、操作规程、卫生标准等被确定为技术法规,例如,食品卫生标准、药品标准等均体现出极强的技术规范性。

二、卫生行政法的基本原则

(一)卫生行政法基本原则的概念

卫生行政法的基本原则是指效力贯穿于卫生行政法的制定、修改、废除、实施、监督等全部过程的根本规则。

卫生行政法基本原则不同于具体的卫生行政法律规范。前者在效力层次上比后者高。卫生行政法律规范必须与卫生行政法基本原则相一致,其内容必须体现卫生行政法基本原则的精神。卫生行政法基本原则又离不开具体卫生行政法律规范。没有后者,前者则因失去表现形式而无法被反映出来。

(二)卫生行政法基本原则的作用

1、卫生行政法基本原则有助于我国卫生行政法制的统一、协调和稳定。虽然卫生行政法律规范在内容上具有广泛性和复杂性,在形式上具有分散性,但卫生行政法律规范体现的基本精神是统一的;尽管卫生行政法律规范具有易变性,但相对多变的卫生行政法律规范体现的基本原则是稳定的。

2、卫生行政法基本原则有助于我们准确地理解和适用法律条文。卫生行政法基本原则贯穿于所有的卫生行政法律规范之中,指导和统率着所有的卫生行政法律规范。因此,深刻地把握卫生行政法基本原则,有助于我们认识卫生行政法的实质。

3、卫生行政法基本原则是对卫生行政法条文适用上的一种补充。卫生行政法基本原则与卫生行政法条文是统率与被统率的关系,具体条文不得与卫生行政法基本原则相抵触。卫生行政法基本原则具有法律意义,在个案处理过程中,有具体条文的应适用具体条文,没有具体条文的,也可直接适用卫生行政法基本原则。

(三)卫生行政法基本原则的内容

1、从行政权这一视角出发,卫生行政应符合法治的要求,即,卫生行政法治构成卫生行政法的基本原则。卫生行政法治原则具体包括卫生行政合法与卫生行政合理两大原则。

(1)卫生行政合法原则是指卫生行政主体及其工作人员的行政活动必须依据法律,符合法律,不与法律相抵触,否则卫生行政行为人须承担相应法律责任,受害人也可因此获得行政救济。其具体内容主要有:a. 卫生行政主体的行政职权由法设定或依法授予。卫生行政行为以卫生行政职权为基础,卫生行政职权必须合法产生,卫生行政职权或由法律、法规设定,或由有关机关依法授予。b. 卫生行政行为必须依照和遵守行政法律规范。行政法律规范包括实体性法律规范和程序性法律规范。“无法律便无行政”,卫生行政主体实施行政行为必须依据法律、法规和规章进行。c. 卫生行政主体的行政违法行为无效。卫生行政行为既应符合行政法律条文,又应符合法的精神。一般而言,卫生行政违法行为不具有法律效力,无论是实体上的违法,还是程序上的违法。d. 卫生行政主体对卫生行政违法行为承担相应的法律责任。卫生行政违法行为不仅不具有法律效力,而且行为责任者还应承担相应的法律责任,包括卫生行政赔偿在内的行政责任制度便是这一内容的体现。e. 卫生行政行为(法律另有规定的除外)必须接受人大监督、行政监督和司法监督,“无救济便无权利”,卫生行政行为必须受到监督,否则任何责任都将成为空谈。

(2)卫生行政合理原则是指卫生行政主体及其工作人员在行使行政自由裁量权时必须保持相当的合理性。其具体内容包括:a. 卫生行政主体及其工作人员必须在行政自由裁量权范围内行政,逾越行政自由裁量权的行为构成越权,属于无效行为。b. 卫生行政行为人行使行政自由裁量权时必须保持一定的合理性。这种合理性标准可以通过对法律的解释获得,客观规律、道德准则、党和国家的政策等都可以作为参考依据。c. 严重违反合理性的卫生行政行为构成卫生行政滥用职权。它将引起行政行为人的法律责任,受害人也可获得行政救济。d. 一般不合理的卫生行政行为构成行政不当,只有有权的行政主体才可纠正,法院无权予以审查。

(3)要准确把握卫生行政合法原则和卫生行政合理原则之间的关系,必须注意理解如下几点:a. 二者是卫生行政法治原则的有机组成部分,不可偏废,卫生行政行为必须既合法又合理。b. 卫生行政合法原则是卫生行政合理原则的前提,合理是合法范围内的合理。c. 卫生行政合法原则既适用于羁束行政行为,又适用于自由裁量行政行为,而卫生行政合理原则仅适用于自由裁量行政行为。

2、从公民权利这一视角出发,保护公民健康权是卫生行政法的另一基本原则。

健康权是指人的机体组织和生理功能的安全受到法律保护的权利。公民健康权是公民人身权的一种,也是公民的一项基本权利。当今世界各国普遍承认和保护公民的健康权。如,日本 1946 年宪法第 25 条规定:“一切国民都享有维持最低限度的健康的和有文化的生活权利”,《阿拉木图宣言》第 1 条规定:“健康是一项基本人权。”

我国高度重视公民的健康权。《中华人民共和国宪法》第21条规定:“国家发展医疗卫生事业,发展现代医药和我国传统医药,鼓励和支持农村集体经济组织、国家企业事业组织和街道组织举办各种医疗卫生设施,开展群众性的卫生活动,保护人民健康。”其他大量的法律法规,如《药品管理法》、《国境卫生检疫法》、《传染病防治法》、《红十字会法》、《母婴保健法》、《食品卫生法》等,都把保护公民的健康权作为立法的目的。

保护公民健康权作为卫生行政法的一项基本原则,贯穿于卫生行政领域的各个方面,它不仅涉及到生态环境的改善和维护,而且涉及到资源的开发和利用;不仅涉及到疾病的预防和治疗,而且涉及到社会卫生保健事业的发展。保护公民健康权既是卫生行政主体的权力,也是卫生行政主体的职责,卫生行政主体不仅要加强管理,对侵害公民健康权的各种违法行为予以惩处,而且要依法行使卫生行政权,不得损害卫生行政相对人的合法权益。

第二节 卫生行政法主体

卫生行政法主体系指受卫生行政法调整和支配的有关组织和个人。卫生行政立法通常把卫生行政权授给一定的组织并以自己的名义对外行使,实际上,这些组织必须依靠自然人才能真正行使卫生行政权。在学理上,行使卫生行政权的组织称为卫生行政主体,行使卫生行政权的自然人称为卫生行政人。与卫生行政主体及其卫生行政人行使卫生行政权进行管理活动相对应的被管理一方,学理上称为卫生行政相对人。

一、卫生行政主体

(一)卫生行政主体的含义

卫生行政主体是指依法享有独立的卫生行政职权,能以自己的名义行使卫生行政职权，并对行为效果承担法律责任的组织。卫生行政主体具有如下特征：

1、卫生行政主体是一种组织，而不是个人。立法在分配卫生行政权时是以组织体而不是以自然人或职位为对象的，所以卫生行政主体必定是组织。组织在一定条件下可以成为卫生行政主体，但个人不能成为卫生行政主体，尽管具体的卫生行政行为大多由国家公务员来进行，但他们都是以组织而不是以个人名义实施的。

2、卫生行政主体依法拥有独立的卫生行政职权。国家权力机关行使立法权，人民法院行使审判权，人民检察院行使检察权，环保、交通、土地管理等其他行政主体行使其他行政职权，因此他们都不是卫生行政主体。只有依法享有独立的卫生行政职权的组织，才是卫生行政主体。

3、卫生行政主体能以自己的名义行使卫生行政职权和参加卫生行政诉讼。所谓“以自己的名义”，是指能以自己的名义对外行文，能以自己的名义作出处理决定，能以自己的名义参加诉讼。一个组织是否为卫生行政主体关键要看它是否有“以自己的名义”对外行使卫生行政权的法律根据。

4、卫生行政主体能独立地承受行政行为所引起的法律后果。这一特征使卫生行政主体同其委托组织相区别，因为受委托组织的行为效果不是由受委托组织本身而是由作为委托人的卫生行政主体承担的。

卫生行政主体与卫生行政法主体不同。卫生行政法主体由两部分组成，即处于管理一方的卫生行政主体和被管理一方的卫生行政相对人。因此，卫生行政主体是卫生行政法主体的一部分而不是全部。卫生行政主体必定是卫生行政法主体，但卫生行政法主体未必就是卫生行政主体。卫生行政主体仅限组织，不含个人，而卫生行政法主体当然可能是个人。

卫生行政主体与卫生行政机关也不同。卫生行政机关是个法律概念，而卫生行政主体是个法学概念，又是个动态概念，它不是依据某个组织是否属于卫生行政机关而定。在我国，卫生行政主体主要由卫生行政机关充当，但二者的区别也是明显的：(1)卫生行政机关并非在任何场合都是卫生行政主体。当卫生行政机关从事民事活动时，其身份是民事法人，而不是卫生行政主体，因为其从事民事活动非为行使卫生行政权而处于管理一方的地位，而是以平等的身份参与到民事关系之中。(2)卫生行政机关以外的组织未必不是卫生行政主体。如，根据《传染病防治法》第 24 条的规定，医疗保健机构、卫生防疫机构尽管不是卫生行政机关，但因其享有隔离治疗权而成为卫生行政主体。因此，除卫生行政机关外，得到法律、法规授权享有以自己名义对外行使卫生行政权的非卫生行政机关组织也具有卫生行政主体的地位。

(二)卫生行政主体的职权

卫生行政主体的职权是国家对卫生行政机关和非卫生行政机关组织进行卫生行政权限与权能设定的结果。从另一角度看，卫生行政主体的职权是卫生行政主体从国家手里分配到的行政权，它通过权限与权能全方位表达。

卫生行政权能是法律赋予卫生行政主体采取一定方法、手段和措施完成行政管理任务的一种资格。如卫生行政机关依据法律可以采取行政处罚的手段进行卫生行政管理。卫生行政权限是法律赋予卫生行政主体运用行政权能完成卫生行政管理任务时在事务、地域和层级方面的范围界限。权限与权能共同构成职权，二者无法分离。

不同行政主体享有行政职权的内容与形式并不一致。卫生行政职权主要有：

1、卫生行政立法权。它包括：国务院制定卫生行政法规的职权；卫生部制定行政规章的职权；省级人民政府、省会市人民政府和经国务院批准为较大市的人民政府制定地方卫生规章的职权等。

2、卫生行政许可权。系指卫生行政主体准许行政相对人进行一定行为的职权，如，卫生行政部门审查颁发《药品生产企业许可证》的行政许可权。

3、卫生行政检查权。如，卫生行政部门可以对传染病的预防、治疗、监测、控制和疫情管理措施进行行政检查。

4、卫生行政奖励权。系指卫生行政主体对符合法定条件的相对人，赋予一定的权利，以资鼓励的职权。如，各级政府对预防、控制传染病做出显著成绩和贡献的单位和个人给予奖励的职权。

5、卫生行政处罚权。系指卫生行政主体依法对违反卫生行政管理秩序而尚未构成犯罪的行政相对人所给予的行政制裁。如，根据《药品管理法》第50条："生产、销售假药的，没收假药和违法所得，处以罚款，并可以责令该单位停产、停业整顿或者吊销《药品生产企业许可证》、《药品经营企业许可证》、《制剂许可证》。"

6、卫生行政裁决权。系指卫生行政主体依照法律授权，以中间人身份，对特定的民事纠纷进行审理和公断的职权。如，根据《医疗事故处理办法》第11条，卫生行政部门可以对医疗事故争议进行卫生行政裁决。

除以上卫生行政职权外，卫生行政主体还享有采取行政强制措施权、行政命令权、规定行政措施权等行政职权。同时，为保障卫生行政主体及其工作人员有效行使职权、履行职责而赋予卫生行政主体及其工作人员许多职务上和物质上的优益条件，这是卫生行政主体享有的卫生行政优益权。如，《铁路交通检疫管理办法》第9条第2款规定："检疫人员执行检疫任务时，凭检疫证件有优先使用电话、电报的权利；列车检疫人员并有优先乘车、住乘务员公寓的权利。"这是职务上的优益条件。国家向卫生行政主体提供的办公家具、行政经费等是物质上的优益条件。

应当指出，卫生行政主体享有卫生行政职权意味着卫生行政职责的同时存在。卫生行政职权除有强制性、单方性、优益性的特点外，还有职权与职责相统一和不可处分性的特征，卫生行政主体及其工作人员的卫生行政职权非依法不得放弃、转让和增减，卫生行政职权与卫生行政职责成相伴状态。

二、卫生行政人

卫生行政人是指依法代表卫生行政主体并以卫生行政主体的名义行使卫生行政权，其行为效果最终归属于卫生行政主体的自然人。卫生行政人的特征如下：

第一，卫生行政人是个人而不是组织。这一特征使卫生行政人和卫生行政主体相区别，因为卫生行政主体是组织而不是个人。离开卫生行政人，卫生行政主体无法实施具体的行为；离开卫生行政主体，卫生行政人的行为便会失去法律基础和法律归宿。卫生行政人和卫生行政主体是无法分离的。

第二，卫生行政人是行使卫生行政权、实施卫生行政行为的个人。卫生行政人必然是个自然人，但个人未必是卫生行政人，只有依法实施卫生行政行为的个人才是卫生行政人。行使其他行政权的行政人也不是卫生行政人。

第三，卫生行政人实施卫生行政行为必须也只能以卫生行政主体的名义进行。如果某个人只能以个人名义而不能以他所代表的卫生行政主体的名义行使行政权，那么他只能是自然人而不是卫生行政人。

第四，卫生行政人实施卫生行政行为引起的行为效果由所属卫生行政主体承受。这表现在：卫生行政人实施卫生行政行为给予相对人的权利约束卫生行政主体；卫生行政人实施卫生行政行为引起的对相对人的行政责任由卫生行政主体承担；卫生行政人实施行政行为引起的行政诉讼由卫生行政主体作被告。

我国的卫生行政人主要由卫生行政机关公务员担任，后者是前者的主要载体，但二者之间不能划等号。根据《国家公务员暂行条例》第3条规定，卫生行政机关公务员系指各级卫生行政机关中除工勤人员以外的工作人员。卫生行政人是一个法学概念，卫生行政机关公务员是一个法律概念;卫生行政人是个动态概念,它依行为而认定,而卫生行政机关公务员是个静态概念,它依编制而确定。从范围上说,卫生行政人并不限于卫生行政机关公务员,卫生行政机关公务员以外的人员依法执行卫生行政职权时亦为卫生行政人;卫生行政机关公务员也并非无条件地成为卫生行政人,因为卫生行政机关公务员进行不同的行为时会有不同的法律身份:其一,当他依法以卫生行政主体的名义实施卫生行政行为时,他是卫生行政人;其二,当他从事民事活动时,他是自然人;其三,当他在一种行政法律关系中处于被管理地位时,他是行政相对人。可见,卫生行政人只是卫生行政机关公务员的一种法律身份。

正确认定卫生行政人的资格具有重要的理论与实践意义。就卫生行政人与自然人的区别而言,自然人代表卫生行政主体作出的行政行为不具有法律拘束力,卫生行政主体不承受自然人的行为效果,由自然人实施行为引起的诉讼不是行政诉讼,相对人也有权拒绝自然人实施的卫生行政监督和管理。正确划分卫生行政人与自然人的主要线索是:第一,行为性质。卫生行政人的行为属于卫生行政行为,自然人的行为是民事行为。第二,责任归属。卫生行政人行为引起的效果归属于其所属卫生行政主体,自然人行为引起的效果归属于自然人自己。第三,诉讼性质。对卫生行政人不服提起诉讼属行政诉讼,并以卫生行政主体为被告,对自然人行为不服提起诉讼属民事诉讼,并以自然人为被告。有效区分一个人的卫生行政人身份和自然人身份的一个直接规则是:行为决定身份,而不是身份决定行为,一个人进行卫生行政行为时,他的法律身份是卫生行政人,否则,其法律身份便不是卫生行政人。

卫生行政人的权利和义务通过两大法律关系的内容表现出来:第一,卫生行政人与卫生行政主体的关系。卫生行政主体的职权、职责、权限和优益权一概溯及卫生行政人;卫生行政主体有权对卫生行政人分担的职权、职责、优益权实行内部再分配,这意味着卫生行政人不仅不能超越所属卫生行政主体的权限,而且不能超越卫生行政主体内部行政人与行政人之间的权限划分;卫生行政人实施卫生行政管理活动,在形式上必须以卫生行政主体的名义,在实质上必须按卫生行政主体的意志进行,其行为效果由卫生行政主体承受。第二,卫生行政人与卫生行政相对人的关系。卫生行政人有权以卫生行政主体的名义对卫生行政相对人实施管理,同时,他有义务履行职责,保护卫生行政相对人的合法权益,接受卫生行政相对人的监督;卫生行政相对人有服从和协助卫生行政人所实施的卫生行政管理活动的义务,同时享有建议、批评、控告、申诉、提起复议和诉讼的权利。同时应当明确,如果卫生行政人具有国家公务员的法律身份,他还依法享有国家公务员的权利和承担国家公务员的义务。

三、卫生行政相对人

卫生行政相对人是指在卫生行政法律关系中与卫生行政主体处于相对应一方的公民、法人或其他组织,即处于被管理地位的组织和个人。如,在药品管理卫生行政法律关系中,卫生行政部门是卫生行政主体,而药品生产经营企业就是卫生行政相对人。卫生行政相对人是一个学理概念,它的法律特征如下:

第一,卫生行政相对人是一种法律关系的当事人,不限于个人。卫生行政人只能是个人,不可能是组织,卫生行政相对人既可以是组织,也可以是个人。

第二,卫生行政相对人指被管理一方的当事人,而不是指卫生行政法律关系中的义务人。卫生行政相对人在卫生行政法律关系中既享有权利,又享有义务,既不存在没有权利而只有义务的卫生行政相对人,也不存在只有权利而无义务的卫生行政相对人。

第三,卫生行政相对人是相对的,而不是绝对的。在某一卫生行政法律关系中的卫生行政相对人可能是另一卫生行政法律关系中的卫生行政主体或卫生行政人。

第四,卫生行政相对人在卫生行政诉讼中处于原告地位。卫生行政诉讼中，只有卫生行政主体才可作被告。

在我国，卫生行政相对人可分为国家机关、企事业单位、社会团体及其他社会组织、中国公民、外国组织、外国人和无国籍人六类。

根据我国现行行政法律规定，卫生行政相对人具有参与卫生行政管理权、卫生行政协助权、卫生行政受益权、卫生行政知情权、卫生行政保护权、卫生行政监督权、申请卫生行政复议和提起卫生行政诉讼权、请求国家卫生行政赔偿和补偿权等多种权利。卫生行政相对人的法律义务主要有三项，即遵守卫生行政法律规范、服从具体卫生行政命令和协助卫生行政管理。

第三节　卫生行政行为与程序

卫生行政主体为达到卫生行政目的的行为统称为卫生行政活动。卫生行政活动最重要的部分是卫生行政主体行使卫生行政权的活动，称为卫生行政行为。卫生行政行为既包括卫生行政主体进行卫生行政立法的行为和制定非立法性卫生行政规范的行为，也包括卫生行政主体针对特定的卫生行政相对人作出的特定权力行政行为。由于现代卫生行政日趋复杂，形式多样，有时卫生行政主体也使用非权力行政手段，比如用卫生行政指导的方式进行行政活动。卫生行政是一种过程，它在理解上被称为卫生行政程序，基于卫生行政行为与卫生行政程序的无法分离性，本节对它们作共同介绍。

一、卫生行政行为

（一）卫生行政行为的概念和特征

卫生行政行为是指卫生行政主体为实现国家卫生行政管理目标，通过卫生行政人基于卫生行政职权所单方作出的直接产生行政法上法律效果的行为。其法律特征为：

1、卫生行政行为是卫生行政主体通过卫生行政人作出的。首先，卫生行政行为由卫生行政主体作出，在名义上是卫生行政主体的行为，而不是任何个人或者其他行政主体的行为；其次，卫生行政主体是一种组织，实际上，卫生行政行为必须通过卫生行政人这一桥梁作出；最后，通过卫生行政人作出的卫生行政行为的法律后果都归属于卫生行政主体而不是卫生行政人。

2、卫生行政行为是一种公权力行为。卫生行政行为是卫生行政主体基于卫生行政职权，为实现卫生行政管理目标作出的行为，具有国家意志性。

3、卫生行政行为是一种单方行为，而不是双方行为。单方行为意指卫生行政行为的成立只取决于卫生行政主体的单方意志，不以卫生行政相对人的意志为转移。

4、卫生行政行为是一种能直接引起行政法上法律效果的行为。这是指卫生行政行为依卫生行政主体的意思而形成，并以产生卫生行政法上权利义务关系为取向。因此，卫生行政行为是一种法律行为，它与不直接产生法律效果的卫生行政事实行为和不产生卫生行政法上法律效果的私人行为不同。

(二)卫生行政行为的分类

从不同角度，对卫生行政行为可作不同分类，其中下列几种分类最具有现实意义：

1、以行政行为适用范围为标准，卫生行政行为可分为卫生抽象行政行为和卫生具体行政行为。卫生行政主体制定普遍性卫生行政规范的行为是卫生抽象行政行为，这种卫生行政规范具有对象不确定性和往后持续适用的特征。卫生具体行政行为是卫生行政主体针对特定卫生行政相对人作出卫生行政决定的行为，其最突出特点是行为效力只涉及特定人。在我国，卫生行政相对人只有对卫生具体行政行为不服才可提起行政诉讼。

2、羁束卫生行政行为和自由裁量卫生行政行为。羁束卫生行政行为指严格受法律的具体规定约束，卫生行政主体没有自由选择余地的行为。如,根据《医疗机构管理条例》第47条的规定:违反该条例第27条的规定,诊疗活动超出登记范围,且情节严重的,由卫生行政主体吊销医疗机构的“医疗机构执业许可证”。自由裁量卫生行政行为是指在法律授权范围内或在法律缺乏具体规定的情况下,卫生行政主体依立法精神和社会公益,以自行主观判断为标准作出的卫生行政行为。如,根据《食品卫生法》第47条的规定,违反该法规定,食品经营人员未取得健康证明而从事食品生产经营的,可以处以五千元以下的罚款。也就是说,是否给予罚款以及给予多大数额的罚款,卫生行政主体可以自由斟酌,自行决定,此即卫生自由裁量行政行为。区别卫生羁束行政行为与卫生自由裁量行政行为的法律意义在于:(1)前者只发生违法与否的问题,不发生适当与否的问题;后者既发生合法与否的问题,也发生合理与否的问题。(2)前者只受卫生行政合法性原则的约束,后者还受卫生行政合理性原则的约束。(3)前者受司法审查,在范围上基本不受限制,后者受司法审查,在范围上有很大的限制。

3、卫生外部行政行为和卫生内部行政行为。卫生外部行政行为指卫生行政主体依管理范围对社会卫生行政事务进行的管理行为。如,卫生行政主体对卫生行政相对人的卫生行政许可、卫生行政处罚等。卫生内部行政行为是指卫生行政主体对本组织内部行政事务或本系统内部行政事务进行的管理行为。如,卫生行政部门对内部卫生行政工作人员所作的行政处分。这种区别的法律意义在于:(1)卫生外部行政行为不能直接对内部相对人发生法律效果,卫生内部行政行为不能直接对外部相对人发生法律效果。(2)卫生行政相对人不服卫生内部行政行为不构成卫生行政复议和卫生行政诉讼的理由。

二、卫生抽象行政行为

卫生抽象行政行为是卫生行政主体进行卫生行政立法和制定非立法性卫生行政规范性文件的行政行为。其中,卫生行政主体根据法定权限并按照法定程序制定和发布卫生行政法规和卫生行政规章的抽象行政行为叫卫生行政立法行为;卫生行政主体制定非立法性卫生行政规范性文件的行为称作卫生行政规则制定行为。

卫生抽象行政行为的特征主要有:第一,卫生抽象行政行为是由卫生行政主体作出的行为,卫生行政主体以外的主体(立法主体、检察主体、司法主体以及其他行政主体等)均不能作出卫生抽象行政行为。第二,卫生抽象行政行为是依职权的单方行为。卫生抽象行政行为基于本身卫生行政职权发生,不以卫生行政相对人的申请为前提,并不以卫生行政相对人的合意为条件。第三,卫生抽象行政行为具有普遍约束力,它是针对不确定的公民、法人和其他组织作出的规则。第四,卫生抽象行政行为具有往后的反复适用性。卫生抽象行政行为制定的各种行政规范一般不溯及既往,但对于往后的同类事件具有反复适用性。第五,卫生抽象行政行为具有不可诉性,卫生行政相对人只能对卫生具体行政行为提起行政诉讼。

卫生行政法规是国务院为领导和管理国家卫生行政工作,根据宪法和法律,并且依照《行政法规制定程序暂行条例》的规定制定的卫生法规的总称。如,《公共场所卫生管理条例》、《医疗事故处理办法》、《艾滋病监测管理的若干规定》等都是卫生行政法规。国务院制定卫生行政法规是一种立法行为,即可以在法规中创制公民新的权利义务。卫生行政法规的制定常经规划、起草、协商、征求意见、审议和发布等步骤。卫生行政法规只用"条例"、"规定"、"办法"三个名称,它必须由总理签署并公开发布方可生效。

卫生行政规章是国家法定卫生行政机关根据法律和法规制定发布的具有法律效力的卫生行政规范性文件的总称。如,《食糖卫生管理办法》、《性病防治管理办法》、《卫生监督员管理办法》等。我国享有卫生行政规章制定权的机关主要有:国务院部委(主要指卫生部),省级人民政府,省、自治区人民政府所在地的市,经国务院批准的较大市的人民政府。我国目前尚无专门规范制定卫生行政规章活动的卫生行政程序法，根据现行法律和实际情况，卫生行政机关制定卫生行政规章的程序与国务院制定卫生行政法规的步骤、方式和时限等应基本相似。

卫生行政规则是各级卫生行政机关在职权范围内对内对外发布的具有普遍效力的非立法性卫生行政规范。它是卫生抽象行政行为中除卫生行政立法外的卫生行政规范。卫生行政规则须符合下列要件才能有效：其一，它必须符合卫生行政法律规范的字面含义，同时必须符合其精神；其二，卫生行政规则可对卫生行政相对人在卫生行政法律规范中的权利义务进行具体化，但它无权直接创制无法律根据的相对人的权利和义务；其三，低层次的卫生行政规则应服从高层次的卫生行政规则；其四，各级卫生行政机关均应在本地域和职权内发布卫生行政规则；其五，卫生行政规则的制定应按照法定程序进行。

三、卫生具体行政行为

卫生具体行政行为是指卫生行政主体通过卫生行政人行使行政职权，针对特定的卫生行政相对人，就特定的具体事项作出的有关该卫生行政相对人权利义务的单方行为。

卫生具体行政行为具有下列法律特征：第一，卫生行政性。卫生具体行政行为是一个行使卫生行政职权的过程，它体现了卫生行政权的运作，这使其区别于立法行为、司法行为以及其他具体行政行为；第二，特定性。卫生具体行政行为针对特定的具体事项与特定的卫生行政相对人，这使其与卫生抽象行政行为相区别；第三，单方性。卫生具体行政行为的成立不以卫生行政相对人的合意为前提，这使其与双方行为（如卫生行政合同）相区别；第四，法律效果性。卫生具体行政行为能直接引起卫生行政法上的权利和义务，这使其与卫生行政事实行为相区别。

卫生具体行政行为种类繁多，形式多样，它包括卫生行政许可、卫生行政处罚、卫生行政奖励、卫生行政命令、卫生行政裁决和卫生行政强制执行等。这里只介绍其中意义比较重大的几类。

(一)卫生行政许可

卫生行政许可是指卫生行政主体依据卫生行政相对人的申请,依法赋予特定的卫生行政相对人拥有可以从事为法律一般禁止的权利的资格的法律行为。它具有下列法律特征:

1、卫生行政许可是一种卫生行政赋权行为。卫生行政许可既包含了卫生行政主体对卫生行政相对人权利和利益的赋予,又包含了卫生行政主体对卫生行政相对人义务的免除。因此,卫生行政许可在性质上是一种卫生行政赋权行为,而不是卫生行政限权、卫生行政裁决或卫生行政裁决行为。

2、卫生行政许可以禁止义务的存在为前提。卫生行政许可不是对一般义务的免除,而是对禁止义务的免除。无禁止义务的存在,卫生行政许可便失去存在的意义。

3、卫生行政许可的内容是直接赋予卫生行政相对人从事某种活动的权利和资格。卫生行政许可并非给予卫生行政相对人某种身份,也不是给予卫生行政相对人一次性的利益,所以,它不同于一般的授益行政行为。

4、卫生行政许可是一种依申请卫生行政行为。依申请卫生行政行为是与依职权卫生行政行为相对应的,其特点是卫生行政行为的作出须以卫生行政相对人的申请为前提。卫生行政许可一般必须经卫生行政相对人申请。

5、卫生行政许可通常为要式行政行为。要式行政行为是指具有法律、法规形式要求的行政行为。卫生行政许可一般要求采用书面形式。

卫生行政许可有多种表现形式,例如,"药品生产企业许可证"、"药品经营企业许可证"、"制剂许可证"、"化妆品生产企业卫生许可证"、"医疗机构执业许可证"、"采供血许可证"等。

(二)卫生行政处罚

卫生行政处罚是指卫生行政主体依法对违反卫生行政管理秩序而尚未构成犯罪的卫生行政相对人所给予的卫生行政制裁。

根据《行政处罚法》和《卫生行政处罚程序》及有关法律、法规和规章的规定，卫生行政处罚主要包括下列内容：

1、卫生行政处罚的种类和设定。目前我国法定卫生行政处罚的种类有：警告，罚款，没收非法财物，没收违法所得，责令停产停业，吊销许可证，卫生法律、行政法规规定的其他卫生行政处罚。在卫生行政处罚的设定上应注意卫生行政规章只能设定警告和一定数额罚款的处罚。

2、卫生行政处罚的实施主体。行政处罚由具有行政处罚权的行政机关在法定范围内实施；法律、法规授权的具有管理公共事务职能的组织可以在法定授权范围内实施行政处罚。从理论上说，卫生行政处罚的实施主体主要包括两类：一是县级以上卫生行政机关；二是卫生法律、法规授予卫生行政处罚职权的非行政机关组织。

3、卫生行政处罚的程序。卫生行政处罚程序有简易程序、一般程序和听证程序三种。简易程序是对违法事实确凿并有法定根据、处罚较轻（给予警告或对公民处50元以下，对法人或其他组织处1000元以下罚款）的违法行为人，由卫生行政执法人员当场以书面决定的形式作出处罚决定的程序。

一般程序通常包括下列步骤：一是立案。卫生行政处罚由违法行为发生地的县级以上地方人民政府具有卫生行政处罚权的卫生行政主体管辖，法律、行政法规另有规定的除外。具体管辖权的确定要依据《卫生行政处罚程序》中有关地域管辖、级别管辖、指定管辖、移送管辖的规定执行。二是调查取证。在调查或进行检查时，执法人员不得少于两人，并应出示有关证件。询问或检查应制作笔录。对证据可以先行登记保存。执法人员与当事人有利害关系的，应当回避。三是决定并送达。卫生行政处罚决定由卫生行政主体负责人作出，对重大、复杂的案件，应由负责人集体讨论决定。处罚决定作出后只有经送达才对当事人生效。

严格地说,听证程序是一种特别程序,它不是与简易程序、一般程序相并列的第三种程序,而是一般程序中的一个中间环节。其具体要求是:卫生行政主体在作出责令停产停业、吊销许可证或者较大数额罚款等行政处罚决定前,应当告知当事人有要求举行听证的权利。当事人要求听证的,卫生行政主体应当组织听证。听证类似于法院开庭审案,允许调查人员与当事人互相质证。

为保障被处罚一方的合法权益,教育当事人,减少处罚错误,《行政处罚法》设置了一个新程序,这就是:行政主体在作出行政处罚决定之前,必须告知当事人其违法事实、给予处罚的理由和依据,并告知当事人依法享有的权利。当事人有权申辩,行政主体必须充分听取当事人的意见。行政主体不得因当事人申辩而加重对他的处罚。行政主体在作出行政处罚决定前不履行告知和听取当事人申辩义务的,行政处罚决定不能成立。卫生行政主体应严格遵守上述规定。

对卫生行政处罚决定的执行问题,应注意决定罚款的卫生行政主体与收缴罚款的机构相分离的制度,具体内容是:除法定个别情况外,作出卫生行政处罚决定的卫生行政主体不得自行收缴罚款,由当事人在规定时间内到指定银行缴纳罚款。

(三)卫生行政强制执行

卫生行政强制执行是指卫生行政主体在国家卫生行政管理活动中,对不履行法定义务的卫生行政相对人采取强制措施,迫使卫生行政相对人履行义务的行政行为。在一般情况下,卫生行政强制执行,须以卫生行政处理决定为前提,卫生行政相对人如拒不履行卫生行政处理决定所设定的义务,卫生行政主体方可实施强制手段迫使其履行义务,或达到与履行法定义务相同的状态。在这种情形下,卫生行政强制执行通常可分为间接强制和直接强制。

通过间接方法强迫卫生行政相对人履行法定义务的行为称为间接强制。它包括代执行和执行罚两种。代执行是指卫生行政相对人逾期不履行法定义务，该义务由他人代为履行能达到同样目的的，卫生行政主体可以自己代为履行或者委托第三人代为履行，并向卫生行政相对人征收费用的制度。代执行主要分告诫、代执行和征收费用三个步骤。执行罚是指卫生行政主体通过不断使相对人增加新的给付义务的办法，迫使卫生行政相对人履行其法定义务的制度。

卫生行政相对人不履行卫生行政处理决定设定的法定义务，卫生行政主体在无法采用代执行和执行罚手段迫使其履行法定义务的情况下，依法直接对卫生行政相对人的人身或财物进行强制从而迫使其履行义务的行为称为直接强制。

除间接强制和直接强制外，卫生行政主体还可以采取即时强制措施，即，如因情况紧急，不采取强制措施不足以防止危害的发生，或在卫生行政调查之中不采取强制措施就难以保证调查的顺利取证，卫生行政主体可以不经作出卫生行政处理决定而直接对卫生行政相对人采取强制措施，从而得以保证卫生行政目的的实现。

四、卫生行政程序

卫生行政程序是卫生行政主体按一定的步骤、方式和时限行使行政权作出卫生行政行为的过程。卫生行政程序的行政法意义主要表现在：第一，卫生行政程序合法、适当是卫生行政行为的有效要件之一。第二，卫生行政程序违法、失当可以构成卫生行政相对人申请复议、提起诉讼的理由之一。第三，卫生行政程序违法、失当可以构成权力机关和上级行政机关撤销其行为的理由之一。第四，卫生行政程序构成卫生行政复议和卫生行政诉讼的内容之一。我国目前尚无统一的行政程序法典，也无统一的卫生行政程序法典。

按不同的标准，卫生行政程序可作不同的分类：

第一，法定卫生行政程序和意定卫生行政程序。法定卫生行政程序系指由法律、法规和规章明文规定的卫生行政主体行使卫生行政权时应遵守的程序规则。意定卫生行政程序系指卫生行政主体行使卫生行政权时自由裁量决定的卫生行政程序规则。这一分类的意义在于:当某一卫生行政行为涉及卫生行政相对人重大权益或关系重大行政效率时,该卫生行政行为的程序应由法律、法规或规章进行原则的,甚至详细的规定,卫生行政执法者必须严格依照法定程序进行卫生行政行为。

第二,强制性卫生行政程序和任意性卫生行政程序。强制性卫生行政程序系指卫生行政程序当事人必须遵循的程序规则,违反该程序将导致对当事人不利的后果。任意性卫生行政程序系指卫生行政程序当事人可以遵守,也可以不遵守的程序规则。这一分类的意义在于:一是强制性卫生行政程序只发生违法与否的情形,而任意性卫生行政程序不仅会发生违法与否,而且还会出现合理与否;二是强制性卫生行政程序可受司法审查,而任意性卫生行政程序除非达到了严重不合理的程度,否则只能由卫生行政主体自身解决。

第三,主要卫生行政程序和次要卫生行政程序。主要卫生行政程序系指构成基本卫生行政程序规则的主要程序步骤和方式等,如不经过这种步骤或不采用这种方式,会直接影响程序当事人的权利。次要卫生行政程序系指卫生行政程序的非基本步骤与方式,不遵守这些步骤与方式并不会影响当事人的权利。这种分类的意义在于,主要程序违法,其实体行为无效;次要程序违法,只要经过瑕疵补正,不影响实体行为的效力。除以上几种分类外,卫生行政程序还可分为内部卫生行政程序和外部卫生行政程序、抽象卫生行政行为程序和具体卫生行政行为程序等。

一般而言,理性的卫生行政程序通常由下列具体制度构成:第一,情报公开制度,指卫生行政相对人有权获得卫生行政主体的记录和资料,除法定保密外,卫生行政主体有义务依相对人申请主动公开记录和资料。第二,表明身份制度,指卫生行政主体及其工作人员在行使卫生行政权之始应向相对人出示必要的证件，展示必要的公务标志或作口头说明，以证明其享有卫生行政职权并正在或即将开始行使行政权的程序规则。第三，告知制度，指卫生行政主体及其工作人员在行使卫生行政权过程中应将相对人应该知道的事项通过一定方式和途径告知相对人。第四，听证制度，指卫生行政主体作出卫生行政行为过程中必须听取利害关系人意见的程序规则。第五，回避制度，指与卫生行政行为有利害关系的卫生行政主体或卫生行政人不得参与该卫生行政行为的调查和决定。第六，证据制度，指卫生行政主体在作出卫生行政决定前应通过一定方式收集必要证据的程序规则。第七，说明理由制度，指卫生行政主体对相对人作不利决定时，必须说明作出该决定的事实根据、法律根据和裁量政策及理由。第八，时效制度，指卫生行政行为的某一步骤和全过程应有合理期限，卫生行政主体应在合理期限内完成行政任务。

第四节　卫生行政违法与责任

一、卫生行政违法

（一）卫生行政违法的含义

卫生行政违法是指卫生行政主体及其工作人员在卫生行政管理活动中违反行政法律规范，侵害受法律保护的卫生行政关系而尚未构成犯罪的行政行为。其法律特征主要表现为：

1、卫生行政违法的主体是卫生行政主体，而不是卫生行政相对人或其他行政主体。卫生行政相对人违反卫生行政法律规范的情况非为本书所谓卫生行政违法。同时，当卫生行政部门或卫生行政机构以民事主体身份出现时，其违法行为可能是民事违法，而不可能是卫生行政违法。只有卫生行政主体的行为才可能构成卫生行政违法，其他领域行政主体的违法行为也不是卫生行政违法。

2、卫生行政违法是违反行政法律规范，侵害受法律保护的卫生行政关系的行为。首先，违反党纪、团纪和社会团体章程的行为不属卫生行政违法，卫生行政违法是违反法律规范而不是违反纪律的行为。其次，卫生行政违法违反的是卫生行政法律规范，而不是民事等其他法律规范，这使卫生行政违法与卫生民事违法等其他违法行为相区别。

3、卫生行政违法是尚未构成犯罪的违法行为。卫生行政违法与卫生行政主体的刑事违法有根本的不同，前者的社会危害程度要比后者小，而且二者由不同的法律规范所调整。

4、卫生行政违法的法律后果是承担卫生行政责任。任何行政违法主体必须为其行政违法行为承担法律责任。由卫生行政违法引起的法律责任既不是民事责任，也不是刑事责任或其他行政责任，而是卫生行政责任。

(二)卫生行政违法的构成要件

卫生行政违法的构成要件是指由行政法规定的构成卫生行政违法所必备的一切主客观条件的总和。衡量某一卫生行政行为是否构成违法，主要有下列要件：

1、卫生行政行为人负有相关的法定义务。违法行为，实际上就是不履行、不承担法定义务的行为。法定义务包括作为义务和不作为义务。卫生行政主体及其行政人是享有国家卫生行政管理权力的行为人，他们在行使该权力的同时，也承担相应的法定义务。但是，不同的行政主体及其行政人往往有不同的具体义务，特定的法规所规定的义务，往往只要求特定的人履行，因此，法定义务必须具有“相关性”。

2、卫生行政行为人有不履行法定义务的行为。仅有法定义务，卫生行政违法的产生还只是一种可能性，只有当卫生行政行为人不履行或不承担法定义务时，卫生行政违法才会发生。

(三)卫生行政违法的形态

1、卫生行政不作为。指卫生行政主体及其工作人员有积极实施法定卫生行政职责的义务，并且能够履行而不履行。根据《行政诉讼法》第11条的规定，卫生行政不作为违法有两种表现形式：(1)卫生行政主体拒不履行法定职责。这是指卫生行政主体对于法定的作为职责，明确表示不履行或者在法定期限内不予履行；(2)卫生行政主体拖延履行法定职责。这是指在法律没有明确规定履行期间的情况下，在合理期限内，卫生行政主体经相对人多次申请，仍然不予答复，或者虽然表示愿意履行，但拖延履行。

2、证据不足。如果卫生行政主体实施行政行为所依赖的必要事实没有足够的证据证明，那么该行为就会因缺少主要的证据或证据不足而成为卫生行政违法行为。

3、违反法定程序。指卫生行政主体作出卫生行政行为时违反了法律、法规、规章规定的程序。违反法定程序的表现形式主要有：(1)方式违法。是指卫生行政行为作出时的方式有缺陷。其一，卫生行政行为未按法定方式进行。如颁发《药品生产企业许可证》须采用书面形式，而卫生行政机关却口头许可，便属方式违法；其二，法定方式运行时有缺陷。如卫生行政处罚决定忘记盖公章。(2)步骤违法。其一，法定步骤省略；其二，法定步骤颠倒；其三，无根据增加步骤。(3)不遵守法定时限。

4、适法错误。是指卫生行政主体作出卫生行政行为时适用规范性法律文件或其条款发生错误。其表现形式主要有：(1)卫生行政行为须依法作出时，卫生行政主体作出该行政行为却无法定依据；(2)应适用某一规范性法律文件，卫生行政主体却适用了另一不同的规范性法律文件；(3)应当适用某一条款，而卫生行政主体却适用了另一条款。

5、超越职权。指卫生行政主体及其行政人超越职务权能或权限而作出的卫生行政行为。其表现形式主要有：(1)时间上越权，系指卫生行政主体在一段时间内所享有的行政职权在这段期限以外继续行使；(2)空间上的越权，系指卫生行政主体超越空间管辖权而行使行政职权；(3)事务上的越权，系指卫生行政主体管辖了应由其他行政主体所管辖的事务。

6、滥用职权。即滥用行政自由裁量权，指卫生行政主体及其行政人在职务范围内违反卫生行政合理原则的自由裁量行为。其主要表现为：(1)受不正当目的和动机支配致使卫生行政行为背离法定目的和利益；(2)卫生行政行为的作出考虑了不该考虑的因素或没有考虑该考虑的因素；(3)卫生行政行为任意无常，违反同一性和平等性；(4)卫生行政行为强人所难，违背客观性；(5)卫生行政自由裁量范围内不正当的迟延或不作为；(6)卫生行政自由裁量范围内不正当的步骤和方式。

根据卫生行政法治原则的要求，卫生行政行为必须做到既合法又合理。严重不合理的卫生行政行为构成卫生行政违法，一般不合理的卫生行政行为构成卫生行政不当。

从学理上说，任何人都可以评价某一卫生行政行为是否违法或不当，从而拥有请求有权机关撤销或变更违法或不当卫生行政行为的权利。但这仅是一种"认为权"，不一定产生法律后果。在我国，对卫生行政违法的确认权属于有关的国家机关，包括权力机关、行政机关和人民法院。

二、卫生行政责任

卫生行政责任是指卫生行政主体或卫生行政人在进行卫生行政管理活动时违反行政法律规范所应承担的法律后果。

(一)卫生行政责任的主要特征

1、卫生行政责任是卫生行政主体或卫生行政人的责任，而不是卫生行政相对人的责任。卫生行政主体或卫生行政人既享有卫生行政职权，也负有实施卫生行政管理并保证其实现的行政职责。卫生行政相对人虽然也存在卫生行政法上的法律责任，但其责任主要表现为接受卫生行政处罚。

2、卫生行政责任是一种法律责任，而不是道义责任或政治责任。对卫生行政行为，仅靠政治监督及社会舆论监督等进行约束往往是不够的，还必须依赖于并且主要依赖于行政法律规范的制约。

3、卫生行政责任是卫生行政违法或不当所引起的法律后果，是基于行政法律关系而发生的。卫生行政主体及其行政人应当履行法定职责和义务，卫生行政责任是不履行法定职责和义务所引起的法律后果，它是以行政法律义务为基础的，没有行政法律义务，也就没有卫生行政责任。

4、卫生行政责任是一种独立的责任。这意味着，卫生行政责任不能代替其他法律责任、道义责任及政治责任，其他责任同样不能代替卫生行政责任。不同的责任有不同的内容和形式，有不同的承担条件。

（二）卫生行政主体承担卫生行政责任的两个特点：一是引起承担卫生行政责任的行政行为实际上由卫生行政人作为或不作为；二是承担卫生行政责任的名义主体虽为卫生行政主体，实质后果却最终归于国家。

（三）卫生行政主体承担行政责任的形式

1、承认错误，赔礼道歉。当卫生行政主体在卫生行政管理过程中由于管理上的违法或不当，损害卫生行政相对人的合法权益时，理应向相对人赔礼道歉，承认错误，这虽没有物质上的补益，却能使受损害者在精神上得到安慰。这种责任一般由卫生行政主体的领导和直接责任人员出面采取口头形式或书面形式作出。

2、恢复名誉，消除影响。当卫生行政主体的违法或不当行政行为造成相对人名誉上的损害，对其造成了不良影响时，一般采取这种精神上的补救性行政责任。

3、履行职务。这是针对卫生行政主体不作为违法而确立的一种责任方式。这种责任形式，既可以由相对人提出申请，也可以由人民法院或特定卫生行政主体的决定予以确立。

4、返还权益。如果卫生行政主体违法剥夺相对人的权益，那么在撤销或变更该行政行为的同时，必须返还相对人的权益。权益，既包括财产权益，也包括政治权益。

5、恢复原状。当卫生行政主体的违法或不当行政给相对人的财产带来改变其原有状态的损害时，一般采取这种责任形式。

6、撤销违法。即对卫生行政违法行为依法予以撤销。

7、纠正不当。如果说撤销违法是针对卫生行政违法的一种责任，那么，纠正不当则主要是针对卫生行政不当的一种责任。

8、被通报批评。这种责任形式主要是通过名誉上的惩罚，对作出违法或不当卫生行政行为的卫生行政主体起一种警戒的作用。

9、行政赔偿。这是一种财产上补救性的卫生行政违法责任。卫生行政主体的违法行为造成相对人财产上的损害时，应依法承担卫生行政赔偿责任。

（四）卫生行政人承担行政责任的形式

1、被通报批评。这是卫生行政人所承担的惩戒性行政违法责任，由有权机关在会议上或文件上公布。其目的是教育有责任的卫生行政人本人，也对其他卫生行政人起到警戒作用。

2、被行政处分。行政处分是国家行政机关依照行政隶属关系对违法失职的公务员给予的惩戒措施。按《国家公务员暂行条例》的规定，卫生行政人承担的行政处分有六种形式：警告、记过、记大过、降级、撤职和开除。

3、被求偿。系指卫生行政人在卫生行政活动中违法行使职权导致卫生行政相对人受损，卫生行政主体在对卫生行政相对人赔偿损失后，依法责令有故意或重大过失的卫生行政人承担部分或全部赔偿费用的制度。

4、违法所得收入被没收、被追缴或退赔。这是指对卫生行政人在卫生行政管理过程中违法所得的财物应依法予以没收、追缴或依法退赔给受损害方。

分论一

公共卫生与疾病控制法

第四章 国境卫生检疫法律制度

第一节 国境卫生检疫法律制度概述

一、国境卫生检疫法的概念

国境卫生检疫法是调整因防止传染病从国外传入或者由国内传出而实施国境检验、传染病监测和卫生监督等活动中产生的各种社会关系的法律规范的总和。

检疫(Quarantine)这个词,是从意大利文 Quaranta 演变而来的,原是指对传染病人和染疫船舶隔离观察的意思,它是随着交通运输工具的发展和疾病传播而产生的一种防疫措施。

国境卫生检疫是指在中华人民共和国国境和国家确定的关口、口岸实施的卫生检疫。关口和口岸是卫生检疫的重点,设立检疫机构,实施经常性的检疫。这里所说的国境关口、口岸是指国际通航的港口、机场、车站、陆地边境和国界江河的关口。由于国际交往的不断发展,检疫传染病的消长变化,以及现代医学科学技术的不断发展,国境卫生检疫的传染病病种、对象和方法也随之不断更新和完善,国境卫生检疫的范围,也从最初局限在海港检疫,发展到陆地检疫,以至今天的航空检疫等。

二、国际卫生检疫立法

为了维护国家的主权和尊严,控制国际间传染病的传播,保护人民身体健康,党和政府一直高度重视我国的国境卫生检疫工作。

新中国成立后,我国政府即制定了卫生检疫工作的方针政策,将国境卫生检疫置于卫生事业的重要地位,并确定国境卫生检疫机关代表国家在全国海、陆、空口岸行使国家卫生主权。1957年12月，全国人大常委会通过了《中华人民共和国国境卫生检疫条例》，1958年3月，经国务院批准，卫生部发布了《国境卫生检疫条例实施细则》，第一次以法律形式系统地规定了卫生检疫的各项工作内容。七八十年代我国卫生检疫立法有了长足发展，卫生部先后发布了《关于入境过境飞机人员检疫和卫生监督暂行规定的通知》、《关于国际航行船舶试行电讯卫生检疫的规定》、《国境口岸传染病监测试行办法》、《中华人民共和国国境口岸卫生监督办法》、《卫生检疫收费办法》、《实施卫生监督办法若干规定》、《关于开展对部分入出境人员健康检查的通知》等办法及规定，补充了原条例的不足，使卫生检疫改变了守关把口的传统模式，将检疫查验、疾病监测、卫生监督三者有机结合，丰富了卫生检疫工作的内容，并为现行的国境卫生检疫法的制订奠定了基础。为了适应对外开放，促进国际间交流与合作的新形势，1986年12月，六届人大常委会第18次会议通过了《中华人民共和国国境卫生检疫法》，并于1987年5月正式施行。同期，卫生部先后发布并实施了《传染病监测健康检查暂行办法》、《进口废旧物品卫生检疫管理规定》、《入境出境集装箱卫生管理规定》等规章，1989年3月，经国务院批准，又发布了《国境卫生检疫法实施细则》，使我国国境卫生检疫法规得到了进一步完善。实施细则的产生标志着我国国境卫生检疫工作已进入法制化管理轨道。随后，卫生部单独或与有关部委联合发布了有关办法、规则或通知。主要有：1989年《关于中国公民出入境提交健康证明的通知》、1990年《中华人民共和国卫生检疫行政处罚程序规则》、1991年《进口食品卫生监督检验工作规程》等。国家颁布的卫生检疫法规主要有：1991年10月七届人大常委会第22次会议通过的《中华人民共和国进出口动植物检疫法》和1998年国务院发布的《进出口动植物检疫法实施条例》。上述法律法规的颁布与施行已使我国国境卫生检疫基本上形成了比较完善的法律制度。

三、国境卫生检疫的对象

国境卫生检疫对象也称检疫范围。根据《国境卫生检疫法》的规定，入出国境的人员、交通工具、运输设备以及可能传播检疫传染病的行李、货物、邮包等物品都是检疫对象。

(一)入、出境人员

入、出境人员是指入出我国国境的一切入境和出境的人员。包括交通员工、旅客、外交人员、劳务人员、留学生、遣送人员、边民、团体等。一切入、出境人员都应接受卫生检疫。根据《国际卫生条例》规定，对具有外交身份的人员不享有卫生检疫豁免权。

(二)交通工具和运输设备

交通工具是指船舶、航空器、列车和其他车船。运输设备是指货物集装箱等。随着国际交往的发展，交通工具和运输设备有可能成为疾病在国际间传播的媒介。因此，对交通工具及货物集装箱均要实施检疫和卫生处理。

(三)行李、邮包

行李是指入境、出境人员携带的物品。邮包是指出入国境的邮件。根据《国际卫生条例》的规定，邮件包括：适用于检疫传染病各项规定的纺织品、旧衣服以及使用过或不干净的被褥；传染性物品；来自霍乱疫区的食品；其传入或栖居能成为人类疫病媒介作用的活昆虫和其他动物。

(四)货物

货物是由国内运出或国外运进的一切生产资料和生活资料，以及废旧物品(包括旧衣服、旧包装物料、旧棉絮类、废纸类、旧轮胎等)、血液及其制品、生物制品、人体组织、微生物等。

(五)尸体、骸骨

《国境卫生检疫法》规定，必须对在国境口岸以及停在该场所的入、出交通工具上的所有非因意外伤害而死亡并死因不明的尸体和骸骨进行卫生检疫，以防止检疫传染病的传播。对因患检疫传染病而死亡的尸体,必须就近火化。

四、国境卫生检疫传染病的种类

目前,我国国境卫生检疫涉及到的传染病包括以下三类:

第一类为检疫传染病。根据《国境卫生检疫法》规定,检疫传染病为鼠疫、霍乱、黄热病。它与国际规定是一致的。

第二类为监测传染病。根据世界卫生组织的要求,确定流行性感冒、疟疾、脊髓灰质炎、流行性斑疹伤寒、回归热作为国际间监测传染病。近年来,世界上相继发现不少新的传染病,如埃波拉－马尔保病毒病、拉沙热、军团热等也列入严密监测之中。

第三类为禁止外国人入境的传染病。《国境卫生检疫法实施细则》中规定,卫生检疫机关应当阻止所发现的患有艾滋病、性病、麻风病、精神病、开放性肺结核的外国人入境。

第二节　国境卫生检疫机关

一、国境卫生检疫机关

国境卫生检疫法规定,在中华人民共和国国际通航的港口、机场以及陆地边境和国界江河的口岸,设立国境卫生检疫机关,依法实施传染病检疫、监测和卫生监督;国务院卫生行政部门主管全国国境卫生检疫工作。

为了完善和加强口岸管理,提高通关速度和检验检疫工作效率,1998 年,按照国务院机构改革方案,由原国家商检局、农业部动植物检验局、卫生部卫生检疫总署共同组建国家入出境检验检疫局。新的入出境检疫体制,为“一次报验、一次取(采)样、一次检验检疫、一次卫生除害处理、一次收费、一次发证放行”提供了组织保证,而且为协调有关法律法规的实际运用提供了极大便利。

二、国境卫生检疫机构的职责

第一，严格执行国境卫生检疫法及其实施细则和国家制定的有关卫生法规。

第二，收集、整理、报告国际和国境口岸传染病的发生、流行和终息情况。

第三，对国境口岸的卫生状况实施卫生监督，对入、出境的交通工具、人员、集装箱、尸体、骸骨以及可能传播检疫传染病的行李、货物、邮件等实施检疫查验、传染病监测、卫生监督和卫生处理。

第四，对入、出境的微生物、生物制品、人体组织、血液及其制品等特殊物品以及能传播人类传染病的动物实施卫生检疫。

第五，对入境、出境人员进行预防接种、健康检查、医疗服务、国际旅行健康咨询和卫生宣传。

第六，签发卫生检疫证件。

第七，进行流行病学调查研究，开展科学实验。

第八，执行国务院出入境检验部门制定的其他工作。

三、国境口岸卫生检疫人员

国境卫生检疫人员是由国家卫生行政主管部门任命或经其他法定程序任职于国家或国境口岸的国境卫生检疫机关，从事国境卫生检疫管理或国境卫生检疫查验工作的人员。它包括直接从事国境卫生检疫工作的人员，如人事、财务、后勤等部门的人员。国境卫生检疫人员在执行各项卫生检疫任务时，代表国家行使国境卫生检疫主权，代表国境卫生检疫机关行使国境卫生检疫行政权，其职务行为受到法律保护。

（一）检疫医师

检疫医师是国境口岸卫生检疫机关具体执行国境卫生检疫法的行政执法人员。其主要职权有：

1、查验权。检疫医师有权查验由入境检疫船舶的船长签字或者有船医附签的航海健康申请书、船员名单、旅客名单、载货申报单、航海日志；查验入境航空器机长或者其授权的代理人提交的总申报单、旅客名单、货物仓单；查验其他有关检疫证件。

2、询问权。检疫医师有权对有关卫生状况、人员健康进行询问。受入境检疫的船舶船长、船医、航空器、列车或者其授权的代理人，以及列车长或者其他车辆负责人、过境旅客，均必须如实回答。

3、签证权。查验完毕后，对没有染疫的入境出境的船舶、航空器、列车或者其他车辆，检疫医师应当立即签发入境检疫证。如入境检疫有受到卫生处理或者限制的事项，应当在入境检疫证上签注，并按照签注事项办理。在规定的卫生处理完毕以后，再发给入境检疫证。对出境检疫的船舶、航空器、列车或者其他车辆，如果因卫生处理不能按原定时间启航起飞和运行的，应及时通知港务监督机关、航空站等。

(二)国境口岸卫生监督员

国境口岸卫生监督员是国境口岸卫生检疫机关设置的实施卫生监督任务的执法人员。国境口岸监督员由各地的卫生检疫机关推荐，各省、自治区、直辖市卫生行政主管部门审核，由卫生部委任，并发给证件。其职责是：

1、对国境口岸和停留在国境口岸的入境、出境交通工具进行卫生监督和卫生宣传。

2、在消毒、除鼠、除虫等卫生处理方面进行技术指导。

3、对造成传染病传播、啮齿动物和病媒昆虫扩散、食物中毒、食物污染等事故进行调查，并提出控制措施。

第三节　卫生检疫的法律规定

一、入出境检疫的法律规定

(一)入境检疫

国境卫生检疫法规定，入境的交通工具和人员，必须在最先到达的国境口岸的指定地点接受检疫，除引航员外，未经国境检疫机关许可，任何人不准上下交通工具，不准装卸行李、货物、邮包等物品。这里所说的指定地点包括检疫锚地，允许航空器降落的停机坪、航空站；国际列车到达国境后第一个火车站的站台；江河口岸边境的通道口。

1、入境前报告。国境卫生检疫法规定，在交通工具及人员抵达国境前，交通工具的代理人或者有关管理机关（如港务监督机关，实施检疫的航空站），必须向国境卫生检疫机关通知下列事项：交通工具名称、国籍、型号、可供识别的标志；预定到达的日期和时间；始发站，目的地；交通工具工作人员和旅客人数；货物种类等。受入境检疫的交通工具，如在行程中，发现检疫传染病、疑似检疫传染病，或者有人非因意外伤害而死亡并死因不明的，交通工具的负责人必须立即向最先到达实施检疫口岸的卫生检疫机关报告上述事项外，还应报告病名或者主要症状、患病人数、死亡人数。

2、提交申报证件。受入境检疫船舶的船长，在检疫医师到达船上时，必须提交由船长签字或者有船医附签的航海健康申报书、船员名单、旅客名单、载货申报单，并出示除鼠证书或者免予除鼠证书。

受入境检疫的航空器到达机场以后，检疫医师首先登机。机长或者其授权的代理人必须向卫生检疫机关提交总申报单、旅客名单、货物仓单和有效的灭蚊证书，以及其他有关检疫证件。对检疫医师提出的有关询问，应当如实回答。

受入境检疫的列车和其他车辆到达车站、关口后，检疫医师首先登车，列车长或者其他车辆负责人，应当口头或者书面向卫生检疫机关申报该列车或者其他车辆上人员的健康情况，并如实回答有关问题。

3、非口岸检疫。来自国外的船舶、航空器因故停泊、降落在中国境内非口岸地点时，船舶、航空器的负责人应当立即向就近的国境卫生检疫机关或者当地卫生行政部门报告。除紧急情况外，未经国境卫生检疫机关或者当地卫生行政部门许可，任何人不准上下船舶、航空器，不准装卸行李、货物、邮包等物品。

4、电讯检疫。为了简化进口检疫手续，减少船舶非生产停泊时间，卫生部参照国际惯例，于1979年公布了《国际航行船舶试行电讯卫生检疫的规定》，对于享受电讯卫生检疫权利的国际航行船舶提出了具体的要求。凡国际航行的中外船舶申请电讯检疫，可以向卫生检疫机关提出。经检疫机关进行卫生检查并认为合格后，发给卫生证书。船舶卫生证书自签发之日起12个月内有效。

(二)出境检疫

国境卫生检疫法规定，出境的交通工具和人员，必须在最后离开的国境口岸接受检疫。

(三)临时检疫

在国境口岸发现检疫传染病、疑似检疫传染病，或者有人非因意外伤害而死亡并死因不明的，国境口岸有关单位和交通工具的负责人，应当立即向国境卫生检疫机关报告，并申请临时检疫。

(四)边境接壤地区的来往检疫

中华人民共和国边防机关与邻国边防机关之间在边境地区的往来，居住在两国边境接壤地区的居民在边境指定地区的临时来往，双方的交通工具和人员的入境、出境检疫，依照双方协议办理，没有协议的，依照中国政府的有关规定办理。

(五)对特殊物品的管理

入境、出境的微生物、人体组织、生物制品、血液及其制品等特殊物品的携带人、托运人或邮寄人，必须向卫生检疫机关申报并接受卫生检疫。未经卫生检疫机关许可，不准入境、出境。海关凭卫生检疫机关签发的特殊物品审批单放行。

(六)对携带物品和托运物品的管理

入境、出境的旅客、员工个人携带或者托运可能传播传染病的行李和物品，应当接受卫生检查。卫生检疫机关对来自疫区或被传染病污染的各种食品、饮料、水产品等应当实施卫生处理或销毁，并签发卫生证明，海关凭卫生检疫机关签发的卫生处理证明放行。

（七）入境和出境检疫证的签发

国境卫生检疫机关依据检疫医师提供的检疫结果，对未染有检疫传染病或者已实施卫生处理的交通工具，签发入境或者出境检疫证。

二、检疫传染病人的处理规定

（一）就地诊验

接触过检疫传染病的感染环境，并且可能传播检疫传染病的人，称为染疫嫌疑人。染疫嫌疑人在卫生检疫机关指定的期间，到就近的卫生检疫机关或者其他医疗卫生单位接受诊察和检验，或者卫生检疫机关、其他医疗卫生单位到该人员的居留地，对其进行诊察和检验。

卫生检疫机关对接受就地诊验的人员，应当发给就地诊验记录簿，必要的时候，可以在该人员出具履行就地诊验的保证书以后，再发给其就地诊验记录簿。受就地诊验的人员应当携带就地诊验记录簿，按照卫生检疫机关指定的期间、地点，接受医学检查；如果就地诊验的结果没有染疫，就地诊验期满的时候，受就地诊验的人员应当将就地诊验记录簿退还卫生检疫机关。

卫生检疫机关应当将受就地诊验人员的情况，用最快的方法通知就地诊验人员的旅行停留地的卫生检疫机关或者其他医疗卫生单位。卫生检疫机关、医疗卫生单位遇有受就地诊验的人员请求医学检查时，应当视同急诊给予医学检查，并将检查结果在就地诊验记录簿上签注。如果发现其患有检疫传染病或者监测传染病、疑似检疫传染病或者疑似监测传染病时，应当立即采取必要的卫生措施，将其就地诊验记录簿收回存查，并且报告当地卫生防疫机构和签发就地诊验记录簿的卫生检疫机关。

（二）留验

留验是指将染疫嫌疑人收留在指定的处所进行诊察和检验。留验期限根据各种检疫传染病的潜伏期予以确定。按照规定，对染有鼠疫、黄热病嫌疑人的留验期限为6天，对染有霍乱嫌疑人的留验期限为5天。

受留验的人员必须在卫生检疫机关指定的场所接受留验。但有下列情形之一的，经卫生检疫机关同意，可在船上留验：船长请求船员在船上留验的；旅客请求在船上留验，经船长同意，并且船上有船医和医疗、消毒设备的。留验人员未经卫生检疫机关许可，不准离开留验场所或上岸。

（三）隔离

隔离是指将染疫人收留在指定的处所，限制其活动并进行治疗，直到消除传染病传播的危险。这里的染疫人是指正在患检疫传染病的人，或者经卫生检疫机关初步诊断，认为已经感染检疫传染病或者已经处于检疫传染病潜伏期的人。

隔离期限根据医学检查结果确定。受留验的人员在留验期间如果出现检疫传染病的症状，卫生检疫机关应当立即对该人员实施隔离，对与其接触的其他受留验的人员，应当实施必要的卫生处理，并且从卫生处理完毕时算起，重新计算留验时间。

第四节　传染病监测的法律规定

一、传染病监测的概念和内容

传染病监测是指对特定环境和人群进行流行病学、血清学、病原学、临床症状以及其他有关影响因素的调查研究，预测有关传染病的发生、发展和流行。入境、出境的交通工具、人员、食品、饮用水和其他物品以及病媒昆虫、动物，都是监测的对象。

根据传染病监测的定义和对象，传染病监测的内容有：首发病例的个案调查；暴发流行的流行病学调查；传染源调查；国境口岸内监测传染病的回顾性调查；病原体的分离、鉴定，人群、有关动物血清学调查以及流行病学调查；有关动物、病媒昆虫、食品、饮用水和环境因素的调查；消毒、除鼠、除虫的效果观察与评价；国境口岸以及国内外监测传染病疫情的收集、整理、分析和传递；对监测对象开展健康检查和对监测传染病病人、疑似病人、密切接触人员的管理。

二、传染病监测的法律规定

国境卫生检疫法规定，国境卫生检疫机关对入出境人员实施传染病监测，并且采取必要的预防、控制措施。

（一）出示有关健康情况的证件

进行入出境检疫的人员，必须根据检疫医师的要求，如实填报健康申明卡，出示某种有效的传染病预防接种证书、健康证明或其他有关证件。

1、填写健康申明卡。健康申明卡是指入出境人员就自己的健康情况，向国境卫生检疫机关进行申报说明。通过健康申明卡，卫生检疫机关可以对入出境人员的健康情况有一大体了解，并可阻止患有艾滋病、性病、麻风病、精神病、开放性肺结核病的外国人入境。健康申明卡是一种法律文书，如果发现入出境人员隐瞒真相，不如实填写，即成为追究法律责任的依据。

2、提交健康证明。来我国任职、就业、就学的外籍人员，包括其随行家属，居住1年以上者，在申请入境签证时，必须交验所在国政府指定的卫生医疗部门签发的健康证明，如果在所在国私立医院开具的证明，尚需办理公证手续。国境卫生检疫机关对外籍人员提交的健康证明进行验证，对合格者签发验证证明。健康证明有效期为6个月，逾期可向国境卫生检疫机关申请健康检查。

凡申请出境居住1年以上的中国籍人员，必须持有卫生检疫机关签发的健康证明。中国公民出境、入境管理机关凭卫生检疫机关签发的健康证明办理出境手续。凡在境外居住1年以上的中国籍人员，入境时必须向卫生检疫机关申报健康情况，并在入境后1个月内到就近的卫生检疫机关或者县级以上的医院进行健康检查；公安机关凭健康证明办理有关手续；健康证明的副本应当寄送到原入境口岸的卫生检疫机关备案。

国际通行交通工具上的中国籍员工，应当持有卫生检疫机关或者县级以上医院出具的健康证明。健康证明的有效期为12个月。

（二）健康检查

健康检查是传染病监测中的一项制度，其目的在于鉴别鼠疫、霍乱和黄热病三种检疫传染病以及我国禁止入境的五种疾病和监测传染病，以便及时发现疫情，采取有效的防护措施，防止传染病的传播和蔓延。

根据规定，健康检查的对象为下列人员：一是国境口岸的和进出口交通工具上从事饮食行业的人员；二是经常进出国境的交通员工；三是由国外入境居留1年以上或申请出国居住1年以上的中国籍人员，如留学生、进修生，从事商务、技术合作、探亲、劳务出口、援外等人员。

（三）发给就诊方便卡

对患有监测传染病的人、来自国外监测传染病流行区的人或者与监测传染病密切接触的人，国境卫生检疫机关可以根据流行病学和医学检查结果，区别情况，发给就诊方便卡，实施留验或者采取其他预防、控制措施。

卫生检疫机关、医疗卫生单位 遇到持有就诊方便卡的人员请求医学检查时，应当视同急诊优先给予医学检查和治疗；如发现其患有检疫传染病或者监测传染病，疑似检疫传染病或者监测传染病，应当立即实施必要的卫生措施，并且将情况报告当地卫生防疫机构和签发就诊方便卡的卫生检疫机关。

第五节　卫生监督和卫生处理的法律规定

一、卫生监督的法律规定

卫生监督是指国境卫生检疫机关根据卫生法规和卫生标准，对国境口岸和停泊在国境口岸的交通工具进行的卫生检查、卫生鉴定、卫生评价和采样检验等活动。

国境卫生检疫机关进行卫生监督的任务是：监督和指导有关人员对啮齿动物、病媒昆虫的防除；检查和检验食品、饮用水及其储存、供应、运输设备；监督从事食品、饮用水供应的从业人员的健康状况，检查其健康证明书；监督和检查垃圾、废物、污水、粪便、压舱水的处理，以保证国境口岸及交通工具、行李、货物、邮包等整洁卫生，防止疾病传播。

(一) 国境口岸的卫生监督

国境口岸是国际通航的港口、机场、车站、陆地边境和国境江河的关口。它是一个公共场所，要特别注意环境的整洁和空气的清新，必须具备污水、垃圾、粪便无害化的处理系统。

对国境口岸的卫生要求是：国境口岸和国境口岸内涉外的宾馆、生活服务单位以及候船、候车、候机厅〈室〉应当有健全的卫生制度和必要的卫生设施并保持室内外环境整洁、通风良好；国境口岸有关部门应当采取切实可行的措施，控制啮齿动物、病媒昆虫，使其数量降低到不足为害的程度，仓库、货场必须具有防鼠设施；国境口岸的垃圾、废物、污水、粪便必须进行无害化处理，保持国境口岸环境整洁卫生。

(二)交通工具的卫生监督

交通工具不仅能因运送病人引起疾病传播，还可能携带病媒昆虫和鼠类。

对交通工具的卫生要求是：交通工具上宿舱、车厢必须保持清洁卫生，通风良好；必须备有足够的消毒、除鼠、除虫药物及器械，并备有防鼠装置；货舱、行李舱、货车车厢在装货前或卸货后应当进行彻底清扫，有毒物品和食品不得混装，防止污染；对不符合卫生要求的入境、出境交通工具，必须接受卫生检疫机关的督导立即进行改进。

（三）饮用水、食品及从业人员的卫生监督

国境口岸和交通工具上的食品、饮用水均应清洁卫生，无毒无害。容器、管道、贮存场所、仓库等均应符合卫生标准要求，防止其在运转、传递过程中被污染。

对食品、饮用水及从业人员的卫生要求是：国境口岸和交通工具上的食品、饮用水必须符合有关的卫生标准；国际口岸的涉外宾馆，以及向入境、出境的交通工具提供饮食服务的部门，营业前必须向卫生检疫机关申请卫生许可证；国境口岸涉外的宾馆和入境、出境交通工具上的食品、饮用水从业人员应当持有卫生检疫机关签发的健康证明。

二、卫生处理的法律规定

卫生处理是指卫生检疫机关实施的隔离、留验和就地诊验等医学措施，以及消毒、除鼠、除虫等卫生措施。

（一）对交通工具的卫生处理

入境、出境的交通工具有下列情形之一的，应当由卫生检疫机关实施消毒、除鼠、除虫或者其他卫生处理：来自检疫传染病疫区的；被检疫传染病污染的；发现有与人类健康有关的啮齿动物或者病媒昆虫并超过国家卫生标准的。

如果外国交通工具的负责人拒绝接受卫生处理，除有特殊情况外，准许该交通工具在国境卫生检疫机关的监督下，立即离开中华人民共和国国境。

（二）对废旧物品的卫生处理

卫生检疫机关对来自疫区的、被检疫传染病污染的或者可能成为检疫传染病传播媒介的行李、货物、邮包等物品，进行卫生检查，实施消毒、除鼠、除虫或者其他卫生处理。对于由国外起运经过我国境内的货物，如果不在境内换装，除发生流行病学上有重要意义的事件，需要实施卫生处理外，在一般情况下不实施卫生处理。

(三)尸体、骸骨的卫生处理

入境、出境的尸体、骸骨托运人或者代理人应当申请卫生检疫，并出示死亡证明或者其他有关证件，对不符合卫生要求的，必须接受卫生检疫机关实施的卫生处理。经卫生检疫机关签发尸体、骸骨入境、出境许可证后，方准运进或者运出。

对因患检疫传染病而死亡的病人尸体，必须就近火化，不准移运。

(四)对其他物品的卫生处理

对染疫人、染疫嫌疑人的行李、使用过的物品、使用过的部位等要实施除鼠、除虫、消毒；对污染或者有污染嫌疑的饮用水、食品以及人的排泄物、垃圾、废物等实施消毒；对来自霍乱疫区的水产品、水果、蔬菜、饮料以及装有这些制品的邮包，必要时可以实施卫生处理。

第六节　违反国境卫生检疫法的法律责任

一、行政责任

国境卫生检疫法规定：对违反规定，有下列行为之一的单位或个人，国境卫生检疫机关可以根据情节轻重，给予警告或者罚款：逃避检疫，向国境卫生检疫机关隐瞒真实情况的；入境的人员未经国境卫生检疫机关许可，擅自上下交通工具，或者装卸行李、货物、邮包等物品，不听劝阻的。

根据上述规定，按照行为人实施逃避检疫行为的情节不同，国境卫生检疫机关可以给予不同的行政处罚。根据国境卫生检疫法实施细则的规定，对于有下列情形之一的，处以警告或者100元以上5000元以下的罚款：应当受入境检疫的船舶，不悬挂检疫信号的；入境、出境的交通工具，在入境检疫之前或者在出境检疫之后，擅自上下人员，装卸行李、货物、邮包等物品的；拒绝接受检疫或者抵制卫生监督，拒不接受卫生处理的；伪造或者涂改检疫单、证，不如实申报疫情的；瞒报携带禁止进口的微生物、人体组织、生物制品、血液及其制品或者其他可能引起传染病传播的动物和物品的。

对于有下列情形之一的，处以1000元以上10000元以下的罚款：未经检疫的入境、出境交通工具，擅自离开检疫地点，逃避查验的；隐瞒疫情或者伪造情节的；未经卫生检疫机关实施卫生处理，擅自排放压舱水，移下垃圾、污物等控制的物品的；未经卫生检疫机关实施卫生处理，擅自移运尸体、骸骨的。

对于有下列情形之一的，处以5000元以上30000元以下的罚款：废旧物品、废旧交通工具，未向卫生检疫机关申报，未经卫生检疫机关实施卫生处理和签发卫生检疫证书而擅自入境、出境或者使用、拆卸的；未经卫生检疫机关检查，从交通工具上移下传染病病人造成传染病传播危险的。

卫生检疫机关在收取罚款时，应当出具正式的罚款收据；罚款全部上交国库。

当事人对国境卫生检疫机关给予的罚款决定不服的，在接到通知之日起15日内，可以向当地人民法院起诉。逾期不起诉又不履行的，国境卫生检疫机关可向人民法院申请强制执行。

二、刑事责任

《刑法》第32条规定，违反国境卫生检疫规定，引起检疫传染病的传播，或者有引起检疫传染病传播严重危险的，处3年以下有期徒刑或者拘役，并处或者单处罚金。这里的违反国境卫生检疫规定，是指具有该法对20条规定行为之一的：逃避检疫，向国境卫生检疫机关隐瞒真实情况的；入境的人员未经国境卫生检疫机关许可，擅自上下交通工具，或者装卸行李、货物、邮包等物品、不听劝阻的。具有上述行为之一，还必须引起检疫传染病的传播，或者有传播的严重危险的，才构成此罪。单位犯罪的，对单位判处罚金，并对其直接负责的主管人员和其他直接责任人员，依照上述规定处罚。

国境卫生检疫机构工作人员违法失职，情节严重构成犯罪的，依法追究刑事责任。

第五章 传染病防治法律制度

第一节 传染病防治法律制度概述

一、传染病防治法的概念

传染病防治法是调整预防、控制和消除传染病的发生与流行，保障人体健康活动中产生的各种社会关系的法律规范的总称。

传染病是由病源性细菌、病毒、立克次体和原虫等引起的可以在人、动物及人与动物之间相互传播、使人体健康受到某种损害以致危及生命的一种传染病。

传染病的预防是指在传染病发生前采取有效的措施，以减少传染病的发生与流行。传染病的控制是指在传染病发生后及时采取综合性预防措施，消除各种传播因素，对病人进行隔离治疗，以保护易感人群，使疫情不再继续蔓延。消除传染病，是指某种传染病在一定范围内，经过一定时间的监测不再出现，虽然发生这种传染病的可能性仍然存在，但可以认为在这一范围内该传染病已被消除。

由于我国人口众多，卫生条件较差，历史上曾经出现过几次大规模的传染病流行，给人民带来重大损失。建国后，党和政府采取了一系列综合性的预防措施，提出了“预防为主”的方针，组建了各类卫生防疫机构；大力开展传染病防治工作。经过各级医疗卫生机构的严格管理和广大医务人员的积极努力，取得了显著成绩。60 年代，我国消灭了天花，控制了性病；70 年代控制了布鲁氏菌病和钩端螺旋体的暴发流行；80 年代丝虫病在一些省、自治区基本消灭，疟疾、脊髓灰质炎的控制工作逐步铺开，其他多种传染病发病率和病死率也都有大幅度下降。尽管我国传染病防治工作取得了很大的成绩，但是，目前我国一些已趋于消灭的传染病又有所复发，某些已被控制的传染病又在活化，一些新的传染病开始传入我国，尤其是结核病、性病、艾滋病，近年来呈上升趋势，据卫生部1998年统计资料表明，全国报告 HIV 感染者（包括艾滋病病人）3306例；性病发病报告632512例。由于传染病具有传染性、流行性、反复性和突发性的特点，因此，传染病防治是一项长期的社会性工作，需要动员全社会各个方面共同参与，实行综合治理，更需要以法律形式明确每个公民、社会各部门及其政府的责任，使传染病防治工作法制化。

二、传染病防治立法

传染病是严重威胁和危害人体健康的疾病，我国政府一直重视运用立法手段对传染病进行预防、控制和管理。新中国成立后，为了集中力量迅速扑灭旧社会遗留下来的鼠疫、天花、霍乱等烈性传染病，政务院即颁布了《关于发动秋季种痘的指示》，卫生部制定了《种痘暂行办法》。1955年，经国务院批准，卫生部发布了《传染病管理办法》，首次对传染病进行了分类管理。各省、市、自治区也相应制定了《传染病管理实施细则》。1978年以后，国家的法制建设得到全面恢复，为加快控制和消灭急性传染病的发生和流行，经国务院批准，卫生部发布了《急性传染病管理条例》，并先后颁发了一系列防治传染病的法规及规章，主要有：《预防接种工作实施办法》、《家犬管理条例》、《全国计划免疫工作条例》、《副霍乱防治方案》、《防治鼠疫规定》、《病毒性肝炎防治方案（试行）》、《疟疾防治管理办法》及《流行性出血热防治方案》等，初步建立了疫情报告、计划免疫、家犬管理等传染病防治和管理的法律制度。为更好地预防、控制和消灭各类传染病的发生和流行，保障人民身体健康，在总结建国40年对传染病防治工作的方针、政策及成功经验的基础上，于1989年2月，七届人大常委会第六次会议通过了《中华人民共和国传染病防治法》,并于同年9月1日起施行。1991年12月,经国务院批准,卫生部颁布了《传染病防治法实施办法》。《传染病防治法》及其实施办法的颁布,系统地确立了我国对传染病的预防、疫情报告与公布、控制和监督的法律制度,标志着我国传染病防治工作开始全面走上了法制化管理轨道。《传染病防治法》实施10年来,已使我国的传染病防治及管理水平明显提高,传染病预防、控制取得了明显成效。为进一步贯彻实施《传染病防治法》,卫生部等有关部门已制定了一系列与之相关的配套法规及规章,对传染病病人禁止从事的工作、疫情报告的具体时限、疫情通报和公布的具体做法以及传染病防治监督执法程序等方面都作了进一步规定。1997年7月,八届人大常委会第26次会议通过了《动物防疫法》,已于1998年1月起施行,完善了对动物防疫的法律制度。我国新刑法对违反传染病防治法的犯罪及刑罚作了专门的补充与修改。这一些新的法律规范对于适应传染病防治工作的新情况,加大对传染病的预防和控制力度,切实保障人民群众健康,必将起到积极作用。

三、传染病防治的原则

传染病防治的原则,是指导传染病预防、治疗及控制等防治活动的基本准则。传染病防治法规定,国家对传染病实行预防为主的方针,防治结合,分类管理,体现了以下原则:

第一,预防为主、防治结合原则。传染病一旦发生,其传播速度快、流行范围广,难以有效地控制。因此,防治工作的重点应当首先着眼于预防。强调预防为主的原则,并不是忽视治疗,而是力求无病早防,有病早治,立足预防,防治结合。防治结合体现了由过去单纯的生物医学模式向现代医学模式的转变,即由单纯的医疗服务扩展到医疗预防服务,从生理服务扩展到心理服务,从医院内服务扩展到社会服务。传染病病人本身就是传染源,尽快治好病人,既是病人恢复健康的需要,也是防止传染病传播的需要,从这个意义上说，治疗与预防密不可分。

第二，突出重点，分类管理原则。传染病防治法从我国国情出发，依据传染病危害的程度、发病频率和机会、人群易感性和应采取的监督、监测、管理措施等特点，将35种传染病，分为甲类、乙类、丙类，采取强制管理、严格管理和监测管理的方法，分别轻重缓急，对传染病实行分类管理。对传染病实行分类管理与重点管理相结合，符合我国国情和广大人民的利益，有利于把有限的人力、物力更好地投入到传染病的防治工作中，取得最大限度的效果。

第三，统一领导，分工负责原则。为了保障传染病防治义务的充分履行和法律的贯彻实施，传染病防治法规定，各级政府卫生部门是传染病防治工作的主管部门，对执法情况进行监督、检验，实行统一管理。由于传染病的发生与流行有诸多原因，涉及食品卫生、饮水卫生、环境卫生、药品管理、国境卫生检疫等方面，因而，需要农业、水利、轻工、化工、医药、物资、交通等相关部门的密切配合，明确各部门、各企事业单位的分工与职责。统一领导，分工负责的原则，体现了社会大卫生观念，有利于传染病防治的全民参与和社会的综合治理。

四、法定传染病的分类

根据传染病的危害程度和采取的监督、监测、管理措施，参照国际上统一分类标准，《传染病防治法》将全国发病率较高、流行面较大、危害严重的35种急性和慢性传染病列为法定管理的传染病，并根据其传播方式、速度及其危害程度，分为甲、乙、丙三类。

甲类传染病包括：鼠疫、霍乱。对甲类传染病实行强制管理，对病人、病原携带者的隔离治疗及对疫点、疫区的处理，均实行强制措施。

乙类传染病包括：病毒性肝炎、细菌性和阿米巴性痢疾、伤寒和副伤寒、艾滋病、淋病、梅毒、脊髓灰质炎、麻疹、百日咳、白喉、流行性脑脊髓膜炎、猩红热、流行性出血热、狂犬病、钩端螺旋体病、布鲁氏菌病、炭疽、流行性和地方性斑疹伤寒、流行性乙型脑炎、黑热病、疟疾、登革热、结核病、新生儿破伤风等。对乙类传染病实行严格管理，按照有关规定和防治方案进行预防和严格控制。

丙类传染病包括：血吸虫病、丝虫病、包虫病、麻风病、流行性感冒、流行性腮腺炎、风疹、急性出血性结膜炎，以及除霍乱、痢疾、伤寒和副伤寒以外的感染性腹泻等。对丙类传染病实行监测管理。

法定传染病病种的增减。传染病病种繁多，列入法定管理的传染病仅是其中的一部分，考虑到今后可能出现目前尚不可预测的传染病，或者经过人工干预、控制消灭了一些传染病的变化情况。传染病防治法规定国务院和国务院卫生行政部门，可以根据传染病发生、流行情况，增加或者减少病种。如现在卫生部已把新生儿破伤风、肺结核病从丙类上升为乙类管理。

第二节　传染病预防及控制的法律规定

一、传染病预防的法律规定

传染病预防，是传染病防治工作的首要环节。搞好传染病预防，对减少、控制和消灭传染病的发生和流行具有至关重要的意义。传染病防治法对各类预防主体在防治传染病工作中的职责、传染病防治管理制度等作了具体规定。

(一)传染病预防主体及其职责

1、各级人民政府的职责。(1)各级政府应当组织领导辖区内新闻、广播、电视、出版、文化、教育、卫生、科协等部门，利用各种形式，有针对性地开展有关传染病预防知识和预防措施的卫生健康教育，使群众掌握预防传染病和识别传染病的知识，养成良好的卫生习惯，减少并防止传染病的发生或早期发现传染病人，及时得以治疗与控制。各级卫生防疫机构应健全卫生宣传组织，负责提供预防各种传染病的宣传资料，开展防治传染病的宣传教育工作并进行业务指导；各级医疗保健机构的预防保健组织应设专(兼)职预防传染病宣传员并在门诊、地段进行卫生宣传活动；教育部门要把普及传染病预防常识编入中小学、幼儿教材。(2)各级政府应组织开展群众性爱国卫生运动，组织力量消除鼠害和蚊、蝇等病媒昆虫以及其他传播传染病的或者患有人畜共患传染病的动物的危害，铁路、交通、民航部门负责组织消除交通工具的鼠害和各种病媒昆虫的危害；农业、林业部门负责组织消除农田、牧场及林区的鼠害，国务院各有关部委按有关规定分工负责消除钉螺危害。病媒昆虫系指能够传播疾病或危害人类健康的昆虫。人畜共患传染病是指鼠疫、流行性出血热、狂犬病、钩端螺旋体病、布鲁氏菌病、炭疽、流行性乙肝脑炎、黑热病、包虫病、血吸虫病等共10类疾病。由政府组织广泛地开展爱国卫生运动，有利于动员全社会力量参与卫生防病，消除病媒昆虫、鼠害及各类人畜共患传染病的危害。(3)地方各级政府应当加强对公共卫生的管理，有计划地建设和改造公共卫生设施，对污水、污物、粪便进行无害化处理，改善生活用水卫生条件。城市应当按照城市环境卫生设施标准修建公共厕所、垃圾粪便的无害化处理场和污水、雨水排放处理系统等公共卫生设施；农村应当逐步改造厕所，对粪便进行无害化处理，加强对公共生活用水的卫生管理，建立必要的卫生管理制度。饮用水水源附近禁止有污水池、粪堆(坑)等污染源。禁止在饮用水水源附近洗刷便器和运输粪便的工具。

2、医疗保健机构的职责。各级各类医疗保健机构负有设立预防保健组织或人员、承担本单位或责任地段的传染病预防、控制和疫情管理工作的职责。市、市辖区、县设立传染病医院或者指定医院设立传染病门诊和传染病病房。

县级以上医疗保健机构及城市街道医院设立预防保健科，承担下列传染病防治工作：(1)本单位及责任地段内传染病疫情报告的管理工作；(2)在责任地段内开展传染病预防、治疗工作，进行卫生健康教育、计划免疫、预防性服药、疫源地管理；(3)完成卫生防疫机构交付的各种传染病防治和监测任务。

乡、镇卫生院(所)设立预防保健组(室、站)，承担下列传染病防治工作：(1)传染病的预防，计划免疫及传染病的疫情报告、管理和疫区处理；(2)深入各村进行巡诊，做到早发现传染病病人，做好病人的治疗，必要时指导病人进行现场隔离或协助转至最近的医疗单位住院治疗；(3)根据接触病种的不同，对密切接触者进行必要的应急接种或者预防性服药；(4)对传染病病人居地进行必要的消毒、杀虫、灭鼠工作和指导病人及家属进行日常消毒、杀虫、灭鼠工作；(5)对乡镇居民进行卫生防病知识的教育，开展清除垃圾污物、粪便和搞好食品卫生指导和管理工作。

3、供水单位的职责。供水单位供应的饮用水必须符合国家规定的卫生标准。集中式供水单位应具有必要的净化处理设备和消毒设施，建立行之有效的取水、消毒、清洗、排污和检修等制度及操作规程，保证供水质量符合国家《生活用水卫生标准》，各单位自有水源未经城市建设部门和卫生行政部门批准，不得与城镇集中式供水系统连接。

4、与致病性微生物相关单位的职责。与致病性微生物相关单位是指医疗保健机构、卫生防疫机构以及从事致病性微生物实验的科研、教育、生产等单位。为防止传染病的医源性感染、医院内感染、实验室感染和致病性微生物的扩散，与致病性微生物相关单位必须做到：(1)建立健全防止致病性微生物扩散的制度和人体防护措施；(2)严格执行实验操作规程，对实验后的样品、器材、污染物品等，按照有关规定严格消毒后处理；(3)实验动物必须按照国家有关规定进行管理。

5、畜牧兽医部门的职责。各级政府畜牧兽医部门负有下列职责：(1)负责对同人畜共患传染病有关的家畜家禽的传染病管理工作，其具体职责依据《家畜家禽防疫条例》规定执行。(2)负责对人畜共患传染病有关的野生动物进行检疫，未经当地或者接收地的政府畜牧兽医部门检疫，禁止出售或者运输。(3)会同卫生、公安部门按照国务院规定分工负责狂犬病防治管理工作，负责兽用狂犬病疫苗的研制、生产和供应，对城乡经批准的养犬进行预防接种、登记和发放“家犬免疫证”。

6、其他单位和个人的职责。(1)有关单位和个人对被甲类传染病病原体污染的污水、污物、粪便必须在卫生防疫机构的指导监督下，依据《实施办法》第21条规定的卫生处理要求进行严密消毒后处理。对被乙类、丙类传染病病原体污染的污水、污物、粪便必须依照《实施办法》第22条以及卫生防疫机构作出的卫生要求进行处理。(2)在自然疫源地和可能是自然疫源地的地区兴办大型建设项目开工前，建设单位应当申请当地卫生防疫机构对施工环境进行卫生调查，并根据卫生防疫机构的意见，采取必要的卫生防疫措施，施工期间，建设单位应当设立预防保健组织及专人负责工地上的卫生防疫工作。(3)对从事传染病预防、医疗、科研、教学的人员，现场处理疫情的人员，以及在生产、工作中接触传染病原体的人员，有关单位应当根据国家规定，采取有效的防护措施和医疗保健措施。(4)用于预防传染病的菌苗、疫苗等生物制品必须在卫生防疫机构监督指导下使用，由各省、自治区、直辖市卫生防疫机构统一向生物制品生产单位订购，其他任何单位或个人不得经营。(5)血站(库)、生物制品生产单位，必须严格执行国务院卫生行政部门的有关规定，保证血液、血液制品的质量，防止因输入血液、血液制品引起病毒性肝炎、艾滋病、疟疾等疾病的发生，任何单位和个人不准使用国务院卫生行政部门禁止进口的血液和血液制品。(6)生产、经营、使用消毒药剂和消毒器械、卫生用品、卫生材料、一次性医疗器材、隐形眼镜、人造器官等必须符合国家有关标准，不符合国家有关标准的不得生产、经营和使用。(7)出售、运输被传染病病原体污染或者来自疫区可能被传染病病原体污染的皮毛、旧衣物及生活用品等，必须按照卫生防疫机构的要求进行必要的卫生处理。

(二)传染病预防管理的主要制度

1、计划免疫预防接种制度。计划免疫是根据疫情监测和人群免疫状况分析，按照规定的免疫程度，有计划地利用生物制品进行人群预防接种，以提高人群的免疫水平，达到控制直至消灭相应传染病的目的。国家实行有计划的预防接种制度，境内任何人均应按照有关规定接受预防接种。各级政府卫生行政部门负责制定本辖区计划免疫工作规划、目标并组织实施。各级卫生防疫机构负责辖区内计划免疫工作的技术指导。各级医疗保健机构和乡镇卫生院(所)具体实施预防接种工作。国家对儿童实行预防接种证制度。所有适龄儿童均应申办预防接种证，建立预防接种卡片。儿童家长或监护人应主动办理上述手续，并按规定进行预防接种。公安派出所在办理户口手续，托幼机构、学校在办理入托、入学手续时，应查验预防接种证。预防接种证应由儿童家长或监护人员妥善保存，并随户口转迁，当损坏或遗失时应向当地卫生防疫机构申请办理补发手续。

2、菌种、毒种管理制度。传染病的菌(毒)种分为以下三类：一类是鼠疫耶尔森氏菌、霍乱弧菌、天花病菌、艾滋病病毒；二类是布氏菌、炭疽菌、麻风杆菌，肝炎病毒、狂犬病毒、出血热病毒、登革热病毒，斑疹伤寒立克次体；三类是脑膜炎双球菌、链球菌、淋病双球菌、结核杆菌、百日咳嗜血杆菌、白喉棒状杆菌、沙门氏菌、志贺氏菌、破伤风梭状杆菌，钩端螺旋体、梅毒螺旋体，乙型脑炎病毒、脊髓灰质炎病毒、流感病毒、流行性腮腺炎病毒、麻疹病毒、风疹病毒。国务院卫生行政部门可以根据情况增加或减少菌(毒)种的种类。国家对传染病菌(毒)种的保藏、携带、运输实行严格管理：(1)菌种的保藏由国家卫生行政部门指定的单位负责。(2)一、二类菌(毒)种的供应由国务院卫生行政部门指定的保藏管理单位供应，三类菌(毒)种由设有专业实验室的单位或者国务院卫生行政部门指定的保藏管理单位供应。(3)使用一类菌(毒)种的单位，必须经国务院卫生行政部门批准；使用二类菌(毒)种的单位必须经省级政府卫生行政部门批准;使用三类菌(毒)种的单位,应当经县级政府卫生行政部门批准。(4)一、二类菌(毒)种,应派专人向供应单位领取,不得邮寄;三类菌(毒)种的邮寄必须持有邮寄单位的证明,并按照菌(毒)种邮寄与包装的有关规定办理。

3、消毒管理制度。消毒是指用化学、物理、生物的方法杀灭或者消除环境中的致病性微生物,是切断传染病传播途径的重要措施。被传染病病原体污染的污水、污物、粪便,有关单位和个人必须在卫生防疫部门的指导监督下进行严格消毒处理,拒绝执行的,当地政府可以采取强制措施。医疗保健机构必须严格执行消毒隔离制度和操作规程,防止医院内感染和医源性感染的发生。其他相关规定依照1992年8月卫生部颁发的《消毒管理办法》执行。

4、健康检查制度。从事饮水、饮食、整容、体育等易使传染病扩散工作的从业人员,必须按照国家有关规定取得健康合格证后方可上岗,每年必须接受至少一次的健康检查。传染病病人、病源携带者和疑似传染病人在治愈或者排除传染病嫌疑前,不得从事下列工作:(1)饮用水的生产、管理、供应等工作;(2)饮食服务行业的经营、服务等工作;(3)托幼机构的体育、教育等工作;(4)食品行业的生产、加工、销售、运输及保管等工作;(5)美容、整容等工作;(6)其他与人群接触密切的工作。

二、传染病疫情报告与公布的法律规定

(一)疫情报告人及其责职

疫情报告人分为二类,一类为义务报告人,一类为责任报告人。发现传染病病人或者疑似传染病人的人是义务报告人,负有及时向附近的医疗保健机构或者卫生防疫机构报告的义务。执行职务的医疗保健人员,卫生防疫人员及个体开业医生为责任疫情报告人。在发现传染病病人,疑似传染病病人,病原携带者或者接到非责任报告人的疫情报告时,必须向卫生防疫机构报告疫情,并作好疫情登记,采取控制传染病传播的措施。疫情报告可分为三类：日常疫情报告；传染病暴发、流行时的疫情报告；有关部门的疫情报告和疫情通报。

对于日常疫情报告，责任报告人在发现甲类传染病、乙类传染病中的艾滋病、肺炭疽病人、疑似病人、病原携带者时，在城镇应于6小时，在农村应于12小时内，以最快的通信方式向发病地的卫生防疫机构报告，并同时报出传染病报告卡；发现乙类传染病病人、病原携带者和疑似传染病病人时，城镇应于12小时内，农村于24小时内向发病地卫生防疫机构报出传染病报告卡；在丙类传染病监测区内发现丙类传染病病人时，应当在24小时内向发病地区的卫生防疫机构报出传染病报告卡。

传染病暴发流行时，责任疫情报告人应当以最快的通信方式向当地卫生防疫机构报告疫情。接到疫情报告的卫生防疫机构应当以最快的通信方式报告上级卫生防疫机构和当地政府卫生行政部门，卫生行政部门接到报告后，应当立即报告当地政府。省级政府卫生行政部门接到发现甲类传染病和发生传染病暴发、流行的报告后，应当于6小时内报告国务院卫生行政部门。

铁路、交通、民航、厂矿的卫生防疫机构，应当定期向所在地卫生行政部门指定的卫生防疫机构报告疫情。军队的传染病病情，由中国人民解放军卫生主管部门根据有关规定向国务院卫生行政部门报告。国境卫生检疫机关和相应的卫生防疫机构发现检疫传染病时应当互相通报疫情。畜牧禽医部门和卫生防疫机构发现人畜共患传染病时，应当相互通报病情。流动人员中的传染病病人，病原携带者和疑似传染病病人的传染病报告及处理由诊治地负责，其疫情登记、统计由户口所在地负责。各级政府有关主管人员和从事传染病的医疗保健、卫生防疫、监督管理人员不得隐瞒、谎报疫情。

（二）疫情通报与公布

国务院卫生行政部门负责定期公布全国的传染病疫情，并随时通报重大疫情。省、自治区、直辖市的卫生行政部门除定期公布本行政区域的疫情外，还可授权卫生防疫机构公布。市、地及市、地以下政府卫生行政部门、卫生防疫机构，在工作需要时可介绍当地传染病发生、流行与防治情况，其他单位或个人未经许可，不得擅自公布疫情。

三、传染病控制的法律规定

传染病控制是指在传染病发生或暴发、流行时，政府及有关部门为了防止传染病扩散和蔓延而采取必要的控制措施。

(一)一般控制措施

是指针对传染病流行的三个环节(传染源、传播途径、易感人群)所实行的对其中一个主要环节或者同时控制几个环节的综合性措施，包括隔离治疗、强制隔离治疗、医学观察、必要的卫生处理和预防措施等。传染病防治法规定：第一，对甲类传染病病人和病原携带者，乙类传染病中的艾滋病病人、炭疽中的肺炭疽病人，予以隔离治疗。隔离期限根据医学检查结果确立。拒绝隔离治疗或者隔离期未满擅自脱离隔离治疗的，可以由公安部门协助治疗单位采取强制隔离治疗措施。第二，对除艾滋病病人，炭疽中的肺炭疽病人以外的乙类、丙类传染病病人，根据病情采取必要的治疗和控制传播措施。第三，对疑似甲类传染病病人，在明确诊断前，在指定场所进行医学观察。第四，对传染病病人、病原携带者、疑似传染病病人污染的场所、物品和密切接触的人员，实施必要的卫生处理和预防措施。在实施以上传染病控制措施时，传染病病人及其家属和有关单位以及居民或者村民组织应当配合。为了使甲类传染病人、病原携带者的密切接触人员在指定场所接受留验并进行医学观察，已经留验后排除是病人或者病原携带者的，留验期间的工资和福利待遇，由所在单位按照出勤照发。

(二)临时紧急措施

临时紧急措施也称即时强制。当传染病暴发流行时，当地政府应立即组织力量进行防治，切断传播途径，必要时报上一级政府决定，采取下列紧急措施：限制或停止集市、集会、影剧院演出或其他人群聚集的活动；停工、停业、停课；临时征用房屋、交通工具；封闭被传染病病原体污染的公共饮用水源。采取即时强制必须具有下列三个条件：传染病暴发、流行；控制疫情需要采取紧急措施；必须报上一级地方政府决定。上一级政府接到下一级政府关于采取紧急措施的报告时，必须在 24 小时内做出决定。紧急措施的解除，由原决定机关宣布 。在传染病暴发、流行区域，当地政府应当根据传染病疫情控制的需要，组织卫生、医药、公安、工商、交通、水利、城建、农业、商业、民政、邮电、广播电视等部门采取预防、控制措施。

（三）宣布疫区与封锁疫区

疫区，是指发生传染病流行或者可能是传染病聚集发生的地区。宣布疫区必须具备两个条件：一是在甲、乙类传染病暴发、流行并有发展趋势时；二是必须在卫生防疫机构对疫区调查的基础上，由县级以上政府提出，经上一级地方政府决定后，由提出报告的机关宣布执行。实行疫区封锁措施的基本条件必须是在甲类传染病暴发、流行的地区。一般疫区的封锁必须经省、自治区、直辖市政府决定；特殊疫区的封锁由国务院决定，包括以下四种情况：封锁的区域是大、中城市；封锁的疫区跨省、自治区、直辖市；因封锁疫区需要中断干线交通；封锁国境。解除疫区封锁必须符合规定的条件。

（四）行政征调与协助

传染病暴发、流行时，国务院卫生行政部门有权在全国范围内或者跨省、自治区、直辖市范围内，地方各级政府卫生行政部门有权在本行政区域内，调集各级各类医疗保健人员、卫生防疫人员参加疫情控制工作。对于拒绝执行各级政府卫生行政部门调集参加控制疫情决定的，由县级以上政府卫生行政部门报请同级政府批准，对单位予以通报批评；对主管人员和直接责任人员，由所在单位或者上级机关给予行政处分。医药部门和其他有关部门应当及时供应预防和治疗传染病的药品和器械;生物制品生产单位应及时供应预防和治疗传染病的生物制品;铁路、交通、民航部门必须优先运送卫生行政部门批准的处理疫情的人员、防治药品、生物制品和器械,并应当保证用最快通往目的地的交通工具运出,任何单位和个人不得阻拦依法执行处理疫情任务的车辆和人员。预防和治疗传染病的药品、生物制品和器械应当有适量的储备。这里的生物制品系指用微生物制成的,供预防、诊断或治疗用的药物,如疫苗、抗毒血清、类毒素、抗菌素等。

(五)尸体处理和解剖查验

由于鼠疫、霍乱及炭疽病有极强的传染性,患者死亡后的尸体含有大量的病原体,不经严格处理,容易造成环境的污染,引起续发病例的发生,甚至可能造成这些疾病的再度暴发和流行,因此必须将这三类患者尸体进行消毒和就近火化。患病毒性肝炎、伤寒和副伤寒、艾滋病、白喉、炭疽、脊髓灰质炎死亡的病人尸体,由治疗病人的医疗单位或者当地卫生防疫机构消毒处理后火化。不具有火化条件的农村及边远地区,由治疗病人的医疗单位或者当地卫生防疫机构负责消毒后,可选远离居民点500米以外,远离饮用水源50米以外的地方,将尸体在距离地面2米以下深埋。医疗保健机构、卫生防疫机构认为必要时,经县级以上政府卫生行政部门的批准,可以对传染病病人尸体或者疑似传染病病人尸体进行解剖查验。

第三节 传染病监督的法律规定

一、传染病防治监督管理机关及其职责

传染病防治法规定,执行传染病防治监督管理职能的机关是各级政府卫生行政部门和受国务院卫生行政部门委托的其他有关部门的卫生主管机构。各级政府卫生行政部门对传染病防治工作

实施统一监督管理。各级各类卫生防疫机构按照专业分工承担责任范围内的传染病监测管理工作。各级各类医疗保健机构承担责任范围内的传染病防治管理任务，并接受有关卫生防疫机构的业务指导。军队的传染病防治工作，由中国人民解放军卫生主管部门实施监督管理。铁路、交通、民航、农垦系统等部门的卫生主管机构，受国务院卫生行政部门委托后，在本系统内对传染病防治工作行使监督管理职权。县级以上政府卫生行政部门和接受国务院卫生行政部门委托的部门，可以成立传染病技术鉴定组织。

各级政府卫生行政部门对传染病防治工作的监督管理职权是：一是对传染病的预防、治疗、监测、控制和疫情管理措施进行监督、检查；二是责令被检查单位或个人限期改进传染病防治管理工作；三是对违反传染病防治法的行为给予行政处罚。

二、传染病管理监督员及其职责

传染病管理监督员是各级政府卫生行政部门和受国务院卫生行政部门委托的其他有关部门卫生主管机构以及各级各类卫生防疫机构内设立的由省级以上政府卫生行政部门聘任并发给证书的合格卫生专业人员。传染病管理监督员是国家的行政执法人员，执行卫生行政部门或其他有关部门卫生主管机构交付的传染病监督管理任务，可以以卫生行政部门和受委托的其他卫生主管机构的名义行使被委托的监督管理职权。传染病管理监督员的解聘，由原发证机关决定，并通知其所在单位和个人。

传染病管理监督员的职责是：监督检查传染病防治法及传染病防治法实施办法的执行情况；进行现场调查，包括采集必需的标本及查阅、索取、翻印复制必要的文字、图片、声像资料等，根据调查情况写出书面报告；对违法单位或者个人提出处罚建议；执行卫生行政部门或者其他有关部门卫生主管机构交付的任务；及时提出预防和控制传染病措施的建议。

三、传染病管理检查员及其职责

各级各类医疗保健机构内设立传染病管理检查员，由本单位推荐，经分管该医疗保健机构的县级以上地方政府卫生行政部门批准，发给证件。

传染病管理检查员的职责是：宣传传染病防治法及传染病防治法实施办法，检查本单位和责任地段的传染病防治措施的实施和疫情报告执行情况；对本单位和责任地段的传染病防治工作进行技术指导；执行卫生行政部门和卫生防疫机构对本单位及责任地段提出的改进传染病防治管理工作的意见；定期向卫生行政部门指定的卫生防疫机构汇报工作意见，遇到紧急情况及时报告。

第四节　违反传染病防治法的法律责任

一、行政责任

（一）行政处分

传染病防治法规定，对下列情况的主管人员或直接责任人由所在单位或上级机关给予行政处分：

1、对从事实验、保藏、携带、运输传染病菌种、毒种人员，违反国务院卫生行政部门的有关规定，造成传染病菌种、毒种扩散，情节轻微的。

2、对从事传染病的医疗保健、卫生防疫、监督管理人员和政府有关主管人员玩忽职守，造成传染病传播或者流行的。

3、单位或者个人出售、运输被传染病病原体污染和来自疫区可能被传染病病原体污染的皮毛、旧衣物及生活用品，造成传染病流行的，除行政处罚外，对直接责任人员要给予行政处分。

4、单位或个人非法经营、出售用于预防传染病菌苗、疫苗等生物制品的，除行政处罚外，对直接责任人员，视情节给予行政处分。

5、传染病暴发、流行时，妨碍或者拒绝执行政府采取紧急措施的；医疗保健人员、卫生防疫人员拒绝执行各级政府卫生行政部门调集其参加控制疫情决定的；对控制传染病暴发、流行负有责任的部门拒绝执行政府有关控制决定的；无故阻止或拦截依法执行处理疫情任务的车辆和人员的。

6、执行职务的医疗保健人员、卫生防疫人员和责任单位，不报、漏报、迟报传染病疫情的。

(二)行政处罚

传染病防治法规定，县级以上卫生行政部门对实施以下违法行为的单位或个人给予行政处罚：

1、供水单位供应的生活饮用水不符合国家规定的卫生标准的。具体行为有两种，即集中式供水单位供应的饮用水不符合国家规定的《生活饮用水标准》的；单位自备水源未经批准与城镇供水系统连接的。

2、拒绝按照卫生防疫机构提出的卫生要求对传染病病原体污染的污水、污物、粪便进行处理或不按规定进行消毒处理的；或对被甲类或乙类传染病人、病原体携带者、疑似传染病人污染的场所、物品未按照卫生防疫机构要求实施必要的卫生处理的。

3、准许或者纵容传染病人、病原携带者和疑似传染病病人从事国务院卫生行政部门规定禁止从事的易使传染病扩散工作的。

4、拒绝执行卫生防疫机构依照传染病防治法提出的其他预防、控制措施的。如未按城市卫生设施标准修建公共卫生设施，使垃圾、粪便、污水不能进行无害处理的；造成传染病实验室感染、医源性感染、医院内感染的；招用暂住人员的用工单位，未向卫生防疫机构报告并采取卫生措施，造成传染病传播、流行的。上述违法行为，可处限期改进或者处5000元以下罚款，情节严重的可处5000元以上20000元以下罚款。此外，对某种传染病已造成多人感染并有蔓延趋势时，由卫生行政部门报请同级政府采取强制措施。

二、刑事责任

对违反传染病防治法、情节严重、造成不良后果的，由司法机关依法追究刑事责任。

违反传染病防治法规定，供水单位供应的饮用水不符合国家规定的卫生标准；拒绝按照卫生防疫机构提出的卫生要求，对传染病病原体污染的污水、污物、粪便进行消毒处理；准许或纵容传染病病人、病原携带者和疑似传染病病人从事国务院卫生行政部门规定禁止从事的易使该传染病扩散工作；拒绝执行卫生防疫机构依照传染病防治法提出的预防、控制措施，引起甲类传染病传播或者有传播严重危险的，依照《刑法》第 330 条规定，处三年以下有期徒刑或者拘役；后果特别严重的，处三年以上七年以下有期徒刑。

从事实验、保藏、携带、运输传染病菌种、毒种过程中，违反规定，造成传染病菌种、毒种扩散，后果严重的，依照《刑法》第 331 条规定，处三年以下有期徒刑或者拘役，后果特别严重的，处三年以上七年以下有期徒刑。

对从事传染病防治的医疗保健、卫生防疫、监督管理人员和政府有关主管人员严重不负责任，导致传染病传播或流行，情节严重的，依据新《刑法》第 409 条规定，处三年以下有期徒刑或拘役。

第六章　公共卫生法律制度

第一节　学校卫生法律制度

一、学校卫生法律概述

(一)学校卫生法的概念

学校卫生法是调整因改善和加强学校卫生工作、提高学生健康水平而产生的各种社会关系的法律规范的总称。

学校卫生,是应用基础医学、临床医学和预防医学的方法,根据儿童和青少年生长发育的特点和规律,研究和预防儿童、青少年学生在学习和生活环境中各种有害因素对机体健康的影响,并制定相应的卫生措施的一门科学。学校卫生工作的主要任务是:监测学生健康状况;对学生进行健康教育,培养学生良好的卫生习惯;改善学校卫生环境和教学卫生条件,加强对传染病、学生常见病的预防和治疗,以达到卫生防病,促进儿童、青少年的正常发育和健康成长的目的。

随着社会的发展,我国大、中、小学在校学生已达二亿多,学校卫生工作越显重要。依法规范学校卫生工作,是做好学校卫生工作的基础,对国家培养德、智、体全面发展的建设人才起到良好的促进和保障作用,关系着国家的繁荣富强和民族的兴旺发达。

(二)学校卫生立法

我国学校卫生的立法工作经历了一个逐步发展的过程。解放以后,党和国家十分关怀学生的健康成长,国务院、卫生部和教育部等先后颁发了有关学校卫生工作的决定和指示,如1951年政务院颁发的《关于改善各级学校学生健康状况的决定》,1978年教育部、国家体委、卫生部颁发的《关于加强学校体育、卫生工作的通知》等，这些决定和指示，为学校卫生工作打下了良好的基础。1982年第五届人大通过的《宪法》中明确规定："国家培养儿童青少年在品德、智力、体育等方面全面发展。"改革开放以来，我国的学校卫生立法工作得到了长足的发展。1990年4月，国务院批准发布了《学校卫生工作条例》，它全面总结了我国学校卫生工作贯彻党的教育方针和以预防为主的卫生工作方针的经验，对学校卫生的要求、管理、监督等作了明确的规定，标志着学校卫生工作进入了法制管理的轨道。《学校卫生工作条例》适用的范围包括普通中小学、农业中学、职业中学、中等专业学校、技工学校和普通高等学校。

近年来，卫生部又陆续颁布了一系列学校卫生标准和管理规定，如《中小学校教室采光和照明卫生标准》(GB7793－87)、《中小学校建筑设计规范》(GBJ99－86)等，这些规范的颁布实施，进一步完善了学校卫生法规体系。

二、学校卫生的法律规定

第一，教学组织的卫生要求。首先，教学过程中要严格遵守卫生保健原则，根据学生年龄，合理安排教学进度和作息时间，使学生的学习能力保持在最佳状态。学生每日学习时间(包括自习)，小学不超过6小时，中学不超过8小时，大学不超过10小时。学校或者教师不得以任何理由和方式，增加授课时间和作业量，加重学生学习负担。其次，普通中小学组织学生参加劳动，不得让学生接触有毒有害物质或者从事不安全的作业，不得让学生参加中夜班劳动。普通高等学校、中等专业学校、技工学校、农业中学、职业中学组织学生参加生产劳动，接触有毒有害物质的，按照国家有关规定提供保健待遇，加强卫生防护，根据女学生的生理特点，给予必要的照顾。最后，学校要根据学生的生理特点和健康状况组织体育锻炼。同时，要加强学校体育的医务指导与监督。学校体育场地和器材应当符合卫生和安全要求,运动项目和运动强度应当适合学生的生理承受能力和体质健康状况,防止发生伤害事故。

第二,环境设计卫生。根据《学校卫生工作条例》规定,新建、改建、扩建校舍,其选址、设计应当符合国家的卫生标准,并取得当地卫生行政部门的许可。竣工验收应当有当地卫生行政部门参加。学校的教学建筑、环境噪声、室内微小气候、采光、照明等环境质量以及黑板、课桌椅的设置应当符合国家的卫生标准。学校应当按照有关规定为学生设置厕所和洗手设施;寄宿制学校应当为学生提供相应的洗漱、洗澡等卫生设施;为学生提供充足的符合卫生标准的饮用水。

第三,卫生保健与疾病预防。学校应当根据条件定期进行健康检查。有条件的应每年对中、小学生作一次体检;暂时尚无条件的地区可在学生进入初小、高小及初中时各进行一次,初中及高中毕业时再进行一次。大学要认真做好新生入学体检复查工作。学校要建立学生健康管理制度,建立学生体质健康卡片,纳入学生档案。对体格检查中发现学生有器质性疾病的,学校应当配合学生家长做好转诊治疗。对残疾、体弱学生,学校要加强医学照顾和心理卫生工作。学校应当积极做好近视、弱视、龋齿、寄生虫、营养不良、贫血、脊柱弯曲、神经衰弱等学生常见疾病的群体预防和矫治工作。认真贯彻执行传染病防治法律、法规,做好急、慢性传染病的预防和控制管理工作,同时做好地方病的预防和控制工作。

第四,营养与饮食卫生。学校应当认真贯彻执行食品卫生法律、法规,加强饮食卫生管理,办好学生膳食,加强营养指导,为学生提供优质卫生的食品,保障身体健康。

第五,卫生宣传和健康教育。学校应当建立健全卫生管理制度,加强对学生个人卫生、环境卫生以及教室、宿舍卫生的管理。学校应当把健康教育纳入教学计划,积极开展卫生宣传教育。普通中小学必须开设健康教育课,普通高等学校、中等专业学校、技工学校、农业中学、职业中学应当开设健康教育选修课或者讲座,开展学生健康咨询活动。

三、学校卫生工作管理及监督的法律规定

第一,学校卫生工作管理规定。我国学校卫生工作由教育部门、卫生部门共同管理。各级教育行政部门应当把学校卫生工作纳入学校工作计划,作为考评学校工作的一项内容,同时将学校卫生经费纳入核定的年度教育经费预算。各级卫生行政部门要把学校卫生工作纳入全面贯彻卫生工作方针的总体规划和工作计划。各级教育、卫生行政部门要定期召开联席会议,共同研究、部署、检查学校卫生工作。各级卫生行政部门应当组织医疗单位和专业防治机构对学生进行健康检查、传染病防治和常见病矫治,接受转诊治疗。各级卫生防疫站实施学校卫生监测,掌握本地区学生生长发育和健康状况,掌握学生常见病、传染病、地方病动态;制定学生常见病、传染病、地方病的防治计划,对本地区学校卫生工作进行技术指导,开展学校卫生服务。

根据《学校卫生工作条例》规定,普通高等学校设校医院或者卫生科,负责师生的卫生保健工作。城市普通中小学、农村中心小学和普通中学设卫生室,按学生人数600:1的比例配备专职卫生技术人员。中等专业学校、技工学校、农业中学、职业中学,可以根据需要配备专职卫生技术人员。学生人数少的学校可以配备专职或兼职保健教师,开展学校卫生工作。经本地区卫生行政部门批准,也可以成立区域性的中小学卫生保健机构,调查研究本地区中小学生体质健康状况;开展中小学生常见疾病的预防与矫治;对中小学生技术人员进行技术培训和业务指导。

第二,学校卫生监督规定。根据《学校卫生工作条例》规定,县以上卫生行政部门对学校卫生工作行使监督职权。其职责是:对新建、改建、扩建校舍的选址、设计实施预防性卫生监督,以保证学校基建、设备等符合国家颁布的各项卫生标准和要求,为学生创造良好的学习和生活环境;对学校内影响学生健康的学习、生活、劳

动、环境、食品等方面的卫生和传染病防治工作实行经常性卫生监督，提出改进措施，对学生使用的文具、娱乐器具、保健用品实行卫生监督。

行使学校卫生监督职权的机构可设立学校卫生监督员，由省级以上卫生行政部门聘任，并颁发学校卫生监督员证书。学校卫生监督员执行卫生行政部门或其他有关部门卫生主管机构交付的学校卫生监督任务。学校卫生监督员在进行卫生监督时，有权查阅与卫生监督有关的资料，搜集与卫生监督有关的情况，被监督单位或个人应当给予配合。学校卫生监督员在执行任务时应当出示证件，并对所掌握的资料、情况负有保密责任。

四、法律责任

《学校卫生工作条例》主要规定了学校及学生用文具、娱乐器具和保健用品生产经营者违反条例应负的行政责任。

凡有下列行为之一的，给予行政处罚：

第一，未经卫生行政部门许可新建、改建、扩建校舍的或未经卫生行政部门验收合格投入使用的。

第二，学校教学建筑、环境噪声、室内微小气候、采光、照明等环境质量以及黑板、课桌椅的设置不符合国家有关标准的。

第三，学校未为学生设置厕所和洗手设施或设置的厕所和洗手设施不符合规定的要求，寄宿制学校未为学生提供洗漱、洗澡等卫生设施的，或学校提供的饮用水不符合卫生标准的。

第四，学校体育场地和器材不符合卫生和安全要求，或学生的运动项目和运动强度不适合学生的生理承受能力和体质健康状况，发生伤害事故的。

第五，由于下列行为致使学生健康受到损害的：学校不根据学生的年龄组织劳动，或对参加劳动的学生不进行安全教育，不提供必要的安全和卫生防护措施的；普通中小学校组织学生参加劳动，使学生接触有毒有害物质或从事不安全工种的作业，或让学生参加夜班劳动;普通高等学校、中等专业学校、技工学校、农业中学、职业中学组织学生参加生产劳动,接触有毒有害物质的,不按国家有关规定提供保健待遇,或不定期对学生进行体格检查的。

第六,供学生使用的文具、娱乐器具和保健用品不符合国家有关卫生标准的。

第七,拒绝或者妨碍学校卫生监督员依照本条例实施卫生监督的。

对于上述违法行为,根据条例规定予以警告、责令停止施工、责令限期改进、没收不符合国家卫生标准的物品、罚款(非法所得两倍以下罚款)的相应处罚,其中没收不符合卫生标准的物品和罚款须会同工商行政管理部门共同做出,情节严重的,可以同时建议教育行政部门给予行政处分或处二百元以下罚款。

第二节　劳动卫生法律制度

一、劳动卫生法律制度概述

(一)劳动卫生法和概念

劳动卫生法是调整因改善劳动条件,预防、控制和消除职业危害,保障劳动者身体健康而产生的各种社会关系的法律规范的总称。

劳动卫生是研究识别、评价、预防、控制和消除不良的劳动条件,防止职业病,以保护和增进劳动者的身体健康的一门学科。劳动条件包括生产过程、劳动过程和生产环境三个方面,在这三个方面存在的不利于健康的因素,称为职业危害。职业危害的范围很广,各行各业存在的危害因素也不尽相同,不仅在工业、农业生产中存在职业危害,在科研、教育、行政管理等各个领域也不同程度地存在着不良的劳动条件,而且,随着社会的发展,职业危害的范围会越来越大,劳动卫生的重要性就越显突出。目前,劳动卫生的立法还较为局限，尚缺少一部统一的劳动卫生法或职业病防治法。现有的法规所调整的对象主要是工业劳动卫生方面的内容，但随着劳动卫生工作的深入，劳动卫生法将得以健全与完善。

(二)劳动卫生立法

建国以来，我国政府一贯重视改善职工的劳动条件，加强对职业危害的防治工作。1953 年召开的第三届全国卫生会议把工业卫生列为卫生工作的重点，1954 年 5 月召开了全国第一届工业卫生会议，国务院批转了《第一届全国工业卫生会议决议》，这个决议成为新中国首部重要的劳动卫生法规文件。该决议规定了“积极领导，稳步前进，面向生产，依靠工人，贯彻预防为主”的卫生工作的方针，决议还特别要求各地建立与调整组织机构，逐步开展卫生监督工作。1978 年 12 月国务院又批转了《关于加强工业卫生工作的请示报告》，明确提出了工业卫生的工作重点是抓好工业企业防尘、防毒和职业病防治，搞好放射性防护。1984 年国务院又下发了《关于加强防尘防毒工作的决定》，1987 年卫生部和农牧渔业部联合颁布了《乡镇企业劳动卫生管理办法》。1987 年 12 月，国务院正式颁布了《中华人民共和国尘肺病防治条例》，它是我国至今仍在实施的一部劳动卫生的行政法规。之后，国家、省、自治区、直辖市陆续制定颁发了一系列有关劳动卫生方面的地方性法规、行政规章、规范性文件和技术标准，主要有：《工业企业设计卫生标准》(TJ36－79)、《工业企业噪声卫生标准》(试行)、《工业企业采光设计标准》(TJ33－79 试行)、《工业企业照明设计标准》(TJ34－79)、《生产设备安全卫生设计总则》(GB5083－85)、《尘肺 X 线诊断标准及处理原则》(GB5906－86)、《职业病诊断管理办法》(1984 年 3 月)、《职业病报告办法》(1988 年 8 月)以及《北京市职业病防治卫生监督条例》和上海市、天津市、福建省职业病防治条例等，使我国的劳动卫生工作逐步走向法制化的轨道。此外，一些相关法律、法规中也规定了劳动卫生的内容，如《中华人民共和国劳动法》、《中华人民共和国矿山安全法》等。上述法律、法规、规章、规范性文件和技术标准等，初步构成了我国劳动卫生的法律体系。

二、尘肺病防治的法律规定

尘肺病是指长期吸进某一种粉尘所引起的肺实质弥漫性、纤维性病变为主的疾病。粉尘是指在生产中形成的能够较长时间飘浮在作业场所空气中的固体微粒。为消除粉尘危害，防止发生尘肺病，保护劳动者健康，《尘肺病防治条例》对尘肺病防治作了如下法律规定：

第一，防尘要求。凡有粉尘作业的企业、事业单位应采取综合防尘措施和无尘或低尘的新技术、新工艺、新设备，使作业场所的粉尘浓度不超过国家规定的卫生标准。新建、改建、扩建、续建有粉尘作业的工程项目，粉尘设施必须与主体工程同时设计、同时施工、同时投产。未经上级主管部门批准，不得停止运行和拆除防尘设施。职工使用的用于防尘的防护用品必须符合国家的有关标准，并教育职工按规定和要求使用。初次从事粉尘作业的职工经防尘知识考核合格方可上岗。严禁任何企业、事业单位将粉尘作业转嫁、外包或以联营的形式给没有防尘设施的乡镇、街道企业或个体工商户。中、小学校各类校办的实习工厂或车间，禁止从事有粉尘的作业。不满18岁的未成年人禁止从事粉尘作业。作业场所的粉尘浓度超过国家标准又未积极治理、严重影响职工安全健康时，职工有权拒绝操作。

第二，健康管理。凡有粉尘作业的企业、事业单位，必须定期测定作业场所的粉尘浓度；对新从事粉尘作业的职工必须进行健康检查，对在职和离职的从事粉尘作业的职工必须定期进行健康检查；执行职业病报告制度，对已确诊为尘肺病的职工，必须调离粉尘作业岗位，并给予治疗或疗养。

第三，法律责任。卫生行政部门和劳动部门对违反尘肺病防治条例，有下列行为之一的，可视其情节轻重，给予警告、限期治理、罚款和停业整顿的处罚：作业场所粉尘浓度超过国家卫生标准，逾期不采取措施的；任意拆除防尘设施，致使粉尘危害严重的；挪用防尘措施经费的；工程设计和竣工验收未经卫生行政部门、劳动部门和工会组织审查同意，擅自施工、投产的；将粉尘作业转嫁、外包或以联营的形式给没有防尘设施的乡镇、街道企业或个体工商户的；不执行健康检查制度和测尘制度的；强令尘肺病患者继续从事粉尘作业的；假报测尘结果或尘肺病诊断结果的；安排未成年人从事粉尘作业的。

三、乡镇企业劳动卫生管理的法律规定

为促进乡镇企业健康发展，保护乡镇企业职工的身心健康，卫生部、农牧渔业部联合发布的《乡镇企业劳动卫生管理办法》，对乡镇企业劳动卫生管理作了如下主要规定：

第一，防护措施。一切乡镇企业，包括乡(镇)办、村办、农民联户办和个体办的企业，必须贯彻预防为主的方针，遵守国家劳动卫生法规和标准，设立劳动卫生专管或兼管人员，在发展生产的同时，积极改善劳动卫生条件。开办乡镇企业，劳动卫生防护措施必须与主体工程同时设计、同时施工、同时投产。乡镇企业必须建立健全劳动卫生规章制度。加强对职工的教育培训。禁止没有劳动卫生防护措施的乡镇企业接受城市工业企业、事业单位外包扩散的有害作业产品的生产和加工。

第二，健康监护。乡镇企业应建立就业前健康检查和就业后定期健康检查制度。凡有职业禁忌证者，不得从事有禁忌的作业，不得安排不满 18 岁的未成年人从事有害作业和繁重体力劳动。做好女工保健工作，不得安排孕期、哺乳期的女工从事对胎儿和婴幼儿健康有影响的有害作业。凡在生产过程中产生职业危害的乡镇企业，应当建立定期监测制度和劳动卫生档案。

第三，卫生监督。国家依法授权各级卫生防疫站和各级劳动卫生职业病防治机构负责辖区内的乡镇企业预防性和经常性的卫生监督。对于尘毒危害严重的乡镇企业要限期治理，逾期不改或

无条件改进者，给予经济制裁或分别采取关、停、并、转措施。对于造成职业危害加重或严重后果的企业领导及直接责任者，视情节轻重分别给予经济制裁、行政处分，直至追究法律责任。

四、职业病防治的法律规定

第一，职业病的含义。职业病是指劳动者在生产劳动及其他职业活动中，接触职业性有害因素引起的疾病。职业病不仅是一个医学概念，而且具有法律意义。职业病在法律上是指政府主管部门规定的法定职业病。1987 年 11 月，卫生部、劳动人事部、财政部和全国总工会修订发布的《职业病范围和职业病患者处理办法的规定》，将职业病分为职业中毒、尘肺、物理因素职业病、职业性传染病、职业性皮肤病、职业性眼病、职业性耳鼻喉疾病、职业性肿瘤和其他职业病等九大类一百余种。

第二，职业病防治机构。包括各省、自治区、直辖市和工业交通部门的职业病防治院（所）、劳动卫生研究所、卫生防疫站的劳动卫生科和工业卫生研究所，以及城市综合医院和厂矿职工医院的职业病科。1983 年 8 月，卫生部在中国预防医学科学院劳动卫生研究所建立了“全国劳动卫生职业病防治中心”。职业病防治院（所）的基本任务是负责本地区、本系统工业生产各种职业性危害的防治与研究工作，并指导地、市开展业务技术工作。各级职业病防治院（所）的科室设置一般应包括劳动卫生、职业病临床、化学检验、情报资料等方面的职业病防治和研究科室。

第三，职业病的报告、诊断与处理。首先，《职业病报告办法》规定，地方劳动卫生职业病防治院（所）或卫生防疫机构为负责职业病报告工作的卫生监督机构。急性职业病由最初接诊的任何医疗机构在 24 小时内向患者所在地的卫生监督机构发出职业病报告卡。凡有死亡或同时发生 3 名以上急性职业中毒以及发生 1 名职业性炭疽时，接诊医疗机构应立即电话报告卫生监督机构并及时发出报告卡。尘肺病、慢性职业中毒和其他慢性职业病由各级卫生行政部门授权有职业病诊断权的单位负责报告。其次，职业病的诊断必须按《职业病诊断管理办法》和各项职业病诊断标准进行，实行以当地为主和以职业病防治机构或职业病诊断组的集体诊断为准的原则。诊断应根据患者的职业史、既往史、现场劳动卫生学调查、临床症状及相应的理论检查结果进行综合分析后作出。最后，职工被确诊患有职业病后，其所在单位应根据职业病诊断机构的意见，安排其治疗或疗养。在治疗或疗养后被确认不宜继续从事原有害作业或工作的，应在确认之日起两个月内将其调离原工作岗位，另行安排工作。职业病患者的待遇，由所在单位行政、工会和劳动鉴定委员会（小组）根据职业病诊断证明和劳动能力丧失的程度按国家规定确定。

第三节　放射卫生法律制度

一、放射卫生法律制度概述

（一）放射卫生法的概念

放射卫生法是调整因保护放射工作人员与广大公众的健康与安全以及生态系统，防止和减少电离辐射造成的危害而产生的各种社会关系的法律规范的总称。

放射卫生是以放射性生产厂矿企业、放射性同位素和射线装置使用单位、放射工作人员以及社会公众和环境为对象，对放射工作场所、放射工作人员及社会公众的受射线照射剂量进行监测与卫生学评价提出预防放射性危害的卫生防护措施的一门科学。在我国，核能开发、放射性核素和射线技术的利用已日趋广泛。所以，对生产、销售、使用放射性同位素和射线装置的单位或个人迫切需要实施放射防护管理。加强放射卫生立法对保护放射工作人员和社会公众的健康与安全，促进核技术和射线应用事业的发展将起到极为重要的作用。

(二)放射卫生立法

放射卫生立法也是一个逐步完善的过程。1960年国务院批准发布《放射性工作卫生防护暂行规定》,1964年卫生部和国家科委又发布了《放射性同位素工作卫生防护管理办法》,奠定了我国放射卫生立法的基础。进入70年代以后,放射卫生立法工作发展迅速,国家相继制定发布了《医用诊断X线卫生防护规定》(1978)、《放射工作人员个人剂量监测管理规定》(1985)、《核设施放射卫生防护管理规定》(1991)等二十多部放射卫生行政规章,1989年国务院以44号令发布了《放射性同位素与射线装置放射防护条例》,它是现行有效的最高层次的放射卫生行政法规,标志着我国放射卫生工作走向法制化的轨道。同时,根据《放射卫生防护基本标准》(GB4792-84),制定了《放射工作人员个人剂量监测方法》(GB5294-85)、《医用诊断X射线卫生防护标准》(GB8299-87)、《内照射放射病诊断标准及处理原则》(GB8284-88)等九十多项配套的国家卫生标准,初步形成了我国放射卫生法规体系。

(三)放射卫生法规的适用范围

根据放射性同位素与射线防护条例的规定,放射卫生法规适用于中华人民共和国境内从事生产、使用、销售放射性同位素与射线装置的单位和个人。托运、承运和自行运输放射性同位素或者装过放射性同位素的空容器及生产装有放射性同位素的设备、射线装置、放射防护器材,都要遵守有关运输规定和符合相应的放射防护标准。

二、放射卫生防护标准

(一)放射卫生防护基本标准

我国现行的国家基本标准是1984年12月卫生部颁布的《放射卫生防护基本标准》。这个标准遵守国家公认的实践的正当化、放射防护最优化、个人剂量的限制三原则,对电离辐射最大容许剂量当量和限制剂量当量(包括放射工作人员和公众中个人的剂量限值)以及放射性物质的最大容许浓度和限制浓度作了规定。

(二)专业标准(行业标准或部颁标准)

主要有:《核电站放射卫生防护标准》,对核电站非居住区与卫生防护区的划分、正常运行目标值、事故应急水平和计划、卫生控制和调查等作了规定;医用放射卫生防护标准,如《医用诊断 X 线卫生防护标准》、《关于肿瘤放射治疗剂量学的若干规定》等;放射病诊断标准与处理原则,包括外照射急性放射病、外照射慢性放射病、内照射放射病、放射性皮肤病、放射性白内障等诊断标准及处理原则;《食品中放射性物质限制量标准》,对饮用水、粮食等 16 类食品中放射性同位素的限制浓度作了规定。

三、放射防护监督

(一)卫生、公安、环境保护部门对放射防护实施监督管理

县以上卫生行政部门负责本辖区内的放射性同位素与射线装置放射防护监督;各省、自治区、直辖市的环境保护部门对放射性同位素和含有放射源的射线装置在应用中排放放射性废水、废气、固体废物实施监督监测;县以上公安部门对放射性同位素应用中的安全保卫实施监督管理。

(二)放射卫生监督机构及其职责

县以上卫生行政部门是放射卫生监督机构。其职责是:第一,对新建、改建、扩建放射工作场所和放射防护设施工程实施预防性监督,这些工程项目的放射防护设施必须与主体工程同时设计审批,同时施工,同时验收投产;第二,对生产、销售、使用放射性同位素与射线装置工作实施许可登记,发放放射工作许可证;第三,对放射工作单位的放射卫生防护状况实施经常性监督检查;第四,对放射工作人员健康检查、个人剂量监测、防护知识培训实施监督管理;第五,会同有关部门调查处理放射事故;第六,对运输放射性物质实施监督检查;第七,对与放射性物质有关的消费品等实施监督管理;第八,对违反放射卫生法规的单位和个人进行行政处罚。

(三)放射防护监督员及其职责

县以上卫生行政部门设放射防护监督员。放射防护监督员由从事放射防护工作并具有一定资格的专业人员担任,由省级卫生行政部门任命。放射防护监督员有权按照规定对本辖区内放射工作进行监督和检查,并可以按照规定采样和索取有关资料,有关单位不得拒绝或隐瞒,对涉及保密的资料应按国家保密规定执行,并负有保密责任。放射防护监督员必须严守法纪,秉公执法,不得玩忽职守、徇私舞弊。

四、法律责任

根据《放射防护条例》的规定,有下列违法行为的,由卫生行政部门给予警告并限期改进、停工或者停业整顿,或者处以罚款和没收违法所得,直至会同公安部门吊销其许可登记证的行政处罚:第一,新建、改建、扩建放射工作场所未经卫生行政部门设计审查或竣工验收的;第二,未经许可擅自生产、使用、销售放射性同位素与射线装置的,包括涂改、转借、伪造许可证、超过许可范围、逾期未办理变更、注销手续的;第三,缺失放射防护管理和设施,造成危害后果的。包括缺失大强度放射源和大型射线装置的放射防护管理或设施;第四,违反放射性同位素安全防护规定或违反放射性物品运输管理规定,造成危害后果的;第五,违反放射工作人员健康管理规定或培训教育规定的;第六,生产、销售不符合放射防护要求的含有放射性物质的消费品、物料和伴有 X 射线的电器产品等物品;第七,违反规定,造成放射事故,或违反放射事故管理规定的;第八,拒绝卫生行政部门放射防护监督、监测的。在放射性废水、废气、固体废物排放中造成环境污染事故的单位或个人,由省级环保部门按照国家环境保护法规的有关规定作出处罚;违反《放射防护条例》而发生放射事故尚未造成严重后果的,由公安部门按照《治安管理处罚条例》的有关规定予以处罚;对造成严重后果、构成犯罪或利用放射性同位素或者射线装置进行破坏活动或者有意伤害他人，构成犯罪的，依法追究刑事责任。

第四节　公共场所卫生法律制度

一、公共场所卫生法律制度概述

(一)公共场所卫生法的概念

公共场所卫生法是指改善公共场所的卫生，提高人们生活环境的卫生质量，保障人民身体健康活动过程中所产生的权利义务关系的法律规范的总称。

公共场所是指人群聚集，供人们学习、工作、社会交往、休息、文化娱乐、参观旅游及满足部分生活需求所使用的一切公用建筑物、场所及设施。从公共场所卫生法律意义上是指供公众使用的具有围护结构的场所，纳入法定管理的公共场所包括商业服务、文化娱乐、体育运动以及公共交通工具等 7 大类 28 种：(1)宾馆、饭店、旅店、招待所、车马店、咖啡店、酒吧、茶座；(2)公共浴室、理发店、美容店；(3)影剧院、录像厅(室)、游艺厅(室)、舞厅、音乐厅；(4)体育场(馆)、游泳场(馆)、公园；(5)展览馆、博物馆、美术馆、图书馆；(6)商场(店)、书店；(7)候诊室、候车(机、船)室、公共交通工具。

(二)公共场所卫生立法

公共场所是人群聚集的一种生活环境，若卫生管理不善，公共场所可成为疾病传播的场所，因此迫切需要加强公共场所的卫生监督，它是预防疾病，保障人民健康的需要，也是加强精神文明建设的需要。1987 年 4 月 1 日，国务院发布实施《公共场所卫生管理条例》，标志着公共场所卫生进入法制化管理的轨道。同年 9 月 15 日，卫生部发布了《公共场所卫生管理条例实施细则》，之后，卫生部针对实施过程中存在的问题，对实施细则进行了修订，于 1991 年 3 月 8 日重新发布。为进一步完善公共场所卫生监督法规，卫生部于1987年陆续制定颁布了《公共场所卫生监督监测要点》和《公共场所从业人员培训大纲》，1988年又制定发布了《旅店业卫生标准》等11项公共场所国家卫生标准。这些法规、规章、标准，初步形成了公共场所卫生法律体系。随着公共场所卫生法规、规章、标准的不断制(修)订，该法律体系将得到进一步的完善。

二、公共场所的卫生管理

公共场所的卫生管理主要是指公共场所的主管部门及经营单位要加强自身建设和卫生管理，并按照规定做好下列工作：

第一，建立卫生管理制度。主管部门应当建立卫生管理制度，配备专职或者兼职卫生管理人员，对所属经营单位包括个体经营者的卫生状况进行经常性检查，并提供必要的条件。经营单位应当负责经营的公共场所的卫生管理，建立卫生责任制度，对从业人员进行卫生知识的培训和考核工作。

第二，从业人员持证上岗。公共场所直接为顾客服务的人员，持有健康合格证方能从事本职工作。患有痢疾、伤寒、病毒性肝炎、活动期肺结核、化脓性或渗出性皮肤病以及其他有碍公共卫生疾病的，治愈前不得从事直接为顾客服务的工作。

第三，办理卫生许可证。经营单位须取得卫生许可证后，方可向工商行政管理部门申请登记，办理营业执照。卫生许可证两年复核一次。

第四，事故报告。公共场所因不符合卫生标准和要求造成危害健康事故的，经营单位应妥善处理，并及时报告卫生防疫机构。

三、公共场所的卫生监督

(一)卫生监督机构及其职责

《公共场所卫生管理条例》规定，国家对公共场所以及新建、改建、扩建公共场所的选址和设计，实行卫生许可证制度，各级政府卫生行政部门所属卫生防疫机构，负责管辖范围内的公共场所卫生监督工作。民航、铁路、交通、厂(场)矿的卫生防疫机构,负责对本系统的公共场所实施卫生监督,在业务上接受当地卫生防疫机构的指导。

卫生防疫机构对公共场所的卫生监督职责是:(1)对公共场所进行卫生监测和卫生技术指导;(2)监督公共场所从业人员进行健康检查,指导公共场所经营单位对从业人员进行卫生知识的教育和培训;(3)对新建、改建、扩建公共场所的选址和设计进行卫生审查,并参加竣工验收;(4)对违反《公共场所卫生管理条例》的单位和个人进行行政处罚。

(二)公共场所卫生监督员及其职责

卫生防疫机构根据需要设立公共场所卫生监督员,执行卫生防疫机构交给的任务。公共场所卫生监督员由同级人民政府发给证书,民航、铁路、交通、工矿企业卫生防疫机构的公共场所卫生监督员,由其上级主管部门发给证书。公共场所卫生监督员在执行任务时,应佩戴证章,出示证件。

公共场所卫生监督员的职责是有权对公共场所进行现场检查,索取有关资料,经营单位不得拒绝或隐瞒。卫生监督员对所提供的技术资料有保密的责任。

五、法律责任

违反《公共场所卫生管理条例》的法律责任包括行政责任、民事责任和刑事责任。

第一,行政责任。行政责任的主要表现形式是行政处罚,根据《公共场所卫生管理条例》的规定,下列违法行为,应由卫生防疫机构给予警告、罚款、停业整顿及吊销卫生许可证的相应行政处罚,处罚可单独适用,也可合并适用,罚款一律上交国库。(1) 卫生质量不符合国家卫生标准和要求而继续营业的,包括卫生制度不健全,缺乏基本的卫生条件等;(2) 未获得“健康合格证”而从事直接为顾客服务的,包括未经体检上岗、未按规定参加体检或体检不合格未按要求调离岗位的；（3）拒绝、阻挠卫生监督的；（4）未取得卫生许可证擅自营业的，包括涂改、转借、伪造卫生许可证等。

第二，民事责任。公共场所经营单位或个人违反《公共场所卫生管理条例》的规定造成严重危害公民健康事故或中毒事故的，应当对受害者承担民事赔偿责任。赔偿范围包括医药费、误工费、生活补助费、丧葬费和遗属抚恤费等。民事损害赔偿可由双方协商处理，也可由受害者依法向人民法院提起民事诉讼。

第三，刑事责任。违反《公共场所卫生管理条例》的规定，造成人身残疾或死亡等严重后果的以及阻挠、殴打卫生监督人员依法行使职权情节严重的；对检举、揭发人继续打击、报复，情节严重，触犯刑律的，依法追究刑事责任。

第五节　生活饮用水卫生法律制度

一、生活饮用水卫生法律制度概述

（一）生活用水卫生法的概念

生活饮用水卫生法是指调整保证生活饮用水卫生安全、保障人体健康而产生的各种社会关系的法律规范总称。

生活饮用水是供人饮用和在生活中使用的水，它是人类生活中至关重要的必需品，随着人口的增长和工农业生产的发展，对水的需求量也越来越大，年平均增长率约10%。据1996年全国城市生活饮用水卫生监测报告，我国水资源非常短缺，全国六百多个城市有四百多个城市缺水，其中有三十多个城市长期缺水，而且，所有的水均受到不同程度的污染，全国有79%的人口喝的是污染水。我国近几年来发生的肠道传染病由饮用水、二次供水等引起的就占30%，所以，饮用水的卫生质量直接关系到广大人民群众的身体健康，加强对生活饮用水的卫生监督管理，至关重要。

（二）生活饮用水卫生立法

我国历来重视生活饮用水的卫生立法，近二十年来已在生活饮用水及水源保护方面制定了许多法律、法规。1979年9月公布实施的《中华人民共和国环境保护法（试行）》和1984年5月的《中华人民共和国水污染防治法》对水的保护作了一些原则性的规定。《食品卫生法》规定，食品生产经营过程中饮用水必须符合国家规定的城乡生活饮用水卫生标准。《传染病防治法》规定，为预防传染病，供水单位供应的饮用水必须符合国家规定的卫生标准。为此，卫生部和全国爱国卫生运动委员会曾于1992年3月发布了《关于进一步开展农村与城市饮用水卫生监测工作的通知》，制定了《农村饮用水水质和水性疾病监测方案》和《全国城市生活饮用水卫生监督方案》。1996年7月9日，国家建设部和卫生部联合发布了《生活饮用水卫生监督管理办法》，它是我国目前正在实施的比较全面的行政规章。为完善生活饮用水的卫生立法工作，我国还先后制定颁布了一系列的卫生标准、技术规程、规范等。如《生活饮用水卫生标准》、《饮用水水质标准》、《地面水环境质量标准》、《涉及饮用水卫生安全的产品评审技术规程》、《高层建筑供水设施卫生要求与管理规范》、《农村实施生活饮用水卫生标准准则》等。这些规章、标准和规范性文件，对加强生活饮用水卫生监督管理，确保人民群众饮用安全、卫生的水，保障人民群众的身体健康起到重要的作用。

二、生活饮用水卫生管理的法律规定

第一，卫生管理机构及对象。生活饮用水的卫生管理机构是各级政府建设行政主管部门。国家建设部主管全国城市饮用水卫生管理工作，县级以上地方人民政府建设主管部门主管本行政区域内城镇饮用水卫生管理工作。其职责主要是：(1)负责新建、改建、扩建的城市公共饮用水供水工程项目的组织选址、设计审查和竣工验收；(2)负责颁发城市自来水供水企业和自建设施对外供水企业的《城市供水企业资质证书》;(3)负责管理城市自来水供水企业和自建设施对外供水企业生产管理制度的建立和执行,人员上岗的资格和水质日常检测工作。生活饮用水卫生管理的对象是集中式供水、二次供水单位(以下简称供水单位)和涉及饮用水卫生安全的产品、境内从事涉及生活饮用水卫生安全的产品生产、经营单位和个人以及从事供、管水的一切人员。国家对供水单位和涉及饮用水卫生安全的产品实行卫生许可制度,供水单位供应的饮用水必须符合国家生活的饮用水卫生标准。

第二,饮用水生产、经营管理。(1)供水单位新建、改建、扩建的饮用水供水项目,应当符合卫生要求,选址和设计审查、竣工验收必须有建设、卫生行政主管部门参加;(2)集中式供水单位必须取得县级以上地方人民政府卫生行政部门签发的卫生许可证,城市自来水供水企业和自建设施对外供水的企业还必须取得建设主管部门颁发的《城市供水企业资质证书》,方可供水;(3)从事二次供水设施清洗的单位必须取得当地人民政府卫生行政部门的卫生许可后,方可从事清洗工作;(4)凡涉及饮用水卫生安全的产品的单位和个人,必须按规定向政府卫生行政部门申请办理产品卫生许可批准文件,取得批准文件后,方可生产和销售,任何单位和个人不得生产、销售、使用无批准文件的产品;(5)供水单位应建立饮用水卫生管理规章制度,配备专职或兼职人员,负责饮用水卫生管理工作;(6)国家鼓励有益于饮用水卫生安全的新产品、新技术、新工艺的研制开发和推广应用。

第三,水源保护及卫生防护。(1)饮用水水源地必须设置水源保护区,保护区内严禁修建任何可能危害水源水质卫生的设施及一切有碍水源水质卫生的行为;(2)集中式供水单位必须有水质净化消毒设施及必要的水质检验仪器、设备和人员,对水质进行日常性检验,并向当地人民政府卫生行政部门和建设行政主管部门报送检测资料;(3)二次供水设施选址、设计、施工及所用材料,应保证不使饮用水水质受到污染,并有利于清洗及消毒,各类蓄水设施要加强卫生防护，定期清洗和消毒；(4)当饮用水被污染，可能危及人体健康时，有关单位或责任人应立即采取措施，消除污染，并向当地人民政府卫生行政部门和建设行政主管部门报告。

第四，健康管理与人员培训。凡患有痢疾、伤寒、病毒性肝炎、活动性肺结核、化脓性或渗出性皮肤病及其他有碍饮用水卫生的疾病和病原携带者，不得直接从事供、管水工作。直接从事供、管水的人员及清洗消毒人员必须取得体检合格证后方可上岗工作，并每年进行一次健康检查。对直接从事供、管水的人员及清洗消毒人员，必须进行卫生知识培训，未经卫生培训不得上岗工作。

三、生活饮用水卫生监督的法律规定。

第一，卫生监督机构及其职责。卫生部主管全国饮用水卫生监督工作，县级以上地方人民政府卫生行政部门主管本行政区域内饮用水卫生监督、监测工作。供水单位的供水范围超出其所在行政区域的，由供水单位所在行政区域的上一级人民政府卫生行政部门负责监督监测，超出其所在省、自治区、直辖市的，由该供水单位所在省、自治区、直辖市人民政府卫生行政部门负责监督监测；铁路、交通、民航行政主管部门设立卫生监督机构，行使卫生部会同国务院有关部门规定的饮用水卫生监督职责。卫生监督机构的主要职责有：(1)对新建、改建、扩建集中式供水项目进行预防性卫生监督，负责本行政区域内饮用水的水源监测和评价。(2)负责本行政区域内饮用水污染事故对人体健康影响的调查，当发现饮用水污染涉及人体健康，须停止使用时，对二次供水单位应责令其立即停止供水；对集中式供水单位应会同城市建设行政主管部门报同级人民政府批准后停止供水。(3)负责供水单位卫生许可证的颁发及核证。(4)省级人民政府卫生行政部门负责对与饮用水接触的防护涂料、水质处理器以及新材料和化学物质的初审、报卫生部复审。(5)对已取得卫生许可证的单位和个人以及取得卫生许可批准文件的饮用水卫生安全的产品进行日常监督检查，发现已不符合卫生许可证颁发条件或不符合卫生许可批准文件颁发要求的,有权收回有关证件或批准文件。

第二,卫生监督员及其职责。县级以上人民政府卫生行政部门设立饮用水卫生监督员,并颁发卫生监督员证书,铁路、交通、民航的饮用水卫生监督员,由其上级行政主管部门发给证书。卫生监督员负责饮用水卫生监督工作,并应秉公执法,忠于职守,不得利用职权谋取私利。

第三,卫生检查员。县级以上人民政府卫生行政部门可聘任饮用水卫生检查员,负责乡、镇饮用水卫生检查工作。卫生检查员由县级以上人民政府卫生行政部门发给证书。

四、法律责任

生活饮用水卫生监督管理办法规定,凡有下列行为之一的,由卫生行政部门给予责令限期改进、罚款的行政处罚,处罚罚种应合并作出,罚款金额为 20 元至 3000 元不等,由卫生行政部门根据相应规定裁量。(1)集中式供水单位安排未取得体检合格证的人员从事直接供、管水工作或安排患有有碍饮用水卫生疾病的或病原携带者从事直接供、管水工作的;(2)在饮用水水源保护区修建危害水源水质卫生的设施或进行有碍水源水质卫生的作业的;(3)新建、改建、扩建的饮用水供水项目未经卫生行政部门参加选址、设计卫生审查和竣工验收而擅自供水的;(4)供水单位未取得卫生许可证而擅自供水的;(5)供水单位供应的饮用水不符合国家规定的生活饮用水卫生标准的;(6)未取得卫生行政部门的卫生许可擅自从事二次供水设施清洗消毒工作的;(7)生产或销售无卫生许可批准文件的涉及饮用水卫生安全的产品的。

第七章 环境卫生法律制度

第一节 环境卫生法律制度概述

一、环境卫生法的概念

环境卫生法，主要是调整国家卫生行政机关、卫生监督机构因保护环境卫生和自然资源、防止环境污染、保障人体健康而产生的与其他国家机关、企事业单位以及公民间所发生的各种社会关系的法律规范的总和。其目的是为了确认、建立和保护符合规律的环境卫生秩序，保护人类健康，促进经济发展。

环境是指影响人类生存和发展的各种天然和经过人工改造的自然因素的总体，包括大气、水、海洋、土地、矿藏、森林、草原、野生生物、自然遗迹、人文遗迹、自然保护区、风景名胜区、城市和乡村等。它是以人类为中心，围绕着人类而存在的由自然要素所构成的，为人类生存和发展提供必要物质条件和空间的一种人类环境和物质环境。通常它的范围包括海平面以下 11 公里至海拔 8.6 公里，在这个范围内具有适合人类生存的各种基本物质条件。

环境卫生，是应用环境卫生学的理论和技术，贯彻预防为主的方针，控制环境污染，保护、改善和创造有利于人体健康的环境卫生条件，消除环境中物理的、化学的和生物的有毒有害因素对人体健康的影响，预防公害病的发生，充分开发利用环境中各种有利因素以改善人类生产、生活环境，保障人体健康的各种预防性综合卫生措施。它主要包括大气卫生、水体卫生、土壤卫生、环境噪声、饮用水卫生、城乡规划卫生和自然灾害中的环境卫生等。

环境卫生作为预防医学的一个重要组成部分，是社会主义物质文明和精神文明的重要标志，环境卫生的好坏直接关系到国家经济建设和人们的精神面貌、道德风尚、国际声誉及子孙后代的健康成长。在人类存在和发展的环境中，存在许多对人类的生存必不可少的物质，如空气、水、阳光、土壤等等，但是有时候这些物质遭到破坏，则对人类的健康产生不利的影响。人类在长期的生活和生产活动中，不断利用自然环境因素，以适应自身的生存和发展，同时也不断地排放污水、垃圾、粪尿以及工业废气、废水、废渣等污染环境，而使环境遭到破坏。特别是进入本世纪 50 年代以来，随着人口的迅速增长和工业的高速发展，更加明显地带来了一系列对环境构成破坏的因素，人类也已经开始认识到这一潜在的危机。因此，搞好环境卫生，防止环境污染和破坏是一项十分重要的工作，它不仅涉及面广而且政策性和法制性强。环境卫生是关系到全体居民健康的大事，为了有效地控制污染、保障人群健康，国家必须应用立法手段，制订相应的卫生法规，开展环境卫生监督监测，以保证防止和消除环境有害因素的各项卫生措施得以贯彻落实，从而达到创造良好的生产、生活环境，预防疾病，增进居民健康。

环境卫生法具有两项任务：一是保证合理地利用自然环境；二是保证防治环境污染和生态破坏。合理利用自然环境，对于发展经济、提高人民生活、保障人体健康具有重要意义，但是作为卫生法体系中的环境卫生法，其首要任务是防治环境污染和生态破坏，保障人体健康。

二、环境卫生法的基本原则

环境卫生法的基本原则是指贯穿于整个环境卫生法之中，所有环境卫生法律规范都必须遵循和贯彻的、调整并决定一切环境卫生法律关系主体所有行为的指导思想和基本准则。

根据这一标准，我们可将环境卫生法的基本原则概括为以下几个方面：

第一，协调发展原则。是指经济建设、社会发展和环境保护要统筹兼顾、有机结合、共同进步，以实现人类与自然环境的和谐共存。

第二，预防为主原则。是指国家在环境保护工作中采取各种预防措施，防止新的环境污染和破坏，并对已经造成的环境污染和破坏进行积极治理。

第三，环境责任原则。是指环境卫生法律关系的主体在生产和其他活动中对环境造成污染和破坏的，应承担治理污染、恢复生态环境的责任。

第四，公众参与原则。是指在环境保护中，任何公民都享有保护环境的权利，同时也负有保护环境的义务，全民族都应积极自觉地参与环境保护的事业。

三、我国环境卫生立法

我国环境卫生法的发展大体可分为四个阶段。

第一阶段（从新中国成立到1973年）。解放后，党和人民政府在进行社会主义建设的同时，对环境保护也做了大量工作，如根治河流、兴修水利、改造沙漠、防治病虫害、保护珍稀动植物和名胜古迹等。并且颁布了许多有关环境保护的法规，如《关于保护古文物建筑的指示》、《关于防止厂、矿企业中矽尘危害的决定》、《水土保护暂行纲要》、《生活饮用水卫生规程》、《森林保护条例》等。这一时期由于社会主义工业建设尚处于初创阶段，"三废"污染还未成为突出的社会问题，因此所颁布的环境保护法规涉及这方面的内容不多，保护环境和自然资源的法规也较分散。

第二阶段（从1973年到1979年）。1973年8月，国务院召开了全国第一次环境保护会议，总结建国以来环境保护方面的经验教训，通过了我国代表在1972年斯德哥尔摩人类环境会议上提出的"三十二字"方针，并转发了《关于保护和改善环境的若干规定》，提出了"三同时"制度和奖励综合利用政策。1974年，国务院设立了环境保护领导小组，同年颁布了《工业"三废"排放试行标准》、

《中华人民共和国防止沿海水域污染暂行规定》、《放射防护规定(内部试行)》,1976年颁布了《生活饮用水卫生标准(试行)》,1978年又颁布了《原粮卫生标准》等。1978年颁布的《宪法》中规定了"国家保护环境和自然资源,防治污染和其他公害"条款,这是新中国成立以来,我国第一次将环境保护列入国家的根本大法。同年,中共中央转发了《环境保护工作汇报要点》。不久,国家还颁布了《工业企业设计卫生标准》、《渔业水质标准》、《农田灌溉水质标准》、《水产资源繁殖保护条例》、《工业企业噪声卫生标准(试行草案)》等环境保护的法规。

第三阶段(从1979年到1989年)。1979年第五届全国人大第十一次会议通过了《中华人民共和国环境保护法(试行)》,它是我国第一部综合性的环境卫生基本法。它的颁布,确立了环境卫生法成为卫生法体系中一个独立法律部门的地位,标志着我国环境保护工作进入了一个新的法制建设时期。1982年颁布的《宪法》中,以更多的条款明确规定各项基本的环境保护工作和任务,进一步推动了环境立法工作。进入80年代,中国的环境立法进展迅速,成为国家法律体系建设中最为活跃的部门之一。在自然资源保护立法方面,陆续颁布了《森林法》(1979年)、《草原法》(1985年)、《渔业法》(1986年)、《矿产资源法》(1986年)、《土地管理法》(1986年)、《水法》(1988年)、《野生动物保护法》(1988年)等;在污染防治立法方面,相继颁布了《海洋环境保护法》(1982年)、《水污染防治法》(1984年)、《大气污染防治法》(1987年)等,以及船舶污染物等十几项排放标准。

第四阶段(自1989年以来)。1989年12月26日,第七届全国人大常委会第十一次会议通过了《中华人民共和国环境保护法》,并于同日公布施行。新的环境保护法对1979年通过的试行法作了重大修改,它的颁布施行,标志着中国环境法制建设的重大发展,表明中国环境法律体系得到进一步完善。自1989以来,中国环境立法的重点也有所调整,一方面是继续填补立法空白,如颁布了《环境噪声污染防治条例》、《放射环境管理办法》等;另一方面是对已有的法律法规制定各项配套的具体实施办法,如《水污染防治法实施细则》、《大气污染防治法实施细则》、《环境保护行政处罚办法》等。1992 年,世界环境与发展大会的召开进一步促进了中国环境卫生法的发展。为实施联合国环境大会提出的《21 世纪议程》,中国也积极制定了《中国 21 世纪议程》,提出了中国的可持续发展战略。这一战略的实施,要求中国的环境卫生法制建设进一步完善。中国正在组织对已颁布的环境卫生法律法规的修订工作;同时也在积极制定新的环境卫生法律法规,以保证可持续发展战略的顺利实施。

第二节　环境卫生标准

一、环境卫生标准的概念

环境卫生标准,是根据卫生保健的需要,从控制环境污染、保障人体健康和促进生产发展出发,对生产、生活环境中生物的、化学的、物理的各种有毒有害因素加以限制,并按卫生学要求,确定最高允许限度。

环境卫生标准是我国卫生法规的重要组成部分,它在实际应用中的意义,主要在于阐明环境污染状况及其对人体健康影响的依据,是控制和消除"三废"危害、制定"三废"排放标准和卫生防护措施的依据,也是评价各种卫生技术措施效果的指标。有了环境卫生标准,企事业单位就有法可依、有章可循,而环境卫生部门也就有了执法的依据,就能促使执法和守法双方都能认真履行各自应尽的职责和义务。

二、环境卫生标准制定的原则

环境卫生标准作为环境卫生法规的一个组成部分,它的制定原则如同其他卫生法一样，首先要在我国宪法和其他有关法律原则的指导下，结合我国具体情况，贯彻“预防为主”的方针，从保障人体健康出发，根据医学科技实践的要求来制定。

我国《宪法》第26条规定：“国家保护和改善生活环境和生态环境，防止污染和其他公害。”在第9条、第10条、第22条也有相应规定，这些规定是制定环境卫生标准的宪法基础，是一个总原则。《环境保护法》是我国环境保护的基本法，它规定了国家在环境保护方面的基本方针、政策和制度。同时，由环境保护法所派生的各项环境保护法规和规章，也都是制定各项环境卫生标准所应遵循的法律原则。此外，在制定环境卫生标准过程中还应通过动物的“三毒”、“三致”试验，再增加人的安全系数20倍~200倍(一般为100倍)，然后通过现场卫生学调查，并结合我国实际情况，报经国家主管部门审查批准后公布，便成为法定的卫生标准。

环境卫生标准的制定都要从最大限度地保障城乡居民的健康这一基本点出发，同时在确定某一污染物的最高允许浓度时，从医学上要求还应考虑以下几个原则：

第一，必须是不引起急性或慢性中毒以及潜在的远期危害，特别要注意所保护的居民中包括老、幼、病、弱以及日夜呼吸和长期饮用的特点。

第二，在主观感觉上应无不良影响，对于环境污染中的有毒有害物质的最高允许浓度应对眼、鼻、口腔、上呼吸道粘膜等无刺激作用，不至于引起人体生理功能的病理改变。

第三，对人体健康无间接影响，这主要是指某些环境污染会恶化人们生活卫生条件而对健康产生的间接影响。

第四，应考虑同一污染物可能通过不同途径而进入人体的允许摄入总量，以及几种有害物质同时污染某一环境时的卫生标准问题。

在各项环境卫生标准的制订过程中，应充分考虑上述各项原则及把所得结果加以比较，选择最敏感的指标作为制定最高允许浓度的依据。

三、主要的环境卫生标准

我国已颁布的环境卫生标准包括国家级卫生标准、部颁卫生标准以及地方性卫生标准三级，这里主要介绍几种国家颁布的重要标准。

(一)工业企业设计卫生标准

为加强劳动保护，改善劳动条件，控制企业的“三废”排放，并着重解决工业企业内、外环境污染以及生活居住区的空气、水源和土壤的卫生防护问题，经国家建设委员会和卫生部于1956年3月20日批准，同年7月1日起试行《工业企业设计暂行卫生标准》。经过几年的实践和总结，1962年进行第一次修订为《工业企业设计卫生标准》。1979年又一次进行修订，并由卫生部、国家建委、国家计委、国家经委、国家劳动总局联合批准发布执行。

该《标准》共四章八十条，第一章总则，主要说明制订本标准的目的和适用范围。第二章介绍大气、水源和土壤的卫生防护，其中包括厂址选择、给水卫生、地面水和地下水的卫生防护、废渣处理等。第三章是车间卫生，主要针对工业企业的内环境提出卫生要求，包括防尘、防毒、防暑、防寒、防湿等问题。第四章规定了对企业辅助室的要求，如生产卫生用品、生活卫生用品、妇幼卫生用品以及医疗卫生机构的设置等。

(二)生活饮用水卫生标准

为了使生活饮用水水质符合卫生要求，国家基本建设委员会、卫生部首先于1956年10月9日共同审查批准了《饮用水水质标准》，同年12月1日起实行。经实践后修订并由建筑工程部、卫生部于1959年批准发布《生活饮用水卫生规程》。现行的《生活饮用水卫生标准》是经过修订后卫生部于1984年颁布的。

该标准对生活饮用水的水源选择、水源的卫生防护、水质标准及对水质的检验要求，都作了明确的规定，以保证城乡居民生活饮用水水质符合国家卫生标准。

(三)工业“三废”排放试行标准

1973年根据国家计划委员会关于召开全国环境保护会议的通知中提出“制定污染物质的排放标准”的要求,经国家基本建设委员会、卫生部共同审查批准颁布了《工业“三废”排放试行标准》,并于1974年1月1日起试行。

该标准主要是防止工业废气、废水、废渣(简称“三废”)对大气、水源和土壤的污染,保障公民身体健康,促进工农业生产的发展。为此,要求厂矿企业要广泛开展工艺改革和技术革新,使“三废”少产生或者不产生,把“三废”消灭在生产过程中,同时规定新建、扩建、改建的工矿企业,必须将“三废”综合利用和净化设施与主体工程三同时(同时设计、同时施工、同时投产)。

对“废气”的要求主要是根据对人体的危害程度,并考虑到我国现实情况,暂订二氧化硫等13类有害物质的排放标准。对“废水”的规定是根据水源的不同用途,对其排放也有不同的要求。对“废渣”要求充分利用,以开辟新的原料来源,减少对环境的污染,并对“废渣”的堆放、掩埋等提出相应要求。

(四)医院污水排放标准

为防止各类医院排放带有病原体的污水污染环境,危害人体健康,由卫生部会同有关单位共同编制,1983年1月经国家经济委员会、卫生部批准颁布了《医院污水排放标准》,并于同年6月1日起在全国施行。

本标准适用于县及县以上综合医院和肠道传染病、结核病等专科医院、疗养院以及其他有关的医疗卫生机构。同时要求新建、扩建、改建的医院必须按照本标准的要求,将医院污水处理设施与主体工程同时设计、同时施工、同时使用。对现有医院的污水排放,要求采取积极措施,限期达到标准。本标准主要是对医院污水的生物性污染进行控制,并要求对有传染性病菌的粪便要进行单独消毒和无害化处理。

第三节　防治环境污染和其他公害的法律规定

一、环境污染和其他公害的含义

物理的、化学的和生物的有害因素进入环境，使环境的组成或状态发生变化，扰乱和破坏了环境生态平衡，影响了人们的正常生活，对人群或生物造成直接、间接或潜在危害，以及造成经济损失者称为环境污染。严重的环境污染叫做环境破坏或称之为公害。

造成环境污染和破坏的来源主要有：(1)生产性污染，主要有工业上的废气、废水、废渣以及一些具有放射性的生产废弃物；农业上长期广泛使用的农药、化肥对土壤、水体、空气等造成不同程度的污染。(2)生活性及医院废弃物污染，生活中产生的粪便、垃圾、污水以及医院的污水、废弃物，生活炉灶产生的二氧化硫、一氧化碳、烟尘及其他污染物。(3)交通性污染，汽车、火车、飞机等机动车辆在发动和行驶时排放大量废气、产生噪声；船舶行驶及海上事故也可对江河、湖泊、海洋造成污染。(4)其他污染，除前三项以外还有其他因素也可造成环境污染和破坏，例如自然灾害，突发事故以及战争等。

环境污染物通过人体的呼吸道、消化道、皮肤等沉积在人体内，对人体健康造成极其不利的影响，也可引发多种疾病，人们越来越重视对环境污染的治理。但是，近年来我国各种环境污染指数大幅度上升，以城市为中心的环境污染仍在加剧，并蔓延到农村，环境污染已成为制约经济发展、影响社会稳定的一个重要因素，因此，加强防治环境污染的工作具有深远意义。

为了保护和改善环境，防治环境污染和其他公害，我国颁布了一系列法律、法规，确立了许多行之有效的防治环境污染和其他公害的原则和制度。我国《宪法》明确规定："国家保护和改善生活环境和生态环境，防治污染和其他公害。"我国环境保护法将"防治环境污染和其他公害”单独列为一章加以规定，这些都表明国家对防治环境污染和其他公害给予了高度重视。

二、防治大气污染的法律规定

大气污染是指在清洁的大气中混入一种或数种污染物，达到一定浓度，使大气的质量发生恶化，对居民健康和生活卫生条件造成直接或间接的危害。进入大气的污染物主要有烟尘、粉尘及其它颗粒状物质，硫氧化合物、氮氧化合物、碳氧化合物、碳氢化合物和放射性物质等。大气污染包括自然污染和人为污染两方面的原因。自然污染如植物腐烂、森林火灾、火山爆发等，多为一时性的。人为污染包括生活性污染、生产性污染、交通运输污染等，随着现代工业的发展和城镇人口密度的增大，人为的大气污染已成为日趋严重的环境问题。我国一直很重视对大气污染的防治，专门制定和颁布了《中华人民共和国大气污染防治法》及其实施细则和《大气环境质量标准》。另外，在《环境保护法》、《工业“三废”排放试行标准》、《征收排污费暂行办法》、《国务院关于结合技术改造防治工业污染的几项规定》等法律、法规里也对防治大气污染作了规定。

根据有关法律法规，我国在防治大气污染方面主要作了如下一些规定：

第一，规定各级政府必须切实履行防治大气污染的职责。按照《大气污染防治法》的规定，国务院和地方各级人民政府，必须将大气环境保护工作纳入国民经济和社会发展计划，合理规划工业布局，加强研究，采取措施，保护和改善大气环境。

第二，规定对大气污染防治的监督管理机构，确立防治大气污染的法律制度。各级人民政府的环境保护行政主管部门是对大气污染防治实施统一监督管理的机关，政府其他有关部门根据环境法规定的职责，对大气污染的防治实施监督管理。

第三，防治燃煤产生的烟尘及其他有害物质对大气的污染。根据锅炉烟尘排放标准，在其质量标准中规定相应要求；对新建工业窑炉、新安装的锅炉严格限制其烟尘排放量;在城市建设中,统筹规划,统一解决热源,发展集中供热;改进城市燃料结构,发展城市煤气,推广型煤的生产和使用。

第四,防治废气、粉尘和恶臭污染。严格控制向大气排放含有毒物质的废气粉尘,确需排放的,应经当地环保部门批准并经过净化处理,不得超过规定标准;禁止在人口集中地焚烧能产生有害烟尘和恶臭气体的物质,确需焚烧,需经当地环保部门批准;禁止采用简易工艺炼制生产砷、汞、铅、锌、硫磺等物质。

三、防治水污染的法律规定

水污染是指由于人类在其生产和生活活动中将物质或能量排入水体,导致其化学、物理、生物或者放射性等方面特性的改变,造成水质恶化,从而影响水的有效利用,危害人体健康或者破坏生态环境的现象。从造成水污染的污染物质和能量的性质不同,可将水污染分成需氧物质污染、植物营养物污染、病原体污染、油类污染、盐污染、有毒化学物质污染、有机悬浮物污染、放射性物质污染和热污染等。造成水污染的原因有很多,包括自然因素和人为因素。自然因素主要是自然灾害如火山爆发、地震等对水体造成的污染。人为因素包括工业废水、农业污水、生活污水的排放以及油轮泄漏、战争等对水体的污染。从环境保护方面来讲,水污染主要是指因人为因素造成的污染,并且其主要来自企事业单位排放的废水、废物、农业污水、污物以及人类生活污水和垃圾。

为了加强对淡水污染的防治,我国专门制定和颁布了《中华人民共和国水污染防治法》及其实施细则、《生活饮用水卫生标准》、《农业灌溉水质标准》、《渔业水质标准》、《水污染物排放许可证管理暂行办法》等法律、法规,其内容主要有:

第一,规定政府必须履行防治水污染的职责。各级人民政府的环境保护部门负责对水污染防治实施统一监督管理;各级人民政府交通部门的航政机关负责对船舶污染实施监督管理;各级人民政府的其他有关部门也要根据环境保护法律、法规的规定,对水污染防治实施监督管理。

第二,制定水环境质量标准和水污染物排放标准,以控制水污染,保护水环境。依据法律规定,国家水环境质量标准和国家水污染物排放标准由国务院环境保护部门制定,其中未作规定的项目,省、自治区、直辖市人民政府可以制定地方性标准,并报国务院环境保护部门备案;另外,省、自治区、直辖市可以制定严于国家水污染物排放标准的地方水污染物排放标准。

第三,确立对水污染防治的监督管理制度。主要有划分水体保护区,对重要水体给予特别保护;执行建设项目环境影响评估和"三同时"制度;实行水污染物排放登记和排污许可证制度;征收排污费制度;限期治理制度;强制应急措施制度;现场检查制度等。

第四,防止地表水、地下水污染,主要是对向地表水排放废水、污水的监督管理以及对渗井、渗坑、裂隙和溶洞的排污、回灌补给水和从事地下生产建设中的监督管理。

海洋污染也是水污染的一个重要方面,为了搞好海洋污染的防治,保护和改善海洋环境,我国除在环境保护法上对海洋环境的保护作了原则性规定以外,还专门针对海洋环境保护进行了一系列立法,其中主要有《中华人民共和国海洋环境保护法》、《中华人民共和国防治船舶污染海域管理条例》、《中华人民共和国海洋倾废管理条例》、《海洋水质标准》等。根据有关法律法规,对防治海洋污染主要规定以下几个方面:(1)确立以国务院环境保护行政主管部门为主体的海洋环境保护监督管理机构。(2)规定海水水质标准。(3)防治海岸工程对海洋环境的污染。(4)防治海洋石油勘测开发对海洋环境的污染。(5)防治陆源污染物对海洋环境的污染。(6)防治船舶对海洋环境的污染。(7)防治倾倒废弃物对海洋环境的污染。

四、防治噪声污染的法律规定

噪声是指干扰人们休息、睡眠、工作、学习并使人感到厌烦的不协调及一切不需要的声音。噪声达到一定强度会引起人的听力损害，或出现有害的生理、心理变化。噪声污染是指排放的环境噪声超过国家规定的环境噪声标准，妨碍人们工作、学习、生活和其他正常活动的现象，是现代社会的一大公害。

为了加强对环境噪声污染的防治，控制噪声污染源，我国颁布了许多有关法律法规。其中除了《环境保护法》的原则性规定以外，主要还有：《中华人民共和国环境噪声污染防治条例》、《工业企业噪声卫生标准（试行）》、《机动车辆允许噪声标准（试行）》、《城市区域环境噪声标准》等法律法规。此外，还有一些地方颁布了一些地方性法规。我国在防治环境噪声污染和危害方面的法律法规主要有以下一些内容：

第一，加强对环境噪声防治的规划和领导，强调国务院及地方各级人民政府对防治环境噪声污染的责任。国家鼓励对噪声污染的研究和防治，各级人民政府在制定城乡建设规划时应合理划分功能区和建筑布局，减少环境噪声污染。

第二，确立对环境噪声防治的监督管理机关和防治环境噪声污染的一些基本制度。各级人民政府的环境保护行政主管部门对防治环境噪声污染实施统一监督管理，各级公安、交通、铁道、民航等部门在自己责权范围内实施监督管理。

第三，规定环境噪声质量标准和环境噪声排放标准，并对环境噪声进行监测、检查，对超过环境噪声排放标准的按照国家规定，征收超标准排放费。

第四，其它方面，主要包括在防治工业噪声污染、防治建筑施工噪声污染、防治交通噪声污染和防治社会生活噪声污染等方面，根据法律法规也作了一些防治措施。

五、防治土壤污染的法律规定

土壤污染是指在生产和生活活动中，土壤被有机性废弃物或有毒物质所污染，其含量超过了土壤的自净能力，从而在卫生学上和流行病学上产生了有害的影响，直接或间接危害人体的健康。土壤污染的来源主要包括以下几个方面：生活性污染，是指人、畜的粪尿和生活污水及垃圾等对土壤造成的污染；生产性污染，是指工业生产中排放的“三废”、交通运输工具排放的废气、农田施用的农药和过量的化肥等对土壤造成的污染；放射性污染，是指工业、科研和医疗机构排放的液体或固体放射性废弃物对土壤造成的污染。

根据有关法律法规，我国在防治土壤污染方面主要作了如下一些规定：

第一，粪便卫生的管理与处理。规定了粪便的收集和运输的方式和要求，制定了粪便无害化处理的基本要求和粪便无害化卫生标准，并提供了粪便无害化处理的方法。

第二，垃圾的处理和利用。规定了垃圾的收集和运输所应符合的标准和要求，垃圾处理厂(场)的建设、位置以及处理后排放的废水应符合卫生要求，在垃圾的处理和综合利用方面不断改进方式方法并提出相应的标准。

第三，工业废渣的处理和利用。针对工业生产过程中产生的各种废物的堆放、掩埋以及充分利用提出相应的要求。

第四，污水灌溉农田的卫生要求和措施。污水灌溉要预先处理，按要求达到《农田灌溉水质标准》，并要求污水灌溉不得污染水源、大气以及农作物等，并提供相应的方法和要求。

第四节　城乡规划卫生和爱国卫生

一、城乡规划卫生概述

城乡规划是指在城市中合理地对居民生活居住区、工业区、交通运输区、仓库区和郊区，在农村中对农村居民点、农业生产作业区和乡镇工业、仓库用地等进行总体规划，以适应居民的生产和生活活动的需要。城乡规划包括城市规划和村镇规划，是城市和村镇在一定时期内发展和建设的依据。城乡规划必须贯彻“全面规划，加强领导”和“预防为主”的方针，考虑经济、卫生、艺术等方面的要求，使新建、改建的城乡有利于国民经济的发展，并为人民创造合理方便的文化生活和卫生条件。编制城市规划必须从实际出发，科学预测城市远景发展的需要，使发展规模、建设标准、定额指标、开发程序与社会经济技术发展水平相适应，并贯彻以下原则：要控制城市规模；要正确确定城市的性质；要远期与近期相结合，总体规划与详细规划相结合；要妥善考虑环境卫生的要求；要适用、经济和美观。而进行村镇规划要贯彻全面规划、合理布局、节约用地、统筹安排的原则。为了合理地制定城市规划和进行城市建设，以实现城市经济和社会发展目标，适应社会主义现代化建设的需要，1989 年 12 月 26 日，第七届全国人大常委会第十一次会议通过了《中华人民共和国城市规划法》，自 1990 年 4 月 1 日起施行，这标志着我国城市规划工作步入法制轨道。

城乡规划卫生是从卫生学的观点和原理出发，结合生产发展和当前经济、技术水平，提出城乡居民区规划的卫生要求，把上述各种成分正确地布置在一定地区之内，为人们创造最良好的生活环境。

二、城市规划卫生

现代城市是国民经济（工业、商业、农业、交通运输等）、居民文化（科研、教育、文化、卫生等）和居民生活（住宅、绿地、公共服务设施等）各种成分的复杂综合体，因此城市规划是一项政策性、技术性、综合性很强的工作。我国的城市规划卫生主要内容包括以下方面：

（一）城市的功能分区

城市中各种用地按其功能可分为：生活居住用地、工业用地、对外交通运输用地、仓库用地、公共事业用地、防护带和防风林等用地以及郊区用地。城市总体规划应将各种用地按其功能在城市中加以合理安排和分区,使各种用地的配置既各得其所,又能最大限度地保证居住区的卫生条件,为居民创造良好的生活居住环境,这就叫城市的功能分区。

城市的功能分区,除应满足技术和经济方面的要求外,还应考虑卫生上的要求,概括地说就是:一要根据各地区的地理环境和自然条件,各功能区应合理配置,避免相互交叉和混杂配置;二要生活居住用地应选择城市中卫生条件最好的地段,要求远离沼泽、地势高燥、土壤清洁、靠近绿地、日照充足;三要工业用地应配置于生活居住用地的下风侧,或位于当地最小风向频高的上风侧,并且应位于水源河流的下游;四要保证各功能区到达规划期时,仍有进一步扩展的余地,并保证城市各部分用地能协调发展;五要各个功能分区的用地选择应同时进行,对于改建、扩建的城市,选择新区用地时应考虑与旧城的关系及旧城的改造和利用问题。具体城市规划卫生中对城市各功能分区的要求为:

1、生活居住区规划的基本要求是卫生、舒适、方便、安全和美观。生活居住区必须有足够的面积,使建筑密度和人口密度不至于过高,并保证有充分的绿地。

2、工业用地规划必须严格遵守各项安全、卫生要求。工业区与居住区之间应设置一定宽度的卫生防护距离,防护距离范围内应尽量绿化。配置工业区时,应考虑工业废渣综合利用的配套项目。

3、对外交通运输和仓库区的配置既要满足必需的技术经济要求,也应尽量减少它们对城市卫生的影响。铁路不应将城市包围或分割,港口的客运和货运码头应分开设置。民用机场布置在郊区,与市区保持约30分钟车程的距离。对外过境公路不应穿越市区,以免影响市区的安静。城市的仓库区,一般可分设在铁路、公路或码头附近。

4、城市的郊区一般设置城市的给水水源、污水处理厂、垃圾处理厂(场)、火葬场、墓地等。机场、铁路编组站、某些仓库也设在郊区。此外,某些占地大、污染严重的工业,需设在远郊工业区内,加上配套的居住区和生活服务设施,形成独立的工业镇或卫星城。

(二)居住区规划卫生

城市生活居住用地常分为几个居住区,每个居住区又再分为几个人口规模在一万人左右的居住小区。居住区、小区的用地面积均由居住用地、公共建筑用地、公共用地、道路广场用地等部分组成。

对城市生活居住用地定额,国家按平均每名居民用地(平方米)分近期和远期制定标准,对居住区、小区的各项用地定额,也按平均每名居民用地(平方米)提出相应的要求。例如城市公共建筑用地平均每名居民用地 6 平方米 ~ 8 平方米,公共绿地平均每名居民用地 3 平方米 ~ 5 平方米。

居住区建筑密度和人口密度是反映居住区卫生条件的重要指标。如果建筑密度过高,则院落空地相对减少,房屋的间距、日照、通风、绿化和居民室外休息场地等都得不到卫生的保证;如果人口密度过高,每人居住面积减少,人群密集,接触频繁,使传染病易于流行。目前我国城市规划中采用的定额指标主要是从技术经济角度出发,而缺乏卫生学上的要求,制定一个能保证居住区良好卫生条件的用地定额和人口密度标准将是一项重要的任务。

为了满足日常生活的需要,居住区内应配置各种公共建筑,如教育机构、医疗卫生设施、商业饮食网点、文娱体育设施、行政经济机构、公共服务设施等,这些公共建筑的设置,一方面应方便于人民群众;另一方面要符合卫生学上的要求,如中小学宜设在居住小区边缘;医院应设在环境卫生优良、安静而接近居住区的地段;有些传染病医院应设在城市边缘等。

(三)城市街道规划卫生

我国的城市街道规划一般分为四级,国家对每一级的道路宽度、设计时速、机动车与非机动车间隔带等都作了相应规定。规划时，可根据城市性质、规模、道路功能和交通量等情况，选用一定级别的道路。在卫生学上，主要对街道的走向、街道的排水、街道的绿化和照明以及地下管线设备方面提出相应的要求。

三、村镇规划卫生

随着农村经济的迅速发展，农民收入和生活水平的提高，全国广大农村纷纷兴建住宅。近年来召开了两次全国农村房屋建设会议，并提出“全面规划、正确引导、依靠群众、自力更生、因地制宜、逐步建设”的方针，确定了有领导、有步骤地建设社会主义新村镇的指导思想。

村镇规划主要是指乡行政机构所在地和乡属各镇、村庄居民点的规划。村镇规划应以县的区域规划为依据，并根据当地具体情况，合理组织功能分区，安排好工业区、农业区与居民区的位置，创造清洁、卫生、安静的生活环境。

规划前应首先搜集必要的资料进行调查研究，并着重调查农业、工业、贸易、交通运输等经济发展计划，还应深入了解群众对居民点分布和规划的意见或要求。村庄居民点的分布、规模和用地，要从有利于生产和生活、结合自然条件来考虑，并满足生产、生活、卫生和各项工程建设的要求。

村镇居住区用地在满足日照、通风等卫生要求和农民生活需要的原则下，还应注意节约用地。工业副业区中对环境影响较大以及易燃易爆和排放“三废”较多的工厂，应设在专门的工业区内，并位于当地主导风向的下风侧，位于河流的下游；排放“三废”的有害工业区与居民区之间，应有绿化卫生防护带，排放的污染物应采取必要的处理。饲养区应配置在居民点外围，位于居住区下风侧和河流下游的地点，并且与居住区之间应有一定卫生防护带，禽粪、畜粪应有综合利用和处理的措施。

四、爱国卫生

爱国卫生工作是具有中国特色的一种卫生工作方式，也是我国卫生事业的重要组成部分之一。开展群众性爱国卫生运动，是我国社会主义卫生事业的一个创举，是我国社会主义优越性的生动体现，它对于改善城乡环境卫生，增长人民卫生知识和提高人民健康水平，发挥了重要作用。将爱国卫生运动纳入法制化的轨道，是新时期爱国卫生工作的特点和任务。

目前有关爱国卫生法规的数量不多，但具有较强的政策性和指导性。1989 年国务院发布的《国务院关于加强爱国卫生工作的决定》，是一部指导新时期爱国卫生工作的重要法规。该决定明确规定全国各级爱国卫生机构统一领导、统筹协调全国和各地爱国卫生和防治疾病工作，指出发动群众自觉地同不卫生行为做斗争是爱国卫生运动的基本出发点。

1991 年，全国爱委会发布《全国爱国卫生工作十年规划及八五计划纲要》，提出了全国爱国卫生工作十年规划及八五计划总的指导思想、主要任务及目标，并规定了实现上述目标的主要对策和措施。同年公布了《全国城市卫生检查评比标准》，规定了检查的具体评比标准，具有较强的科学性和可行性。1994 年全国爱委会对该标准作了修订，使城市卫生检查评比工作更加科学化、规范化、制度化。

1991 年，全国爱委会和卫生部联合发布《农村实施〈生活饮用水卫生标准〉准则》，该准则规定了农村生活饮用水水质的限值及卫生要求，适用于广大农村居民点的集中式给水和分散式给水，促进了农村改水事业的发展。

此外，1986 年全国爱委会、城乡建设环境保护部、国家旅游局联合发布了《关于加强开展城市和旅游风景区卫生工作的意见》；1986 年全国爱委会和卫生部联合发布了《蚊香卫生监督暂行规定》；1989 年全国爱委会、铁道部、交通部、中国民航局发布了《关于开展车站、港口、机场及旅客列车、客轮、客机卫生检查、评比、考核的标准》;1991 年全国爱委会办公室发布了《车站、港口、机场卫生检查考核标准、项目和内容》和《旅客列车、客轮、客机卫生检查考核标准、项目和内容》;1994 年全国爱委会、卫生部、广电部、新闻出版署联合发布了《关于开展大众传播媒介宣传反对吸烟活动的通知》等。

第五节　环境卫生管理与监督的法律规定

一、环境卫生管理

(一)环境卫生管理的概念及原则

1、环境卫生管理的概念。环境卫生管理是指国家环境保护及卫生行政部门等行政机关,为防止环境污染,保障人民健康,在国家规定的职责范围内,通过所属机构系统,实施其行政职能,采用制定法律、法规、标准、规章制度和经济制裁等手段,对有关的环境污染及产生有害因素的企事业单位,进行环境卫生监测及监督,限制污染物的排放量,控制有害因素,防止其超出规定的标准范围,提出改善生活环境条件的各种卫生措施。其目的是为了提高环境卫生的效率和质量,更好地为人们创造卫生、舒适的生活环境。

2、环境卫生管理原则。环境卫生管理工作的原则概括有六条:执行政策,规范操作;计划管理,确保重点;掌握实情,当好参谋;监督监测,持之以恒;横向协作,搞好关系;加强宣传,提高素质。

(二)环境卫生管理系统及职责

1、环境卫生管理系统。环境卫生管理系统包括行政管理系统和业务管理系统,它们相互联系,综合构成其组织管理体系。环境卫生行政管理体系包括四个层次,从上到下分别为:国家卫生监督司;各省、自治区、直辖市卫生厅卫生防疫处(局);各市、地卫生局防疫科(地病科);各区、县(市)卫生局业务科(医政科)。这四个层次的行政机关都是政府职能部门,担负着国家对卫生事业的管理职能,在行政上分管卫生监督、监测工作,依据法律法规和职权范围,有效地行使各种具有约束力的政府行为,领导本地区的环境卫生监督、监测等各项卫生工作。环境卫生业务管理系统同样也包含四个层次,分别为:中国预防医学科学院(环境卫生监测所、环境卫生与卫生工程研究所等);各省、自治区、直辖市卫生防疫站(监测站);各市、地卫生防疫站环境卫生监测科;各区、县卫生防疫站监督科(卫生科)。其中,中国预防医学科学院是全国环境卫生监督、监测和管理工作的业务技术指导中心,各级卫生防疫站是在国家卫生行政部门的领导下,依法或授权从事部分行政管理工作的事业单位,主要职责是:在卫生行政机构领导下,执行和完成上级政府交办的各项卫生工作,在辖区内依据法律法规和上级的授权范围,行使卫生行政管理职能。

2、环境卫生管理职责。环境卫生管理的职责主要包括:(1)监测环境中的有毒、有害因素,调查流行病,掌握污染情况,控制公害病的发生。(2)对厂矿、机关企事业单位以及新建、改建、扩建的各项工程进行预防性卫生监督。(3)对空气、水质、土壤、噪音等进行卫生监测和监督。(4)对城乡居民饮用水进行卫生管理,防止水源性疾病传播。(5)对江河、湖泊、水库的水质和底质生物进行基础监测。(6)对粪便、垃圾的无害化处理进行卫生监督。(7)对工业废水和生活污水进行卫生监测。(8)对公共场所和化妆品进行卫生监督。(9)收集资料,进行单项污染数据评价和环境质量综合性评估。(10)对新合成的化学品进行安全评价和管理。(11)结合实践工作,不断探索环境卫生监测和管理的新方法。

(三)环境卫生管理内容

环境卫生管理的内容主要包括:

1、计划管理。搜集本地区城乡近期和远期规划资料,熟悉城市功能分区,了解污染源分布和污染物排放规律,收集历年来大气、水质、土壤的监测数据和其他资料，制定环境卫生管理的总体规划，以确定环境卫生工作的主要目标和任务，把对危害人群健康较大的污染问题纳入管理和防治计划，集中人财物，逐项安排进行重点防治。

2、建规立制。建立各级各类人员岗位目标责任制和各种工作制度，明确职责任务、工作目标、考核办法，各级环境卫生监测站、卫生防疫站的环境卫生监测科分工合作，建规立制做好各项监督、监测工作。

3、规范化建设。规范化就是对环境卫生各项工作的内容、质量、程序、方法、规格及其他卫生项目，做出统一的技术要求，经主管部门审定批准或习惯认可而共同遵守的技术依据和准则。加强规范化建设就是做到有章可循，使管理科学化，为“治乱”提供了方法和手段。

4、质量管理。严格执行工作规范和技术操作规程，保证环境卫生工作的数量与质量指标符合要求。

5、业务培训。对专业人员有计划地安排技术培训和进修，定期举办学习班，传递新知识，提高业务水平。

6、考核奖惩。主要包括：建立技术业务档案，饮用水卫生监测、水体与水质监测、大气监测、医院污水监测、土壤监制与粪便管理、环境污染与健康、设计卫生审查等。

二、环境卫生监督

(一)环境卫生监督的概念及内容

环境卫生监督是由国家法律规定或上级委托授权的监督单位，对所管辖区内的有关单位或个人执行和应用国家环境卫生法律法规和卫生标准的情况进行的监察督导、调整环境与健康中产生的社会关系的整个活动过程。环境卫生监督分为预防性卫生监督和经常性卫生监督。环境卫生监督的内容包括：公共卫生场所监督和管理；化妆品卫生监督；查证和处理违反卫生法规行为；城乡居民生活饮用水的卫生监督;医院污水处理的卫生监督等。

(二)预防性卫生监督

预防性卫生监督是卫生监督机构对城乡规划和新建、改建、扩建的工业企业、公共场所、住宅建筑等建设项目进行的卫生监督。主要是对其布局和建筑工程的设计图纸进行卫生审查,作出卫生学评价,并在工程建设的施工和验收过程中提出符合卫生要求的技术指导意见,使卫生要求和技术措施能在设计中得到妥善解决和处理,防止竣工和投入使用后不符合卫生要求或存在潜在危害,出现返工或不能使用,给国家造成重大损失。预防性卫生监督的内容主要包括:集中式给水的预防性卫生监督;防止工业废气污染大气的预防性卫生监督;住宅及公共场所的预防性卫生监督;城乡规划的卫生审核、医院、影剧院、浴室、游泳池等的预防性卫生监督;化妆品生产企业的预防性卫生监督及其他新建、改建、扩建的各项工程的预防性卫生监督。预防性卫生监督的方法是:在工程项目建设中,卫生监督员参加有关工程项目的选址;参加意向书、可行性研究、环境影响评估;进行项目方案预审、总体方案审查、建筑设计卫生审查,并在审查合格后签发卫生审核单,发放卫生许可证,参加工程项目的竣工验收等。颁发卫生许可证是常见的预防性卫生监督方式,申请人应以书面形式向县或县以上卫生行政部门和卫生防疫站提出申请,经审查符合有关规定和标准后,予以发放。公共场所卫生管理条例规定:经营单位须取得卫生许可证后方可向工商行政管理部门申请登记办理营业执照,卫生许可证每两年复核一次。经常性卫生监督就是对公共场所经营单位取得卫生许可证起,至下次换证之间所进行的卫生监督工作。

(三)经常性卫生监督

经常性卫生监督是指一切卫生防疫活动中日常的监督、监测工作和其他卫生活动,属于常规性工作。根据分类方式不同,可以分为一般监督检查和特定监督检查、定期监督检查和不定期监督检查。经常性监督工作的主要内容包括:监测公共场所的空气质量、水质、采光、噪声、公共用具及设施的消毒等，检查卫生管理制度、从业人员的卫生知识培训、健康检查等。主要方法有：现场调查、巡回监督、抽样检验、审查资料和了解反映等。通过经常性卫生监督检查，及时发现并提出改进建议，对违法行为给予行政处罚，直至追究刑事责任。

我国实行国家卫生监督和卫生监督员制度。卫生监督员代表国家依法行使卫生监督职权，现设有食品卫生监督员、传染病管理卫生监督员、化妆品卫生监督员、放射防护卫生监督员和学校卫生监督员。国家对卫生监督员实行资格考试、在职培训、工作考核和任免等制度。

第六节　违反环境卫生的法律责任

一、行政责任

环境行政责任是指违反环境法律法规的单位和个人依法应承担的行政方面的法律后果。环境行政责任是对环境行政违法行为的制裁。违反环境法律法规所承担的行政责任包括行政处罚和行政处分。

第一，行政处罚，是指具有行政处罚权的国家环境行政主体，对违反环境法律法规尚不构成刑事犯罪的单位和个人依法给予的一种行政制裁。它具有执法的强制性、处罚手段的多样性、处罚主体的特定性及处罚对象的广泛性等特点。我国有关法律法规对环境行政处罚形式多采用列举式规定，即针对具体的违法行为规定相应的行政处罚方式。具体包括警告、罚款、责令停止生产或使用、责令重新安装使用、吊销许可证、责令停止或关闭等。

第二，行政处分，是指国家机关、企事业单位、社会团体依照行政隶属关系，根据有关法规对有违法失职行为而又不够成刑事处罚的所属人员给予的纪律制裁。这种处分是单位或领导人员依法给予他的下级工作人员的一种行政制裁。根据我国有关法律法规的规定，行政处分的形式可分为警告、记过、记大过、降级、降职、撤职、留用察看和开除八种。

二、民事责任

环境卫生民事责任是指公民、法人及其他组织因污染环境或破坏环境而侵害他人环境民事权益依法所应承担的民事方面的法律后果。

承担环境民事责任的方式主要包括：停止侵害、排除妨碍、消除危险和赔偿损失。

第一，停止侵害，是责令环境民事侵权人停止侵权行为以防止损害后果扩大的一种强制性方法和有效措施。如《矿产资源法》第39条规定："违反本法规定，未取得采矿许可证擅自采矿的，擅自进入国家规划区，对国民经济具有重要价值的矿区和他人矿区范围内开采的，擅自开采国家规定实行保护性开采的特定矿种，责令停止开采，赔偿损失，没收采出的矿产品和违法所得，可以并处罚款。"该规定中的"责令停止开采"，便属于停止侵害的方式。

第二，排除妨碍，是强制污染或破坏环境的行为人排除其对受害人行使自己财产权、人身权以及环境权设置的障碍所采取的一种责任方式。如《大气污染防治法》第36条规定："造成大气污染危害的单位，有责任排除危害，并对直接遭受损失的单位或者个人赔偿损失。"该规定中的"排除危害"便属于排除妨碍的方式。

第三，消除危险，是指污染或破坏环境的行为对他人人身、财产或环境权益造成威胁，或存在侵害的可能，他人有权要求行为人采取有效措施以消除险情的一种预防性措施。如《水污染防治法》第20条规定："排污单位发生事故或者其他突发性事件，排放污染物超过正常排放量，造成或者可能造成水污染事故的，必须立即采取应急措施，通报可能受到水污染危害和损害的单位，并向当地环境保护部门报告。"

第四，赔偿损失，是指由人民法院责令因污染和破坏环境，造成他人人身、财产或环境权益损害的违法者，依法以其财产赔偿受害人所受损失的一种责任方式。关于损害赔偿的范围，依我国现行立法规定主要包括人身和财产两个方面。赔偿金额的计算标准和方法，我国环境法规尚无具体规定，实践中应视不同情况分别处理。

上述承担环境民事责任的方式，即可以单独适用，也可以合并适用，且不排除其他法律责任形式。

三、刑事责任

环境刑事责任是指行为人因违反环境法或有关刑事法律规定，严重污染或破坏环境，导致人身伤亡或财产重大损失，构成犯罪所应承担的刑事方面的法律后果。

在我国目前的刑法体系中，环境犯罪或者危害环境罪既非一个法定的犯罪分类，也不是一个法定的罪名，而是各类环境犯罪的通称。在适用时，对刑法中有规定的环境犯罪直接依据该规定进行刑事惩罚。

分论二

健康相关产品法

第八章　食品卫生法律制度

第一节　食品卫生法律制度概述

一、食品卫生法的概念

食品卫生法是调整在保证食品安全卫生，防止食品污染和有害因素对人体的危害，保障人体健康，增强人民体质的活动过程中所产生的各种社会关系的法律规范的总称。

食品卫生法有广义与狭义之分，狭义的食品卫生法即《中华人民共和国食品卫生法》（以下简称《食品卫生法》）；广义的食品卫生法则是泛指一切食品卫生法律规范，不仅包括《食品卫生法》，也包括其他法律有关食品卫生的规定和其他有关食品卫生的行政法规、地方性法规、行政规章和规范性文件。《食品卫生法》于 1995 年 10 月公布并生效，适用于中华人民共和国领域内从事食品生产经营的法人、个体工商户和其他组织以及一切食品，食品添加剂，食品容器、包装材料，食品用工具、设备、洗涤剂、消毒剂，食品生产经营场所、设施和有关环境。因而，食品卫生法具有广泛而普遍的约束力。

食品是指各种供人食用或者饮用的成品和原料以及按照传统既是食品又是药品的物品，但是不包括以治疗为目的的物品。民以食为天，说明了人类的生存离不开食品。在我们的现实生活中，每一个人都要天天消费食品，它是维持人类生命、促进生长发育所必需的物质。食品既包括经过加工而成的供人食用的各种食物，如糖果、糕点、酒类等，也包括供进一步加工的原料，如果蔬类、粮油类、水产类等；另外，中华民族历史悠久的药食同源文化，使得人们将诸如米仁、刀豆、百合、红花、山楂等物品既作食用,又作药用。

食品卫生是指控制食品生产经营过程中各种物理、化学、生物、放射性等有害因素对食品的污染,从而保证消费者身体健康而采取的一切必要措施。供人食用的各种食品必须具备其相应色、香、味、型等和满足人类生长、发育、维持生命等功能所需的营养素以外,其第一位的要求必须是无毒、无害,也即食品应安全、卫生。食品卫生水平的高低,不仅直接影响着人民群众的健康状况,也反映了一个国家物质文明和精神文明的程度,因此,改善食品卫生状况,保障食品安全卫生,是我国卫生工作的重要方面。随着社会主义市场经济制度的确立和食品工业的发展,加强食品卫生监督管理,以法律的手段来规范食品的生产经营和食品市场秩序,已成为我国卫生法制工作极其重要的组成部分。

二、食品卫生的立法

我国食品卫生法制建设大致经历了三个阶段。第一阶段(50年代至60年代)是食品卫生立法的起始阶段。新中国成立后,国家制定了“预防为主”的方针,在1953年开始全国相继建立了各级卫生防疫站。同年,卫生部颁布了《清凉饮食物暂行办法》。以后,又陆续颁布了一批零散的卫生标准和管理办法,食品卫生法规也因客观需要从无到有发展起来。但是,由于十年内乱等原因,刚刚开始建立的食品卫生法制工作处于停滞状态。第二阶段(70年代至80年代)是食品卫生法制建设的发展阶段。进入70年代,国家组织力量制定了大量的食品卫生标准和卫生管理办法。1979年国务院正式颁布了《中华人民共和国食品卫生管理条例》,推动了全国食品卫生工作的开展。但是,由于该条例侧重于道德规范的要求,卫生监督部门职责不明确,对违法者如何处罚和追究刑事责任也无明确规定,因而造成受害者无处申诉、违法者无法处罚、执法者无法可循的局面。第三阶段(80年代至今)是食品卫生法逐步完善的时期。1982年11月,第五届全国人大常委会第二十五次会议通过并颁布了《食品卫生法(试行)》,标志着我国食品卫生法制建设进入了一个崭新的阶段,开创了食品卫生工作的新局面,对改善我国的食品卫生状况,保障人民的身体健康,发挥了重要的作用。但是,随着社会主义市场经济的建立和完善,食品生产经营活动出现了一些新的情况,食品卫生的新问题也随之出现,整个食品卫生状况不容乐观。所以,对试行法的修改提上了议事日程。经过广泛的调查和征求意见,1995 年 10 月第八届全国人大常委会第十六次会议正式通过并颁布了《食品卫生法》,完善了食品卫生的法律制度。《食品卫生法》在维护食品卫生法的稳定性、连续性的同时,对改革食品卫生监督体制、加重违法者的处罚力度、严格食品卫生标准、加强进口食品和食品市场管理等方面也作了重要的修改和补充。

第二节　食品和食品用产品卫生的法律规定

一、食品卫生的法律规定

(一)食品卫生基本要求

1、食品应当无毒、无害,即食品应安全卫生。无毒无害是指正常人在正常食用情况下摄入可食状态的食品,不会造成对人体的危害。但并不是说食品中完全没有有毒有害物质,只不过有毒有害物质的含量不得超过国家卫生标准中规定的限量。

2、符合应当有的营养要求。食品是为了维持人体的生命、生长发育等需要,因此,必须具有一定的营养成分,不仅应有人体代谢所必需的各种营养素的含量,而且还应包括食品的消化吸收率和对人体维持正常的生理功能所发挥的作用。

3、食品应具有相应的色、香、味等感官性状。感官性状是各种食品外部表现出来的被人体感觉器官感知的性质和状态,除了食品固有的和加工后应有的色、香、味外,还包括食品的澄清、混浊,组织状态的软硬、松紧、弹性、粘滑、干燥、湿润及其他一切人体感觉器官所能感受的性质和状态。

（二）婴幼儿食品的特殊卫生要求

婴幼儿食品是指满足婴幼儿正常生长发育所需的食品，包括婴幼儿主食品和辅食品。主食品是指含有婴幼儿生长发育所需的营养素的主要食品，辅食品是根据婴幼儿生长发育的不同阶段对各种营养素需求的增加而添加、补充其他营养素的辅助食品。由于婴幼儿的生理特点和生长发育的特殊需要。婴幼儿食品的配方、工艺流程及原辅料等较一般食品有更高的营养和卫生要求，专供婴幼儿的主、辅食品必须符合卫生部制定的营养、卫生标准。婴幼儿食品的包装标识和产品说明书必须与婴幼儿主、辅食品的名称相符。严禁添加对婴幼儿生长发育有害的食品添加剂和其他化学物质。

（三）禁止生产经营食品的规定

根据《食品卫生法》规定，下列十二类食品为禁止生产经营的食品：

1、腐败变质、油脂酸败、霉变、生虫、污秽不洁、混有异物或者其他感官性状异常，可能对人体健康有害的。

2、含有毒、有害物质或者被有毒、有害物质污染，可能对人体健康有害的。

3、含有致病性寄生虫、微生物或者微生物毒素含量超过国家限定标准的。

4、未经兽医卫生检验或者检验不合格的肉类及其制品。

5、病死、毒死或者死因不明的禽、畜、兽、水产动物等及其制品。

6、容器包装污秽不洁、严重破损或者运输工具不洁造成污染的。

7、掺假、掺杂、伪造，影响营养、卫生的。

8、用非食品原料加工的，加入非食品用化学物质的或者将非食品当作食品的。

9、超过保质期限的。

10、为防病等特殊需要，卫生部或者省级人民政府专门规定禁止出售的。

11、含有未经卫生部批准使用的添加剂或者农药残留超过国家规定容许量的。

12、其他不符合食品卫生标准和卫生要求的。

（四）食品中加入药物的限制性规定

食品中不得加入药物。这里的药物是指用于治疗、预防、诊断个人疾病或计划生育，并规定有适应性、用法、用量的医药用品。食品中加入药物的限制性规定，目的在于界定食品与药品的区别，防止在食品中滥加药物，避免无病吃药，保护消费者健康。《食品卫生法》在规定食品中不得加入药物的同时，对以下三种情形作了例外的规定：

1、按照传统既是食品又是药品的物品可以作为食品原料加入的。我国具有药食同源的悠久传统，形成了既是药品又是食品的一类物品。卫生部专门做出了规定，批准并公布了两批既是食品又是药品的名单共 69 种。这 69 种物品加入食品中，不视为是加入药物，而是作为食品原料加入的。

2、作为调料加入食品的。如少量的丁香、白芷等加入到酱肉中，加入量较小，不会引起食品成分的明显变化。

3、作为营养强化剂加入食品的。对此类情形，应严格按照食品营养强化剂使用标准规定的使用范围和使用量加入，不得以例外的理由来滥用营养强化剂。

二、食品用产品卫生的法律规定

（一）食品添加剂的卫生规定

食品添加剂是指为改善食品品质和色、香、味、形以及为防腐和加工工艺的需要而使用的化学合成或者天然物质。目前我国允许使用并制定有国家标准的食品添加剂有防腐剂、抗氧化剂、发色剂、漂白剂、酸味剂、凝固剂、疏松剂、增稠剂、消泡剂、着色剂、乳化剂、品质改良剂、抗结剂、香料、营养强化剂、酶制剂和鲜味剂等20类,其中为增加营养成分而加入食品中的营养强化剂,也属于食品添加剂。

由于食品添加剂是为食品生产加工的需要而加入食品中的食品本身以外的物质,有些物质含有一定的毒性,特别是化学合成的食品添加剂。因此,对食品添加剂应进行严格监督管理。《食品卫生法》明确规定,生产经营和使用食品添加剂,必须符合卫生部颁发的《食品添加剂卫生管理办法》和《食品添加剂使用卫生标准》的规定,严格控制食品添加剂的使用范围和使用量,任何食品生产经营者均不得以掩盖食品腐败变质或以掺假、掺杂、伪造为目的而使用食品添加剂。进口食品添加剂也必须符合《食品添加剂使用卫生标准》的规定。

(二)食品容器、包装材料和食品用工具、设备的卫生规定

食品容器、包装材料是指包装、盛放食品用的纸、竹、木、金属、搪瓷、陶瓷、塑料、橡胶、天然纤维、化学纤维、玻璃等制品和接触食品的涂料;食品用工具、设备是指食品在生产经营过程中接触食品的机械、管道、传送带、容器、用具、餐具等。由于这些食品用产品与食品的卫生有密切的关系,食品卫生法专门规定,这些食品用产品必须符合卫生标准和卫生管理办法的要求,必须采用符合卫生要求的原材料,产品的卫生性能应便于清洗、消毒和拆卸。

三、食品卫生标准和管理办法

(一)食品卫生标准及管理办法的含义

1、食品卫生标准,是指依法制定颁布的食品卫生质量规格及其检验方法的技术性规定,是一切食品和食品用产品必须达到的基本卫生质量要求,是国家强制性标准。

根据《中华人民共和国标准化法》的有关规定,我国的食品卫

生标准分为国家标准、行业标准、地方标准和企业标准四类。国家卫生标准由三类指标组成：一是表示严重危害人体健康的指标，指致病性微生物及其毒素和有害物质污染等；二是表示对人体有一定威胁或危险意义的指标，这类指标的变化表明食品可能被污染以及污染的严重程度，如细菌总数等；三是间接反映食品卫生质量的指标，这类指标不表示食品会引起对人体健康的危害，但预示存在食品卫生质量变化的条件和可能性；其他还有商品规格质量指标，这类指标是反映各种商品应当具备的纯度和基本品质特征。目前，食品卫生标准主要是指前二类。

与食品卫生标准相配套的是检验方法和检验规程。我国已颁布多项食品卫生理化检验方法、微生物检验方法、放射性物质的食品卫生检验方法和商品安全性毒理学评价程序等，是保证食品卫生质量评价具有可比性、权威性的依据。

2、卫生管理办法，一般是卫生部依法制定颁布的对生产经营各类食品和食品用产品的行为规范，属于行政规章。它包括了各类产品生产经营每一环节的卫生条件和卫生措施，是卫生行政部门开展食品卫生监督管理的依据之一。

(二)卫生标准和管理办法的规定

食品卫生标准、检验方法和检验规程以及卫生管理办法是食品卫生法律规范的重要组成部分，《食品卫生法》主要做了以下规定：

1、食品和食品用产品以及食品中污染物质、放射性物质允许量的国家卫生标准、卫生管理办法和检验规程授权卫生部制定或批准颁发，屠宰畜、禽的兽医卫生检验规程由卫生部制定。

2、国家未制定卫生标准的食品，省、自治区、直辖市人民政府可以制定地方卫生标准，报卫生部和国家技术监督局备案。这类地方标准只在本省、自治区、直辖市范围内有效。

3、食品添加剂的国家产品质量标准中有卫生学意义的指标和农药、化肥等农用化学物质的安全性评价，必须经卫生部审查同意。

第三节 食品卫生管理的法律规定

一、食品生产经营的卫生要求

食品的生产经营是指一切食品的生产（不包括种植业和养殖业）、采集、收购、加工、储存、运输、陈列、供应、销售等活动的整个过程。这个过程涉及食品生产经营的每个环节，所有食品生产经营者都必须遵守食品生产经营的卫生要求。

食品生产经营过程的卫生要求主要有十项：(1)保持内外环境整洁，采取消除苍蝇、老鼠、蟑螂和其他有害昆虫及其孳生条件的措施，与有毒、有害场所保持规定的距离；(2)食品生产经营企业应当有与产品品种、数量相适应的食品原料处理、加工、包装、储存等厂房或者场所；(3)应当有相应的消毒、更衣、采光、照明、通风等十三项设施；(4)设备布局和工艺流程应当合理，防止交叉污染；(5)餐具、炊具和盛放直接入口食品的容器，使用前必须洗净消毒，炊具、用具用后必须洗净，保持清洁；(6)储存运输、运输和装卸食品的容器包装、工具、设备和条件必须安全、无害，保持清洁，防止食品污染；(7)直接入口的食品应有小包装或使用无毒、清洁的包装材料；(8)食品生产经营人员应当保持个人卫生，防止污染食品；(9)用水必须符合国家规定的城乡生活饮用水卫生标准；(10)使用洗涤剂、消毒剂应当对人体安全、无害。

上述卫生要求是一切食品生产经营者必须遵守的义务规范，但考虑各地发展水平和饮食习惯的不同，对食品摊贩和城乡集市贸易食品经营者在生产经营过程中的卫生要求由各省、自治区、直辖市人大常委会根据以上卫生要求做出具体规定。

二、食品生产经营的卫生管理

（一）食品生产经营单位与人员卫生管理规定

1、食品生产经营活动的许可。《食品卫生法》规定，食品生产经营企业和食品商贩必须先取得卫生行政部门发放的卫生许可证方可向工商行政管理部门申请登记。未取得卫生许可证的，不得从事食品生产经营活动。也就是说，国家为了保障人民的身体健康，一般禁止单位和个人从事食品生产经营活动，只有经过单位或者个人的申请并且具备规定的条件，获得卫生行政部门的许可，这个禁令才予以解除。已经取得卫生许可证的，则必须严格按照核准的许可项目和食品卫生法律的规定从事生产经营活动。卫生许可证，不得伪造、涂改和出借。如有严重违反食品卫生法的行为，卫生行政部门就可以依法撤销许可，即吊销卫生许可证。卫生许可证的具体发放管理办法，《食品卫生法》授权各省、自治区、直辖市卫生行政部门制定。

2、工程设计卫生审查和工程验收。食品生产经营企业的新建、扩建、改建工程的选址和设计应当符合卫生要求，并有义务向卫生行政部门提出设计卫生审查和工程验收的申请，经卫生行政部门验收合格后，方可申领卫生许可证。新建是指新设计、新施工的建设项目；扩建是指在原有建筑的基础上扩大建筑规格的项目，包括一次性设计分期建成使用的建筑项目；改建是在原有基础上进行改造的项目。食品生产经营企业预防性设计卫生审查和工程验收是食品卫生管理的一项重要内容，是卫生行政部门发放卫生许可证的前提。它以“预防为主”为原则，从防止和消除食品污染、保证食品卫生角度出发，将食品卫生的隐患阻止在建筑项目施工之前，切实保障建筑工程项目的选址和设计符合食品卫生要求，为食品生产经营提供一个良好的卫生硬件设施、环境和布局。

3、人员的健康检查和卫生知识培训。食品生产经营人员的健康状况和掌握卫生知识的水平对搞好食品卫生有很密切的关系。某些肠道传染病往往通过食品生产经营人员这个媒介传播，而且，一般与这些人员的个人卫生习惯有关。因此，食品卫生法规定，食品生产经营人员在参加工作前必须进行健康检查和卫生知识的培训,并取得预防性健康体检及卫生知识培训合格证。健康检查每年必须进行一次,由卫生行政部门认可的医疗卫生机构进行。凡发现患有痢疾、伤寒、病毒性肝炎等肠道传染病或病原携带者和活动性肺结核、化脓性或者渗出性皮肤病以及其他有碍食品卫生疾病的人,必须立即调离接触直接入口食品的工作。

4、食品生产经营者内部卫生管理组织及职责。食品生产经营者必须建立并健全食品卫生管理机构和检验机构,配备专职或兼职食品卫生管理人员,负责食品卫生工作。食品生产经营者的职责有:(1)贯彻、执行食品卫生法律、法规、行政规章和食品卫生标准,建立、健全食品卫生管理制度,并组织实施;(2)组织本单位食品生产经营人员进行食品卫生知识、法律知识的宣传、培训和食品生产经营人员的健康检查工作,并对不符合要求的人员督促其改正或调离直接入口食品的工作;(3)负责对食品和食品生产经营过程进行管理、检验或者检查,发现有食品卫生问题及时处理,并对违反《食品卫生法》的行为进行批评、制止,及时向卫生行政部门报告。

(二)食品出厂、采购、标识管理规定

1、食品出厂检验。食品和食品用产品在生产过程中,原料、半成品和成品都有可能受到各种污染,从而出现不合格食品。为防止不合格产品流入市场,食品和食品用产品必须达到合格出厂。《食品卫生法》规定,食品和食品用产品的生产者必须按照卫生标准和卫生管理办法实施严格检验,经检验合格后,食品和食品用产品方可出厂或者销售。

2、食品采购索证管理。实行食品采购索证,是为了保证流通领域的食品卫生质量,它是食品生产经营者自身管理的重要内容。食品采购索证是指采购者在采购食品时有向销售者索取检验合格证或化验单的权利,而销售者则有向采购者提供检验合格证或化验单的义务。索证的范围和种类由省、自治区、直辖市卫生行政部门结合具体情况规定,但不得为了本区域的利益,妨碍地区间的食品贸易。食品生产者对每一批(种)的食品按照规定实施检验合格后出厂销售,出具并提供检验合格证或化验单,销售者可提供复印件,但不得涂改、伪造。所出具的检验合格证或化验单应与每批(种)食品包装标识(标签)的生产经营者名称、品名、生产日期、批号或代号等相符。未按照规定索取和提供检验合格证或化验单的食品及其原料,属于不符合卫生要求的食品,应禁止生产经营。其生产经营者可向卫生行政部门申请检验或由卫生行政部门抽样检验,经检验合格后方可生产经营。

3、定型包装食品的标签管理。定型包装食品是指按一定量、一定标志并由固定包装而构成的一个零售单位的包装食品,此类食品一般是直接入口食品,所以,对消费者的身体健康有着密切的关系。食品标签即标识,是食品包装上的文字、图形、符号以及说明物,借以显示或说明食品的特征、性能、保存条件、期限和食用方法等,起到传递信息、引导消费的作用。《食品卫生法》规定,定型包装食品和食品添加剂,其标签上必须标明法定内容:品名、产地、厂名、生产日期、批号或者代号、规格、配方或者主要成分、保质期限、食用或者使用方法等。具体内容依据国家颁布的《食品标签通用标准》、《特殊营养食品标签标准》、《饮料酒标签标准》和《保健食品标识规定》等规定执行。

三、食品市场和城乡集市贸易的卫生管理

食品市场泛指城乡经营食品的各类商场、市场,食品市场的举办者是指市场的经营管理者。《食品卫生法》规定,各类食品市场的举办者应当负责市场内的食品卫生管理工作,并在市场内设置必要的公共卫生设施,保持良好的环境卫生状况。

城乡集市贸易的食品卫生工作是政府市场管理工作的一个重要组成部分。工商行政管理部门负有食品卫生管理职责,主要是检查集市贸易的食品生产经营者是否取得卫生行政部门发放的卫生许可证。卫生行政部门负责食品卫生监督检验工作。

四、进出口食品的管理

进出口食品管理是为保证进出口食品、食品添加剂、食品容器、包装材料和食品用工具及设备的卫生与安全，防止对人体健康造成危害，维护我国食品卫生管理秩序和国际的商业信誉，对进出口食品有必要采取卫生检验、审批等监督措施。

进口上述产品必须符合我国的卫生标准和卫生管理办法的规定。口岸进口食品卫生监督检验机构依法对上述进口产品进行卫生监督和检验，经检验合格方可进口，海关凭检验合格证书放行。进口单位必须依法向口岸进口食品卫生监督检验机构申报检验。申报检验时，应当提供输出国(地区)所使用的农药、添加剂、熏蒸剂等有关资料和检验报告。进口产品无国家卫生标准的，必须提供输出国(地区)或者组织出具的卫生评价资料，经口岸进口食品卫生监督检验机构审查检验并报卫生部批准。

出口食品由国家进出口商品检验部门进行卫生监督、检验，海关凭国家进出口商品检验部门的检验合格证书放行。检验依据是涉及人体健康、安全的国家食品卫生标准。我国法律、行政法规未规定有强制性标准的，按照对外贸易合同约定的检验标准进行检验或按成交样品、有关国家标准、国家商检局指定的标准进行检验。

第四节　食品卫生监督的法律规定

一、食品卫生监督机构及职责

(一)食品卫生监督机构

《食品卫生法》规定，国家实行食品卫生监督制度。食品卫生监督制度是以保证食品卫生、保障人体健康为目的，由国家授权的食品卫生监督机构实行的各种管理方法、手段、程序、要求、规则等的总称。在我国，食品卫生监督机构是各级卫生行政部门及其他授权部门。食品卫生法规定:第一,国务院卫生行政部门主管全国食品卫生监督管理工作;第二,县级以上地方人民政府卫生行政部门在管辖范围内行使食品卫生监督职责;第三,铁道、交通行政主管部门设立的食品卫生监督机构,行使国务院卫生行政部门会同国务院有关部门规定的食品卫生监督职责。

(二)食品卫生监督职责

食品卫生监督职责有八项:(1)进行食品卫生监测、检验和技术指导;(2)协助培训食品生产经营人员,监督食品生产经营人员的健康检查;(3)宣传食品卫生、营养知识,进行食品卫生评价,公布食品卫生情况;(4)对食品生产经营企业的新建、扩建、改建工程的选址和设计进行卫生审查,并参与工程验收;(5)对食物中毒和食品污染事故进行调查,并采取控制措施;(6)对违反《食品卫生法》的行为进行巡回监督检查;(7)对违反《食品卫生法》的行为追查责任,依法进行行政处罚;(8)负责其他食品卫生监督事项。

二、食品卫生监督员及职责

食品卫生监督员是代表国家具体履行食品卫生监督职责的执法人员。县级以上人民政府卫生行政部门中设立食品卫生监督员。卫生行政管理人员或专业技术人员经过卫生监督员资格考试合格,由卫生行政部门聘任担任食品卫生监督员,并由同级卫生行政部门发给证书。铁道、交通部门的食品卫生监督员由其上级主管部门发给证书。

食品卫生监督员执行卫生行政部门交付的任务,其监督行为对聘任的卫生行政部门负责。食品卫生监督员在履行职务时有权进入生产经营场所进行检查、向生产经营者了解情况、索取为判断食品卫生状况的有关资料、按照规定无偿采样等,生产经营者不得拒绝或者隐瞒。食品卫生监督员必须严格按照《卫生监督员管理办法》规定履行义务,做到廉洁奉公,秉公执法,忠于职守,不以权谋私。卫生监督员对生产经营者提供的技术资料负有保密义务。

三、食品卫生检验机构及职责

食品卫生检验机构是根据食品卫生标准、检验方法和规程对送检的样品进行检验并出具检验报告的单位。《食品卫生法》规定，卫生行政部门具有监测和检验的职能，卫生部和省、自治区、直辖市卫生行政部门根据需要可以确定具备条件的单位作为食品卫生检验单位，进行食品卫生检验并出具检验报告。检验报告反映产品卫生质量的客观情况，可供卫生行政部门作综合评价的依据。检验机构不负监督责任。

四、食物中毒和食品污染事故的处理

食物中毒是指人们食用了有毒食物在短期内引起急性肠胃道症状为主的一类疾病。食品污染是指在食品生产经营过程中，可能对人体健康产生危害的物质介入食品的现象。

《食品卫生法》规定：发生食物中毒的单位和接受病人治疗的单位，除采取抢救措施外，应当根据国家有关规定，及时向所在地卫生行政部门报告，卫生行政部门接到报告后，有职责及时对食物中毒和食品污染事故进行流行病学、卫生学调查，查明中毒或造成污染的原因，并做好取证工作。对已造成食物中毒事故或者有证据证明可能导致食物中毒事故的，卫生行政部门可以对该食品生产经营者采取下列临时控制措施：(1)封存造成食物中毒或者可能导致食物中毒的食品及其原料；(2)封存被污染的食品用工具及用具，并责令进行清洗消毒。

第五节　违反食品卫生法的法律责任

一、行政责任

食品生产经营者违反《食品卫生法》，由县级以上卫生行政部门予以行政处罚。食品卫生法规定,凡有下列行为之一的,应当给予行政处罚:(1)生产经营不符合卫生标准的食品,造成食物中毒事故或者其他食源性疾患的;(2)未取得卫生许可证或者伪造卫生许可证从事食品生产经营的;(3)涂改或者出借卫生许可证的;(4)食品生产经营过程不符合卫生要求和生产经营法律规定禁止生产经营的食品的;(5)生产经营不符合营养、卫生标准的专供婴幼儿的主、辅食品的;(6)生产经营或者使用不符合卫生标准和卫生管理办法规定的食品添加剂、食品容器、包装材料和食品用工具、设备、洗涤剂、消毒剂的;(7)未经卫生部审查批准而生产经营标明具有特定保健功能的食品或者该食品的产品说明书内容虚假的;(8)定型包装食品和食品添加剂的包装标识或者产品说明书上不标明或者虚假标注生产日期、保质期限等规定事项的,或者违反规定不标注中文标识的;(9)食品生产经营人员未取得健康证明而从事食品生产经营的,或者对患有疾病不得接触直接入口食品的生产经营人员,不按规定调离的;(10)拒绝、妨碍食品卫生监督管理人员依法执行职务并使用暴力、威胁方法的。

对于上述违法行为,《食品卫生法》规定的罚种主要有以下几种:(1)警告;(2)责令停止生产经营或使用;(3)予以取缔;(4)立即公告收回已售出的食品;(5)销毁有毒、有害食品;(6)没收违法所得;(7)罚款;(8)收缴卫生许可证;(9)吊销卫生许可证。

卫生行政部门在实施行政处罚时,不得超越法律规定的处罚权限,并且各项行政处罚必须依法合并适用,但也应注意有些处罚项目不能合并适用,如责令停止生产经营与吊销卫生许可证等。

当事人如果对行政处罚决定不服的,可以在接到处罚通知书之日起60日内依照《行政复议法》的规定提出行政复议申请;当事人也可以在接到处罚通知之日起15日内向人民法院起诉。复议机关在接到复议申请之日起15日内作出行政复议决定。当事人对复议决定不服的,可以在接到复议决定之日起15日内向人民法院起诉。当事人逾期不申请复议也不向人民法院起诉,又不履行处罚决定的，作出处罚决定的卫生行政部门可以申请人民法院强制执行。

二、民事责任

民事责任是指民事赔偿责任。食品生产经营当事人违反《食品卫生法》给他人造成食源性疾患或其他损害的，应当依法承担民事赔偿责任。损害赔偿的范围仅限于因食物中毒事故或者其他食源性疾患等引起的经济损失，包括医药费、误工工资、生活补助费、丧葬费和遗属抚恤费等。赔偿费用可双方协商确定，有争议的也可通过民事诉讼解决。

三、刑事责任

第一，违反《食品卫生法的》规定，生产经营不符合卫生标准的食品，造成严重食物中毒或者其他严重食源性疾患，对人体健康造成严重危害的，按照《刑法》第143条以生产经营不符合卫生标准的食品罪定罪量刑。

第二，违反《食品卫生法》的规定，在生产经营的食品中掺入有毒、有害的非食品原料的，按照《刑法》第144条以生产销售有毒、有害食品罪定罪量刑。

第三，以暴力、威胁方法阻碍食品卫生监督管理人员依法执行职务的，按照《刑法》第277条以妨碍公务罪定罪量刑。

第四，食品卫生监督管理人员违反《食品卫生法》规定，在给食品生产经营者发放卫生许可证过程中，收受贿赂，构成犯罪的，按照《刑法》第385条以受贿罪定罪量刑。

第五，食品卫生监督管理人员滥用职权、玩忽职守、徇私舞弊、造成重大事故构成犯罪的，按照《刑法》第397条定罪量刑。

第九章　药品管理法律制度

第一节　药品管理法律制度概述

一、药品管理法的概念

药品管理法是调整药品管理，确保药品质量，增进药品疗效，保障用药安全，维护人体健康活动中产生的各种社会关系的法律规范的总和。

狭义的药品管理法仅指国家制定和颁布实施的药品管理法典，即《中华人民共和国药品管理法》；广义的药品管理法则是指国家制定和颁布的一切有关药品管理的法律规范。它不仅包括《中华人民共和国药品管理法》，还包括宪法、刑法等法律中有关医药发展及医药管理的条文，各级主管部门制定和颁布的各种医药管理的法规、条例及规章，此外，也包括我国参加或承认的国际公约中有关国际药事法规或条款。

药品，是指用于预防、治疗、诊断人的疾病，有目的地调节人的生理功能并规定有适应症、用法和用量的物质，包括中药材、中药饮片、中成药、化学原药及其制剂、抗生素、生化药品、放射性药品、血清疫苗、血液制品和诊断药品等。

药品和其他商品一样，通过交换渠道进入消费领域，具有商品的一般属性。但是由于药品直接关系着人的身体健康和生命安危，因而，与一般商品不同，药品具有其自身特性：第一，药品具有两重性。药品可以防病治病、康复保健，但由于多数药品又有不同程度的毒副作用，所以管理有方、用之得当，就能治病救人、保护健康，反之，则危害人体健康和生命安全。第二，药品具有很强的专用性。大多数药品需要通过医生诊断疾病，有针对性地用药。若滥用药物就很可能造成中毒或药源性疾病。第三，药品质量的重要性。符合药品标准的药品，才能保证疗效。进入流通渠道的药品，只允许有合格品，绝对不允许有次品或等外品。第四，药品鉴定具有很强的科学性。药品质量优劣，真假很难从外观上去辨认，必须由专门机构科学的测试仪器以及具有一定专业知识的人，更重要的是必须有一定的管理程序，才能确保药品质量。

由于药品具有不同于一般商品的特性，因而，任何国家对药品都采取了特殊的办法加以严格管理。所谓药品管理，从广义来理解，包括药品的经济、技术、质量、行政等方面的管理。药品管理的狭义含义，是指药品质量管理和药品监督管理。而药品管理立法所涉及的药品管理概念范畴，是药品质量监督管理，即国家对药品质量的监督管理。

二、药品管理立法概况

建国以来，党和政府一直高度重视药品管理的法制建设。1950 年 11 月经政务院批准，卫生部颁发了《麻醉药品管理暂行条例》，这是我国药品管理的第一个行政法规；1963 年卫生部与化工部、商业部又联合发布了我国第一个关于药品管理的综合性法规，即《关于加强药政管理的若干规定（草案）》。1978 年以后，药品管理立法进入新的时期，1984 年 9 月 20 日第六届全国人大常委会第七次会议通过了《中华人民共和国药品管理法》，并于 1985 年 7 月 1 日起施行，这是我国现行的药品管理的基本法，标志着我国药品管理走上了法制化轨道。为了保证药品管理法的贯彻实施并完善药品管理法律制度，国务院批准发布和颁布了《中华人民共和国药品管理法实施办法》（1989 年 1 月 7 日）、《麻醉药品管理办法》（1987 年 11 月 28 日）、《医疗用毒性药品管理办法》（1988 年 12 月 27 日）、《精神药品管理办法》（1988 年 12 月 27 日）、《放射性药品管理办法》（1989 年 1 月 13 日）、《野生药材资源保护管理条例》

(1987 年 10 月 30 日)、《中药品种保护条例》(1992 年 10 月 14 日)、《血液制品管理条例》(1996 年 12 月 30 日)等卫生法规。卫生部和国家医药管理局相继制定了《进口药品管理办法》、《药品检验所工作管理办法》、《卫生监督员管理办法》、《药品监督管理行政处罚规定(暂行)》、《生物制品管理规定》、《大型医用设备配置与应用管理暂行办法》、《生物材料和医疗器材监督管理办法》、《麻醉药品生产管理办法》等一系列卫生规章及许多规范性文件。各省、自治区、直辖市人民政府相应制定了一系列地方性卫生法规,形成了我国初具规模的药品管理法律体系。

1998 年国务院机构改革,组建了国家药品监督管理局,全面承担原卫生部的药政、药检职能。组建后的国家药品监督管理局职能更加专一化,加快了药品管理法制建设的速度。成立以来,先后颁布了《药品生产质量管理规范(1998 年修订)》、《戒毒药品管理办法》、《麻黄素管理办法》、《新药审批办法》、《新生物制品审批办法》、《新药保护和技术转让的规定》、《仿制药品审批办法》、《进口药品管理办法》、《处方药与非处方药分类管理办法》、《药品流通监督管理办法(暂行)》和《药品监督行政处罚程序》等多部法规。使药品监督管理进入了有法可依的新阶段。

第二节　药品生产、经营和宣传广告的管理

一、药品生产的管理

药品生产企业是指生产药品的专营企业或者兼营企业。加强对药品生产企业的管理是保证药品质量的中心环节。药品管理法及其实施办法对药品生产的管理作了专章规定,此外,国家药品监督管理局发布的《药品生产质量管理规范(1998 年修订)》(GMP)对药品生产、质量管理作了明确规定。有关法律法规如《产品质量法》、《反不正当竞争法》、《消费者权益保护法》等也都作出了相应

规定。

(一)开办药品生产企业必备的条件

《药品管理法》第二章第五条规定，开办药品生产企业必须具备：

1、具有与所生产药品相适应的药师或者助理工程师以上技术人员及技术工人。中药饮片加工企业没有药师或者助理工程师以上技术人员的，要配备熟悉药性并经县级以上卫生行政部门审查登记的药工人员。

2、具备与所生产药品相适应的厂房、设施和卫生环境。

3、具有能对所生产药品进行质量检验的机构或者人员以及必要的仪器设备。上述规定是对药品生产企业应具备条件的原则性要求。在具体实施时，还应遵照 GMP 的要求，并参照地方药品监督管理部门制定核发的《药品生产企业许可证》验收细则中的有关要求。

(二)开办药品生产企业的审批程序

由开办单位向所在省、自治区、直辖市卫生行政部门和药品生产经营主管部门提出申请，经审查同意后，送同级卫生行政部门审核批准。卫生行政部门审核批准后，发给《药品生产企业许可证》(下称《许可证》)，取得许可证的，工商行政部门才能发给《营业执照》，许可证有效期为 5 年，到期重新审查发证。企业破产或者关闭，《许可证》由原发证部门缴销。

(三)药品生产质量管理规范(GMP)

《药品生产质量管理规范》(GMP)是世界制药企业一致公认的药品生产必须遵循的准则，是制药企业进行质量管理的必备制度。它的指导思想是用全面质量管理保证药品的安全、有效、稳定、均一和品质优良，确保产品全部符合质量要求。

根据《药品管理法》的规定，国家医药监督管理局 1998 年制定了《药品生产质量管理规范(1998 年修订)》。该规定是目前我国药品生产和质量管理的基本准则。适用于药品制剂生产的全过程以及原料药生产中影响成品质量的关键工序。

1、《药品生产质量管理规范(1998年修订)》的主要内容:(1)药品生产企业应建立生产和质量管理机构。各级机构和人员职责应明确,并配备一定数量的药品生产相适应的具有专业知识、生产经验及组织能力的管理人员和技术人员。(2)厂房与设施:必须有整洁的生产环境,厂区布局合理;厂房设施(生产区、洁净区、仓储区、质量控制部门的实验室)要符合药品质量及现代性能要求。(3)设备的设计、选型、安装应符合生产要求,易于清洁、消毒或灭菌,便于生产操作和维修、保养,并能防止差错和减少污染。(4)药品生产所用物料的购入、储存、发放、使用等应制定管理制度。(5)药品生产企业应有防止污染的卫生措施,制定各项卫生管理制度,并由专人负责。(6)药品生产企业厂房、设施及设备安装确认、运行确认及性能确认和产品要进行验证。(7)药品生产企业应有生产管理、质量管理的各项制度和记录,应建立生产质量管理文件的起草、修订、审查、批准、撤销、印制及保管的管理制度。(8)生产管理中不得任意更改生产工艺规程、岗位操作法和标准操作规程。(9)药品生产企业的质量管理部门应负责药品生产全过程的质量管理和检验,受企业负责人直接领导。(10)每批成品均应有销售记录,同时应建立药品退货和收回的书面程序记录。(11)企业应建立药品不良反应监察报告制度,指定专门机构或人员负责管理。(12)企业应定期组织自检,自检应有记录。

2、GMP认证制度。药品的GMP认证是国家依法对药品生产企业(车间)和药品品种实施药品GMP监督检查并取得认可的一种制度,是国际药品贸易和药品监督管理的重要内容。我国从1995年开展药品GMP的认证工作,1996年正式受理了企业GMP认证申请,并组织了检查,到1998年年底已完成血液制品生产企业全行业的GMP认证检查,粉针剂、大容量注射剂和基因工程产品将在2000年年底前通过GMP认证,小容量注射剂产品将在2002年年底前通过GMP认证。国家药品监督管理局还把GMP认证工作与换发药品生产企业许可证工作相结合，促进了 GMP 认证工作全面开展，从而不断提高药品质量，确保人民用药安全有效。

二、药品经营企业的管理

药品经营企业是指经营药品的专营企业或兼营企业。药品经营是药品生产和使用的纽带，保证经营环节中的药品质量，与患者用药安全有效关系极大。近年来，对药品流通领域的管理，除了药品管理法及其实施办法作了规定外，国家卫生部、医药管理局、中医药管理局颁布了大量规章。如 1992 年的《医药商品质量管理规范》及其验收细则。1993 年的《医药行业关于反不正当竞争的若干规定》，1995 年的《关于批发零售界限问题的函》，1997 年的《中药经营企业质量管理规范》等。国务院于 1994 年发布了《国务院关于进一步加强药品管理工作的紧急通知》，1996 年又发布《国务院办公厅关于继续整顿和规范药品生产经营秩序加强药品管理工作的通知》。这两个通知的发布对加强药品生产经营管理起了很大作用。国家药品监督管理局成立后，1998 年 11 月联同国家工商局、公安部、监察部发布《关于严禁开办或变相开办各种药品集贸市场的紧急通知》，1999 年药监局又颁布了《药品流通监督管理办法》等。所有这些法规的颁布实施使药品经营逐步走向规范化。

（一）开办药品经营企业必须具备的条件

1、药品经营企业应当具有专职的药学技术人员，并符合下列条件：(1)药品批发企业须设置质量检验机构，由中药士、药剂士以上的技术人员负责；(2)药品零售企业应当配备中药士、药剂士以上的技术人员，或者应当配备县级以上卫生行政部门审查登记的专职药工人员；(3)新招聘和调入的从事药品调剂、收购、保管、销售的非药学技术人员，须经过本企业的药学知识培训，未经过培训的不得单独工作。

2、具有与所经营药品相适应的营业场所、设备、仓储设施和卫生环境。应符合下列条件：(1)药品的存放和保管场所，必须符合各类药品的理化性质要求和特殊管理的需要;(2)应有防尘、防潮、防污染、防虫蛀、防鼠咬、防霉变的措施,还须有避光、低温、冷藏的专库、专柜和危险品库;(3)大、中型药品批发仓库,须在药品存放中心地带设置百叶箱,并有专(兼)职气象人员;(4)药品经营企业兼营非药品的,必须另设兼营专柜,不得与药品混放。

(二)开办药品经营企业的审批程序

1、开办药品批发业务的企业,必须向所在地的省级药品经营的主管部门提交开办资格审查报告及申请表(个体工商户、个人合伙组织不得申请)。省级主管部门进行开办资格初审,同意后报送国家医药管理局审查,国家医药管理局按法定条件对开办资格全面进行审查,审查同意取得开办资格,再申领《药品经营企业合格证》,取得合格证后,向工商行政部门领取《营业执照》,方可从事药品批发业务。

2、开办药品零售业务的企业,由所在地的自治州、市或者县的药品生产经营主管部门审查同意,经同级卫生行政部门审核批准,发给《许可证》,取得许可证后,向工商行政部门领取《营业执照》方可经营零售药品。

《许可证》的有效期为五年,到期重新审查发证。企业破产或者关闭,《许可证》由原发证部门缴销。

(三)药品经营的规定

1、收购药品,必须进行检查验收。其内容包括:药品的品名、生产企业、生产批号、合格证、批准文号、注册商标、包装以及药品的外观质量等。对中药材必须检查包装、每件包装上必须注明品名、产地、调出单位,并附有质量合格标志。

2、收购、销售药品必须建立健全严格的质量检验和入库验收、在库保养、出库验发等制度。除中药的饮片加工、炮制和按处方代患者调配制剂外,不得自制成药出售。

3、销售药品必须准确无误,并正确说明用法、用量和注意事项;调配处方必须经过核对,对处方所列药品不得擅自更改或者代用。对有配伍禁忌或者超剂量的处方，应当拒绝调配，必要时，经处方医生更正或重新签字，方可调配。

（四）中药经营管理

中药是我国药品的重要组成部分，它包括中药材、中药饮片和中成药三类。中药经营活动，重点是采购、验收、储存和销售。国家中医药管理局于 1997 年 10 月颁布了《中药经营企业质量管理规范》（简称中药 GSP）、《中药 GSP 合格企业验收细则》（批发）、《中药 GSP 合格企业验收细则》（零售）、《中药 GSP 合格企业验收管理办法》、《中药 GSP 合格企业验收检查员管理办法》。对于整顿中药流通秩序，严厉打击销售伪劣中药。保证药材的安全有效起到了重要作用。与此同时，国家对中药品种进行保护，如国务院发布的《野生药材资源保护管理条例》及《中药品种保护条例》等。

三、医疗单位制剂管理

医疗单位制剂是指医疗单位根据本单位临床、科研需要所自配的制剂。《药品管理法》、《药品管理法实施办法》、卫生部《医院药剂管理办法》、《制剂许可证验收标准》等对医院制剂管理作了明确规定。其主要内容如下：

（一）医疗单位配制制剂的条件及《制剂许可证》的申领

1、配备与其医疗任务相适应的药学技术人员。县级以上医院（包括 100 张病床以上的厂矿企事业医疗单位）的药剂、药检业务负责人，须由药师以上的技术人员担任，县级以下医院的制剂、药检业务负责人，须由药剂士以上的技术人员担任。

2、制剂场所应当具有能够保证药品质量的房屋和设备，并保持整洁。灭菌制剂室要具备更衣、缓冲、洗涤、配制、灌封、灭菌、包装等适宜的条件和空调设施；配制输液剂的，必须具备超净条件。

3、配制制剂的医疗单位须有相应的药检室，严格执行质量检验制度。

配制制剂的医疗单位具备上述条件后，经向所在省、自治区、直辖市卫生行政部门申请，经审查批准的发给《制剂许可证》。《制剂许可证》有效期为5年，到期重新审查发证。

（二）医院制剂管理的规定

配制制剂必须制定各制剂的生产操作规程、质量检验和卫生制度，并严格执行。每批制剂必须有详细完整的记录。自配制剂必须坚持为本院临床科研服务的方向，坚持自用原则，不得进入市场，并按照规定进行检验，合格的凭医生处方使用。医院制剂品种必须上报卫生行政部门备案并进行注册后方可组织生产。为确保质量，配制制剂所用的原料、溶媒及其他附加剂的质量等均应符合药用标准。使用毒、麻精神药品的制剂，必须按有关规定办理。医院除药学部（科）外，不允许其他科室或第三产业配制制剂（放射性制剂由已取得《放射性药品使用许可证》的核医学科、同位素室配制）。

四、药品包装和药品广告管理的法律规定

（一）药品包装的管理

药品包装主要是为了保证其质量不变，根据药品的理化特性和特殊要求，选用适宜的无毒无害不影响药品质量的材料或器皿。《药品管理法》、《药品生产质量管理规定》、《药品包装管理办法》等对药品包装作了规定。

药品包装必须适合药品质量的要求，方便储存、运输和医疗使用。规定有效期的药品，必须在包装上注明有效期。发运中药材必须有包装。在每件包装上，必须注明品名、产地、日期、调出单位并附有质量合格的标志。药品包装必须按照规定贴有标签并附有说明书。标签或说明书上必须注明药品的品名、规格、生产企业、批准文号、产品批号、主要成分、适应症、用法、用量、禁忌、不良反应和注意事项。麻醉药品、精神药品、毒性药品、放射性药品和外用药品的标签，必须有规定的标志。分装药品必须附有说明书，在包装上注明品名、规格、生产企业和产品批号、分装单位和分装批

号。规定有效期的药品，分装后必须注明有效期。

此外，《药品包装管理办法》对于药品包装工作人员、包装厂房、包装材料等作了具体规定。

（二）药品商标和广告的管理

《药品管理法》规定，除中药材、中药饮片外，药品必须使用注册商标，未经核准注册的，不得在市场销售。注册商标必须在药品包装和标签上说明。办理商标注册的程序及使用注册商标管理除按《药品管理法》之外，还必须符合《中华人民共和国商标法》的规定。

药品广告是宣传和推销药品的重要手段，这几年来被不法利用，造成严重不良后果。国家工商局和卫生部根据《药品管理法》和《中华人民共和国广告法》的有关规定，于1995年3月联合发布了《药品广告审查办法》、《药品广告审查标准》。在1997年6月又发布《关于进一步加强药品广告审查和监督管理工作的通知》。

《药品管理法》规定：药品广告必须经省、自治区、直辖市卫生行政部门审查批准，未经批准的，不准刊登、播放、散发和张贴；外国企业在我国申请办理药品广告或进口药品广告，必须提供生产该药品的国家（地区）批准的证明文件、药品证明书和有关资料。药品广告的内容必须以国务院卫生行政部门或者省、自治区、直辖市卫生行政部门批准的说明书为准。国家规定的应当在医生指导下使用的治疗性药品广告中，必须注明“按医生处方购买和使用”。根据药品广告审查标准的规定，特殊药品、计划生育药品等不得发布广告，药品广告中不得含有不科学地表示功效的断言或者保证。药品广告不得含有治愈率、有效率的内容；不得含有违反科学规律的语言内容，不得含有医疗机构、患者、医生和儿童的名义形象作证明的内容等。

第三节 药品管理的有关法律制度

一、药品标准的管理

药品标准是国家对药品质量规格及检验方法所作的技术规定，是药品生产、供应、使用、检验和管理部门必须共同遵循的法定依据。

我国药品标准分为国家药品标准及省、自治区、直辖市药品标准。《中华人民共和国药典》(简称《中国药典》)及卫生部部颁药品标准(简称部颁标准)属国家药品标准，国家药品标准未收藏的药品，由卫生部药典委员会负责组织制定、修订，由卫生部发布；各省、自治区、直辖市卫生行政(部门)制定地方药品标准。地方标准出自不同的省市，出入很大，标准不一，而药品又流通于全国，因此，取消地方标准，势在必行。此外，有些发达国家的药品标准如美国药典、英国药典、日本药局方等采用先进的检测技术，为我国制定药典、卫生部药品标准、地方药品标准的参考依据。另外，我国进口药品的签约也多参照国外药典的标准，由口岸药品检验所检验。国家药典自 1980 年起每五年修订一次，目前使用的是 1995 年版的《中国药典》。

二、新药审批的法律规定

根据《药品管理法》及《药品管理法实施办法》的规定，国家药品监督管理局于 1999 年 4 月发布了《新药审批办法》、《新生物制品审批办法》和《新药保护和技术转让的规定》，并于 1999 年 5 月 1 日施行。这些法规的施行，进一步规范了新药的研制及审批管理。

新药是指我国未生产过的药品。已生产的药品改变剂型、改变给药途径、增加新的适应症或制成新的复方制剂，亦按新药管理。国家药品监督管理局主管全国新药审批工作。新药经国家药品监督管理局批准后方可进行临床研究或生产上市。在中华人民共和国境内进行新药研究、生产、经营、使用、检验、监督及审批管理的单位和个人，都必须遵守《新药审批办法》，国家鼓励研究创制新药。

根据《新药审批办法》的规定，我国的新药分为中药、化学药品和生物制品三大类，各又分为五类。研制新药分为临床前研究、临床研究及上市生产几个阶段。新药的临床研究包括临床试验和生物等效性试验。新药临床研究的病例数应符合统计学要求。研制单位和临床研究单位进行新药临床研究均须符合国家药品监督管理局《药品临床试验管理规范》(GCP)有关规定，并须签订合同，履行各自的职责。新药临床研究和生产上市要进行申报与审批，初审由省级药品监督管理部门负责，复审由国家药品监督管理局负责，药品监督管理局批准即发给新药证书，有生产能力的可同时发给批准文号，取得批准文号的单位方可生产新药。国家对新药实行保护制度，拥有新药证书的单位在保护期内可申请新药证书副本进行技术转让，《新药保护和技术转让的规定》对此作出了具体的规定。第一类化学药品及第一、二类中药批准后一律为试生产，试生产期为两年，其转正必须重新申请与审批。其他各类新药一般批准为正式生产。新药经批准后，其质量标准为试行标准，批准为试生产的新药，其标准试行期为 3 年，其他新药的标准试行期为 2 年。试行质量标准期满，也必须经过转正申请和审批。已经批准生产的新药，在保护期内，原生产单位增加规格，改进生产工艺，修改质量标准，改变包装、修改有效期，在原批准适应症的范围内修改使用说明书、进口原料药变更产地等，应提出补充申请，重新审批。

申请新生物制品按《新生物制品审批办法》办理。新生物制品，系指我国未批准上市的生物制品。已批准上市的生物制品、当改换制备疫苗和生物技术产品的菌毒种、细胞株及其他重大生产工艺改革对制品的安全性、有效性可能有显著影响时按新生物制品审批。新生物制品审批实行国家一级审批制度。新生物制品分为5类，其研制内容包括临床前研究和临床研究，并根据研究结果提出制造检定规程和产品使用说明书(草案)，其研制过程包括实验研究、小量试制、中间试制、试生产，正式生产五个阶段。新生物制品临床研究及生产须进行申报与审批。国家医药监督管理局审批合格，发给新药证书具备相应生产条件者，发批准文号。新生物制品生产批准后，其制造检定规程为试行规程。试行期第一类为三年，其他类别为二年。制造检定规程转正必须进行申报和审批。

凡申请仿制药品的企业按《仿制药品审批办法》办理。仿制药品是指仿制国家批准正式生产并收载于国家药品标准的品种。试行标准的药品及受国家行政保护的品种不得仿制。国家鼓励创新和技术进步，控制仿制药品的审批。

三、药品生产的批准文号和药品的审评

(一)药品生产的批准文号

根据《药品管理法》及其相关法律规定，药品生产企业在生产每一种药品之前，必须获得该药的生产批准文号。我国药品生产批准文号分为两种：一种是新药的批准文号；另一种是新药超过了行政保护期或者超过专利保护期后该药的非技术所有权人申请仿制该药时，卫生行政部门对有关部门申请进行审批并分别给予生产的批准文号。药品的批准文号一般5年内不得变更，停产三年以上(含三年)的药品，其批准文号作废。批准文号格式必须统一。

(二)药品审评

根据《药品管理法》及其他法规规定，国务院卫生行政部门和省、自治区、直辖市卫生行政部门可以成立药品审评委员会，对新药进行审评，对已经生产的药品进行再评价。卫生行政部门要对现有的药品生产企业生产的药品品种组织调查，对因疗效不确定、不良反应大或者有其他原因危害人民健康的药品，应当及时撤销其批准文号并根据再评价决定淘汰药品品种。

四、进出口药品管理法律规定

（一）进口药品的管理

为加强进口药品的监督管理，保护进口药品的质量和安全有效，国家药品监督管理局根据《药品管理法》的规定，制定了《进口药品管理办法》，于1999年5月1日施行。《药品管理法》、《进口药品管理办法》明确规定，国家对进口药品实行注册审批制度。进口药品必须经过申请注册审批程序，取得国家药品监督管理局核发的《进口药品注册证》，并经国家药品监督管理局授权的口岸药品检验所检验合格。对于中国重大灾情、疫情所需药品，临床特需、急需药品，捐赠药品和研究用样品等，在尚未取得《进口药品注册证》的情况下，可经国家药品监督管理局特别批准进口。此类药品仅限在特定范围内用于特定目的。对于疗效不确、不良反应大或者其他不符合中国有关法律、法规和规定的药品进口注册申请不予批准。《进口药品注册证》有效期3年。已取得《进口药品注册证》的进口药品，若与批准注册时申报内容有任何改变的须进行补充申请与审批。进口药品的名称、包装、标签和说明书必须使用中文，必须符合中国《药品包装、标签和说明书管理规定》，并经国家药品监督管理局批准和使用。进口预防性生物制品、血液制品，还须同时持有国家药品监督管理局核发的《生物制品进口批件》，进口药材应同时具有国家药品监督管理局核发的《进口药材批件》。《进口药品管理办法》规定，国家药品监督管理局主管进口药品的审批和监督管理工作，地方各级药品监督管理部门主管辖区内进口药品的监督管理工作。对于进口药品不符合法律规定的厂商，国家药品监督管理局给予行政处罚。

（二）出口药品的管理

我国对出口药品总的原则是：先国内，后国外。对于国内供应不足的中药材、中成药，须按国务院卫生行政部门批准的品种出口。国务院卫生行政部门限制或禁止的品种不得办理出口业务。

凡我国制造销售的药品，经省、自治区、直辖市卫生行政部门审核批准，并可根据国外药商需要出具有关证明。未经批准，不得出具出口证明，不合格的药品不准出口。出口麻醉药品和国务院卫生行政部门规定范围内的精神药品，必须持有国务院卫生行政部门发给的《出口准许证》。出口药品如转内销，须报经所在地省、自治区、直辖市卫生厅（局）审核，经省药检所检验合格后，发给批准文号，方准在国内市场销售。

五、非处方药的管理

非处方药（Over-The-Counter〈OTC〉）是指经国家医药行政部门批准，不需要医生处方，按药品说明书可自行判断、使用的安全有效的药品。

非处方药必须具备以下特性：(1)不需要医生处方，不需要在医生指导监督下使用；(2)适应症是患者能自我判断的病症，药品疗效确切使用方便，有效快速；(3)一般能起到减轻病人不舒服的感觉，能减轻小疾病的初始症状或防止其恶化，也就是减轻已确诊的症状或延缓病情的发展，但不掩盖严重的疾病；(4)不会有有毒和成瘾成分，不易在体内蓄积，不致产生耐药性，不良反应发生率低；(5)在一般条件下储存，质量稳定；(6)不同使用对象的非处方药品包装规格不同，说明文字通俗易懂，可在标签、说明书的指导下正确使用。

1999年7月国家药品监督管理局正式发布了《处方药与非处方药分类管理办法》，并公布了《第一批国家非处方药目录》。对处方药与非处方药分类管理，是我国药品监督管理方面的重大改革之一，它的出台有利于保护药品消费者的权利和义务，有利于我国药品管理模式与国际接轨。

六、禁止生产销售假药、劣药

为了保护人体健康和生命安全，维护社会管理秩序，《药品管理法》规定，禁止生产、销售假药、劣药，对违法者要依法惩处。同时1987年8月卫生部发布了《假药、劣药报告制度》，1992年9月发布了《药品监督管理行政处罚规定(暂行)》，这些法规对打击制售使用假劣药品的违法犯罪行为起了积极的促进作用。

假药是指药品所含成分的名称与国家药品标准或者省、自治区、直辖市药品标准规定不符合的，以非药品冒充药品或者以他种药品冒充此种药品的。有下列情形之一的药品按假药处理：国务院卫生行政部门规定禁止使用的；未取得批准文号生产的；变质不能药用的；被污染不能药用的药品。劣药是指药品成分的含量与国家药品标准或者省、自治区、直辖市药品标准规定不符合的，超过有效期的，其他不符合药品标准规定的药品。

第四节　生物制品及特殊药品管理的法律规定

一、生物制品的管理

(一)生物制品的概念及立法

生物制品是药品的一大类别，是应用普通的或以基因工程、细胞工程、蛋白质工程、发酵工程等生物技术获得的微生物、细胞及各种动物和人源的组织和液体等生物材料制备，用于人类疾病预防、治疗和诊断的药品。它包括疫(菌)苗、毒素、酶、类毒素、免疫血清、血液制品、免疫球蛋白、抗原、变态反应原、细胞因子、激素、酶、发酵产品、单克隆抗体、DNA重组产品、体外免疫试剂等。

为加强对生物制品的监督管理，卫生部先后制定了《关于加强生物制品和血液制品管理的规定(试行)》、《生物制品管理规定》、《生物制品规程》、《新生物制品审批办法》等规章，生物制品的管理在不断完善。

(二)生物制品管理的主要规定

1、管理权限与范围。生物制品统一由卫生部管理，由卫生部直属的生物制品研究所生产。其他特殊需要的产业，要由省级卫生行政部门向卫生部报告，审核批准后方可生产。血液制品的管理，除卫生部所属的生物制品研究所生产外，各省、自治区、直辖市也可生产，但只能有一个生产点，由省级药检所监督检验其产品质量。

2、生产、销售和储备。生物制品的生产要符合一定环境卫生、实验室、人员等生产条件，产品要符合国务院卫生行政部门制定的《生物制品规程》。《生物制品规程》是国家对生物制品、血液制品管理、生产和检定的基本要求，任何人不得擅自改变《生物制品规程》的技术规定和降低质量标准。卫生部属单位的生物制品的生产、销售、储备由卫生部统一平衡，省属的血液制品的生产、销售由省卫生部门安排。

二、麻醉药品的管理

(一)麻醉药品的概念及立法

麻醉药品是指连续使用后易产生身体依赖性并能成瘾癖的药品，有阿片类、可卡因类、大麻类、合成麻醉药类等。它与麻醉药(剂)不同，麻醉药剂是指医疗上用于全身麻醉和局部麻醉的药品而不含遗留神经损失的药物，如乙醚、硫苯、妥钠等，这些药物虽有麻醉作用，但没有成瘾癖的流弊。

麻醉药品如使用得当，可以缓解病痛，如果滥用，会产生药物依赖性而危害人体健康，甚至影响社会正常秩序，削弱民族和国家的战斗力，影响整个社会的文明程度。一直来国家对麻醉药品的管理非常重视，1985 年列入《药品管理法》，1987 年国务院颁布了《麻醉药品管理办法》，1988 年加入了联合国《1961 年麻醉药品单一公约》等。国家医药管理局和卫生部 1989 年联合发布《麻醉药品经营管理办法》，1997 年又发布《麻醉药品生产管理办法》。

(二)麻醉药品管理的主要规定

我国《药品管理法》和《麻醉药品管理办法》明确规定，麻醉药品的生产、供应、使用及原植物的种植，必须在国家的严格管制下指定单位进行。其他任何单位和个人均不得种植、制造、销售、储存和使用。麻醉药品的运输实行运输凭照制度，运输凭照由卫生部统一印制。同时运输须办理一定手续。麻醉药品的年度生产计划，由卫生部会同国家医药管理局审查批准并联合下达，生产单位不得擅自改变计划，严禁自行销售和动用。麻醉药品根据医疗、科研和教学需要有计划地组织定点供应，医疗单位须凭《麻醉药品购用印鉴卡》方准购用，处方必须由具有麻醉药品使用权的医生严格按照规定开具剂量。麻醉药品的进出口年度计划应当报卫生部审批，并须持《麻醉药品进口准许证》、《麻醉药品出口准许证》办理进出口业务。

三、精神药品的管理

(一)精神药品的概念

精神药品是指直接作用于中枢神经系统能使之兴奋或抑制，连续使用能产生精神依赖性的药品。精神药品分为两类，第一类比第二类易于产生依赖性，且毒性和成瘾性较强。

长期服用精神药品，往往导致慢性中毒，甚至有的病人有明显的人格改变，给家庭、社会带来很大影响，因此需要严格管理。《药品管理法》对精神药品的管理上升到了法律阶段，同时 1985 年我国加入联合国《1971 年精神药物公约》，国务院 1988 年 11 月又颁布了《精神药品管理办法》，接着又出台了《卫生部、国家医药管理局关于精神药品有关事宜的通知》及《国家医药管理局、卫生部关于麻醉药品、一类精神药品经营管理的若干补充规定》，这些法规对精神药品的生产、供应、运输、使用、进出口、处罚等各方面作了详尽的规定。

(二)精神药品管理的主要规定

《精神药品管理办法》规定：精神药品必须由卫生部和医药管理局指定的生产单位按计划生产，计划生产的原料和制剂须统一收购,不得自销,各精神药品生产厂家必须建立严格的管理制度,其供应只准县以上医药部门经营,且只供应所辖地区,不得跨区销售。第一类精神药品只限供应县以上卫生行政部门指定的医疗单位使用,并规定不得在医药门市部销售。第二类精神药品可供各级医疗单位及门市部凭医生处方使用。对于咖啡因,医药管理局特别制定了《咖啡因管理规定》进行管理。医生根据医疗需要合理使用精神药品,严禁滥用。

四、医疗用毒性药品的管理

(一)毒性药品的概念及立法

毒性药品,是指毒性剧烈、治疗剂量与中毒剂量相近,使用不当会致人中毒或死亡的药品。用之得当,可以防病治病,减轻患者痛苦;用之不当,则易造成中毒,直接危害人民的生命安全。因此对毒性药品的管理比一般药品更加严格。《药品管理法》作了对毒性药品实行特殊管理的规定,1988 年 12 月国务院还制定和发布了《医疗用毒性药品管理办法》。1990 年卫生部和医药管理局又发布了《关于〈医疗用毒性药品管理办法〉的补充规定》以及《关于毒性药品管理的有关问题的函》,这些法规的出台,对毒性药品管理起到重要作用。

(二)医疗用毒性药品管理的主要规定

毒性药品分为西药和中药两大类,西药品种是指原料药,中药品种是指原药材和饮片,不含制剂。按照《医疗用毒性药品管理办法》的规定,毒性药品的管理品种,由卫生部会同国家医药管理局、国家中医药管理局规定。毒性药品年度生产、收购、供应和配制计划,由省、自治区、直辖市卫生行政部门审核后,下达给指定的生产、收购、供应单位,并报抄卫生部、国家医药管理局和国家中医药管理局。生产单位不得擅自改变生产计划和自行销售。生产药厂对人员、设备、原料、成品、生产工艺规程、检验、环境都要有严格的管理。毒性药品的收购、经营由各级医药管理部门指定的药品经营单位负责；配方用药由国营药店、医疗单位负责。医疗单位供应和调配毒性药品，凭医生签名的正式处方，国营药店供应和调配毒性药品，凭盖有医生所在医疗单位公章的正式处方。每次处方剂量不得超过二日极量，毒性药品导致中毒要及时进行调查和处理，对不可供药用的毒性药品，经单位领导审核，报同级卫生行政部门批准后可销毁，销毁要有详细记录。

五、放射性药品的管理

(一)放射性药品的概念及立法

放射性药品是指用于临床诊断或者治疗的放射性核素制剂或者其标记药物，包括裂变制品、堆照制品、加速器制品、放射性同位素发生器及配套药盆、放射免疫分析药盒等。由于用之不当易造成对人体的放射损害，所以也须特殊管理，除了《药品管理法》的规定以外，1989 年 1 月国务院发布了《放射性药品管理办法》，从此我国研制生产的放射性药品管理全面走上法制化轨道。

(二)放射性药品管理的主要规定

《放射性药品管理办法》规定，卫生部主管全国放射性药品监督管理工作，能源部主管放射性药品生产、经营管理工作。放射性药品生产、经营企业，必须向能源部报送年度生产、经营计划，并抄报卫生部。国家根据需要，对放射性药品实行合理布局，定点生产。放射性药品的生产、经营单位和医疗单位必须持有许可证，才能申请办理订货。放射性药品的包装必须确保安全可靠实用，符合质量要求及具体防护装置，同时其运输必须按国家运输部门和邮政部门制定的有关放射性药品的有关规定和办法办理。医疗单位使用放射性药品必须符合国家放射性同位素卫生防护的有关规定。对于不可供药用的放射性药品必须严格妥善处理，使其放射性比度达到国家允许标准。

第五节　医疗器械管理法律制度

一、医疗器械管理立法概况

医疗器械是指用于人体的、不论单独使用还是组合使用的、包括使用所需软件在内的任何仪器、设备、器具、材料或其他物品。医疗器械按产品种类可分为三类:第一类通过常规管理足以保证安全性、有效性的;第二类产品机理已取得国际、国内认可,技术成熟,安全性、有效性必须加以控制的;第三类植入人体或用于生命支持,或技术结构复杂、对人体可能具有潜在危险,安全性、有效性必须加以控制的。医疗器械按规格可分为:医疗器械仪器设备、大型精密贵重仪器设备、生物材料和医疗器材。近年来,医疗器械产品生产、使用迅速发展,为了促进医疗科研和卫生事业的发展,保障人体健康,以需定产,合理配置,有效利用医疗器械,实施科学管理,发挥卫生资源的综合效益,卫生部、国家医药管理局以及有关部门,发布了很多有关医疗器械管理的规范性文件,主要有:1996年9月国家医药管理局发布的《医疗器械产品注册管理办法》、1995年3月国家工商行政管理局发布的《医疗器械广告审查标准》、《医疗器械广告审查办法》;1997年12月国家经济贸易委员会、国家医药管理局、财政部、中国人民银行、卫生部联合发布的《国家药品医疗器械储备管理暂行办法》;卫生部也先后发布了《大型医用设备配置与应用管理暂行办法》、《X-射线计算机体层摄影装置(CT)等大型医用设备与应用管理实施细则》、《医疗卫生机构仪器设备管理办法》、《关于加强大型医用设备管理工作的通知》、《生物材料和医疗器材监督管理办法》等。这表明,我国医疗器械的管理已纳入了法制化的轨道。

二、医疗器械管理的主要规定

（一）医疗器械监督管理机构

医疗器械的管理机关是国家药品监督管理局，其主要职责是：负责拟定、修订和经授权颁布医疗器械体外诊断试剂、卫生材料产品的法定标准，制定产品分类管理目录，注册进口医疗器械、临床试验基地、核发医疗器械产品注册证和生产许可证，负责医疗器械质量体系认证和产品安全认证工作，审核医疗器械广告。

（二）医疗器械的注册

生产医疗器械，必须进行注册登记。国家药品监督管理局负责全国的医疗器械注册工作，并直接受理境内企业生产的第三类医疗器械产品和境外企业生产的医疗器械产品的注册审查。省、自治区、直辖市医疗器械监督管理部门对辖区内企业生产的第一、二类医疗器械产品进行注册登记或审查。第一类医疗器械产品直接办理准产注册登记，第二、三类分阶段注册审查，第一阶段为试产注册，主要审查产品的安全性和有效性。第二阶段为准产注册，主要审查企业质量保证能力。试产注册有效期 2 年，准产注册有效期 4 年。企业申办注册必须提供有关资料。

（三）医疗器械的储备

根据国家药品医疗器械储备管理暂行规定，医疗器械储备与药品储备（以下简称医药储备）同时进行，是为了确保发生灾情、疫情及突发事故时药品、医疗器械的及时有效供应，维护社会稳定。国家建立中央与地方二级医药储备制度，实行统一领导、分级负责的管理体制，实行品种控制、总量平衡、动态管理、有偿调用，以保证储备资金的安全、保值和有效使用。承担储备任务的企业必须符合一定条件，动用和调用医药储备必须符合一定的原则和制度。

（四）医疗器械广告的管理

医疗器械广告应真实、合法、科学，发布医疗器械广告应遵守《中华人民共和国广告法》及国家有关医疗器械管理的规定，符合

《医疗器械广告审查办法》规定的程序。广告经营者对违反《医疗器械广告审查标准》的医疗器械广告不得设计、制作,广告发布者不得发布。

三、医用仪器设备管理

(一)大型医用设备配置与应用管理

1、大型医用设备概念。大型医用设备是指在医疗卫生工作中所应用的具有高技术水平、大型、精密、贵重的仪器设备。其品种目录由卫生部定期公布,并根据需要进行调整。1995 年 7 月,卫生部发布了《大型医用设备配置与应用管理暂行办法》,就大型医用设备的配置、应用、人员管理和监督与处罚等作了规定。

2、大型医用设备配置与应用管理的主要规定。卫生部制定全国大型医用设备总体配置规划和区域性年度计划。省级卫生行政部门制定地区性大型医用设备配置规划和年度分配计划并报卫生部核准后组织实施。医疗卫生机构只有具备《大型医用设备配置许可证》,根据等级情况方可购置相应机型的大型医用设备,否则给予处罚。卫生部认定和制定大型医用设备应用安全、卫生防护、应用质量管理标准,报国家技术监督部门备案,凡配置大型医用设备的机构,应制定相应的制度和操作规程,建立岗位责任制。大型医用设备使用人员实行技术考核、上岗资格认证制度。

(二)医疗卫生机构仪器设备管理

仪器设备管理是医疗卫生机构管理的重要内容。1996 年 9 月,卫生部发布了《医疗卫生机构仪器设备管理办法》,就管理机构与职责、人员与任务、计划管理、购置验收、使用保管、计量维修、调剂报废、统计报表、检查评估、奖励处罚等方面作了规定。

四、生物材料和医疗器材监督管理的法律规定

(一)生物材料和医疗器材的概念

生物材料和医疗器材是指用于诊断和治疗的介入和植入人体

的材料和器材。国家鼓励生物材料和医疗器材的科学研究和先进技术的推广，充分发挥其在防病治病和康复保健中的作用。1997年6月，卫生部发布了《生物材料和医疗器材监督管理办法》，全面系统地对上述产品的临床研究、生产和进口进行监督管理。

（二）生物材料和医疗器材监督管理主要规定

生物材料和医疗器材的临床研究（包括外国厂商以科研为目的在中国进行临床研究）必须向卫生部提出申请，并提供该产品质量标准、安全性和有效性等动物实验的资料，经卫生部审查同意后在卫生部指定的临床研究机构进行临床研究，生产生物材料和医疗器材必须向卫生部提出申请，并报送有关资料，经卫生部批准，发给生产批准文号或试生产批准文号；进口生物材料和医疗器材必须向卫生部提出申请，并报送检验样品和有关资料，经中国药品生物制品检定所检验合格后，卫生部审核批准，发给进口批准文号，方可进口；未经卫生部批准以及卫生部明令禁止使用的生物材料和医疗器材不得进行临床研究、生产、进口和临床使用，违者由卫生行政部门给予警告和罚款的处罚，情节严重的依法追究当事人的法律责任。

第六节　药品监督管理法律制度

一、国家实行药品监督管理制度

药品监督是国家为了保证药品质量、保障人民用药安全，维护人体健康，对药品的质量和药品生产、经营、管理和使用工作进行的监察督促。我国对药品实行严格的监督管理制度。《药品管理法》颁布施行后，随着市场经济的不断发展，药品管理法不断进行了补充、修订和完善，根据1998年国务院机构改革方案，1999年初正式成立了国家药品监督管理局，主管全国的药品监督管理工作。根据1999年2月卫生部发布的《卫生部办公厅关于药品监督管理执法主体有关问题的通知》内容,地方各级人民政府药品监督管理执法主体,在新的药品监督管理机构组建完成前,仍由原药品监督管理执法主体(即各卫生行政部门)履行药品监督管理职能,待新的药品监督管理机构组建完成后,药品监督管理职能随之转移。药品监督管理主体具有药品审批权、药品监督权和行政处罚权,它通过运用法律方法、行政方法、宣传教育的方法等对药品(包括中药材、中药饮片、中成药、化学原料药及其制剂、抗生素、生化药品、生物制品、诊断药品、放射性药品、麻醉药品、毒性药品、精神药品、医疗器械、卫生材料、医药包装材料等)的研制、生产、运输、贮存、销售、使用及上市后的再评价、遴选、淘汰、质量信息等全过程进行监督管理。

二、药政机构及其职责

药政机构是执行国家对药品监督管理的行政机构。根据国务院批准,国家药品监督管理局为国家主管药品监督管理的机构。县以上地方各级药政机构主管所辖行政区的药品监督管理。国家药品监督管理局的主要职责是:第一,拟定、修订药品管理法律法规并监督实施。第二,拟定、修订和颁布药品法定标准、制定国家基本药物目录。第三,注册新药、仿制药品、进口药品、中药保护品种;组织制定非处方药制度、审定并公布非处方药物目录;负责药品的再评价、不良反应监测、临床试验、临床药理基地、淘汰药品的审核工作。第四,医疗器械的监督管理。第五,拟定、修订药品生产质量、经营质量、医疗单位制剂管理规范并监督实施;依法核发药品生产企业、经营企业、医疗单位制剂许可证。第六,拟定、修订药物非临床研究质量、临床试验质量管理规范并监督实施。第七,监督检定、抽验药品的生产、经营和医疗单位的药品质量,发布国家药品质量公报,依法查处制、售假劣药品的行为和责任人,监管中药材集贸市场。第八,审核药品广告、负责药品的行政保护,指导全国药品检验机构的业务工作。第九,依法监管麻醉药品、精神药品、毒性药品、放射性药品及特种药械。第十，研究药品流通的法律法规，实行药品批发、零售企业资格认定制度，制定处方药、非处方药、中药材、中药饮片的购销规划。第十一，制定执业药师(含执业中药师)资格认定制度，指导药师资格考试和注册工作。第十二，利用监督管理手段，配合宏观控制部门贯彻实施国家医药产业政策等。

三、药检机构及其职责

药检机构是执行国家对药品质量实施技术监督检验的法定机构。《药品管理法》、《药品管理法实施办法》、《药品检验所工作管理办法》对药检机构管理作了规定。全国各级药品检验所，按行政区域划分，实行以地域管辖为主的格式，分为：中国药品生物制品检定所，省、自治区、直辖市药品检验所，地、市、自治州、盟药品检验所；县、自治县药品检验所。另外，国家在北京、天津、上海、广州、大连等沿海大城市设有口岸药品检验所，以监督检验进出口药品的质量。各级药品检验所受同级卫生行政部门领导，业务技术上受上一级药品检验所指导。

中国生物制品检定所是国家对药品实行监督检验的法定机构，是生物制品质量控制和标准化的中心，是各省、市药品检验所和生物制品所的技术指导中心。其主要职责是：第一，负责全国药品、生物制品(包括进出口药品)检验和技术仲裁，承担卫生部指定的药品生产、经营、使用单位的监督检验。第二，制定全国药品、生物制品抽验规划，提供国家药品、生物制品质量公报所需的技术数据和质量分析报告。第三，承担国家药品、生物制品标准的技术审核、修订或起草工作，审定执行标准所需专用仪器，承担一类新药和新生物制品初审及其它各类新药的有关技术复核及药品、生物制品的质量认证工作。第四，负责药品、生物制品检验用标准物质，包括国家标准品、对照品、特殊试剂、药材标本、检定用菌、毒种等的研制和供应。第五，开展药品及生物制品检验方法、质量及质量标准、标准品及对照品、安全性及有效性评价等有关方面的科研工作，组织、制订、实施全国药品检验科研发展规划。第六，指导全国药品检验所及生物制品研究所检定处的业务技术工作，协助解决技术疑难问题，培训技术和管理人员。第七，负责省、自治区、直辖市药品检验所实验室的认证工作及业务管理的标准化、规范化、科学化工作。第八，综合上报和反馈药品质量情报信息。第九，承担卫生部交办的有关药品监督任务。

省、地(市)、县三级药品检验所分别在同级卫生行政部门领导下，对辖区的药品质量进行监督检验。县级药检所的工作重点是基层药品监督。

四、药品监督员及其职责

药品监督员是卫生行政部门对药品进行监督、检查、抽验的专业技术人员，是卫生监督员之一。国家实行药品监督员资格考试、在职培训、工作考核和任免制度。县以上各级政府卫生行政部门依法对药品监督员进行统一管理。药品监督员由药学技术人员担任，取得药品监督员资格考试合格证书后，经法律、法规授权机关聘任方可成为专业的药品监督员。药品监督员由聘任机关发给全国统一的证件、证章。

药品监督员的主要职责是：(1)对药品生产企业、药品经营企业、医疗单位及经营药品的个体工商户的药品质量进行监督、检查、抽验；(2)进行现场调查和监督记录，依法取证和索取有关资料；(3)进行现场采样，提出检测项目；(4)对违反卫生法律、法规的单位和个人依法进行处理；(5)宣传卫生法规和业务知识，指导、协助有关部门对有关人员进行卫生和药品知识培训；(6)执行药品监督管理机构交付的其他监督任务。

五、药品生产、经营、使用单位的职责

根据《药品管理法》第48条的规定，药品生产企业、药品经营

企业和医疗单位,应当经常考察本单位所生产、经营、使用的药品的质量、疗效和不良反应。

第七节　违反药品管理法的法律责任

《药品管理法》和《药品管理法实施办法》规定了违反药品管理法应承担的法律责任,包括:行政责任、民事责任、刑事责任,并相应地规定了行政处分、行政处罚、民事损害赔偿和刑事制裁。

一、行政责任

行政责任的内容包括行政处分和行政处罚。在药品监督管理中,行政处分是指在当前药品管理中国家药品监督管理部门及各药品生产、经营企事业组织对所属工作人员或职工进行的处分,种类有:警告、记过、记大过、降职、撤职、开除留用、开除公职。行政处罚是指县以上药品监督管理部门(也有工商行政部门)对单位、个人违反药品法规所进行的处罚。除了《药品管理法》以及《药品管理法实施办法》外,有些规章也作了规定,如 1992 年 9 月卫生部发布的《药品监督管理行政处罚规定(暂行)》,对药品监督管理中的行政处罚作了详细规定。其主要形式有:警告、罚款、没收药品和违法所得、停产、停业整顿、吊销"三证"(即《药品生产企业许可证》、《药品经营企业许可证》、《制剂许可证》)。

行政处罚主要规定:第一,生产、销售、使用假药的,没收假药和违法所得,根据情节轻重分别处以原价格数倍不等的罚款,并可对负有责任的领导和直接责任者处以不同数额罚款,同时可责令停产、停业,停止配制制剂整顿,直至吊销"三证 "。第二,生产销售、使用劣药的,没收劣药和违法所得,处以罚款,并可对负有责任的领导和直接责任者处以罚款,并可责令停产、停业,停止配制制剂整顿直至吊销"三证"。第三,未取得"三证"擅自生产、经营药品和配制制剂的,除取缔外,没收全部药品和违法所得,并处以罚款。

对负有责任的领导和直接责任者也分别处以罚款。第四，违反药品管理法关于药品生产、经营管理、药品管理、医疗器械管理的其他规定处以警告或者罚款。没收的假药、劣药应就地监督销毁，由卫生行政部门监督执行。第五，违反城乡集市贸易不得出售有关药品的规定，以及违反药品商标、广告管理规定的，由工商行政管理部门决定处罚。

当事人对行政处罚决定不服的，可以在接到处罚通知之日起15日内向人民法院起诉。但是，对卫生行政部门作出的药品控制的决定，当事人必须立即执行。对处罚决定不履行逾期又不起诉的，由作出行政处罚决定的机关申请人民法院强制执行。

二、民事责任

《药品管理法》中规定的民事责任，是关于侵权民事责任的一种，即因药品不合格，是假药或劣药因而发生药品中毒事故等给他人的人身造成伤害时，药品的制造者、销售者应当承担损害赔偿责任。《药品管理法》中没有规定损害赔偿范围，可适用《民法通则》。侵害公民身体造成伤害的，应当赔偿医疗费、因误工减少的收入、残废者生活补助费等费用；造成死亡的，并应当支付丧葬费、死者生前抚养的人必要的生活费等费用。原则上赔偿直接损失不包括间接损失。

处理药品损害赔偿案件有两种途径，一是由县以上卫生行政部门处理；二是由人民法院处理。卫生行政部门的处理属于调解性质。调解的主要方法是：查清事实，分清责任，对受害者和致害者讲解有关法律、政策，合理解决损害赔偿问题。双方同意处理意见的，应制作处理决定书，致害者应当执行处理决定，对受害者给予赔偿。

三、刑事责任

刑事责任是指药品生产销售单位或个人实施刑事法律规定禁

止的行为,应承担刑事法律所规定的责任。

《刑法》第141条规定:生产、销售假药,足以严重危害人体健康的,处三年以下有期徒刑或者拘役,并处或者单处销售金额百分之五十以上二倍以下罚金;对人体健康造成严重危害的,处三年以上十年以下有期徒刑,并处销售金额百分之五十以上二倍以下罚金;致人死亡或者对人体健康造成特别严重危害的,处十年以上有期徒刑、无期徒刑或者死刑,并处销售金额百分之五十以上二倍以下罚金或者没收财产。

《刑法》第142条规定:生产、销售劣药,对人体健康造成严重危害的,处三年以上十年以下有期徒刑,并处销售金额百分之五十以上二倍以下罚金;后果特别严重的,处十年以上有期徒刑或者无期徒刑,并处销售金额百分之五十以上二倍以下罚金或者没收财产。

《刑法》第145条规定:生产不符合保障人体健康的国家标准、行业标准的医疗器械、医用卫生材料或者销售明知是不符合保障人体健康的国家标准、行业标准的医疗器械、医用卫生材料,对人体健康造成严重危害的,处五年以下有期徒刑,并处销售金额百分之五十以上二倍以下罚金;后果特别严重的,处五年以上十年以下有期徒刑,并处销售额百分之五十以上二倍以下罚金;其中情节特别恶劣的,处十年以上有期徒刑或者无期徒刑,并处销售金额百分之五十以上二倍以下罚金或者没收财产。

《刑法》第355条规定,依法从事生产、运输、管理、使用国家管理的麻醉药品、精神药品的人员,违反国家规定,向吸食、注射毒品的人提供国家规定管制的能够使人形成瘾癖的麻醉药品、精神药品的,处三年以下有期徒刑或者拘役,并处罚金;情节严重的,处三年以上七年以下有期徒刑,并处罚金;向走私、贩卖毒品的犯罪分子或者以牟利为目的,向吸食、注射毒品的人提供国家规定管制的能够使人形成瘾癖的麻醉药品、精神药品的,依照《刑法》第347条关于走私、贩卖、运输、制造毒品的规定予以刑事处罚。单位犯前款罪的，对单位判处罚金，并对其直接负责的主管人员和其他直接责任人员，依照前款的规定处罚。

第十章　化妆品卫生法律制度

第一节　化妆品卫生法律制度概述

一、化妆品卫生法的概念

化妆品卫生法是调整在保证化妆品卫生质量和使用安全、保障消费者健康活动过程中而产生的各种社会关系的法律规范总和。

化妆品是以涂擦、喷洒或者其他类似的方法，散布于人体表面任何部位（皮肤、毛发、指甲、口唇等），以达到清洁、消除不良气味、护肤、美容和修饰目的的日用化学工业产品。

根据使用方式、使用部位、使用目的的不同，可以将化妆品与其他化学物品进行区分。化妆品是外用的，所以，内服制品如饮品、食用的美容制品均不属于化妆品范围之内；不用于人体的，如室内芳香剂、杀虫剂等也不属于化妆品。化妆品的分类方法很多，按其剂型可分为膏状、液状、粉状和固状化妆品；按其使用对象可分为男用、女用、儿童用和老年用化妆品；按其用途可分为护肤类、发用类、美容修饰类、香水类和特殊用途类化妆品，这也是目前我国最常用的分类方法。随着社会主义市场经济和法制建设的发展，化妆品的范畴也将越来越广。由于我国工业管理传统习惯和现行的国家标准，香皂、牙膏、爽口水等以前暂不属于化妆品卫生监督范围的产品，以后也将逐步纳入化妆品卫生监督范畴。

从卫生学角度分析，化妆品具有以下特点：

其一，可终生使用。这是化妆品与药品最根本的区别。在某种意义上讲，化妆品的卫生要求比药品更严格，因为药品的使用是在医生的指导下进行的，有剂量、有疗程，不会长期与人接触。而化妆品的使用没有医生的指导，既无剂量又不受时间的限制，并长期与人接触，因此，安全要求更高。

其二，易被污染。化妆品是由水、油、醇、乳化剂、颜料、香料及多种化学物质混合而成，在生产、储存、使用过程中易被污染。使用被污染的化妆品轻则可引起化妆品皮炎，使皮肤受到损害，重则可危及生命。如美国曾有报道因使用被污染的爽身粉而引起新生儿破伤风。

其三，选择性强。化妆品因品种不同，所含成分各异，功效也就各不相同，且化妆品的选用还应结合季节气候及人体皮肤（干性、中性、油性及过敏体质等）特点，否则，不仅起不到护肤美容的作用，反而还会因使用不当而损伤皮肤。

其四，有一定的副作用。由于化妆品是由多种化合物混合而成，对人体而言是一种异物，对皮肤有一定的刺激作用。如化妆品中的焦油色素可使皮肤出现色素斑和小皱纹。

化妆品在我国有着悠久的历史，“纣烧铅作粉”讲的就是古代人以铅的化合物涂面美容。我国的化妆品生产十分落后，多属手工作坊式生产。我国化妆品生产的兴起，是在70年代后期，特别是进入80年代以来，随着改革开放的不断深入，人民生活水平得到提高，消费观念也产生了很大变化，化妆美容已成为人们日常生活中的重要内容，化妆品的消费直线上升，极大地刺激了化妆品工业的发展。伴随着化妆品生产的飞速发展，伪劣化妆品也在大量滋生和蔓延，因化妆品质量低劣而引起消费者健康危害的案例时有发生。由于化妆品直接关系到人体健康，工业发达的西方国家，把化妆品与食品、药品同列于在卫生安全方面需要进行特别管理的产品。在我国化妆品生产突飞猛进、消费市场迅速扩大、化妆品危害健康事件不断发生的严峻形势面前，加强化妆品的卫生管理和监督，规范化妆品的生产和销售行为，保障人民身体健康已迫在眉睫。

二、化妆品卫生立法

我国对化妆品卫生的立法起步较晚,80 年代后期,全国各地陆续开始制订地方性法规、规章和规范性文件,这些地方性法规、规章的实施,对促进本地区化妆品卫生质量的提高,保障广大人民群众的健康,起到了积极的作用。但是,地方性法规有其局限性,比如形式不一致,标准或要求不统一,有的甚至带有明显的地方保护主义色彩,从全国范围的管理上看,无法做到统一协调。为此,1985 年 7 月,卫生部组织化妆品卫生、管理、科研、技术、毒理、化学、微生物等方面专家开始进行《化妆品卫生监督条例》的起草工作。从调查研究、收集资料、制定标准,到草拟法规,反复修改,经过 4 年的努力,1989 年 9 月,国务院正式批准《化妆品卫生监督条例》(以下简称《条例》),于 1989 年 11 月由卫生部发布,并自 1990 年 1 月起施行。这是我国第一部化妆品卫生监督管理的国家法规。随后,卫生部又于 1991 年 2 月发布了《化妆品卫生监督条例实施细则》(以下简称《实施细则》)。1996 年 1 月发布了《化妆品生产企业卫生规范》。1995 年 7 月卫生部和国家技术监督局共同发布了《消费品使用说明化妆品通用标签》标准(GB5296.3－1995)。对直接销售到消费者手中的化妆品小包装的标签作了全面的规定。此外,《刑法》第 148 条规定了生产、销售不符合卫生标准的化妆品罪。这些法律法规适用于一切在中华人民共和国领域内从事化妆品生产和经营的单位和个人,包括外商投资企业的生产者和经营者,从而使我国化妆品的生产和经营走上了法制化管理的轨道。

第二节　化妆品卫生管理的法律规定

一、化妆品卫生标准

化妆品卫生标准是评价化妆品质量的重要依据。目前我国有关化妆品卫生的标准及检验方法有《化妆品卫生标准》(GB7916－87),《化妆品卫生化学标准检验方法》(GB7917.1～4－87),《化妆品微生物标准检验方法》(GB7918.1～5－87),《化妆品安全性评价程序和方法》(GB7919－87)。1997年颁布了一系列有关化妆品皮肤病的诊断标准和处理原则(GB17149.1～7－1997)。

第一,化妆品卫生一般要求:一是化妆品必须外观良好,不得有异臭;二是化妆品不得对皮肤和粘膜产生刺激和损伤作用;三是化妆品必须无感染性,使用安全。

第二,化妆品卫生质量要求:一是化妆品的微生物学质量应符合下述规定:眼部、口唇、口腔粘膜用化妆品以及婴儿和儿童用化妆品细菌总数不得大于500个/ml或500个/g,其他化妆品不得大于1000个/ml或1000个/g,粪大肠菌群、绿脓杆菌和金黄色葡萄球菌不得检出;二是化妆品中所含有毒物质的限量:汞＜1ppm;铅＜40ppm;砷＜10ppm;甲醇＜0.2%。总之,化妆品的8项指标中只要有一项超标,即为不合格产品。

第三,化妆品原料规定:《化妆品卫生标准》采用排除法和限量法,将359种物质列为化妆品中禁用物质,57种列为化妆品中限用物质,并确定了66种防腐剂限用量,34种紫外线吸收剂限用量及45种用于化妆品的暂用着色剂。

以上标准是1987年5月颁布并于10月起实施的。为了适应化妆品工业快速发展的需要,使我国的化妆品卫生标准与国际标准接轨,我国已对《化妆品卫生标准》(GB7916－87)进行了修订,上报稿正在审批中。修订后的标准微生物指标增加了霉菌和酵母菌总数,含有毒物质的限量增加了Cd20mg/kg。而对化妆品原料的要求全面采用欧盟《化妆品规程》,修改较大。

二、化妆品生产、经营与广告的卫生管理规定

(一)化妆品生产的卫生管理规定

1、化妆品生产企业的规定。《条例》规定,对化妆品生产企业

的卫生监督实行卫生许可证制度。卫生许可证由省级卫生行政部门批准并颁发,有效期4年,每2年复核一次。未取得卫生许可证的单位,不得从事化妆品生产。化妆品生产企业迁移厂址、另设分厂或在厂区外另设车间均应按规定申请办理卫生许可证并注明分厂或车间。变更企业名称,必须到发证机关申请更换新证。企业自行歇业,应及时到发证机关注销卫生许可证。遗失卫生许可证,应及时向发证机关报失,并申领新证。化妆品生产企业必须符合下列卫生要求:(1)生产企业应当选址在清洁区域内,与有毒、有害场所保持符合卫生要求的间距;(2)生产企业厂房的建筑应当坚固、清洁,车间内天花板、墙壁、地面应采用光洁建筑材料,应当具有良好的采光(或照明),并应具有防止和消除鼠害和其他有害昆虫及其孳生条件的设施和措施;(3)生产企业应设有与产品品种、数量相适应的化妆品原料、加工、包装、贮存等厂房或场所;(4)生产车间应有适合产品特点的相应的生产设施,工艺流程应符合卫生要求;(5)生产企业必须具有能对所生产的化妆品进行微生物检验的仪器设备和检验人员。1996年1月卫生部制定的《化妆品生产企业卫生规范》,对化妆品生产企业的厂址选择、厂区规划、生产卫生要求、卫生质量检验、原材料和成品储存及个人卫生和健康提出了更为详细的要求,增加了卫生管理的可操作性。

2、化妆品原料的卫生管理。化妆品是与人体密切接触的物品,它是各种作用不同的原料经配方加工而成的复杂混合物。化妆品质量的好坏,主要决定于所采用原料的质量。《条例》规定,生产化妆品所需的原料、辅料以及直接接触化妆品的容器和包装材料必须符合国家卫生标准。《条例》还规定,首次在我国使用的化妆品新原料必须报卫生部批准方可使用。由于各国的国情、制度和标准不同,国外已使用但在我国首次使用也应按新原料报卫生部审批。比如有些国家的卫生标准对有毒重金属汞没有限制,还有些国家允许在化妆品中使用激素类物质,这在我国是不允许的。

3、化妆品质量的卫生管理。《条例》规定,生产企业在化妆品投放市场前，必须按照国家《化妆品卫生标准》对产品进行卫生质量检验，对质量合格的产品应当附有合格标记。未经检验或者不符合卫生标准的产品不得出厂。生产的化妆品必须具有产品标识，产品标识是指化妆品的标签、小包装或说明书上的内容。化妆品的标签上应当注明产品名称、厂名，并注明生产企业卫生许可证编号；小包装或说明书上应当注明生产日期和有效使用期限。特殊用途化妆品还应当注明批准文号。对可能引起不良反应的化妆品，说明书上应当注明使用方法、注意事项。化妆品标签、小包装、说明书上不得注有适应症，不得宣传疗效，不得使用医疗术语。1996年12月起实施的《消费品使用说明化妆品通用标签》标准（GB5296.3－1995），对直接销售到消费者手中的化妆品小包装标签的标注原则、标注内容和标注要求作了全面的规定。

（二）化妆品经营的卫生管理规定

化妆品出厂进入流通领域后，与消费者发生直接联系。对流通领域的卫生管理规定是保证化妆品安全性的关键环节。

根据《条例》规定，经营单位和个人不得销售下列化妆品：一是未取得卫生许可证的企业所生产的化妆品；二是无质量合格标记的化妆品；三是标签、小包装或者说明书不符合《条例》规定的化妆品；四是未取得批准文号的特殊用途化妆品；五是超过使用期限、变质或受污染的化妆品。

经营单位对化妆品的销售应建立卫生质量管理制度，并确定一名经理或负责人分管化妆品卫生质量，下设专职人员建立化妆品卫生档案，负责索证工作，严格把好进货关和销售关。

销售人员对上柜台的化妆品要不定期检查，发现问题及时报告。对于经检验不合格的产品、超过保质期或变质的产品及消费者投诉的产品，经营单位不得自行减价向消费者销售，应及时和卫生监督部门及生产厂家联系，进行妥善处理（销毁或退回厂家）。

（三）化妆品广告管理规定

化妆品广告是商业、企业向消费者宣传介绍化妆品的一种方式，它具有扩大销售、促进生产和指导消费的作用。目前，市场上产品琳琅满目，广告铺天盖地，不少消费者自觉不自觉地跟着广告走。因广告的虚假夸大宣传而误导消费者选购不当引起不良反应的案例也时有发生。为保护消费者权益和合理使用化妆品，《条例》对化妆品的广告宣传作了明确规定。

根据《广告法》和《条例》的规定，化妆品广告宣传不得有下列内容：其一，化妆品名称、制法、成分、效用或者性能有虚假夸大的；其二，使用他人名义保证或者以暗示方法使人误解其效用的；其三，宣传医疗作用或者使用医疗术语的；其四，有贬低同类产品内容的；其五，使用最新创造、最新发明、纯天然制品、无副作用等绝对化语言的；其六，有涉及化妆品性能或者功能、销量等方面的数据的；其七，违反其他法律、法规规定的。

（四）从业人员的卫生管理及培训规定

1、实行健康证制度。由于化妆品多含有一定的营养物质和水分，微生物极易生长和繁殖，直接从事化妆品生产的人员，如本身患有某种传染性疾病，就极有可能通过与产品的接触，造成疾病的传播。《条例》规定，凡患有手癣、甲癣、手部湿疹、发生于手部的银屑病或者鳞屑、渗出性皮肤病以及患有痢疾、伤寒、病毒性肝炎、活动性肺结核等传染病的人员，不得直接从事化妆品生产活动，已从事化妆品生产活动的，应调离岗位。直接从事化妆品生产的人员是指在化妆品生产过程中从事配料、制作、半成品贮存、容器洗涤、灌装、小包装工作，以及经常到生产车间的管理、技术、检验人员。临时工也属于此范围。对直接从事化妆品生产的人员，每年要进行一次健康检查，取得健康证后方可从事化妆品生产活动。

2、个人卫生管理。从业人员进入生产区域必须更衣，应换工作鞋，穿工作服，戴工作帽。对进入灌装间的工人最好实行二次更衣并戴口罩。上岗前应洗手消毒，不能戴戒指操作，严禁用手指直接填充化妆品。从业人员平时应勤洗头，勤洗澡，勤换衣服，勤剪指甲。

3、卫生知识培训。《化妆品生产企业卫生规范》规定，从业人员上岗前，应经过卫生知识培训并取得卫生培训合格证。通过培训，可以提高从业人员的卫生意识，了解化妆品生产过程中的污染因素，使从业人员能够自觉地改变不良卫生习惯，提高遵守各项卫生规章的自觉性，达到保证产品卫生质量的目的。对化妆品生产企业各级管理和生产人员的卫生知识培训内容包括：《条例》、《实施细则》、《化妆品生产企业卫生规范》、《消费品使用说明 化妆品通用标签》的具体条款、基本卫生常识和生产操作过程中卫生要求等。

三、特殊用途化妆品的卫生管理规定

（一）特殊用途化妆品的含义

《条例》规定，下列九类化妆品属于特殊用途化妆品：即育发、染发、烫发、脱毛、美乳、健美、除臭、祛斑、防晒的化妆品。

1、育发化妆品　有助于毛发生长，减少脱发和断发的化妆品。

2、染发化妆品　具有改变头发颜色作用的化妆品。

3、烫发化妆品　具有改变头发弯曲度，并维持相对稳定的化妆品。此类产品分为烫发剂和直发剂。

4、脱毛化妆品　具有减少、消除体毛作用的化妆品。

5、美乳化妆品　有助于乳房健美的化妆品。

6、健美化妆品　有助于使体型健美的化妆品（即减肥作用）。

7、除臭化妆品　用于消除腋臭（亦称狐臭）的化妆品。

8、祛斑化妆品　用于减轻皮肤表皮色素沉着的化妆品。

9、防晒化妆品　具有吸收紫外线作用，减轻因日晒引起皮肤损伤功能的化妆品。

（二）特殊用途化妆品卫生管理规定

1、凡生产特殊用途化妆品的企业，均需申请办理特殊用途化妆品卫生部批准文号，获取特殊用途化妆品卫生部批准文号后方可生产销售。

2、特殊用途化妆品批准文号为该产品的生产和销售凭证;特殊用途化妆品证书为研制凭证,可用于该产品的技术转让。接受该产品技术转让的企业应另行申请办理特殊用途化妆品批准文号。

3、企业在其联营厂生产已获批准的特殊用途化妆品,应报联营厂所在省、自治区、直辖市卫生行政部门备案,产品批准文号不变。

4、已获批准的特殊用途化妆品应在产品包装、标签或说明书上标明特殊用途化妆品批准文号。

5、特殊用途化妆品的标签、小包装或说明书上不得宣传疗效,不得使用医疗术语。对可能引起不良反应的化妆品,说明书上要注明使用方法和注意事项等。

(三)特殊用途化妆品的申报审批

1、特殊用途化妆品需报卫生部批准,取得批准文号后方可生产。对在产品说明书、标签上有宣传特殊功效的产品,不管其产品的名称(在文字上)有无涉及特殊功效,都应是特殊用途化妆品,报卫生部审批。

2、特殊用途化妆品的申报审批按《卫生部健康相关产品审批工作程序》、《卫生部化妆品申报与受理规定》程序进行。经省级卫生行政部门初审和卫生部复审,对批准的产品发给国产特殊用途化妆品卫生许可批件(批准文号)。

3、特殊用途化妆品批准文号有效期为 4 年,每 4 年重新审查审批。期满前 4~6 个月由企业执原批件和有关资料向省级卫生行政部门申请,并经卫生部审查批准后可以继续使用原批准文号。超过期限未申请者,原批准文号作废。

4、到期申请换发卫生许可批件的产品,凡可能涉及卫生安全或功能性的项目有变更的,应按新产品申报。

四、进口化妆品的卫生管理规定

《条例》规定,首次进口的化妆品,进口单位必须提供化妆品的说明书、质量标准、检验方法等有关资料和样品以及出口国(地区)批准生产的证明文件,经卫生部批准,方可签订进口合同。进口的化妆品,还须经国家商检部门检验合格,方准进口。个人自用进口的少量化妆品,按照海关规定办理进口手续。

进口化妆品的审批按《卫生部化妆品申报与受理规定》进行。审查通过的产品,经卫生部批准后发给进口化妆品卫生许可批件和批准文号。进口化妆品卫生许可批件有效期 4 年。期满前 4~6 个月可以向卫生部申请换发;超过有效期未申请者,按无批件处理。

进口化妆品卫生许可批件是对每种产品发放的,同一生产企业生产的同一系列产品也需每种产品办理一个批准文号。进口化妆品卫生许可批件只对该批件载明的品种和生产国家、厂商有效。国外厂商或其代理商凭"进口批件"按国家有关规定办理进口手续。已获批准进口的化妆品在口岸由国家商检部门按照《中华人民共和国商品检验法》的规定进行检验。

进口化妆品卫生许可批件和批准文号不得涂改、转让,严禁伪造、倒卖。

第三节　化妆品卫生监督的法律规定

一、化妆品卫生监督机构及职责规定

国家实行化妆品卫生监督制度。国务院卫生行政部门主管全国化妆品的卫生监督工作。县级以上地方各级人民政府的卫生行政部门主管本辖区内化妆品的卫生监督工作。上级卫生行政部门有责任对下级卫生行政部门及其化妆品卫生监督检验机构承担的工作进行监督、检查和指导。

卫生部化妆品卫生监督的主要职责是:第一,制定全国化妆品卫生监督工作方针、政策,检查和指导全国化妆品卫生监督工作,

组织经验交流。第二,组织研究、制订化妆品卫生标准。第三,审查化妆品新原料、特殊用途化妆品、进口化妆品的卫生质量和使用安全,批准化妆品新原料的使用,特殊用途化妆品的生产、化妆品的首次进口。第四,组织对化妆品卫生重大案件的调查。第五,依照《条例》和《实施细则》决定行政处罚。

各省、自治区、直辖市卫生厅(局)化妆品卫生监督的主要职责是:第一,主管本辖区内化妆品卫生监督工作,负责检查、指导地市级的化妆品卫生监督工作,组织经验交流。第二,对辖区内化妆品生产企业实施预防性卫生监督和发放化妆品生产企业卫生许可证。第三,对企业申报的特殊用途化妆品进行初审,负责非特殊用途化妆品的备案。第四,组织对辖区内化妆品卫生较大案件的调查处理。

县级以上卫生行政部门化妆品卫生监督的主要职责有:第一,主管辖区内的化妆品卫生监督和卫生许可证发证的初审工作。第二,对直接从事化妆品生产人员(包括临时工)进行体检,并发给《健康证》,不符合要求者,通知受检单位将其调离直接从事化妆品生产的岗位。第三,对已取得卫生许可证的企业进行一年两次的卫生监督检查。第四,对化妆品经营单位进行监督检查(批发部门每年一次,零售单位两年一次)。

二、化妆品卫生监督检验机构及职责规定

《条例》规定,各级卫生行政部门可以指定化妆品卫生监督检验机构,负责本辖区内化妆品的卫生监督检验工作。上级化妆品卫生监督检验机构有责任对下级化妆品卫生监督检验机构进行技术、业务指导。

受卫生行政部门指定担任化妆品卫生监督检验任务的卫生监督检验机构,必须是县级以上具备检验条件的各级卫生防疫机构。承担化妆品卫生监督检验工作的实验室,必须获得资格认证。1992 年 1 月,卫生部发布了《化妆品卫生监督实验室资格认证办

法》。该办法规定国家级化妆品卫生监督检验实验室由卫生部认证并发给批件。省级及省级以下的化妆品卫生监督检验实验室，由所在省、自治区、直辖市卫生行政部门审查合格后发给资格认证批件。获得资格认证的单位，必须认真履行职责，及时完成卫生监督检验任务。对于不具备检验能力和条件未获取资格认证的，不得进行化妆品检验，其检验任务由上一级卫生行政部门指定的获认证的实验室承担。

三、化妆品卫生监督员及职责规定

各级卫生行政部门设化妆品卫生监督员，对化妆品实行卫生监督。化妆品卫生监督员由省、自治区、直辖市卫生行政部门从各级卫生行政部门及其化妆品卫生监督检验机构中聘任。其主要职责是：第一，参加新建、扩建、改建化妆品生产企业的选址和设计卫生审查及竣工验收；第二，对化妆品生产企业和经营单位进行卫生监督检查，索取有关资料，调查处理化妆品引起的危害健康事故；第三，对违反《条例》的单位和个人提出行政处罚建议。

化妆品卫生监督员在实施化妆品卫生监督时，应佩戴证章、出示证件；有权按国家规定向生产企业和经营单位抽检样品，索取与卫生监督有关的安全性资料，任何单位不得拒绝、隐瞒和提供假材料；对生产企业提供的技术资料应当负责保密；不能以权谋私，滥用职权，索贿受贿；不准在化妆品生产企业、经营单位兼职或任顾问，不准与化妆品生产企业、经营单位发生任何有碍公务的经济关系。

第四节　违反化妆品卫生法的法律责任

一、行政责任

《条例》及《实施细则》规定下列情况由县级以上卫生行政部门

给予行政处罚，处罚有以下几种：警告、限期改进、停产或停止经营、没收产品及违法所得、罚款、吊销卫生许可证、撤销产品批准文号。违反有关广告管理规定的，由工商行政管理部门予以处罚。

第一，未取得卫生许可证的企业擅自生产化妆品，责令该企业停产，没收产品及违法所得，并且可以处违法所得三到五倍的罚款。

第二，生产未取得批准文号的特殊用途化妆品，或者使用化妆品禁用原料和未经批准的化妆品新原料的，没收产品及违法所得，处违法所得三到五倍的罚款，并可责令该企业停产或吊销卫生许可证。

第三，进口或者销售未经批准或者检验的进口化妆品，没收产品及违法所得，并且可以处违法所得三到五倍的罚款。

第四，生产或者销售不符合国家《化妆品卫生标准》(GB7916－87)的化妆品，没收产品及违法所得，并且可以处违法所得三到五倍的罚款。

第五，对违反《条例》其他有关规定，情节较轻、认识态度良好的，可以给予警告、责令限期改进的处罚；对于情节严重、态度恶劣、知错不改者，如是生产企业可以责令其停产或吊销卫生许可证，如是经营单位，可以责令其停止经营，没收违法所得，并且可以处违法所得二到三倍的罚款。

第六，以下情况给予吊销卫生许可证：(1)经停产处罚后，仍无改进，确不具备化妆品生产卫生条件者；(2)转让、伪造、倒卖卫生许可证者；(3)生产未取得批准文号的特殊用途化妆品或使用化妆品禁用原料和未经批准的新原料，情节严重者；(4)违反《条例》其他有关规定情节严重者。

第七，以下情况给予撤销特殊用途或进口化妆品批准文号：(1)生产企业转让、伪造、倒卖特殊用途化妆品批准文号者，撤销该企业特殊用途化妆品批准文号；(2)转让、伪造、倒卖进口化妆品卫生审查批件或批准文号者，撤销该进口商或代理商进口化妆品的批准文号。

二、民事责任

凡违反化妆品卫生监督法规，造成人体损伤或者发生中毒事故的，有直接责任的生产企业和经营单位或者个人，对受害者承担民事赔偿责任。

三、刑事责任

凡化妆品生产企业、经营单位或化妆品卫生监督员，违反化妆品卫生监督法规的有关规定，造成严重后果，构成犯罪的，由司法机关依法追究刑事责任。《刑法》第148条规定，生产不符合卫生标准的化妆品，或者销售明知不符合卫生标准的化妆品，造成严重后果的，处3年以下有期徒刑或者拘役，并处或者单处销售金额50%以上2倍以下罚金。

第十一章　健康相关产品管理法律制度

第一节　健康相关产品管理法律制度概述

一、健康相关产品管理法的概念

健康相关产品管理法，是调整各类与人体健康相关的产品生产、经营、包装、广告以及卫生许可活动过程中产生的各种社会关系的法律规范的总和。

健康相关产品，是指《食品卫生法》、《化妆品卫生监督条例》、《保健食品管理办法》、《生活饮用水卫生监督管理办法》、《消毒管理办法》及其他法律、法规、规章规定由卫生部审批的食品、化妆品、涉及饮用水卫生安全产品、消毒药剂和消毒器械等各类与人体健康相关的产品。建立和健全健康相关产品法律制度，对于保证产品卫生，防止有毒因素对人体的危害，保障人体健康，具有重要意义。

二、健康相关产品立法概述

随着我国经济的发展和人民生活水平的提高，广大群众的卫生保健意识也得到加强，健康的投入不断增加。以食品、化妆品为代表的健康相关产品越来越多地进入人民群众的生活，而这些产品是否安全和有效，直接影响人民群众的切身利益和生命健康。80 年代以来，国家先后颁布了《食品卫生法》、《化妆品卫生监督条例》、《生活饮用水卫生监督管理办法》、《消毒管理办法》、《保健食品管理办法》等卫生法律、法规和规章。卫生部相继颁布了《卫生部健康相关产品评审委员会章程》、《卫生部健康相关产品检验机构工作制度》、《卫生部健康相关产品检验机构认定管理办法》、《卫生部健康相关产品申报与受理规定》、《卫生部健康相关产品审批工作人员守则》等十多项规范性文件；又制定了《保健食品功能学评价程序和检验方法》、《化妆品卫生标准》、《涉及饮用水卫生安全产品评审技术规程》等几十项卫生行政许可的技术标准。这些法律法规及规章的颁布与施行，一方面有效地规范了相对人健康相关产品的生产、经营行为，另一方面也完善了健康相关产品的卫生行政许可制度，使我国健康相关产品的监督管理和卫生行政许可工作走上法制化轨道。到目前为止，卫生部已依法认定了保健食品功能学检验机构 31 个、化妆品皮肤病诊断机构 4 个、特殊用途和进口化妆品检验机构 1 个、涉及饮用水卫生安全产品检验机构 2 个，国家消毒鉴定实验室及化妆品检验机构的认定工作也在进行当中。此外，已组建了食品、化妆品、涉及饮用水卫生安全产品、消毒产品专家评审委员会，共有近百名专家参加了技术审评工作，初步形成了卫生行政许可工作的技术保障体系。同时，卫生部已审查批准了保健食品 1874 种、进口或特殊用途化妆品 10632 种、涉及饮用水卫生安全产品 79 种、消毒药剂和消毒器械 369 种，各省、自治区、直辖市卫生行政部门也依法开展了健康相关产品的审批和初审工作。另外，卫生部及不少省市卫生行政部门对保健用品及其他健康相关产品开展许可后的监督管理工作，收到了较好的效果。健康相关产品的卫生安全性得到了基本保障，保护了广大消费者的健康和合法权益。

第二节　健康相关产品审批工作管理法律制度

一、评审组织管理的法律规定

（一）评审委员会的性质及其组成

评审委员会是在卫生部领导下，承担健康相关产品技术评审工作的法定组织。卫生部设立健康相关产品评审专家库。专家由相关学科具有较高学术水平的专业人员(副高级以上职称)担任,可以由有关单位或相关专业两名具有正高级职称的人员推荐,亦可直接由卫生部提名,征得本人及所在单位同意后由卫生部确定。每次评审会召开之前由卫生部根据工作需要通知部分专家参加评审会议,并组成各类健康相关产品评审委员会。评审委员会设主任委员1名,副主任委员2—3名。主任委员和副主任委员应由来自不同单位的委员担任并由卫生部确定。卫生部认定的健康相关产品检验机构法人代表和检验负责人不得担任评审委员会主任委员或副主任委员。评审委员会设秘书1—2名,秘书可以由评审委员兼任,也可以由卫生部另行聘任,但秘书不得由主任委员所在单位的人员担任。

(二)评审委员会及成员的任务

评审委员会承担健康相关产品技术评审工作,其主要任务是:第一,依据国家有关法规和标准对健康相关产品进行专业技术评审;第二,为卫生部提供健康相关产品管理方面的咨询意见;第三,承担卫生部交办的其他工作。评审委员会主任委员负责主持评审会议、审定会议纪要及评审报告,副主任委员协助主任委员工作,秘书负责评审会议记录和整理评审意见并完成评审委员会交办的工作。

(三)评审委员会及其委员的权利和义务

评审工作需要时,根据评审委员会提议,经卫生部同意,可以要求被评审产品的申请者在评审会议上申述理由,回答问题;对送审资料不符合卫生部有关受理要求的,评审委员会可以拒绝进行评审。评审委员会委员享有应聘、辞聘以及对被评审产品进行审核、评议和表决的权利。其义务有:第一,应当及时向评审委员会和卫生部提出有关咨询意见;第二,应当以客观、科学、公正的态度参加技术评审工作,认真履行职责,廉洁自律,不得借评审之机谋取私利;第三,应当对送审资料及评审情况保守秘密,不得抄录、引用和外传；第四，在评审有评审委员参与研制或初审的产品、委员所在单位检验、监制或生产的产品时，该委员应当回避；评审委员不得应聘为评审工作相关产品生产单位的顾问，不得参与评审工作相关产品的监制及其他可能有碍评审公正性的活动。

二、检验机构认定与管理的法律规定

(一)检验机构的性质、任务及资格认定

卫生部健康相关产品检验机构是由卫生部认定按照国家有关卫生法律、法规、技术规范、标准和要求开展检验工作的独立法人单位或组织。其主要职责是：第一，依据国家有关卫生法律、法规、规章和卫生部有关规定对健康相关产品进行检验，为评审工作提供准确可靠的检验数据；第二，开展健康相关产品检验技术、标准的科学研究；第三，为卫生部提供健康相关产品管理的咨询意见；第四，承担卫生部交办的其他工作。检验机构对出具的检验报告负责并独立承担由此连带的法律责任。

对检验机构的认定必须符合以下条件：一是获得省级以上人民政府计量行政部门颁发的计量认证合格证书；二是具有独立的法人资格；三是拥有相应的实验室和合格的检验人员；四是拥有量值准确可靠、性能完好、按照申请检验类别和项目进行检验所必需的仪器设备；五是拥有相应的动物房和动物实验人员。符合以上条件的单位可以向卫生部提出申请，并提交相应的资料。经卫生部组织的专家组技术评估及卫生部审查合格者，由卫生部颁发“卫生部健康相关产品检验机构证书”，取得检验机构认定资格。

(二)检验机构及工作管理规定

检验机构应建立检验工作管理的规章制度，并设专人、专门科室负责组织检验工作及质量控制。检验机构接收者应按规定对申请检验单位送交的样品有关资料进行核对、签收并出具受理通知书，受理通知书应加盖检验机构公章；检验项目及检验方法应符合国家有关法规、规章和标准的要求；检验机构应在规定时限内出具检验报告,对出具的检验报告要实行逐级审核制度,检验报告应当符合有关规定的要求;检验机构不得对本单位研制或开发的健康相关产品进行检验,检验人员与送检单位有利害关系,可能有碍检验工作的公正性时,应当回避;检验机构必须对送检样品的配方、结构、工艺及有关资料保密,由于检验机构工作失误给送检单位造成损失的,应承担相应的法律责任。卫生部对检验机构实行复核换证制度,并实行不定期的监督检查。对检查不合格者予以警告、责令限期改进,并在3个月内对其进行复查,对复查仍达不到要求者,有徇私舞弊、出具虚假报告或其他违法行为者,卫生部可以收回"健康相关产品检验机构证书"。检验机构出具的检验报告不符合有关规定时,卫生部可以要求其重新对样品进行检验或出具检验报告,或指定不同的检验机构对检验的样品进行复检。

三、审批管理及审批程序的法律规定

(一)审批工作管理规定

健康相关产品的审批工作包括检验、受理、评审和批准。卫生部设立的健康相关产品审评机构承担健康相关产品的申报受理、评审会议有关工作、产品报批、审批结论反馈和档案管理及卫生部交办的其他工作;检验机构和审评机构应向社会公布对外接待时间、申报要求、申报程序、工作时限和收费标准,并提供有关申报工作的咨询服务;审批工作应严格依照国家有关法律、法规、规章和标准进行,对审批工作中尚无明确规定的问题,应及时向有关主管部门请示;涉及审批工作的单位应建立各项工作登记制度,有关资料和样品的交接均应记录在交接表中,交接表应归入该产品档案备查;审批工作各个环节所涉及的收费均应获得政府有关部门批准,未经批准,任何单位和个人不得擅自收取或变相收取任何费用;参与健康相关产品审批的单位和人员应按照分工做好各自职责范围内的工作,并承担相应的责任。

(二)审批工作程序规定

健康相关产品的审批工作程序包括申报与受理、评审、产品报批与批准、审批结论反馈和归档五个环节。

1、申报与受理。申报单位申报产品时，应填写“卫生部健康相关产品申报申请表”，申请表填写应完整、清晰，不得涂改。凡国家有关法规规定需经省级卫生行政部门初审的健康相关产品，必须按要求经产品生产企业所在地省级卫生行政部门初审后，方可向卫生部申报；已获得卫生部批准的健康相关产品，申报单位申请变更或增补有关内容时，应先向原作出初审决定的省级卫生行政部门提出申请，经初审后，方可向卫生部申报；进口的健康相关产品直接向卫生部申报。省级卫生行政部门受理健康相关产品申报后，应在法规规定的时限内作出初审结论，并加盖卫生行政部门公章；未按规定进行初审的产品，卫生部不予受理。

2、评审。审评机构应于接收产品申报资料之日起5个工作日内，作出是否受理的决定，出具“受理通知书”或“未予受理通知书”并加盖审评机构公章。评审机构每个月底向卫生部报送受理的各类产品清单和拟提交评审会议讨论的有关议题。评审会议每季度第3个月后2周内召开，每季度第2个月底前受理的产品为本季度评审会议评审产品范围。评审委员会根据有关规定，按产品清单顺序，对产品进行技术评审，并完成评审报告。

3、产品报批与批准。评审机构自评审会议结束之日起10个工作日内，根据评审委员会评审报告，将“建议批准”和“建议不批准”的产品按有关要求报卫生部。卫生部收到审评机构上报的健康相关产品报批资料后，对因存在问题暂无法作出是否批准决定的产品，应在有关法规规定的时限内提出处理意见，对其他产品应在法规规定的时限内作出是否批准的决定。对因存在问题暂无法作出是否批准决定的产品或未获卫生部批准的产品，审评机构应及时完成“卫生部健康相关产品评审意见通知书”。

4、审批结论反馈。审批机构应于卫生部批准健康相关产品之日起5个工作日内，完成卫生许可批件或批准证书制作，并通知申报单位领取。申报单位凭持有的“卫生部健康相关产品受理通知书”领取卫生许可证件。获卫生部批准的健康相关产品目录由卫生部以通告形式每月公布一次。对未获卫生部批准的健康相关产品审评机构应于接到卫生部结论之日起5个工作日内,将结论与意见书通知申报单位;对需修改补充资料的产品,审评机构应于评审会议结束之日起7个工作日内,将意见书通知申报单位。申报单位对评审意见有异议的,可自收到评审意见之日起15日内书面向卫生部主管司局提出复核申请,申请复核时,应提交“卫生部健康相关产品评审意见书”。未获卫生部批准的健康相关产品,申报单位经改进后再次申报的,应重新提出申报申请,同时提交原申报产品的评审意见通知书和再次申报的理由。

5、归档。涉及健康相关产品审批的资料应当归档并妥善保存。其中申报单位申报的资料原件和评审委员会评审意见由审评机构归档后送卫生部档案室保存,其余资料由审评机构存档。审评机构建立数据库,提供检索和查询服务。申报产品的样品,由审评机构保存至卫生部做出审批结论之后3个月。

第三节　健康相关食品管理法律制度

一、保健食品管理法律制度

(一)保健食品概述

1、保健食品的含义及特征。保健食品是指表明具有特定保健功能的食品。即适宜于特定人群食用,具有调节机体功能,不以治疗疾病为目的的食品。保健食品具有以下特征:(1)它首先必须是无毒无害、符合应有营养要求的食品。(2)它又不同于一般食品,其营养作用在于具有特定保健功能。所谓特定是指保健功能必须是明确而具体的,且经过科学验证是肯定的。同时,特定功能并不能取代人体正常的膳食摄入和对各类必需营养素的需要。(3)它是针对需要调整某方面机体功能的特定人群而研制生产的，不存在对所有人都有同样作用的所谓“老少皆宜”的保健食品。(4)它不以治疗为目的，不能取代药物对病人的治疗作用。

2、保健食品的基本要求。保健食品必须符合下列要求：(1)经必要的动物或人群功能试验，证明其具有明确、稳定的保健作用。(2)各种原料及其产品必须符合食品卫生要求，对人体不产生任何急性、亚急性或慢性危害。(3)配方的组成及用量必须具有科学依据，具有明确的功效成分，如在现有技术条件下不能明确功能成分，应确定与保健功能有关的主要原料名称。(4)标签、说明书及广告不得宣传疗效作用。

3、保健食品立法。为加强保健食品的监督管理，保证保健食品质量，国家在1995年10月颁布的《中华人民共和国食品卫生法》中对保健食品作了专门规定。1996年又先后制定发布了《保健食品管理办法》、《保健食品评审技术规程》、《保健食品功能学评价程序和检验方法》、《保健食品标识规定》和《保健食品通用卫生要求》等法规和技术性文件。初步完善了保健食品管理的法律制度。

(二)保健食品管理的法律规定

1、保健食品的审批管理。国家对保健食品实行省、部两级审查制。研制者应向所在地的省级卫生行政部门提出申请，并提交规定的资料，经初审同意后，报卫生部审批。卫生部和省级卫生行政部门应分别成立由各相关专业专家组成的评审委员会承担技术评审工作。卫生部对审查合格的保健食品发给《保健食品批准证书》及批准文号，并准许使用卫生部规定的保健食品标志。未经卫生部审查批准的食品，不得以保健食品名义生产经营。已由国家有关部门批准生产经营的药品，不得申请《保健食品批准证书》。进口保健食品时，进口商或代理人必须向卫生部申请。申请时，除提供法律规定的材料外，还要提供出产国(地区)或国际组织的有关标准，以及生产、销售国(地区)有关卫生机构出具的允许生产或销售的证明。卫生部对审查合格的进口保健食品发放《进口保健食品批准证书》，取得《进口保健食品批准证书》的产品必须在包装上标注批准文号和卫生部规定的保健食品标志。

2、保健食品的生产经营管理。在生产保健食品前，食品生产企业必须向所在地的省级卫生行政部门提出申请，并提交规定的资料，经省级卫生行政部门审查同意并在申请者的卫生许可证上加注“××保健食品”的许可项目后方可进行生产。保健食品生产者必须按照批准的内容组织生产，不得改变产品的配方、生产工艺、企业产品质量标准以及产品名称、标签、说明书等。保健食品的生产过程、生产条件必须符合相应的食品生产企业卫生规范或其他有关卫生要求。选用的工艺应能保持产品的功效成分的稳定性。加工过程中功效成分不损失、不破坏、不转化和不产生有害的中间体。应采用定型包装。直接与保健食品接触的包装材料或容器必须符合有关卫生标准或要求。包装材料或容器及其包装方式应有利于保健食品功效成分的稳定。保健食品经营者采购保健食品时，必须索取卫生部发放的《保健食品批准证书》复印件和产品检验合格证。采购进口保健食品应索取《进口保健食品批准证书》复印件及口岸进口食品卫生监督检验机构的检验合格证。

3、保健食品标签、说明书及广告的管理。保健食品标签和说明书必须符合国家有关标准和要求，并标明下列内容：(1)保健作用和适宜人群；(2)食用方法和适宜的食用量；(3)贮藏方法；(4)功效成分的名称及含量；(5)保健食品批准文号和保健食品标志；(6)有关标准或要求所规定的其他标签内容。保健食品的名称应当准确、科学，不得使用人名、地名、代号及夸大容易造成误解的名称，不得使用产品中非主要功效成分的名称。保健食品的标签、说明书和广告内容必须真实，不得有暗示可使疾病痊愈的宣传。未经卫生部审查批准的食品，不得以保健食品名义进行宣传。

4、保健食品的监督管理。各级卫生行政部门应加强对保健食品监督、监测及管理。卫生部对已经批准的保健食品可以进行重新审查,经审查不合格或不接受重新审查者,卫生部有权撤销其《保健食品批准证书》。凡发现未经卫生部审查批准而以保健食品名义生产经营的,未按保健食品批准进口而以保健食品名义进行经营的,保健食品的名称、标签、说明书未按照核准内容使用的,保健食品广告中宣传疗效的等,都要依法进行处罚。

二、新资源食品管理法律制度

食品新资源是指在我国新研制、新发现、新引进的无食用习惯或仅在个别地区有食用习惯的,符合食品基本要求的物品。以食品新资源生产的食品称新资源食品(包括新资源食品原料及成品)。为加强对新资源食品的管理,1990 年 7 月国家颁布了《新资源食品卫生管理办法》。

(一)新资源食品的审批管理

新资源食品在获准正式生产前,必须经过试生产阶段。新资源食品的试生产及正式生产都必须经卫生部审批。

1、新资源食品试生产审批。(1)申请试生产新资源食品的单位和个人,须向其所在省、自治区、直辖市食品卫生监督机构提出卫生审查申请,填写《新资源食品审查申请表》,并按规定报送申报资料及样品。(2)受理申请的食品卫生监督机构对申报资料进行技术审查及对样品进行食品卫生质量检验后,在规定的时限内向同级卫生厅(局)提交检验报告和技术审查意见书。(3)省、自治区、直辖市卫生厅(局)在 15 个工作日内对申报资料的完整性进行审查后,结合食品卫生监督机构的技术审查意见,提出初步审查意见。通过的,将申请表及申报资料报送卫生部食品卫生监督检验所。(4)卫生部食品卫生监督检验所在收到申报资料后的 30 个工作日内对资料进行全面复核,符合要求的,发收审通知,并将复核材料送卫生部组织的,由各方面专家组成的新资源食品审评委员会。(5)审评会后,新资源食品审评委员会向卫生部提交审评报告,卫生部根据审评意见在 30 个工作日内最终作出是否批准的决定。批准的，发给《新资源食品试生产卫生审查批件》及批准文号。

2、新资源食品正式生产的审批。(1)新资源食品试生产期为两年，申请转为正式生产的新资源食品试生产单位，应在试生产期满前6个月，向所在省、自治区、直辖市卫生行政部门提出申请。受理申请的卫生厅(局)在接到申请后4个月内委托省级食品卫生监督机构对该产品进行市场抽样检查，根据检验结果提出审查意见报卫生部。(2)卫生部根据审查意见和该产品试生产期的产品卫生、安全状况及是否违反《新资源食品卫生管理办法》等情况进行审批。通过的，发给《新资源食品卫生审查批件》及批准文号。

(二)新资源食品生产经营的监督

食品卫生监督机构要加强对新资源食品的经常性监督。使用获卫生部批准正式生产的新资源食品原料生产食品的，必须经省级卫生行政部门批准，报卫生部备案。试生产的新资源食品在广告宣传和包装上必须在显著位置上标明“新资源食品”字样及新资源食品试生产批准文号。新资源食品在试生产期内，产品只限在卫生部指定的范围内销售且不得进行技术转让。新资源食品在试生产和生产时，不得改变产品配方及生产工艺。对新资源食品禁止以任何形式宣传或暗示疗效。凡违反上述规定的及出现卫生安全问题的，食品卫生监督机构要根据情节轻重予以不同程度的处罚，直至撤销其批准文号。未获得新资源食品试生产批准文号、试生产期满未获得新资源食品审查批准文号的新资源食品以及被撤销其批准文号的新资源食品不得生产经营。否则，将依法追究法律责任。

三、辐照食品管理法律制度

辐照食品是指用钴－60、铯－137产生的γ射线或电子加速器产生的低于10MeV电子束辐照加工处理的食品。包括辐照处理的食品原料、半成品。为加强对辐照食品的管理，1996年4月国家颁布了《辐照食品卫生管理办法》。

(一)食品辐照加工单位和人员的管理

从事食品辐照加工的单位和个人必须获得所在省、自治区、直辖市卫生行政部门制定发放的食品卫生许可证和放射工作许可证后,方可开展工作;申请从事辐照加工的单位和个人必须具备装置、设施、人员配备和管理规章制度等方面的条件;辐照设施的建设必须符合安全卫生要求,其竣工后,必须经省级以上卫生行政部门验收合格才能投入运行;辐照装置必须能准确调整运行速度,以满足不同剂量范围的要求。放射工作人员必须进行放射防护知识培训,考核合格并取得《放射工作人员证》后方可从事放射工作;食品辐照加工单位须按国家有关规定向放射工作人员提供合格的卫生防护用品,建立个人剂量档案;放射工作人员必须遵守有关的规章制度和操作规程;放射工作人员必须进行上岗前健康体检、上岗后的定期健康体检并建立健康档案。

(二)辐照食品生产经营的管理

研制10kGy以下的辐照食品新品种,研制单位应先报所在省、自治区、直辖市卫生行政部门初审,合格后报卫生部终审;研制10kGy以上的辐照食品新品种,研制单位则须向卫生部直接提出申请。卫生部聘请有关专家组成辐射食品卫生安全评价专家组,负责新研制的辐照食品的卫生安全性评价工作。卫生部设立的辐照食品检测中心是全国辐照食品检测的最高技术仲裁机构,是全国辐照食品技术指导中心。规定了可进行重复照射食品的范围,其总的累积吸收剂量不得大于10kGy。食品的辐照加工必须按规定的生产工艺进行,并按辐照食品卫生标准实施检验,不合格不得出厂销售。待辐照加工食品与已辐照加工食品应分别放置,防止交叉污染。辐照食品的包装标识或产品说明书必须符合规定要求。进口可能有霉变、生虫或含有致病性寄生虫、微生物侵袭的食物、食品原料等,鼓励在口岸地进行辐射检疫处理,以保障人体健康及防止食物的损失。

(三)辐照食品的监督管理

县级以上地方人民政府卫生行政部门负责对辐照食品的监督检查。对未取得放射工作许可证、或未取得食品卫生许可证、或两者兼而有之却擅自从事食品辐照加工的,对未经过健康体检或未经过放射防护知识培训的人员从事食品辐照加工的,对辐照食品的包装标识或产品说明书违反规定的,县级以上卫生行政部门要给以行政处罚。对违反规定造成严重后果构成犯罪的,由司法机关依法追究其刑事责任。

第四节　保健用品管理法律制度

一、保健用品的含义及其分类

(一)保健用品的含义及特征

保健用品是指不以治疗疾病为目的,以非食用的方式直接或间接作用于人体,从而达到调节机体生理功能,改善生活小环境的卫生状况,预防疾病,促进健康的物品。保健用品有以下特点:第一,具有一定的卫生保健指标和卫生保健功能。使用保健品后,必须对人体起到一定的保健作用,使人体的生理功能相应地得到一定的调节和改善。第二,安全卫生,无毒无害,不能损害使用者的身体健康。消费者无需在医生指导下,单凭使用说明自行选用,即可达到自我保健作用。第三,不以治疗疾病为目的。不能具有特定治疗疾病的疗效。第四,不得进入人体组织内部,仅是直接或间接地接触人体表面。

(二)保健用品的分类

目前我国保健用品市场十分活跃,保健用品的种类、品牌和品种名目繁多。根据不同的分类方法,保健用品主要有以下几类:

第一,按照保健用品使用方法,可分为:贴体用品和非贴体用品。贴体用品主要有护贴用品、穿戴用品、栓塞用品和涂抹用品等;非贴体用品如运动型用品、光照型用品、水剂型用品等。

第二,按照保健用品的作用原理,可分为:电、磁、矿化类,如各种含磁性的按摩器具、健身器具、饮水器具,首饰、手表、腰带、服装、鞋帽、鞋垫,磁床上用品、厨房用品及矿化杯壶等;药物、化学类,如各种保健药枕、被、保健服,药物保健腰带、腹带;药物减肥腰带、腹带等,含各种生物活性或化学成分制剂;机械类,如各种健身器材,振动按摩器,视力保健器械、仪器、人体矫正器、空气净化器等;射线、离子类和其他,如远红外治疗仪、频谱治疗仪、氧离子空气清新器等。

第三,按照保健用品的保健功能,可分为:调节免疫,延缓衰老,健脑增智,减肥健身以及改善生活小环境等。

二、保健用品管理的法律规定

保健用品是一类与人体健康有着广泛而密切关系的产品。目前已颁布的《产品质量法》、《消费者权益保护法》、《反不正当竞争法》等有关法律法规,对保健用品生产经营管理起到了一定的规范作用。对保健用品的专门立法已成为当前的迫切需要。

(一)保健用品的审批管理

保健用品生产企业应向卫生行政部门提出申请,并报告如下内容:第一,提供动物或人群功能试验,证明产品具有明确、稳定的保健作用;第二,各种原材料来源均符合卫生指标,对人体不产生任何急性、亚急性或慢性危害;第三,配方组成及成分含量具有科学依据,明确发挥成分功效,如果在现有科技实验条件下不能明确成分功效,应确定已成为民间约定俗成保健功能的主要原料名称;第四,包装材质不与产品发生有毒有害作用,提供标签式样和不宣传疗效的说明书和广告内容;第五,提供生产企业产品的生产企业标准、卫生规范、标准制订说明及企业的生产条件;第六,交验三批产品质量与卫生检验报告。经审批合格后,由卫生行政部门发给生产经营批准证书或审批文件,方可进行生产经营。

(二)保健用品的生产经营管理

1、生产经营中的规定。经批准生产经营的保健用品，必须按照批准的内容组织生产经营，不得改变产品的原材料使用、配方、生产工艺、企业产品质量标准，以及产品的名称、标签、说明书和包装装潢。生产过程中，原定生产条件、规章要求、选用的工艺必须保持稳定，未经批准部门批准，不得改变；生产加工过程中成分不损失、不破坏、不转化、不产生有害的中间体，不改变使用途径、方法、范围。定型包装材料，必须符合有关的卫生标准和卫生要求，包装方式应有利于保持产品功能有效成分的稳定和产品搬运，并与保质期相匹配。产品附着物（内外包装）都必须印有产品内容、含量、卫生指标、产品出厂日期、保质时间、使用方法及说明。标签、说明书及广告宣传应按有关规定标明：(1)保健作用和适宜人群；(2)使用方法、适宜的运作部位、时间限制；(3)贮藏保管方法；(4)产品批准文号、产品标志、成分及保健作用等法律规定应当标明的其他项目。

2、产品投放市场的规定。保健用品投放市场后，必须防止不正当竞争违法行为发生，不得以抬高自身产品为目的贬低他人同类产品；不能作虚假广告，禁止使用有关疗效的广告内容或暗示可治愈某种疾患的宣传；不得用价格、让利手段做促销活动；不应用传销方式强行倾销产品。未经卫生部批准的保健用品，不得使用保健用品名义进行宣传。

（三）进口保健用品的管理

进口保健用品，由需进口的商家或代理人向国家卫生行政部门提出申请，除提供法律规定的材料外，还要提供出产国（地区）或国际组织的有关标准，生产、销售国（地区）有关卫生机构出具允许生产销售的证明。国家卫生行政部门在审查后，对符合国家进口保健用品规定的产品发放进口批准证书。取得进口批准证书的产品，必须在包装上标明批准文号和卫生行政部门规定的保健用品标志。

（四）保健用品的监督管理

监督检查部门是指有权审查批准该产品的生产经营的各级卫生行政部门。卫生部对已经批准生产的保健用品,可以组织监督或抽样检查,向社会公布抽查结果。发现有与产品不符合、不合格或不接受重新审查者,可撤销其批准证书。

保健用品生产企业应依法接受各级卫生行政部门的监督、监测和检查,并对其生产经营场所、产品质量及生产经营人员实行严格管理。若违反相应法律法规,必须承担相应的法律责任。

保健用品的监督管理机关因审查监督失误或徇私舞弊等致使不合格产品流入市场,损害消费者权益的,应依法追究其法律责任。

第五节　消毒用品管理法律制度

一、消毒管理机构及对象

消毒是指用化学、物理、生物的方法杀灭或消除环境中的致病微生物,达到无害化。消毒是传染病防治工作的重要环节,是切断传染病传播途径的有效措施。根据《传染病防治法》、《消毒管理办法》的规定,各级政府卫生行政部门对消毒工作实行统一的监督管理。各级卫生防疫机构执行消毒效果的监测管理。消毒监督管理的对象包括各类医院、疗养院、门诊部、医务室、诊所、血库(站)、疫源地、幼托机构、公共场所以及从事食品、消毒药械的生产、销售、贮藏运输部门、医疗卫生用品的管理及工业消毒灭菌等。

二、消毒用品的审批管理

凡在国内生产销售消毒药械和医疗卫生用品者,均需获得《卫生许可证》。申报范围包括消毒药剂和消毒器械、需要消毒灭菌的一次性使用的医疗及卫生用品。生产、经营消毒药剂、消毒器械和一次性使用的医疗、卫生用品的单位和个人获得卫生许可后,方可向当地工商行政管理部门申请登记办理生产营业执照。

(一)申报

凡研制或生产消毒药剂、消毒器械的单位或个人,必须向所在省、自治区、直辖市卫生厅(局)提出申请,并按要求提供必备的技术资料。在省内生产、销售和使用的消毒药械,由当地省、自治区、直辖市卫生厅(局)审批。凡需在全国范围内生产、销售、使用的消毒药械,由当地省、自治区、直辖市卫生厅(局)初审后报卫生部审批。凡在国内生产一次性使用的医疗卫生用品者,由生产单位向所在省、自治区、直辖市卫生厅(局)提出申请,并按要求提供申报资料,由当地省、自治区、直辖市卫生厅(局)审批。凡在国内经营或引进生产国外进口一次性使用的医疗、卫生用品单位或个人,需向所有省、自治区、直辖市政府卫生行政部门申请,并取得省级以上政府卫生行政部门批准的卫生许可证。

(二)审批

国务院卫生行政部门设立消毒药剂和消毒器械审评委员会,负责审评工作。根据需要,卫生部可以在全国认定消毒鉴定实验室,负责消毒、灭菌效果检测和有关技术鉴定工作。省级以上政府卫生行政部门在接到申报资料后,组织专家审评,全面审查技术资料,提出审评意见,三个月内作出是否批准的决定,批准的,由审批单位签发《卫生许可证》和批准文号。凡由省、自治区、直辖市卫生厅(局)审批的消毒药械和医疗、卫生用品,应在批准后三个月内上报卫生部备案。凡申报可用于食品器具、设备消毒、皮肤消毒的药剂应具有相应试验资料,获准后,将在卫生许可证批文上注明可用于食品器具、设备消毒或皮肤消毒。已取得《卫生许可证》和批准文号的产品,在广告宣传时,不得超越批准的使用范围或更改使用说明书和配方。

三、消毒工作管理的有关规定

第一,各级医疗保健机构预防医院内感染的管理组织,负责本单位消毒监测和技术指导工作，建立消毒、隔离制度，预防医院内感染。

第二，医疗、卫生、保健机构和科研、教学等单位使用的消毒药剂、器械和一次性使用的医疗卫生用品，必须是获得省级以上卫生行政部门卫生许可的产品。制造、销售伪劣产品的行为必须坚决加以制止和处理。

第三，一次性使用的医疗用品，用后必须及时销毁处理，并记录备案。

第四，对甲类、乙类传染病疫源地实施消毒。

第五，实施预防性消毒。

第六，生产一次性使用的医疗、卫生用品的原材料必须清洁、对人体无毒无害。凡经消毒灭菌后的一次性使用的医疗卫生用品产品，要严格防止再污染。包装上应当注明批准文号、厂名、批号、消毒方法、消毒日期和有效期，并附详细使用说明。

第七，经营一次性使用的医疗、卫生用品的部门，应当按照产品生产厂家提供的说明书和规定，保存、运输。不得销售无厂名、厂址、批号、消毒标签及无有效期限或过期产品。

四、消毒监督管理规定

各级政府卫生行政部门负责消毒监督管理，其职责为：第一，对消毒措施进行监督、检查；第二，责令被检查单位或个人限期改进消毒工作；第三，对违反《传染病防治法》、《传染病防治实施办法》、《食品卫生法》、《公共场所卫生管理条例》及《消毒管理条例》的行为给予行政处罚。各级政府卫生行政部门和卫生防疫机构内设立负责消毒管理工作的卫生监督员，执行卫生行政部门交付的消毒卫生监督任务。卫生监督员由合格的消毒卫生专业人员担任，并由省级以上政府卫生行政部门聘任。卫生监督员在执行任务时，任何单位或个人不得拒绝、隐瞒，卫生监督员应当对有关技术资料和所提供的情况保守秘密。卫生监督员的职责是：第一，监督检查消毒措施执行情况；第二，进行现场调查（包括采集必需的标本，查阅、索取、复制必要的文字、图片、声象资料等），并写出调查报告；第三，对违法单位或个人提出处罚建议；第四，执行卫生行政部门交付的任务；第五，及时提出消毒措施的建议。

分论三

卫生服务与发展法

第十二章　医疗管理法律制度

第一节　医疗管理法律制度概述

一、医疗管理法概念

医疗管理法，是指调整医疗管理活动过程中所产生的各种社会关系的法律规范的总和。狭义的医疗管理法，仅指国家医疗管理机关对医疗活动进行计划、组织、协调和监督管理的法律法规，即通常所称的医政管理法。广义的含义，还包括与医疗相关的各种卫生组织及其活动的一切法律规范。医疗管理法，是我国卫生法的重要组成部分。

就狭义而言，我国医疗管理的机关是卫生部医政司，省（自治区、直辖市）卫生厅（局）医政处、市（地区、自治州）卫生局医政科、县卫生局（科）医政科（股）。

二、医疗管理立法

建国以后，国家在医疗管理方面颁布了一系列法律、法规和规章，对发展医疗卫生事业，保障医疗质量，保护人民健康起到了重要作用。1985 年 5 月，卫生部医政司在总结建国以来所制定的医政规范性文件的基础上，根据国务院法制局和全国人大常委会法律工作委员会的建议，制定了《医政立法规划》，进一步明确了我国医疗管理法制建设的任务和方向。目前，我国的医疗管理立法分为三大类：一是对各级各类医疗机构的管理法，包括《医院管理法》、《村卫生管理条例》、《疗养院管理条例》、《血站管理条例》、《急救站管理条例》等。二是对各类医疗卫生人员的管理法，包括《医师法》及《实施细则》、《药师法》、《护士法》、《助产士法(条例)》、《临床检验人员管理条例》、《牙科技士镶牙士管理条例》、《临床营养人员管理条例》、《放射线技师管理条例》、《理疗人员管理条例》、《医务人员考试办法》等。三是对各项医疗工作的管理法,如《解剖尸体条例》、《器官(包括角膜、肾脏等)移植条例》、《急救医疗法》、《精神卫生法》、《国民义务献血及输血用血法》等。在医疗机构管理方面,卫生部先后发布了《全国医院工作条例》、《医院工作制度》、《医院工作制度补充规定(试行)》等。1994年2月,国务院发布了《医疗机构管理条例》,此后,卫生部陆续颁布了《医疗机构管理条例实施细则》、《医疗机构监督管理行政处罚程序》、《医疗机构设置规划指导原则》、《医疗机构基本标准(试行)》、《医疗机构诊疗科目名录》、《医疗机构评审委员会章程》等规章。另外,《医院、诊所管理法》、《个体开业医务人员管理条例》、《急救条例》等也在制定之中。在各类医疗卫生人员管理方面,卫生部先后颁布了《医院工作人员职责》、《医务人员医德规范及实施办法》、《卫生部关于医务人员业余服务和兼职工作管理的规定》、《外国医师来华短期行医暂行管理办法》、《中华人民共和国护士管理办法》等,1994年3月,人事部和国家医药管理局制定发布了《执业药师资格制度暂行规定》及其系列配套措施。1995年7月国家人事部、中医药管理局联合颁布了《执业中医师资格制度暂行规定》及配套措施。1998年6月26日,第九届全国人大常委会第三次会议通过了《中华人民共和国执业医师法》,并已于1999年5月1日施行。对其他医疗相关工作的管理方面,也颁布了若干重要的法律法规。1993年10月,第八届全国人大常委会第四次会议通过了《中华人民共和国红十字会法》;1997年12月第八届全国人大常委会第二十九次会议通过了《中华人民共和国献血法》;1989年7月最高人民法院、最高人民检察院、公安部、司法部、卫生部联合颁布了《精神疾病司法鉴定暂行规定》,精神卫生法也已几易其稿即将出台。这些法律法规的出台,完善了我国医疗管理的法律体系,对规范医疗活动具有重要意义。

第二节　医疗机构管理法律制度

医疗机构是指以保护人体健康为宗旨，从事疾病诊断、治疗、康复活动的社会组织。医疗机构主要类别有：①综合医院、中医医院、中西医结合医院、民族医院、专科医院、康复医院；②妇幼保健医院；③中心卫生院、乡（镇）卫生院；④疗养院；⑤综合门诊部、专科门诊部、中医门诊部、中西医结合门诊部、民族医门诊部；⑥诊所、中医诊所、民族医诊所、卫生所、医务室、卫生保健所、卫生站；⑦村卫生室（所）；⑧急救中心、急救站；⑨临床检验中心；⑩专科疾病防治院（所、站）；⑪护理院（站）；⑫其他诊疗机构。卫生防疫、国境卫生检疫、医学科研和教学等机构在业务范围之外开展诊疗活动，美容服务机构开展医疗美容业务，应根据法律规定，申请设置相应类别的医疗机构。医疗机构依法从事诊疗活动受法律保护。

医疗机构管理就是指对医疗机构进行科学的组织和安排，以提高工作效率。《医疗机构管理条例》及其系列配套规章，对医疗机构的规划布局、设置审批、登记执业、监督管理等作了明确具体的规定。近几年，随着医疗改革的深入，在基层医疗机构开始实行股份合作制，在城镇为了贯彻落实《国务院关于建立城镇职工基本医疗保险制度的决定》，劳动保障部、卫生部、中医药局于 1999 年 5 月 11 日发布了《城镇职工基本医疗保险定点医疗机构管理暂行办法》，医疗机构管理将不断走向科学化、规范化。

一、医疗机构管理的法律规定

（一）医疗机构的规划布局和设置审批

《医疗机构管理条例》规定，医疗机构不分类别、所有制形式、隶属关系、服务对象，其设置必须符合当地医疗机构设置规划和国家医疗机构基本标准。县级以上地方人民政府卫生行政部门应当根据本行政区域内的人口、医疗资源、医疗需求和现有医疗机构的分布状况，依据《医疗机构设置规划指导原则》制定本行政区域医疗机构的设置规划，并纳入当地的区域卫生发展规划和城乡建设发展总体规划，县级以上地方人民政府应当设置规划；国家统一规划的医疗机构的设置，由卫生部决定。单位和个人申请设置医疗机构时，应提交有关文件，经县级以上地方人民政府卫生行政部门审查批准，并取得设置医疗机构批准书，方可向有关部门办理其他手续。

（二）医疗机构的登记和执业

医疗机构执业必须进行登记，领取《医疗机构执业许可证》，由批准其设置的人民政府卫生行政部门办理。申请执业登记必须具备下列条件：第一，有设置医疗机构批准书；第二，符合医疗机构的基本标准；第三，有适合的名称、组织机构和场所；第四，有与其开展的业务相适应的经费、设施和专业卫生技术人员；第五，有相应的规章制度；第六，能够独立承担民事责任。医疗机构变更、歇业必须向原登记机关办理相应登记。床位不满 100 张的《医疗机构执业许可证》每年检验一次，床位 100 张以上的每三年检验一次。任何单位或者个人，未取得《医疗机构执业许可证》，不得开展诊疗活动。医疗机构执业，必须遵守有关法律、法规和医疗技术规范，按照核准登记的诊疗科目开展诊疗活动；不得使用非卫生技术人员从事医疗卫生技术工作；医疗机构必须承担相应的预防保健工作，承担县级以上人民政府卫生行政部门委托的支援农村、指导基层医疗卫生工作等任务；在发生重大灾害、事故、疾病流行或者其他意外情况时服从县级以上人民政府卫生行政部门的调遣。

（三）医疗广告的管理

医疗广告是指医疗机构通过一定的媒介或者形式，向全社会或者公众宣传其运用科学技术诊疗疾病的活动。1993 年 11 月，国家工商行政管理局、卫生部联合颁布的《医疗广告管理办法》规定：医疗广告必须真实、健康、科学、准确，不得以任何形式欺骗或误导公众；内容仅限于医疗机构名称、诊疗地点、从业医师姓名、技术职称、服务商标、诊疗时间、诊疗科目、诊疗方法、通信方式等；医疗广告中禁止出现违反法律、法规及道德风尚的内容；医疗机构必须持有卫生行政部门出具的《医疗广告证明》，方可进行广告宣传。

(四)医疗机构的监督管理

国务院卫生行政部门负责全国医疗机构的监督管理工作。县级以上地方人民政府卫生行政部门负责本行政区域内医疗机构监督管理工作，并行使下列职权：第一，负责医疗机构的设置审批、执业登记和校验；第二，对医疗机构的执业活动进行检查指导；第三，负责组织对医疗机构的评审；第四，对违反《医疗机构管理条例》的行为给予处罚。国家实行医疗机构评审制度，由专家组成评审委员会按照医疗机构评审办法和标准，对医疗机构的执业活动、医疗服务质量等进行综合评价。

(五)法律责任

未取得《医疗机构执业许可证》擅自执业的，责令其停止执业活动，没收非法所得和药品、器械，并可视情节处以1万元以下罚款；逾期不校验《医疗机构执业许可证》仍从事诊疗活动的，责令其限期补办校验手续，对拒不校验的，吊销其执业许可证；出卖、转让、出借《医疗机构执业许可证》的，没收非法所得，并可处以5000元以下罚款，情节严重的，吊销其执业许可证；诊疗活动超出登记范围的，予以警告，责令其改正，并可视情节处以3000元以下的罚款，情节严重的，吊销其执业许可证；使用非卫生技术人员从事医疗卫生技术的，责令其限期改正，并可处以5000元以下罚款，情节严重的，吊销其执业许可证；出具虚假证明文件的，予以警告，对造成危害后果的，可处以1000元以下的罚款，对直接责任人员由所在单位或者上级机关给予处分。

二、医院管理的法律规定

(一)医院的概念和任务

医院是指拥有一定数量的病床设施，具备相应的医务人员和医疗设备，通过医务人员的集体协作，对住院或门诊病人实行诊疗活动，达到防病治病、保障人体健康的医疗机构。医院的任务是以医疗工作为中心，在提高医疗质量的基础上，保证教学和科研任务的完成，并不断提高教学质量和科研水平，同时做好扩大预防、指导基层和计划生育的技术工作。归纳起来医院具有医疗、教学、科研、预防保健四项任务。

（二）医院的分类

医院按不同标准有不同的分类。依所有制形式，可以分为全民所有制医院、集体所有制医院、股份合作制医院及个体医院等；依医院规模、医疗技术水平及服务区域，可以分为一级医院、二级医院、三级医院；按隶属关系，可分为军队医院、企业医院、医学院校附属医院、而最常见的是根据收治病人的范围，分为综合医院和专科医院两大类。综合医院，一般是指设有一定数量的病床，划分为内、外、妇、儿、中医、五官等专科，配备药剂、检验、放射等医技部门和相应的人员和设备的医疗机构。专科医院，是指为治疗某些特种疾病而设立的单科医疗机构，包括传染病院、精神病院、结核病院、儿童医院、妇幼保健院、麻风病院、职业病院、肿瘤医院、口腔医院、眼耳鼻喉科医院、胸科医院、骨科医院、中医医院、中西医结合医院等。中医医院和儿童医院实际上具有较完全的分科，可视作特殊类型的综合医院。

（三）医院的组织及编制

科学合理的医院组织结构，是完成医院各项任务，提高医疗工作质量和管理水平的组织保证。我国的综合性医院通常由诊疗部门、辅助诊疗部门、护理部门和行政、后勤等部门构成。综合医院的机构设置实行院和科室两级制。医院工作人员编制是指医院工作人员的定员、结构比例和职务配备。医院工作人员编制以病床为基数核定：300 张床位以下的按 1:1.30—1:1.40 计算；300—500 张床位的按 1:1.60—1:1.70 计算。病床与门诊量之比应按 1:3 计算，不符合1:3时，可按每增减100门诊人次增减5—7人，对于医药科研和教学所需人员，可在总编制内增加5%—15%。医院各类人员的比例：卫生技术人员占总编制的70%—72%，其中中西医师占卫生技术人员的25%，护理人员占50%，药剂人员占8%，检验人员占4.6%，放射人员占4.4%，其他卫生技术人员占8%；行政管理和工勤人员占总编制的28%—30%，其中行政管理人员占总编制的8%—10%。医院要求增加编制，必须向主管局提出申请。

(四)医院分级管理及评审

医院分级管理是指按照医院的功能和相应规模、技术建设、管理及服务质量等综合水平，将其划分为一定级别和等次的标准化管理。医院评审是按医院分级管理标准，对医院综合质量作出院外评价。实施医院分级管理和评审，是运用现代卫生和医院管理理论，在总结我国三级医疗网建设经验的基础上，吸取国际上“区域卫生发展规划”思想，借鉴国外医院评审的经验，实行的具有中国特色的医院宏观管理制度。根据卫生部发布的《综合医院分级管理标准(试行)》及《医院机构基本标准》等规章，我国现行的医院分级管理标准由三部分组成：一是医院基本标准。医院基本标准是医院必须达到的必备条件和最低要求。主要包括医院的规模、功能与任务、医院管理、质量管理、思想政治工作和医德医风建设、医院安全和环境等。二是医院分级标准。根据医院的功能和任务将医院划分为一级、二级和三级医院：一级医院是直接向一定人口的社区提供预防、医疗、保健、康复服务的基层医院、卫生院，属初级卫生保健机构；二级医院是向多个社区提供综合医疗卫生服务和承担一定教学、科研任务的地区性医院；三级医院是向几个地区提供高水平专科性医疗卫生服务和执行高等医学教学、科研任务的区域性以上的医院。在卫生行政部门的规划和指导下，一、二、三级医院之间应建立与完善双向转诊制度和逐级技术指导关系。三是医院分等标准。我国医院共分为三级十等，即一、二级医院各分为甲、乙、丙三等，三级医院分为特、甲、乙、丙四等。医院的分级分等是对医院技术质量和医院学术水平的评价依据。等级的评审工作由部级、省级和地(市)级三级评审委员会按各自规定的评审范围负责实施。

(五)医院工作制度

为加强对医院的科学管理，提高医疗护理质量，保障公民健康，卫生部于1982年先后发布了《全国医院工作条例》、《医院工作制度》、《医院工作人员职责》。《全国医院工作条例》共7章30条，规定了医院应实行党委领导下的院长负责制，科室实行科主任负责制。对医院急诊、门诊和住院诊疗工作作了详细规定，并对护理、医技、中医和中西医结合、隔离消毒、医院预防保健、计划生育门诊、划区分级分工医疗等工作提出了具体要求。同时规定了教学科研、技术管理、经济管理和总务工作、政治思想工作等项条款。《医院工作制度》包含领导干部深入科室制度、会议制度、请示报告制度、总值班制度、护理工作制度、门诊制度和急诊、抢救、会诊、转院制度等64项具体工作制度。各项具体制度都明确了工作任务和完成任务的严格要求。《医院工作人员职责》对医院党委书记、院长、科主任、医护人员直至后勤人员，以及临床、辅助、行政、总务科室都明确规定了职责，计有97项。在每项具体职责里还详细规定了分工负责的任务、职责范围和要求。

三、个体医疗机构管理的法律规定

(一)个体医疗机构的概念

个体医疗机构是个体开业行医者根据国家法律规定所开办的门诊、病房、康复医院或医院等。个体开业医师依靠自身的医疗技术，在国家规定的范围内，依法从事医疗卫生活动，符合宪法规定，受国家法律保护。

(二)个体行医开业、管理及监督

根据《执业医师法》的规定，申请个体行医的执业医师，须经注册后在医疗、预防、保健机构中执业满5年,并按照国家有关规定办理审批手续,未经批准,不得行医。个体行医者必须遵守医师执业规则,履行法定义务。个体医疗机构必须承担卫生行政部门规定的初级卫生保健工作。县级以上地方人民政府卫生行政部门应当按照国务院卫生行政部门的规定,对个体行医的医师经常进行监督检查。凡发现医师注册后有下列情形之一的,应当及时注销注册,收回医师执业证书:第一,死亡或者被宣告失踪的;第二,受刑事处罚的;第三,受吊销医师执业证书的;第四,依照执业医师法有关规定,定期考核不合格暂停执业活动期满,再次考核仍不合格的;第五,中止医师执业活动满2年;第六,有国务院卫生行政部门规定不宜从事医疗、预防、保健业务的其他情形的。

四、急救医疗机构管理的法律规定

(一)急救医疗机构的概念及立法

急救医疗机构是指各级卫生行政部门统一领导下实施急诊抢救工作的医疗组织,包括大中城市的各级急救站(急救中心)和医院急救科(室)。急救医疗不仅包括现场急救和途中护送,也包括医院急诊救治的全过程。为了加强急救医疗机构的管理,提高急诊抢救和应急能力,卫生部先后发布了《关于加强城市急救工作的意见》、《关于进一步加强急救工作的补充规定》及《关于加强急诊抢救和提高应急能力的通知》,对建立健全急救医疗机构网,提高急诊抢救和应急能力提出了具体要求。为了加强灾害事故医疗救援工作,1995年卫生部发布了《灾害事故医疗救援工作管理办法》,对灾情报告、现场医疗救护、部门协调与培训等作了明确规定。

(二)急救医疗机构的设置

根据卫生部关于加强城市急救工作的意见,城市应逐步建立健全以急救中心、急救站、医院急诊室(科)、街道卫生院、群众性基层卫生组织相结合的急救医疗网络。大城市可根据情况在急救中心下设立若干急救分站。急救任务由医院承担的城市,可选择一、二个医院担负中心急救站的指挥调度任务。有条件的城市在加强急救医疗网建设的同时,亦可逐步向专科、专业急救网方向发展。农村急救医疗工作,主要由县医院急诊科、乡镇卫生院急救室和村卫生室(所)为主体的急救医疗网络负责。县医院急诊室(科)应成为全县急救医疗的基地和技术指导中心。

(三)急救医疗机构的任务

独立急救站的主要任务是:第一,中心急救站在市卫生行政部门直接领导下,统一指挥全市日常急救工作,分站在中心急救站的领导下担负一定范围的抢救工作;第二,以医疗急救为中心,负责对各种危重患者及意外灾害事故现场和护送途中的抢救任务;第三,在基层卫生组织和群众中宣传普及急救知识,有条件的急救站可承担一定的科研教学任务;第四,接受上级领导指派的临时救护任务。城市医院急诊室(科)任务是:第一,迅速准确地诊断和治疗从基层医院、急救站转来的或自行来院的急诊病人;第二,根据城市急救中心的指挥,派出医护人员及车辆到现场抢救伤病员。

(四)急救医疗机构的管理

为了充分发挥医疗急救网的作用,必须加强急救医疗机构的组织管理,具体做好以下几项工作:第一,中心急救站(分站)与医院急诊室分工负责全市的急救工作;第二,遇有重大灾害、意外事故时,各级急救组织应迅速报告卫生行政部门,并立即组织现场抢救和护送伤病员;第三,充实急救站、急救室(科)各类人员的骨干力量;第四,急救站应有比较现代化的通信设备和车辆维修场地,急救室(科)的装备与布局要逐步自成系统化,不断采用新设备、新技术;第五,加强救护车辆管理,提高使用率;第六,建立健全以岗位责任制为中心的规章制度,提高科学管理水平和急救质量;第七,搞好经济管理,充分调动职工的积极性,为急救医疗事业作出贡献。

五、康复医疗机构管理的法律规定

康复医疗机构是指以残疾人和慢性病、老年病的功能障碍者为服务对象的医疗机构。我国目前的康复医疗机构主要有:第一,综合医院设置的康复医学科,有病床和(或)门诊;第二,疗养院引进康复医学的理论和方法,开展以专科为主的康复医疗,如老年病康复等;第三,独立的康复中心(有的称为康复医院),除个别为综合性外,多数以专科康复医疗为主。

康复医疗机构,必须配备有经过较为系统训练的康复医师、以运动疗法为主的物理治疗师、作业治疗师,或康复治疗师以及康复护士等业务技术人员。为搞好康复医疗工作,康复医疗机构还需有与其康复医疗任务相适应的房屋设施、器械设备等。

1990 年 12 月全国人大常委会第 17 次会议通过的《中华人民共和国残疾人保障法》规定政府和有关部门有计划地在医院设立康复医学科(室),举办必要的专门康复机构,开展康复医疗与训练、科学研究、人员培训和技术指导工作;同时对康复医疗机构的发展方向、建设和管理、工作内容以及人才培养等都作了规定,是康复医疗机构建设与管理的重要法律依据。

第三节　医疗卫生技术人员管理法律制度

医疗卫生技术人员是指受过高等或中等医药卫生教育或培训,掌握医药卫生知识,经卫生行政部门审查合格,从事医疗、预防、药剂、护理、医技、卫生技术管理等专业的技术人员。根据从事业务的性质不同,可分为防疫人员、医疗人员、妇幼保健人员、护理人员、药剂人员、医技人员、卫生技术管理人员,其他卫生技术人员。根据学历的不同,卫生技术人员可分为:初级卫生技术人员,不具备中等专业学历的卫生防疫员、药剂员、护理员等;中级卫生技术人员,有中等专业学历的医士、药士、护士等;高级卫生技术人员，有高等专业学历的医师、药师、护师、技师等。按技术职务，卫生技术人员又可分为：正、副主任医（药、护、技）师；主治（主管）医（药、护、技）师；医（药、护、技）士。

一、执业医师法

（一）执业医师法的概念

执业医师法是调整加强医师队伍建设，提高医师职业道德和业务素质，保障医师的合法权益和保障人民健康活动中产生的各种社会关系的法律规范的总和。

《中华人民共和国执业医师法》是一部医疗卫生行业管理的重要法律。1999 年 7 月，卫生部又颁布了配套规章《医师执业注册暂行办法》，使《执业医师法》的规范内容更加具体明确。《执业医师法》的颁布施行，对于加强医师队伍管理，提高医师的职业道德和业务素质，保障医师的合法权益，保护人民健康，促进和保障我国医疗卫生事业的健康发展，具有非常重要的意义。

（二）医师及医师工作的管理规定

医师是指取得执业医师资格或者执业助理医师资格，经注册在医疗、预防或者保健机构（包括计划生育技术服务机构）中执业的专业医务人员。医师可以依法组织和参加医师协会。医师依法履行职责，受法律保护。全社会应当尊重医师。国家对在医疗、预防、保健工作中做出贡献的医师，给予奖励。

《执业医师法》规定，国务院卫生行政部门主管全国的医师工作。县级以上地方人民政府卫生行政部门负责管理本行政区域内的医师工作。

（三）医师资格考试和注册制度

《执业医师法》规定，国家实行医师资格考试制度。医师资格考试分为执业医师资格考试和执业助理医师资格考试。医师资格统一考试办法由国务院卫生行政部门制定，各省（市）卫生厅（局）具体组织实施。参加执业医师和执业助理医师资格考试应具备相应的条件。

只取得医师资格还不能执业，国家实行医师执业注册制度。取得医师资格的，可以向所在地县级以上卫生行政部门申请注册并取得医师执业证书。医疗、预防、保健机构可以为本机构中的医师集体办理注册手续。医师经注册后，要按照注册的执业地点、执业类别、执业范围执业，未经医师注册取得执业证书，不得从事医师执业活动。法律还明确规定了不予注册、注销注册、变更注册和重新注册的具体内容。县级以上卫生行政部门对准予注册和注销注册的人员名单予以公告，并对个体医师作经常的监督检查，凡发现有违法的，及时注销注册，收回医师执业证书。

(四)医师的考核与培训制度

为了提高医师业务水平，法律规定，对医师的业务水平、工作成绩和职业道德状况进行定期考核。对考核不合格的医师，卫生行政部门可以责令暂停执业三个月至六个月，并接受培训和继续医学教育。暂停活动期满，再次进行考核。对考核合格的允许其继续执业；对考核不合格的，卫生行政部门注销注册，收回医师执业证书。

县级以上人民政府卫生行政部门负责指导、检查和监督医师考核工作，制定医师培训计划，对医师进行多种形式的培训，为医师接受继续医学教育提供条件。医疗、预防、保健机构应当依照规定和计划保证本机构医师的培训和继续医学教育。县级以上人民政府卫生行政部门委托的承担医师考核任务的医疗卫生机构，应当为医师的培训和接受继续医学教育提供和创造条件。

(五)医师执业规则

1、医师的权利和义务。医师在执业活动中享有下列权利：(1)在注册的执业范围内，进行医学检查、疾病调查、医学处置，出具相应的医学证明文件，选择合理的医疗、预防、保健方案；(2)按照国务院卫生行政部门核定的标准，获得与本人执业活动相当的医疗设备基本条件；(3)从事医学研究、学术交流，参加专业学术团体；

(4)参加专业培训，接受继续医学教育；(5)在执业活动中，人格尊严、人身安全不受侵犯；(6)获取工资报酬和津贴，享受国家规定的福利待遇；(7)对所在机构的医疗、预防、保健工作和卫生行政部门的工作提出意见和建议，依法参与行业所在机构的民主管理。医师在执业活动中应当履行的义务是：(1)遵守法律、法规，遵守技术操作规范；(2)树立敬业精神，遵守职业道德，履行医师职责，尽职尽责为患者服务；(3)关心、爱护、尊重患者，保护患者的隐私；(4)努力钻研业务，更新知识，提高专业技术水平；(5)宣传卫生保健知识，对患者进行健康教育。

2、医师的执业规则。医师的执业规则主要有如下规定：(1)医师实施医疗、预防、保健措施，签署有关医学证明文件，必须亲自诊查、调查，并按照规定及时填写医学文书，不得隐匿、伪造或者销毁医学文书及有关资料，医师不得出具与自己执业范围无关或者与执业类别不相符的医学证明文件；(2)对急危患者，医师应当采取紧急措施进行诊治，不得拒绝急救处置；(3)医师应当使用经国家有关部门批准使用的药品、消毒药剂和医疗器械，除正当诊断治疗外，不得使用麻醉药品、医用毒性药品、精神药品和放射性药品；(4)医师应当如实向患者或者其家属介绍病情，但应注意避免对患者产生不利后果。医师进行实验性临床医疗，应当经医院批准并征得患者本人或者其家属同意；(5)医师不得利用职务之便，索取、非法收受患者财物或者牟取其他不正当利益；(6)遇有自然灾害、传染病流行、突发重大伤亡事故及其他严重威胁人民生命健康的紧急情况时，医师应当服从县级以上人民政府卫生行政部门的调遣；(7)医师发生医疗事故或者发现传染病疫情时，应当按照有关规定及时向所在机构或者卫生行政部门报告。发现患者涉嫌伤害事件或者非正常死亡时，应当按照有关规定向有关部门报告。

(六)违反《执业医师法》的法律责任

1、行政责任。违反执业医师法所应承担的行政责任包含行政处罚和行政处分。承担行政责任主要有下列情形：(1)以不正当手段取得医师执业证书的，由发给该证书的卫生行政部门予以吊销，对负有直接责任的主管人员和其他直接责任人员，依法给予行政处分；(2)违反医师的义务及医师的执业规则行为的，视情节轻重，由县级以上卫生行政部门给予警告或者责令暂停6个月以上1年以下执业活动，直至吊销执业证书；(3)未经批准擅自开办医疗机构行医或非医师行医的，由县级卫生行政部门予以取缔，没收其违法所得及其药品、器械，并处10万元以下罚款，吊销医师执业证书；(4)阻碍医师执业、侵犯医师人身权利的行为，视情形严重程度，分别依据《治安管理处罚条例》给予处罚；(5)医疗、预防、保健机构不履行报告职责，导致严重后果的，由县级以上人民政府卫生行政部门给予警告，并对机构行政负责人依法给予行政处分；(6)卫生行政部门和医疗、预防、保健机构的工作人员违反《执业医师法》有关规定，尚不构成犯罪的，由所在机构或者卫生行政部门依法给予行政处分。

2、民事责任。《执业医师法》规定，医师在医疗、预防、保健工作中造成事故的，依照法律或者国家有关规定处理。非法行医，给患者造成损害的，依法承担赔偿责任。违反医师义务和执业规则，给患者造成损害的，承担相应的损害赔偿责任。

3、刑事责任。违反执业医师法，构成犯罪的，依法追究刑事责任，《刑法》335条、336条对此作了具体规定。

(七)外国医师来华短期行医的管理规定

外国医师来华短期行医是指在国外已取得行医权的外籍医师，应邀、应聘或申请来华从事不超过一年期限的临床诊断、治疗活动。卫生部1992年制定的《外国医师来华短期行医暂行管理办法》规定：外国医师来华短期行医必须有在华医疗机构作为邀请或聘用单位，并与聘用单位签订协议，有多个单位的要分别签订协议，未签订协议的，所涉及的有关民事责任，由邀请或聘用单位承担；外国医师来华短期行医，必须经过注册，取得《外国医师短期行医许可证》，有效期不超过一年，需要延期的必须重新办理注册；外国医师来华短期行医，必须依法获得入境签证，并按有关规定办理居留或停留手续，同时必须遵守《执业医师法》等中国的法律、法规，尊重中国的风俗习惯。

二、执业药师管理法律制度

(一)执业药师管理法

药师是指取得执业药师资格，经注册在药品生产企业、药品经营企业或医院药房中执业的专业药务人员。

我国实行执业药师资格制度。人事部和国家医药管理局于1994年3月制定发布了《执业药师资格制度暂行规定》(以下简称《暂行规定》)。之后，又相继制定并颁布了《执业药师岗位设置和职责规范》、《执业药师资格考试实施办法》、《执业药师资格认定办法》和《执业药师注册登记管理办法》四个配套办法，使执业药师资格制度日臻完善，也为我国药师立法奠定了基础。

1、药师工作管理的规定。国家人事部、医药管理局共同负责全国执业药师资格制度的政策制定、组织协调、资格考试、注册登记和监督管理工作。国家医药管理局制定执业药师岗位工作规范，对必须有执业药师的关键岗位作出明确规定并予以公布。国家在药品生产和药品流通领域实施执业药师资格制度；对新开办的药品生产、经营、批发企业，在其关键岗位必须配备执业药师。《执业药师岗位设置和职责规范》对执业药师的岗位设置作了明确规定。

2、药师资格考试和资格认定。凡中华人民共和国公民和获得在我国境内就业的其他国籍的人员，具备一定条件者，可申请参加执业药师资格考试。执业药师资格考试实行全国统一大纲、统一命题、统一组织的考试制度，每年8月举行一次。《执业药师资格考试实施办法》对考试的时间、科目、形式、组织、培训及要求都作了具体规定。对于《暂行规定》发布前从事药品生产经营的高级专业技术人员，根据工作需要，可认定为执业药师。《执业药师认定办法》对此作了具体规定。

3、药师注册登记。执业药师资格实行注册登记制度。凡执业药师资格考试合格者必须到省级医药管理局登记注册，并发给资格证书，作为自行开业或单位聘用的法律依据。《暂行规定》对注册条件、注册有效期、不予注册、取消注册、注销注册、重新注册作出了明确规定，《执业药师注册登记管理办法》对执业药师注册登记工作管理作了详尽规定。

4、药师的职责。《暂行规定》及《执业药师岗位设置和职责规范》对药师的职责作了明确规定：执业药师应具有良好的职业道德和业务素质，以提供合格药品、维护人民身体健康为基本准则。执业药师有权依法开办或领办药品生产、经营企业；有权参与药品全面质量管理各环节的标准、规章制度、操作规程等的制订及对违反上述规定的处理；有权对企业和部门领导违反《药品管理法》等法规的决定提出劝告或拒绝执行并向上级报告；执业药师在医药生产、经营企业中必须对药品质量负责。同时，执业药师有对医生处方提出质疑、查证的责任，有指导患者用药的责任；一个执业药师只能在一个单位执业，并对其业务负责。

5、法律责任。《暂行办法》规定，违反药师岗位设置规定的要进行处罚。以各种手段骗取执业药师证书的人员，发证机关应取消其执业药师资格，收回其证书，并建议给予必要的行政处分；执业药师违反《药品管理法》等造成不良后果的，必须承担相应的行政责任、损害赔偿责任及刑事责任。

(二)执业中药师管理法

国家人事部、中医药管理局根据中共中央《关于建立社会主义市场经济体制若干问题的决定》的有关精神和《药品管理法》及《职业资格证书规定》的有关条款，于 1995 年 7 月颁布了《执业中药师资格制度暂行规定》以及《执业中药师资格考试实施办法》、《执业中药师资格认定办法》，1997 年 7 月又颁布了《执业中药师注册登记管理办法》。这些法规、规定和办法对执业中药师的管理、执业中药师的考试和注册以及职责和罚则作了具体明确的规定，对加强中药专业技术人员的职业准入控制和对中药生产、流通的管理，确保中药质量，保障用药安全和维护人民健康，促进中医药事业的发展具有重要意义。

三、护士管理法律制度

（一）护士管理法

护士，是指按照护士管理法的规定取得《中华人民共和国护士执业证书》并经过注册的护理专业技术人员。1993 年 3 月，卫生部发布了《中华人民共和国护士管理办法》，1997 年 10 月卫生部又发出了《关于加强护士执业管理的通知》，使我国护士管理工作逐步法制化、规范化。

（二）护士考试与注册

凡申请护士执业者必须通过卫生部统一执业考试，取得中华人民共和国护士执业证书，申请护士执业考试必须具备一定条件。获得护士执业证书者，方可申请护士执业注册。申请首次护士注册应填写注册申请表，并向注册机关即执业所在地的县级卫生行政部门交验有关证明文件。护士注册的有效期为二年。《护士管理办法》同时对重新注册、不予注册的情况作了规定。

（三）护士执业规则

护士在执业中应当做到：第一，正确执行医嘱，对病人进行科学护理。遇紧急情况及时通知医生并配合抢救，医生不在场时，应当采取力所能及的急救措施；第二，承担预防保健工作，宣传防病治病知识，进行康复指导，开展健康教育，提供卫生咨询的义务；第三，遵守职业道德和医疗护理的规章制度及技术规范；第四，遇有自然灾害、传染病流行等严重威胁人群生命健康紧急情况时，服从卫生行政部门的调遣及工作的分配。护士依法履行职责的权利受法律保护，任何单位和个人不得侵犯。

（四）法律责任

未经执业注册从事护士工作的，由卫生行政部门予以取缔，非法取得护士执业证书的，予以撤销。护士执业违反护士管理办法等有关规定的，由卫生行政部门视情节予以行政处罚。对于非法阻挠护士依法执业或侵犯护士人身权利的，由公安机关予以治安行政处罚，情节严重，触犯刑律的，由司法机关依法追究刑事责任。

第四节　医疗工作管理的有关法律制度

医疗管理除了医疗机构的管理和卫生技术人员管理之外，还包含各项医疗工作的管理，在此重点介绍精神卫生、红十字会以及献血工作管理的有关法律制度。

一、精神卫生法律制度

(一)精神卫生法概述

精神卫生法是调整保证精神病人的医疗、康复、就业、婚姻，保护精神病人的合法权益，维护精神卫生机构的正常工作秩序以及保证精神卫生工作人员的人身安全活动中产生的各种社会关系的法律规范总称。为了加强精神病人的管理以及为司法机关依法正确处理案件，保护精神疾病患者的合法权益，1987 年 4 月国务院审核同意卫生部、民政部、公安部《关于加强精神卫生工作的意见》，1989 年 7 月，最高人民法院、最高人民检察院、公安部、司法部、卫生部联合颁布了《精神疾病司法鉴定暂行规定》。1992 年 6 月，卫生部、民政部、公安部、全国残联发布《精神卫生工作“八五”计划要点》。1993 年 5 月，中国残联、卫生部、民政部、公安部联合召开全国精神病防治康复工作会议，对精神病防治工作的措施、扶持政策、经费筹集等方面作出了明确规定。此外，卫生部等有关部门已于 1985 年组成精神卫生法起草小组，着手制定《精神卫生法》，该法不久即将出台。

(二)精神疾病预防的法律规定

首先，精神卫生是一项社会性很强的工作，需要在政府领导下，卫生、民政、公安、残疾人联合会及其他有关部门的通力协作才能做好，各地应建立精神卫生协调小组或精神病防治领导小组，从本地区的实际情况出发，研究政策、制定规划、提出措施，组织和协调各方面的力量做好工作，形成精神病防治康复的组织管理网络、技术指导网络和治疗康复系统。其次，国家要逐步改变精神卫生设施不合理的状况，重点发展民族和边远地区的精神卫生服务设施。加强省级精神卫生机构建设，培训精神卫生管理人员，提高管理水平。再次，要利用各种媒介，宣传和普及精神卫生知识，加强精神卫生教育，同时，呼吁全社会都来关心和体贴精神病人。

（三）精神疾病患者保护和医疗的法律规定

精神疾病患者虽然没有行为能力，或行为能力受限制，但其仍有民事权利能力，其民事权利应在监护人监护下实现。监护人除承担民法规定的责任以外，还必须承担患者在就医时的保护责任。对严重的精神疾病患者，如有明显伤害他人或自己的危险或有伤害行为时，经精神科医师诊断有住院治疗之必要者要进行强制治疗；精神疾病患者在急性或慢性疾病状态下，可能对自身或周围环境产生危害行为时，可以采取强制监管措施，以保障其个人和社会安全。强制监管的模式有集中监管和分散监管，精神病医院及社区应提供广泛的精神医疗服务，如治疗、咨询等。根据我国实际需要，应该坚持不懈地发展社区康复，使精神疾病患者可以就近得以恢复和补偿，增加其参与社会的能力。

（四）精神疾病患者的权利

精神疾病患者作为我国公民，应享有宪法规定的所有权利。但是由于他们丧失了行为能力和自我保护能力，因此对他们的合法权利必须特别加以保障，不得予以歧视、虐待或非法利用，如人身自由和人格尊严权利，学习和劳动就业权利，精神病人合法财产受保护权利，自愿住院治疗权利以及女精神病人性不可侵犯权利等。

(五)精神疾病的司法鉴定

精神疾病的司法鉴定是指鉴定机构根据案件事实和被鉴定人的精神状态,作出鉴定结论,为委托鉴定机关提供有关法定能力的科学证据的活动。各省、自治区、直辖市、地区、地级市,应当成立精神疾病司法鉴定委员会,负责审查、批准鉴定人,组织技术鉴定组,协助、开展鉴定工作。鉴定人必须符合一定条件,具有相应的权利和义务,违反义务,应追究法律责任。精神疾病司法鉴定的对象,通常包括可能患有精神疾病的下列人员:一是刑事案件的被告人、受害人;二是民事案件的当事人;三是行政案件的原告人(自然人);四是违反治安管理法规应受拘留处罚的人员;五是劳动改造的罪犯;六是收容审查人员;七是与案件有关需要鉴定的其他人员。鉴定的内容主要是确定被鉴定人是否患有精神疾病,患何种精神疾病,实施行为时的精神状态,有无行为能力,即有无责任能力、有无诉讼能力。司法机关委托鉴定时,需有《委托鉴定书》,说明鉴定的要求和目的,并提供有关材料。鉴定结束后,应当制作《鉴定书》。

二、红十字会法律制度

(一)红十字会与红十字会法

19 世纪中叶,瑞士人亨利·杜南开创了以人道、博爱、和平、进步为宗旨的红十字事业。从此,国际上就有了红十字组织——“国际红十字会”。“国际红十字会”其准确名称应为“国际红十字与红新月运动”。这一运动包括“红十字国际委员会”、“红十字会与红新月会国际联合会”和“国家红十字会或红新月会”。红十字与红新月国际大会是运动的最高审议机关。

中国红十字会诞生于 1904 年。中华人民共和国成立后,特别是改革开放以来,红十字事业得到了很大的发展。为了保护人的生命和健康,发扬人道主义精神,促进和平进步事业,保障红十字会依法履行职责,1993 年 10 月 31 日,第八届全国人民代表大会常务委员会第四次会议通过了《中华人民共和国红十字会法》,该法明确了中国红十字会的宗旨、权利和义务。各省、自治区、直辖市的人大常委会结合本地区的实际,制定了实施办法或地方性红十字条例。1996年1月,国务院、中央军事委员会发布了《中华人民共和国红十字标志使用办法》,1994年4月,中国红十字会第六次全国代表大会依照红十字会法制定了《中国红十字会章程》,1997年4月通过了修改章程的特别决议。这些法律法规的颁布实施,必将对促进世界和平进步事业作出更大的贡献。

(二)红十字会的性质和组织

《红十字会法》明确规定,中国红十字会是中华人民共和国统一的红十字会组织,是从事人道主义工作的社会救助团体。其活动必须遵循自愿原则、独立自主原则、与政府相互支持配合原则以及国际合作原则。全国建立中国红十字会总会,具有社会团体法人资格;县级以上按行政区域建立地方各级红十字会,全国性行业根据需要可以建立行业红十字会,依法取得社会团体法人资格。上级红十字会指导下级红十字会的工作。各级红十字会设会员代表大会和理事会。理事会是会员代表大会的执行机构,设会长和副会长。

(三)红十字会标志的使用

红十字标志具有保护作用和标明作用。红十字标志的保护性使用是指在武装冲突中,佩带红十字标志的人员和标有红十字标志的处所及其物品、医务运输工具,必须予以保护和尊重,《红十字会标志使用办法》对其使用办法、使用人员、使用机构或组织作了具体规定:红十字标志的标明性使用是指对与红十字活动有关的人或者物的标示,《红十字会标志使用办法》对其使用办法、使用人员、使用场所、使用的物品、运输工具作了具体规定。法律禁止滥用红十字标志。

(四)红十字的经费与财产

红十字会经费的主要来源是:一是红十字会员缴纳的会费;二

是接受国内外组织和个人捐赠的款物；三是动产和不动产的收入；四是人民政府的拨款。红十字会应建立经费审查监督制度，并接受人民政府的检查监督。任何组织和个人不得侵占和挪用红十字会的经费和财产。

(五)红十字会的职责和权利

红十字会依法履行下列职责：第一，开展救灾的准备工作，在自然灾害和突发事件中，对伤病人员和其他受害者进行救助；第二，普及卫生救护和防病知识，进行初级卫生救护培训，组织群众参加现场救护；参与输血献血工作，推动无偿献血，开展其他人道主义服务活动；第三，开展红十字青少年活动；第四，参加国际人道主义救援工作；第五，宣传国际红十字和红新月运动的基本原则，完成人民政府委托事宜；第六，依照日内瓦公约及其附加议定书的有关规定开展工作。红十字会同时具有对救助、捐赠物资的处分权、救助优先通行权以及履行职责受法律保障权。

(六)违反红十字会法的法律责任

《红十字会法》规定，阻碍红十字会工作人员依法履行职责的，依照《治安管理处罚条例》的有关规定处罚；构成犯罪的，承担刑事责任。违反红十字标志使用办法规定的承担行政责任，根据情节轻重，红十字会可以劝阻，要求停止使用标志，对拒绝停止使用的，可以提请人民政府责令停止使用，甚至没收非法所得，并处1万元以下的罚款。武装力量中的组织和人员有违反红十字标志使用办法规定行为的，由军队有关部门处理。

三、献血法律制度

(一)献血法律制度概述

献血法是调整保证临床用血需要和安全，保障献血者和用血者身体健康活动中产生的各种社会关系的法律规范的总和。

为了保证临床用血安全，预防和控制血源性疾病的传播，国务院、卫生部曾发布了一系列行政法规、部门规章，一些省、自治区、直辖市也制定了地方法规或规章。卫生部相继颁发了《全国血站工作条例》、《献血体格检查参考标准》、《无偿志愿献血奖励办法》、《关于加强输血工作管理的若干规定》、《采供血机构和血液管理办法》、《关于加强临床用血管理的紧急通知》以及《血站基本标准》、《单采血浆站基本标准》等。1996 年,国务院发布了《血液制品管理条例》。1997 年 12 月 29 日,第八届全国人民代表大会常务委员会第二十九次会议通过了《中华人民共和国献血法》(以下简称《献血法》),自 1998 年 10 月 1 日起施行。1998 年 9 月,卫生部根据《献血法》制定发布了《血站管理办法(暂行)》。《献血法》及其配套法规的颁布实施,标志着我国血液管理工作已开始走向法制化、标准化、规范化。

(二)无偿献血的法律规定

1、国家实行无偿献血制度。《献血法》规定,国家实行无偿献血制度,提倡 18 周岁至 55 周岁的健康公民自愿献血,鼓励国家工作人员、现役军人和高等学校在校学生率先献血。《献血法》还规定,地方各级人民政府领导本行政区域内献血工作,县级以上卫生行政部门监督管理献血工作,各级红十字会依法参与推动献血工作。各级人民政府、新闻媒介应积极开展有关献血及血液疾病预防和控制的科学知识宣传、教育,动员和组织适龄公民积极参加献血。

2、临床用血的规定。《献血法》规定,无偿献血者的血液必须用于临床,不得买卖,必须严格规范临床用血的各个环节,确保采血用血安全。公民临床用血时须交付用于血液的采集、储存、分离、检验等费用;无偿献血者临床需要用血时,免交前述费用,其配偶和直系亲属临床需要用血时,可以按有关规定减交或免交前述费用;对于择期手术患者提倡自身储血、家庭储血、互助储血。医疗机构临床用血应当制定用血计划,不得浪费和滥用,对临床用血必须进行检查,不得将不符合国家规定标准的血液用于临床。

(三)血站管理的法律规定

1、血站的执业许可。血站是指不以营利为目的采集、制备、储存血液，并向临床提供血液的公益性卫生机构，分为血液中心、中心血站、基层血站或中心血库等。血站执业以及中心血库开展采供血业务必须经卫生行政部门的执业验收及注册登记，领取《血站执业许可证》或《中心血库采供血许可证》后方可进行。许可证注册登记的有效期为3年。

2、血站工作管理规定。《血站管理办法》规定，血站必须按照注册登记的项目、内容和范围开展采供血业务，并为献血者提供各种安全、卫生、便利的条件。血站技术人员必须经输血业务知识技术考试，取得考试合格证书后方可上岗。血站采供血必须严格遵守各项技术操作规程和制度。血站采血前，必须按照《献血者健康检查标准》，对献血者进行健康检查，健康检查不合格的，不得采集其血液。血站采集血液后，对献血者发给《无偿献血证》，并建立献血档案。血站对采集血液必须进行检验，保证血液质量。并根据医疗机构的用血计划，积极开展成分血制备，指导临床成分血的应用。血站不得单采原料血浆，应当保证发出的血液质量、品种、规格、数量无差错，发出血液的包装、储存、运输必须符合《血站基本标准》的要求。血站应当制定重大灾害事故的应急采供血方案，并从各方面保证方案的实施，满足应急用血的需要。血站必须严格执行传染病防治法及其实施办法规定的疫情报告制度。

3、血站监督管理规定。我国血站管理以省、自治区、直辖市为区域，实行统一规划设置血站、统一管理采供血和统一管理临床用血的原则。县级以上人民政府卫生行政部门负责辖区血站的监督管理，省级以上政府卫生行政部门委托输血协会成立有关专家组成的血液质量管理委员会，对血站质量管理、血液质量进行检查和技术指导。市级以上卫生行政部门聘任血液管理监督员执行对血液的监督管理任务。血液管理监督员与血液检定机构具有相应的权利和义务。

(四)血液制品管理的法律规定

1、血液制品监督管理机构。血液制品是特指各种人血浆蛋白制品。《血液制品管理条例》规定，国务院卫生行政部门对全国的原料血浆的采集、供应和血液制品的生产、经营活动实施监督管理。县级以上地方人民政府卫生行政部门对本行政区域内原料血浆的采集、供应和血液制品的生产、经营活动实施监督管理。国家药品生物制品检定机构及国务院卫生行政部门指定的省级药品检验机构，对血液制品定期进行检定。国务院卫生行政部门负责全国进出口血液制品的审批及监督管理。

2、原料血浆管理规定。原料血浆是指由单采血浆站采集的专用于血液制品生产原料的血浆。国家实行单采血浆站统一规划、设置的制度。单采血浆站由血液制品生产单位设置或者由县级人民政府卫生行政部门设置，专门从事单采血浆活动，具有独立法人资格。其他任何单位和个人不得从事单采血浆活动。申请设置单采血浆站的并经审查符合条件的，由省级人民政府卫生行政部门核发《单采血浆许可证》，并报国务院卫生行政部门备案。单采血浆站只能对省、自治区、直辖市人民政府卫生行政部门划定区域内的供血浆者进行筛查和采集血浆。在一个采血浆区域内，只能设置一个单采血浆站，严禁单采血浆站采集非划定区域内的供血浆者和其他人员的血浆。单采血浆站必须对供血浆者进行健康检查，检查合格的，由县级卫生行政部门核发《供血浆证》。单采血浆站只能向一个与其签订质量责任书的血液制品生产单位供应原料血浆，严禁向其他任何单位供应原料血浆。严禁单采血浆站采集血液或者将所采集的原料血浆用于临床；必须依照《传染病防治法》及其实施办法等有关规定，严格执行消毒管理及疫情上报制度。

3、血液制品生产经营单位管理。血液制品生产单位必须达到国务院卫生行政部门制定的《药品生产质量管理规范》规定的标准，经国务院卫生行政部门审查合格，并依法向工商行政管理部门申领营业执照后，方可从事血液制品的生产活动。血液制品生产单位在原料血浆投入生产前,必须使用有产品批准文号并经国家药品生物制品检定机构逐批检定合格的体外诊断试剂,对每一人份血浆进行全面复检;复检不合格的,不得投入生产;发现有经血液途径传播的疾病,必须通知供应血浆的单采血浆站,并及时上报省级卫生行政部门。血液制品出厂前,必须经过质量检验;经检验不符合国家标准的,严禁出厂。开办血液制品经营单位,由省级人民政府卫生行政部门审核批准。血液制品经营单位应当具备与所经营的产品相适应的冷藏条件和熟悉所经营品种的业务人员。血液制品生产经营单位生产、包装、储存、运输、经营血液制品,应当符合国家规定的卫生标准和要求。

(五)违反《献血法》的法律责任

1、行政责任。《献血法》规定,有下列行为之一的,由县级以上地方人民政府予以取缔,没收违法所得,可以并处10万元以下的罚款:(1)非法采集血液的;(2)血站、医疗机构出售无偿献血的血液的;(3)非法组织他人出卖血液的。

血站违反有关操作规定和制度采集血液,由县级以上地方人民政府卫生行政部门责令改正;给献血者健康造成损害的,对直接负责的主管人员和其他直接责任人员,依法给予行政处分。

临床用血的包装、储存、运输,不符合国家规定的卫生标准和要求的,责令改正,给予警告,可以并处1万元以下的罚款。

血站违反《献血法》规定,向医疗机构提供不符合国家规定标准的血液的,责令改正;情节严重并造成经血液途径传播的疾病传播或者有严重传播危险的,限期整顿,对直接负责的主管人员和其他直接责任人员,依法给予行政处分。

医疗机构的医务人员违反《献血法》规定,将不符合国家规定标准的血液用于患者的,责令改正;给患者健康造成损害的,对直接负责的主管人员和其他直接责任人员,依法给予行政处分。

卫生行政部门及其工作人员在献血、用血的监督管理工作中,玩忽职守,造成严重后果,构成犯罪的,依法追究刑事责任;尚不构成犯罪的，依法给予行政处分。

2、民事责任。《献血法》规定，血站违反有关操作规程和制度采集血液，给献血者健康造成损害的；医疗机构的医务人员违反献血法规定，将不符合国家规定标准的血液用于患者，给患者健康造成损害的，应当依法赔偿。

3、刑事责任。《献血法》规定，非法采集血液；血站、医疗机构出售无偿献血的血液；非法组织他人出卖血液；血站违反有关部门操作规程和制度采集血液，给献血者健康造成损害；血站违反法律规定，向医疗机构提供不符合国家规定标准血液，情节严重，造成经血液途径传播的疾病传播或者有传播严重危险的；医疗机构的医务人员违反法律规定，将不符合国家规定标准的血液用于患者，给患者健康造成损害，构成犯罪的，依法追究刑事责任。《刑法》第333条、334条对此作了具体规定。

第十三章　医疗事故处理法律制度

第一节　医疗事故处理法律制度概述

一、医疗事故处理法概述

医疗事故处理法，是调整医疗事故处理活动中产生的各种社会关系的法律规范的总和。医疗事故处理法律制度是正确处理医疗事故，保护当事人的合法权益，维护正常的医患关系和医疗活动秩序的法律保障。

医疗活动是直接保护人类生命健康、维护自身生存与发展的一项复杂的医学科学活动。由于存在对医学科学认识的局限性，以及医疗活动主体的过失因素，不可避免会出现医疗缺陷，导致医疗事故的发生。依法处理医疗事故，是维护公民生命健康权的基本要求，也是保证医学科学健康发展的基本条件。依法处理医疗事故，是我国卫生法制建设的一项重要内容，一直受到党和政府的高度重视。新中国成立后，党和政府就加强了对医疗事故及差错的综合防范工作，努力避免和减少医疗事故的发生，同时，也制定了一系列适合中国国情的法律法规和政策，运用法律规范来制约并处理医疗事故，从而使我国对医疗事故的防范和处理工作走上了法制化轨道。纵观建国50年的发展历程，我国对医疗事故处理的法律制度建设大致经过了三个阶段。

第一阶段(1950—1965年)，这一时期为探索和发展阶段。建国初期，党和政府即下达了保护人民合法权益的文件和指示精神，卫生部制定了一些条例和规定，要求各级医疗机构提高技术水平，要求医务人员对诊疗护理工作认真负责，积极防范医疗失职及医疗事故的发生。1950年,卫生部颁布了《关于整顿全国医院的指示》、《尸体解剖暂行条例》。1951年,又颁布了《关于医院诊所管理条例》、《医师暂行条例》以及《中医师暂行条例》等有关医疗法规,对医疗事故的概念、性质及事故纠纷处理做出了相应的规定。60年代后期,建立了医疗事故的预防、定性和处理制度。这一时期,医院普遍建立了医疗事故或差错的报告和登记制度,有的医院还组织了医疗事故技术鉴定委员会。法院也聘请了医学临床经验丰富的学者和专家作为陪审员,协助处理医疗事故。但这一阶段,由于尚缺乏经验,医疗事故的处理基本上侧重法律制裁,多数情况也未经医疗技术鉴定,即由法院按《刑法》规定,适用类推定罪量刑,出现了定性不准、处理过重现象,造成了一些不良影响。但在后期,卫生行政部门对医疗事故的处理发挥了积极的作用,法院在实践中丰富了办案经验,从而控制了错案的发生,提高了办案的准确性。

第二阶段(1966—1976年),这一时期为停滞阶段。由于人治代替了法治,法院不再处理医疗事故和医疗纠纷,而主要由卫生行政部门负责,从而出现了两种极端现象。一是对医疗事故或差错无限上纲,作为敌我矛盾来处理,使不少医务人员蒙冤受曲,挫伤了医务人员的积极性,严重破坏了医疗单位的正常工作秩序。二是无法制约束,医疗事故频繁发生,却又无人处理,受害者控告无门,即使由卫生部门处理,也只是简单了事,患者的合理要求得不到满足。总之,医患双方的合法权益均遭到严重损害,医疗卫生工作受到了严重破坏。事实也表明了单独由卫生行政部门来处理医疗事故与纠纷的制度,是存在很大弊端的。

第三阶段(1976年以后),这一时期是调整和完善阶段。随着全国各项工作的拨乱反正,党中央强调建立健全社会主义法制,国家颁布并实施了一系列重要的法律法规。医疗卫生法制建设也出现了新的局面,医疗事故与纠纷处理开始了以卫生行政部门为主,法院介入处理的模式尝试阶段。70年代后期,卫生部发布了《关于坚决防止责任性医疗事故的通知》、《关于预防和处理医疗事故的暂行规定(草案)》,并重新修改、颁布了《解剖尸体规则》,卫生部与公安部发布了《关于维护医院秩序的联合通告》。随之,全国各地也相继制定了加强医疗事故防范和处理的具体措施及其规定。1987年6月,国务院颁发了《医疗事故处理办法》,这是新中国第一部关于医疗事故处理的法规,它标志着我国医疗事故处理工作走上了法制化轨道。1988年,卫生部相继发布了《关于医疗事故处理办法若干问题的说明》、《医疗事故分级标准(试行草案)》,并与国家中医管理局联合发布了《关于各地成立中医医疗事故技术鉴定委员会的通知》。《医疗事故处理办法》是现阶段我国处理医疗事故的全国统一的法律依据,它与其他相关的法律法规组成了目前我国医疗事故处理的法规体系,对于保障医患双方的合法权益,维护正常的医疗秩序,促进医学科学的发展起到了极大的作用。但随着社会法制环境的不断完善,公民法律意识的日益提高,《医疗事故处理办法》已日益暴露出来了它的局限性。进一步建立和完善医疗事故处理的法律制度,已成为新形势下的一项迫切任务。

二、国外医疗事故处理简介

对于医疗事故的定性与处理,是世界各国政府和法学界、医学界一致面临的问题。不同法系之间,相同法系的各国之间对于医疗事故定性与处理的法律制度存在着诸多差异,但有两个基本特点是一致的:一是定性与处理必须经过法律程序;二是法律责任侧重于经济赔偿,并辅之以刑事处罚与行政处分。

习惯法国家针对医疗服务业的特殊性以及医患关系的复杂性,以大量的判例、习惯以及成文法律规范医疗服务行为,处理医疗事故。习惯法国家的法律法规主要有三类:第一类,立足于赔偿的,分为四种:第一种惩罚违法者,或威慑可能的违法者——刑法;第二种赔偿受害者——民法;第三种保护公众——有关专业人员失职的法律;第四种监督服务提供——行政管理法律法规。第二类,立足于医患关系的,主要是从医患关系的建立、过程和终止来制定法律法规。第三类,立足于服务提供和消费者保护的。处理医疗事故或纠纷的法律依据均来源于以上三类,尤其以第一类为主。

习惯法国家医疗事故的一般归类原则是过失责任原则,即医疗过失与其他类型的过失一样必须承担民事上的责任。证明医疗上的过失,必须具备以下要素:第一,被告人(医务人员)应向原告人(患者)履行关心的职责;第二,被告人违反这个职责;第三,结果使原告人遭到损害。由于70年代以来,受美国人权主义影响,习惯法国家的法律观念普遍增强了救济患者和追究医生责任的倾向。对于超越自己的权限和能力造成不良后果的,都要受到法律制裁,主要表现为经济赔偿。赔偿金额根据患者机体损害程度、对职业和生活的影响以及根据病员预期生命而确定。对于医务人员触犯刑法的,则要负刑事责任,若医师多次发生医疗事故差错将被扣留和吊销行医执照。

习惯法国家对医疗事故及纠纷的处理,以司法途径为主,经过法律程序,由临床医学专家与法律工作者相结合判定医疗事故或纠纷的性质,然后确定当事人的法律责任。在美国,医疗中出现事故或差错,病员可以向法院控告医务人员,法院经调查证实医务人员的医疗措施确实存在问题,再视情况判决。英国法律则规定,医生无论是否与病人签订有合同,都有一项法定义务,即必须竭尽全力,关心病人,用所有的知识、技巧并小心谨慎,并要求医生在爱护病人和胜任治疗方面具有一种良好的和合理的水准。在诊疗当中,需按照一个由医术高明和经验丰富的人员组成的团体正当认可的作法行事,否则即承担法律责任。但是在法院审理医疗过失赔偿案件时,医疗过失的举证责任则在要求赔偿的病人一方。在新西兰,法律规定发生医疗事故,应在24小时内报告意外事故赔偿委员会调查处理,判定事故时,强调考虑医疗的特殊性和治疗手段的危险性。意外事故赔偿委员会由劳动部、社会福利部、卫生部联合在中央和地方设立，由劳动部推荐主席，助手由法院的律师担任。事故赔偿责任由赔偿委员会负责，医务人员不负赔偿责任，但却有被解雇的可能。澳大利亚法律规定，病员因事故死亡、精神病死亡或麻醉死亡（24 小时内），医师不能签署死亡证明书，要报告警察局，经卫生顾问审查，认定是医疗事故造成病员死亡的，医生要到法庭受审。澳大利亚政府在法庭设立卫生顾问，由律师担任，下设几名助手，专门负责医疗事故的鉴定与处理。近几年，由于受美国的影响，患者在医疗中发生问题后，向法院提出及要求赔偿的日渐增多，为此医师均参加个人保险，护士和其他工作人员的保险费由单位交纳。在日本，自 70 年代开始实行“日本医师赔偿责任保险制度”。日本医师会作为一个团体与保险公司签订合同，对已参加保险的医师会会员的医疗过失负有赔偿责任。医师会下设调查委员会和鉴定委员会，均由医学专家和律师组成，两个机构分立是为了避免片面性，求得公正的判定，并协同地方医师会一起出面与病员家属协商解决；如协商不成，则通过诉讼途径由法院解决。

三、医疗事故的界定

目前世界许多国家，尤其是习惯法系国家对于医疗事故并没有一个明确的界定，在定性方面也难于取得一致，只是习惯上将事故分为两种情况：一种是由于工作失职、思想方法的根本错误或不负责任所致的，相当于我国的责任事故；另一种是因为技术水平不高或经验不足所导致的，相当于我国的技术事故。美国则把凡具有赔偿可能的医疗事件，简称为医疗事故，并把医疗事故分成三个等级：一等医疗事故是治疗和处理的不良后果；二等医疗事故是诊断不正确或治疗不当产生的后果；三等医疗事故是预防和护理不完善的后果。日本当代法医学家松仓丰治教授，将医疗纠纷统称为医疗事故，他所指的“医疗事故”，实质上相当于我国的医疗纠纷。在英国，凡是有医疗过失的医患纠纷，才认为是医疗纠纷。尽管世界各国的社会制度不同，对医疗纠纷的分类与定性不一，但随着医学科学的发展和医学领域国际合作的广泛开展，认同普通确认的分类原则，统一医疗事故认定的标准是完全可以实现的。

我国对于医疗事故的界定，在理论上存在较大的争议，有广义和狭义之说。就狭义而言，医疗事故是指在诊疗护理过程中，因医务人员诊疗护理过失，直接造成病员死亡、残废、组织器官损伤导致功能障碍的事故。医疗事故分为责任事故和技术事故两类。责任事故，即指医务人员因违反规章制度，诊疗护理常规等失职行为所致的事故，而技术事故则是指医务人员因技术过失所导致的事故。对于这种界定，学者提出许多不同的意见，认为其界定过窄，不利于保护受害患者的合法权益，主张对医疗事故作从宽解释。因而，就广义而言，学者认为：医疗事故是指医疗单位在从事诊断、治疗护理等活动过程中，因诊所护理过失，造成病员的死亡、残废、组织器官损伤导致功能障碍或其他不良后果。按照学者的该界定，医疗事故不仅包括医疗责任事故、医疗技术事故，还包括医疗差错，因为医疗差错往往造成病员病情加重，受到除死亡、残废、功能障碍以外的一般损害和痛苦等不良后果。学者还主张，将医疗事故划分为四类：一是造成病员死亡的医疗事故；二是造成病员严重残废或者严重功能障碍的医疗事故；三是造成病员残废或功能障碍的医疗事故；四是造成病员其他不良后果的医疗事故。学者作此界定及分类的理论依据有两个方面：一是民法有关侵权行为说，即《民法通则》第 119 条规定的精神。学者认为医疗事故就其本质而言，是医疗单位在从事治疗护理等活动中因过错而侵害受害人(病员)生命健康权的侵权行为。二是契约理论说。认为医疗关系的本来性质，是一种非典型的契约关系，即医疗关系是医院与患者之间就疾病治疗、护理等服务形成意志表示一致的民事法律关系，一般称之为医疗服务合同。学者认为因过失造成的责任事故、技术事故以及医疗差错均为违约行为，应承担违约责任，从而构成侵权责任竞合。

对医疗事故界定的理论争议，也在不同程度上反映在目前对医疗事故处理的司法实践中，如人民法院在审理刘颖诉中医门诊部医疗事故赔偿案件中，即从保护受害人合法权益的立场出发，积极地采取了学者的理论观点，判定本案被告的重大医疗差错已构成医疗事故，并确定了侵权赔偿责任，从而保护了当事人的合法权益，具有重要的司法实践意义。对于医疗事故的界定争议及其在司法实践上的积极反映，已预示着我国对于医疗事故定性及处理的法制工作将进入一个新的历史阶段。

第二节　医疗事故的认定及其分类

一、医疗事故的概念及其法律认定

医疗事故，按照国务院 1987 年 6 月发布的《医疗事故处理办法》的规定，是指在诊疗护理工作中，因医务人员诊疗护理过失，直接造成病员死亡、残废、组织器官损伤导致功能障碍的事故。

从这个定义看，医疗事故具有其自身特殊性。卫生部《关于医疗事故处理办法若干问题的说明》中规定了医疗事故的法律认定，必须从以下五个方面进行全面而具体的分析。

(一)行为主体必须是卫生技术人员

医疗事故的行为人是指取得执业资格并经注册或经卫生行政部门批准和承认的各类医疗卫生技术人员，还包括因诊疗护理工作从事医疗管理、后勤服务等工作的其他人员。对于未取得相应资格，未经批准而私自开业行医的人员，在医疗活动中造成病员不良后果的，不属于医疗事故，而属于违法行为。

(二)行为必须发生在诊疗护理工作中

医疗事故的行为是指行为主体在履行职责的诊疗护理过程中发生的违反法律规定并造成危害结果的行为。医疗事故的行为也包括为诊疗护理过程服务的后勤和管理行为。行为主体非正式的医疗活动造成危害结果,不构成医疗事故,属于一般侵权违法行为。

(三)行为人主观上必须有过失

医疗事故的行为人,必须在诊疗护理工作中有过失。过失是指行为人由于疏忽大意和过于自信的两种心理状态所造成的危害结果。医疗事故属于过失不是故意,若是医疗卫生技术人员利用医疗护理手段,故意造成病员死亡、残废或功能障碍,不属于医疗事故范畴,而是构成了犯罪,需要追究刑事责任。此外,尚有因技术水平和经验不足造成的技术过失,与疏忽大意和过于自信过失有所不同,在实践中必须加以严格区别。

疏忽大意过失,是指在医疗事故的发生中,根据行为人相应职称和岗位责任制要求,应当预见到和可以预见到自己的行为可能造成对病员的危害结果,因为疏忽大意而未能预见到,或对于危害病员生命健康的不当做法,应当做到有效防范,因为疏忽大意而未经做到,致使危害结果发生。过于自信过失,是指行为人虽预见到自己的行为可能给病员造成危害结果,但是轻信借助自己的技术、经验或有利的客观条件能够避免,因而导致判断上和行为上的失误,致使对病员的危害结果的发生。

医疗事故中的过失,表现为作为和不作为两种形式。作为是指医疗事故行为人以积极的方式实施了违反法律法规、规章制度、规定或惯例公认必须排除错误的行为。如遇到不能胜任的技术操作,一味蛮干,做无指证或有禁忌的手术和检查等,导致发生不良后果。不作为,是指按岗位职责规定或公认惯例应当积极履行义务,而行为主体不履行或消极履行,如不执行或不正确执行规章制度及技术操作常规,拒绝履行职责,对病人推诿、拒治,擅离职守造成对病员的危害结果。

(四)行为必须造成符合规定程度的危害结果

构成医疗事故的行为,必须具有违法性和危害性双重特性。医疗事故行为是违法行为,其违法性是指行为人在诊疗护理过程中违反规章制度和技术操作规程及约定俗成必须遵循的规则。违法并不等于犯罪,这是需要正确区别的。在医疗实践中,违法行为还需与医疗抢救行为相区别,抢救行为有可能造成损害结果,但并非违法行为。危害性是危害行为的基本属性。行为人有一般过失不能就简单地与医疗事故相联系,必须视行为实际上是否造成了对病员的损害并达到了法律规定的损害程度。医疗事故所指的危害结果是指给病员造成死亡、残废及组织器官损伤导致功能障碍,否则,不认定为医疗事故。属于下列情况者应区别对待:在胸腔、腹腔、盆腔、颅内及深部组织遗留的异物微小,不需再行手术,或异物被及时发现、取出,无明显不良后果者,不能认定为医疗事故。

(五)危害行为和危害结果之间必须有直接因果关系。

认定医疗事故的一个重要环节,是危害行为与危害结果之间必须有直接因果关系,否则不能认定为医疗事故。如在多因一果时,要具体分析各自原因的不同地位和作用。病人死亡、残疾或功能障碍与疾病本身的自然转归常有密切关联。有时疾病重笃、复杂或已处晚期,而责任者的过失行为只是处于非决定性的地位,甚至是处于偶合地位,这些都要作具体分析,尤其是在事故定性、定级和对责任者处分时要慎重判定。

二、医疗事故的分类与等级

(一)医疗事故的分类

《医疗事故处理办法》规定了医疗事故的分类标准,即按其发生的原因和性质,分为医疗责任事故和医疗技术事故两大类。

医疗责任事故,是指医务人员因违反规章制度、诊疗护理常规等失职行为所致的事故。责任事故的特点在于行为人的技术能力虽然能够胜任,但主要由于玩忽职守、不负责任或违反规章制度和技术操作规程而发生的过失,造成严重不良后果。

医疗技术事故,是指医务人员专业技术水平和经验不足为主要原因导致治疗护理失误所致的事故。医疗技术事故的特点在于行为人按规章制度及技术操作规程进行诊断、治疗和护理,但由于行为人相应的执业资格和实际能力水准存在差距或限于能力不及、经验不足而过失造成病员损害结果。

以上分类标准,主要是从我国的实际情况出发而制定的,但在实践中,两者多有交叉,判定时应依其所占的主要分量进行分析,这有利于医疗事故的准确定性。

(二)医疗事故的等级划分

《医疗事故处理办法》规定,必须以直接造成病人损害的程度为依据认定医疗事故的级别。《医疗事故分级标准》(试行草案),将医疗事故的级别与等级作了以下详尽规定:

一级医疗事故是指行为人过失直接造成病人死亡的事故。病人因病情重笃或疾病晚期衰竭濒临死亡,而行为人虽有过失,但属偶合因素者,不能认定为医疗事故。

二级医疗事故,是指行为人过失,直接造成病员严重残废或严重功能障碍的事故。

二级甲等医疗事故:如造成植物人;昏迷、临床确认不可恢复者;痴呆;严重智力障碍;双目失明;主要脏器受损,需依赖药物或器械维持功能,临床确认不可恢复者,二级乙等事故两条及其以上者等情形。

二级乙等医疗事故:如视力、视野较严重损害,丧失部分工作和生活能力;两耳全聋;误摘一侧肾脏;未婚或已婚未育男女生殖功能丧失;具有三级甲等两条及两条以上者等情形。

三级医疗事故:是指行为人的过失,直接造成病员残废或功能障碍的事故。

三级甲等医疗事故:如视力、视野损害但未丧失工作和生活能力;双耳听力明显减退(60分贝以上);食道损伤、吞咽困难;脊柱或躯干畸形,功能有一定程度影响等。

三级乙等医疗事故:如主要脏器受损后功能有一定改变,有临床症状和客观检查所见的;开错手术病人、手术部位或脏器,造成组织、器官较大创伤等。

三、不属于医疗事故的几种情况

《医疗事故处理办法》规定，在治疗护理工作中，有下列情形之一的，不属于医疗事故。

(一)医疗差错

医疗差错是指医务人员在治疗护理过程中虽有错误，但未造成病员死亡、残废、功能障碍的。通常医疗差错会给病人加重一般性痛苦或影响治疗，但经及时纠正不至于酿成医疗事故。

医疗差错一般分为严重医疗差错和一般医疗差错。严重医疗差错是指在治疗护理过程中，因医务人员治疗护理过失，给病员的身体健康造成了一定的损害，延长了治疗时间，但尚未造成病员死亡、残废及功能障碍。一般医疗差错是指在治疗护理过程中，医务人员虽然发生了诊疗护理过失，但尚未给病员的身体健康造成不良影响和损害。

(二)医疗意外

医疗意外是指由于病员病情或病员体质特殊而发生难以预料和防范的不良后果的情况。在治疗护理工作中，虽然发生了病员死亡、残废、组织器官损伤导致功能障碍，但这些后果不是出于医务人员的过失，而是难以预料或者根据实际情况是无法防范的。这种情形，与行为人主观上有无过失没有因果关系或行为人的过失行为对病员病情的自然归转无直接决定性影响。医疗意外，是公认的责任免除事由。

(三)并发症

并发症是指在诊疗护理过程中，由于一种疾病合并发生另一种或几种疾病，而这种疾病的发生是医务人员难以预料及防范的，其所引起的不良后果并非医务人员的过失所导致，因此不属医疗事故，是正当的免责事由。若对于可以预料、可以避免的并发症，如果因为医务人员的过失而导致不良后果的发生，不属于正当免责事由。

(四)病员及其家属不配合

病员及其家属不配合诊治是指因病员及其家属不遵守医院规章制度,不执行医务人员嘱咐或拒绝检查治疗等不配合诊治行为而造成不良后果的。这种情形,主观上过错完全在于病员及其家属一方,因而不属于医疗事故。但如果医护人员也具有医疗过失,则构成混合过错,双方均应分担责任。

在医疗实践中,由于以上各种情况的复杂性,《医疗事故处理办法》虽明确规定不属于医疗事故范畴,医疗单位不存在侵权损害问题,但实际工作仍存在一定难度,为此,必须本着实事求是、认真负责的精神妥善处理。

第三节　医疗事故处理的法律规定

一、医疗事故处理原则

医疗事故处理原则,是指对医疗事故处理具有普遍性指导意义的准则。医疗事故的处理是一项严肃的法律工作,同时也是一项科学性和政策性很强的工作。《医疗事故处理办法》明确规定,医疗单位和卫生行政部门对发生的医疗事故或可能是医疗事故的事件,必须坚持实事求是的科学态度,及时认真地做好调查研究和分析鉴定工作,做到尊重事实、定性准确、责任明确、处理得当。同时要求病员家属及其所在单位和有关部门应当与医疗单位和卫生行政部门合作,共同做好医疗事故的善后处理工作。为此,正确处理医疗事故,必须遵循以下原则。

(一)以事实为根据、以法律为准绳的原则

医疗单位、卫生行政主管部门及司法部门对已经发生的医疗事故或事件应当坚持实事求是的科学态度,及时认真地做好调查研究和科学鉴定工作;严格依照医疗事故认定的法律依据,全面分析，仔细审查有关材料，弄清事实真相，查明因果责任关系，正确适用法律；做到事实清楚，定性准确，责任明确，处理恰当。

(二)维护医患双方合法权益的原则

在处理医疗事故或事件时，无论是医疗单位、鉴定委员会还是卫生行政部门及司法机关，都应站在客观公正的立场上，坚持法律面前人人平等，决不能因私庇护或损害任何一方，以切实维护医患双方的合法权益。

(三)坚持国家利益与个人利益相一致的原则

在处理医疗事故或事件时，无论在社会影响方面，还是在经济利益方面，都存在国家与个人、总体与局部的利益矛盾，坚持国家利益与个人利益相一致，才能做到既维护国家医疗卫生事业的发展，总体上保障全体人民的生命健康权利，又使受害者个人合法权益得到应有保护。

(四)坚持以行政处理和行政调解为主的原则

在处理医疗事故时，对医疗事故责任者，坚持以行政处理为主和经济制裁为辅；对医疗事故纠纷处理，坚持以行政调解为主，司法解决为辅。这样，有利于医患双方合作协助，及时解决问题，使受害者的合法权益能及时得到维护，同时也能保护广大医务人员的积极性，保障医疗卫生事业的发展。

二、医疗事故处理程序

医疗事故或事件发生后，及时按照法律规定的程序予以处理，对于控制事故及事件的危害性、保障医疗事故的正确处理、维护医患双方的合法权益极为重要。《医疗事故处理办法》对医疗单位和病员及家属在医疗事故及事件的处理程序方面作了具体的法律规定。

(一)医疗事故的报告与查处

凡发生医疗事故或事件，当事的医务人员应立即向医疗单位的科室负责人报告，科室负责人应随即向本医疗单位负责人报告。

个体开业的医务人员包括经卫生行政部门批准并发给营业执照的联合诊所、民办医院和具有这种合法身份的所有开业人员以及乡村医生，应立即向当地的卫生行政部门报告。医疗单位对发生的医疗事故或事件，应立即进行调查、处理，并报告上级卫生行政部门。个体开业的医务人员发生的医疗事故或事件，由当地卫生行政部门组织调查、处理。病员及其家属也可以向医疗单位提出查处要求。各级医疗单位接到报告后，必须及时组织专门人员，负责医疗事故或事件的调查，认真听取病员或家属的意见，核查事实，经专家集体讨论，提出处理意见，以书面形式告知病员及其家属，并及时报告上级卫生行政部门。对于不具备执业资格，未经注册登记和非经卫生行政主管部门批准行医者的事故或事件，按非法行医进行查处。

(二)病历资料与现场实物的保管和封存

原始病员资料和现场实物是认定医疗过失的重要依据。《医疗事故处理办法》规定，发生医疗事故或事件的医疗单位，应指派专人妥善保留有关的各种原始资料。医疗事故或事件发生后，医疗单位和事故当事人及家庭、所在单位，均不得涂改、伪造、隐匿、销毁、抢夺原始病案及有关资料。医务人员认为有必要对病历进行追记或补充，必须另写病程记录。封存的病历及有关资料，除主管处理医疗事故的有关部门和人员有权按规定程序调阅外，其他人员一律无权借阅。

对于因输液、输血、注射、用药等引起不良后果的，医疗单位应立即封存现场实物，以备检验。如因输液或输血引起医疗事故或事件，应对残留液体及时送检，并将原包装药液妥善保留封存到医疗事故的处理解决；如果药物引起医疗事故或事件，必须保管好空药瓶或药品。

非独立医疗机构、个体开业的医务人员发生医疗事故或事件后，应立即将有关病历、原始资料和现场实现封存，交上级主管部门或所在地卫生行政部门处理。

（三）尸体的解剖与检验

尸体的解剖与检验，对判明病员死因具有特殊意义，它除了可给医学技术鉴定和司法裁决提供直接的证据以外，还可为医务人员治疗护理实践进行反馈和检验，从而达到明确诊断、分清是非的目的。《医疗事故处理办法》规定，凡发生医疗事故或事件造成病员死亡而临床诊断不能明确死亡原因的，有条件的地方必须进行尸检。尸检应在死后 48 小时以内由卫生行政部门指定医院病理解剖技术人员进行，有条件的应当请当地法医参加。医疗单位或者病员家属拒绝进行尸检或者拖延尸检时间超过 48 小时，影响对死因的判定，由拒绝或拖延的一方负责。

尸检所需的费用一般由医疗单位支付。尸体的运送费、保管费的支付视鉴定结果而定。若最终鉴定为医疗事故，这些费用由医疗单位支付，否则由死者家属或所在单位支付。

（四）医疗事故的善后处理

医疗事故发生后，医疗单位应积极采取补救措施，以减轻伤害程度，挽回不良影响。在及时组织力量开展调查处理工作的同时，要认真做好病员及其家庭的接待与来访工作，诚恳向病员说明情况，进行劝慰，以求病员的理解和支持。

病员在医疗事故发生后，也不应感情用事，必须从整体出发，从大局着想，积极协助医疗单位做好善后工作。《医疗事故处理办法》规定，病员因医疗事故在医疗单位死亡后，尸体应立即移放太平间。死者尸体存放一般不得超过一周。家属接到通知后应及时处理尸体，逾期不处理的尸体，经当地卫生行政部门批准，并报公安部门备案后，由医疗单位处理，火化后的骨灰应通知家属领回。对于因医疗事故致残的病员不需要继续住院治疗的，产妇死亡留有活婴的，由其家属接收出院；无家属的，由其所在单位接收出院；无家属、无单位的由医疗单位派人与当地民政部门联系，协助民政部门予以落实。

医疗单位的财产和工作秩序，工作人员的人身安全、民主权利和工作权利受法律保护。任何人不得借口医疗单位发生医疗事故寻衅滋事,扰乱医疗工作的正常秩序。违者,由公安部门根据《中华人民共和国治安管理处罚条例》有关规定予以处罚;对情节严重构成犯罪的,由司法机关依法追究刑事责任。

三、医疗事故处理方式

医疗事故的处理有三种方式:一是医患双方自行协商解决;二是由卫生行政部门处理;三是通过诉讼途径解决。这三种解决的方式通常是有程序规定的,即当医疗事故或事件发生后,应先由医疗单位与病员及家庭通过自行协商的方式予以确认和解决。医患双方若达不成一致意见,可提请医疗事故技术鉴定委员会进行鉴定,由卫生行政部门进行处理。对于鉴定结论或者对卫生行政部门所作处理不服,病员及家属和医疗单位即可提请重新鉴定和复议,也可以直接向当地法院起诉,通过诉讼途径解决。

(一)医患双方自行协商解决

根据《医疗事故处理办法》及卫生部《关于医疗事故处理办法若干问题的说明》的精神规定,医疗事故或事件原则上应由当事的医疗单位与病员及其家属进行协商处理。这是当事人自行协商解决的法律依据。在实践中,因医疗事故及事件引起的纠纷当中,绝大部分属于民事权利和义务的争议,只要医疗单位和病员及其家属本着实事求是、认真负责的态度,既分清是非、又明确责任,双方的争议是可以在相互谅解的基础上得到妥善处理的。这可以减少不必要的行政处理和诉讼程序,有利于医疗事故纠纷的及时解决,也有利于维护医患双方的合法权益。但自行协商解决,必须依照国家法律、法规和政策的规定进行,无原则的处理结果,有损于国家、集体和个人的合法权益,是无效的,国家必须进行干预,以维护受害一方的合法权益。

(二)卫生行政部门的处理

《医疗事故处理办法》规定,病员及其家属和医疗单位对医疗事故或事件的确认和处理有争议时，可提请当地医疗事故技术鉴定委员会进行鉴定，由卫生行政部门处理。这就表明了处理医疗事故或事件，是卫生行政部门一项行政职权，也是一项不可避免的经常性工作。

卫生行政部门对医疗事故或事件的处理具有行政调解和行政裁决双重性质。卫生行政部门对于病员及家属和医疗单位提请处理的争议，以双方信任的第三者身份，对双方说服教育，做思想工作，促成双方互相谅解达成协议，即属于行政调解。就行政调解性质而言，行政调解必须遵循自愿原则，调解协议要符合当事人的真实意思，但行政调解协议不具备强制执行的效力。当卫生行政部门作为行政管理者依职权作出处理决定后，若双方均未在规定的期限内提出异议，此决定即发生法律效力，当事人双方应当执行；如一方当事人不履行处理决定的义务，另一方可以向人民法院申请强制执行，这就是行政裁决。卫生行政部门的处理决定要根据鉴定结论做出，病员及家属和医疗单位对鉴定结论或行政处理决定不服，可以在接到通知书之日起15日内向上一级鉴定委员会提出重新鉴定或向上一级卫生行政部门申请复议，也可直接向当地人民法院起诉。卫生行政部门对医疗事故的处理是当事人向人民法院起诉前的必经程序，只有经过卫生行政部门处理后，当事人对处理结果不服时，才可以向人民法院提起诉讼。

（三）诉讼途径解决

诉讼途径解决，是通过人民法院的审理来解决医疗事故或事件引起的法律责任问题。诉讼解决包括民事诉讼解决、行政诉讼解决及其刑事诉讼解决。

依据《民事诉讼法》和《行政诉讼法》的规定，医患双方当事人对医疗事故或事件提起的诉讼，按其请求性质的不同，可以是民事诉讼，也可以是行政诉讼。《医疗事故处理办法》规定，病员及其家属或医疗单位对鉴定结论或处理结果不服，可在接到通知书之日起15日内向人民法院起诉。但是，在《医疗事故处理办法若干问题的说明》中，对此作了限制规定：病员方面不服鉴定结论或处理，应诉对象为当事的医疗单位，卫生行政部门和医疗事故技术鉴定委员会一般不作应诉对象，但当事人提起诉讼，人民法院受案并不受医疗事故鉴定结论或是否经过最终鉴定程序的限制。有关司法解释还对此作了相应规定：第一，病员及其家属如因对医疗事故鉴定委员会的鉴定结论有异议向人民法院起诉的，人民法院不予受理。如对鉴定结论有异议而仅要求医疗单位赔偿经济损失向人民法院提起诉讼的，若符合民事诉讼法有关规定，人民法院应作为民事案件受理。第二，病员及其家属对医疗事故技术鉴定委员会做出的医疗事故结论没有意见，仅因要求医疗单位就医疗事故赔偿经济损失，向人民法院提起诉讼，人民法院应按民事诉讼案件予以受理。第三，如果当事人对卫生行政机关做出的医疗事故处理决定不服依法向人民法院提起行政诉讼，人民法院应当受理。第四，医疗事故鉴定委员会已作出不属于医疗事故的最终鉴定，卫生行政部门对医疗争议拒绝作出处理决定，当事人以不履行法定职责为由，依法向人民法院提起行政诉讼，人民法院应予受理。

在处理医疗事故或事件的纠纷案件当中，绝大部分属于民事诉讼或行政诉讼解决的问题，但也有极少数情况下，当事人的行为已构成犯罪的，必须依照《刑法》及《刑事诉讼法》规定，通过刑事诉讼途径加以解决，依法追究当事人的刑事责任。

第四节　医疗事故的鉴定

一、医疗事故鉴定的概念及原则

医疗事故鉴定，是指专门机构按一定程序对发生的医疗事故或事件，通过调查研究、确认事实、分析原因、判定性质并作出科学结论的一项技术审定活动。

医疗事故鉴定的原则，是鉴定机构在医疗事故鉴定活动过程中必须遵循的具有普遍指导意义的准则。由于医疗事故鉴定结论可作为医疗事故处理的依据，因而，医疗事故鉴定工作，对正确处理医疗事故，维护医患双方合法权益具有极其重要的意义。医疗事故鉴定活动必须遵循如下原则：

(一)以事实为依据，符合医学科学原则

医疗事故鉴定工作是一项科学性、技术性、专业性很强的工作。《医疗事故处理办法》规定，鉴定应当以事实为根据，符合医学科学原则。因此，鉴定委员会应本着对医学科学负责、对医患双方负责的态度，对医疗事故作出客观、准确、公正的鉴定。

(二)独立进行技术鉴定的原则

鉴定委员会对医疗事故独立进行技术鉴定有两方面含义，一是不受任何单位和个人干涉。《医疗事故处理办法》规定，任何单位或个人不得干扰鉴定委员会的工作，不得对鉴定委员会成员进行威胁、利诱、辱骂、殴打；非鉴定委员会成员和未经鉴定委员会邀请的人员，不得参加鉴定工作。二是各级鉴定委员会没有隶属关系，独立进行鉴定，其所作的鉴定结论在没有争议的情况下效力相同。坚持独立技术鉴定的原则，有利于科学地公正地作出鉴定结论。

(三)民主集中制原则

鉴定委员会在鉴定过程中，应坚持集体讨论原则，各成员有平等表达自己意见的权利。如有意见分歧，应进一步深入调查核实，共同讨论研究，然后进行集中作出结论。鉴定结论可按少数服从多数的方式表决作出，对少数人的不同意见应记录在案。

(四)回避原则

在医疗事故鉴定过程中，鉴定委员会成员是医疗事故或事件的当事人或者与医疗事故或事件有利害关系的，应当回避。有利害关系者是指与病人及事故的直接责任者有亲属关系，或者是直接责任者所在科室的负责人及专业组负责人。坚持回避原则是为了保证能够客观公正地作出鉴定结论。

(五)终局鉴定的原则

对医疗事故鉴定结论有争议，当事人可以向上一级鉴定委员会申请重新鉴定；上级鉴定委员会的结论可以否定下级鉴定委员会的结论。省、自治区、直辖市级的鉴定结论为最终鉴定，即使当事人对鉴定结论仍有争议，不得再向上一级卫生行政部门申请复议，卫生行政部门可以按此鉴定结论进行处理。坚持终局鉴定的原则，有利于维护鉴定工作的严肃性，可以避免无休止争议造成的不必要的浪费。

二、医疗事故鉴定组织及其任务

(一)医疗事故鉴定组织及机构

医疗事故鉴定组织是指对医疗事故进行技术鉴定的专门机构。医疗事故处理办法规定，医疗事故鉴定组织是医疗事故鉴定委员会。各省(自治区)分别设立省(自治区)、地区(自治州、市)、县(市、市辖区)三级鉴定委员会；直辖市设立市、区(县)二级鉴定委员会。

医疗事故鉴定委员会由有临床经验、有权威、作风正派的主治医师、主管医师以上医务人员和卫生行政管理干部若干人组成。省、自治区、直辖市级鉴定委员会及有条件的地方鉴定委员会可以吸收法医参加。鉴定委员会人选，由卫生行政部门提名，报请同级人民政府批准。鉴定委员会应分别设立若干学科组，鉴定时每个学科组要有三名专业人员参加。

鉴定委员会的办事机构设在相应的卫生行政机关，由卫生行政机关指派专职或兼职人员，负责接待来信来访、调查、鉴定等工作。

(二)医疗事故鉴定组织的性质和任务

医疗事故技术鉴定委员会在同级政府领导下，负责受理本地区医疗事故的技术鉴定工作。它是本地区医疗事故技术鉴定的惟一合法组织，只有它的鉴定结论才能作为认定和处理医疗事故的依据。人民法院已经立案的医疗事故纠纷案件，也应当由鉴定委员会负责技术鉴定。在审理中认为该鉴定结论举证有困难时，可要求同级鉴定委员会复议或请上一级鉴定委员会重新鉴定。中国人民解放军所属的向地方开放的医院发生医疗事故，也可以提请当地鉴定委员会进行鉴定。

医疗事故技术鉴定委员会不属于卫生行政机关，鉴定活动是一项科学性的技术鉴定工作，不表现为具体行政行为，其鉴定结论，只是卫生行政部门及司法机关认定和处理医疗事故的依据，不具有证据作用。因此对鉴定结论有异议，以鉴定委员会为应诉对象提出起诉，人民法院不予受理。

鉴定委员会接到鉴定申请或者委托后，应当做好调查研究工作，认真审阅有关资料，广泛听取各方面意见，慎重做出鉴定，如材料不全或情节不清，有权要求医疗单位或当事医务人员、病人及其家属提供有关资料和作当面陈述，也有权直接进行调查、核实；发现资料不完整、不真实，有权拒绝鉴定；在遇到定性和等级判定意见难以一致时，可以暂时不作结论，待进一步调查、了解或核实后再作鉴定结论。

三、医疗事故鉴定程序

医疗事故鉴定程序是指医疗单位、病员及其家属等医疗事故当事人申请鉴定以及鉴定委员会进行鉴定活动必须遵循的工作程序。

(一)鉴定申请

医患双方对发生的医疗事故或事件的认定及处理存在争议，任何一方都可以向当地医疗事故技术鉴定委员会申请鉴定。

(二)受理与调查

鉴定委员会办事机构在接到鉴定申请或委托鉴定后，应对申请与委托进行审查，对不予受理的应在七日内给予答复。对符合受理条件的应当予以登记立案，并做好鉴定前的准备工作，包括审核所存的各种原始资料，派有关人调查核实等。有关医疗单位及卫生行政部门的综合调查报告、发生医疗事件的患者病历摘要及患者家属的书面意见、一些有关的旁证材料等应在鉴定会前一周提交鉴定委员会，如报请上一级鉴定委员会进行鉴定时需由申请单位填写委托鉴定书。

（三）召开鉴定会

鉴定会分三步进行。先由有关人员向鉴定委员会成员介绍情况或事件经过，必要时，可请有关责任者和知情人及病员与家属到会，接受询问，进行当场了解。然后，由鉴定委员会成员正式开始鉴定会讨论。有关医务人员和病员家属必须退席，除主持会议的有关领导人参加外，其他邀请列席会议的人员一律应当暂时回避。鉴定委员会成员对鉴定意见有平等的发言权和裁判权。鉴定会由指定人员做好会议录音和会议记录，内部保存。最后，对鉴定意见本着少数服从多数原则进行集中，作出结论意见。如对意见分歧较大，可采取休会另议或个别会议方法进行。复会时，可由鉴定成员推荐一名代表，将意见向会议报告，再作出最后结论。结论意见须由各原定委员会成员签字生效。

（四）作出鉴定结论

医疗事故技术鉴定委员会应将鉴定结论意见以“鉴定意见书”的形式作出，并发给有关方面。各级鉴定委员会的鉴定结论，应依据会议讨论的一致意见正式行文，由原申请委托鉴定单位分发给有关单位及家属个人一份。医疗事故的鉴定结论，在正式告知当事人之前，任何人不得擅自对外泄露。

四、医疗事故鉴定结论与鉴定收费

（一）医疗事故鉴定结论的法律效力

各级鉴定委员会已经同级人民政府批准，符合规定程序作出的鉴定结论，具有法律效力。其他组织、个人所作的医疗事故鉴定结论无法律效力。《医疗事故处理办法》规定，省、自治区、直辖市级鉴定委员会的鉴定为最终鉴定。它的鉴定结论，为处理医疗事故的依据。地区（自治州、市）、县（市、市辖区）鉴定委员会的鉴定，在没有争议的情况下，也是处理医疗事故的依据。对于有争议的鉴定结论，需要重新鉴定时，上级鉴定委员会可以否定下级鉴定委员会的结论。

（二）医疗事故鉴定意见书

医疗事故鉴定意见书是医疗事故鉴定结论的法律文书，必须具备规定的内容，符合规定的形式。

鉴定委员会的鉴定结论要以书面形式作出，内容包括：(1)委托鉴定书：单位名称，负责人或个人姓名，与本案病员的关系。(2)申请鉴定者：单位负责人或个人姓名，详细住址，与本案病员的关系。(3)病员一般情况：姓名、性别、年龄、职业、工作单位或家庭住址、住院号、门诊号等。(4)病历摘要及申请鉴定理由。(5)鉴定委员会分析意见。(6)鉴定结论（含事件性质和等级）。(7)鉴定委员会盖章及签发年、月、日。

鉴定意见书字迹要清晰，结论严谨，由鉴定委员会负责人签发，分送申请（委托）鉴定单位、个人和医疗单位。

（三）医疗事故鉴定收费

鉴定可以适当收取鉴定费。鉴定费由败诉方支付。经鉴定属于医疗事故的，鉴定费由医疗单位支付；不属于医疗事故的，鉴定费由提出鉴定的一方负担。申请上一级鉴定委员会重新鉴定，应另行支付鉴定费，原来支付的鉴定费，无论重新鉴定结论如何，均不退还。鉴定费标准，由省、自治区、直辖市卫生行政部门规定。

第五节　医疗事故的法律责任

一、医疗事故责任人的确认

确认医疗事故的法律责任，有两个方面的问题，一是明确医疗事故的责任人，二是对责任人根据其责任性质、情节及后果等因素作出相应的处理结果。明确医疗事故的责任人，是解决责任归属的前提，因而，这是正确处理医疗事故的重要环节。实践中，要根据不同情况，分清因果关系，严格区分不同责任人和责任界限。

第一，直接责任人员。是指责任人的行为与病员的不良后果之间有直接的因果关系，是对不良后果起决定作用的人员。

第二，间接责任人员。是指责任人的行为与病员的不良后果之间有着间接的关系，是造成不良后果的条件，不是起决定作用的人员。

第三，在复合原因造成的结果中，要分清主要责任人员和次要责任人员，分别根据他们在造成不良后果过程中所起的作用，确定其所负责任的大小。

第四，要区分具体实施人员的直接责任与指导人员的直接责任。如果是具体实施人员受命于指导人员实施的行为，或在实施中实施人员提出过纠正意见，未被指导人员采纳而造成不良结果的，由指导人员负直接责任。如果实施人员没有向指导人员如实反映病人情况或拒绝执行指导人员的正确意见造成不良后果，实施人员负主要责任。如果是具体实施人员提出了违反有关法规(含规章制度)的主张、做法，由于指导人员轻信，同意实施或者具体实施人员明知受命于指导人员所实施的行为违反有关规章制度，但不向指导者反映，仍然继续实施而造成不良后果的，则具体实施人员和指导人员都要负直接责任。

第五，要分清职责范围与直接责任的关系。如果事故责任不属责任人法定职责或特定义务范围，责任人对其不良后果负直接责任。如果分工不清，职责不清，又无具体制度规定，则以其实际工作范围和公认的职责作为认定责任的依据。如无特殊需要责任人无故擅自超越职责范围造成事故的，也应追究责任。

第六，对未经单位同意或认可，从事业余的有偿治疗护理活动而造成不良后果的医务人员，其善后处理由本人负责。如果在非职责范围和职责岗位,包括业余或离退休人员,无偿为人民群众进行诊疗护理活动,或于紧急情况下抢救危重病员而发生失误造成不良后果的,一般不应追究责任。

二、经济补偿及民事赔偿责任

《医疗事故处理办法》规定,确定为医疗事故的,可根据医疗事故等级、情节和病员的情况给予一次性经济补偿,由当事的医疗单位或个体开业医务人员直接给付病员及其家属。为保障病员及家属合法权益,病员由于医疗事故而增加的医疗费用由医疗单位负责支付。同时还规定,病员及其家属不得因给了医疗事故补偿费而削减病员及其家属依法享受的福利待遇和生活补贴。补偿费标准,由于我国地域广阔,经济、文化水平差异较大难以适用统一标准,则由各省、自治区、直辖市人民政府规定,具有抚慰性质。这是因为我国卫生事业是政府福利性的社会公益事业。医疗单位的经费主要是靠国家补贴,医疗尚未按成本收费,医疗保险尚未配套,医疗单位还不具备完全承担民事赔偿责任的能力,因此,不可能全面承担病员医疗事故的损失。

最高人民法院 1992 年 3 月 24 日《关于李新荣诉天津市第二医学院附属医院医疗事故赔偿一案如何适用法律的复函》的司法解释,认为医疗事故处理办法和地方人民政府医疗事故处理办法实施细则,是处理医疗事故赔偿案件的行政法规和规章,与民法通则中规定的侵害他人身体应当承担民事赔偿责任的基本精神是一致的。因此,应当依照民法通则、医疗事故处理办法的有关规定和参照地方政府医疗事故处理办法实施细则的有关规定,根据案件具体情况处理。根据此精神,人民法院在医疗事故案件处理中,可以依据民法通则规定的基本原则,依法确认医疗事故责任人的民事赔偿责任。

三、医疗事故的行政责任

《医疗事故处理办法》规定，对造成医疗事故的直接责任人，医疗单位应当根据其事故等级、情节轻重、本人态度和一贯表现，分别给予以下行政处分：

一级医疗事故：记大过、降级、降职、撤职，开除留用察看、开除。

二级医疗事故：记过、记大过、降级、降职、撤职。

三级医疗事故：警告、记过、记大过、降级、降职。

对造成医疗技术事故的直接责任人员，医疗单位应责令其作出书面检查，吸取教训，一般可免予行政处分。但对情节严重的，主要是指事故发生虽然属于技术过失为主要原因，其中责任因素依然占有不可忽视的地位，或事故发生后，不能以病员安危为重，迅速采取果断措施进行补救，而是患得患失，企图隐匿或推卸责任的，也应当依照规定，酌情给予行政处分。

发生医疗事故或事件后，丢失、涂改、隐匿、伪造、销毁病案和有关资料，情节严重的，对直接责任人员应追究其行政责任。

个体开业医务人员造成医疗事故，由当地卫生行政部门根据事故等级、情节、本人态度，除责令其对病员方面作一次性经济补偿外，还可以处一年以内的停业或吊销执业许可证。

四、医疗事故的刑事责任

《医疗事故处理办法》规定，发生医疗事故或事件后，丢失、涂改、隐匿、伪造、销毁病案和有关资料，情节严重构成犯罪的，由司法机关依法追究其刑事责任。

《刑法》第335条规定，医务人员由于严重不负责任，造成就诊人死亡或者严重损害就诊人身体健康的，处三年以下有期徒刑或者拘役。

《医疗事故处理办法》还规定，医疗单位的财产和工作秩序，工作人员的人身安全、民主权利和工作权利，受法律保护。任何人不得借口医疗单位发生医疗事故寻衅滋事，扰乱医疗工作正常秩序。违者，由公安部门依照《治安管理处罚条例》有关规定予以处罚；对情节严重构成犯罪的，由司法机关依法追究刑事责任。

第十四章　妇幼卫生及计划生育保健法律制度

第一节　妇幼卫生法律制度概述

一、妇幼卫生法的概念

妇幼卫生，是指根据妇女和儿童的生理特点，针对危害妇女儿童健康的主要疾病和因素，采取相应的防治及保障措施，以保障妇女儿童的身心健康，提高妇女儿童的健康水平。

妇幼卫生法，是指国家及有关机关制定和颁布的关于优生、优育、妇女儿童保健、计划生育技术指导等方面的法律规范的总称，是我国卫生法体系中的一个重要组成部分。

二、妇幼卫生立法概况

妇幼卫生是我国卫生工作的重要组成部分，一直受到党和政府的高度重视。新中国成立后，为保障妇女儿童的合法权益，保护妇女儿童的身心健康，我国在《宪法》、《婚姻法》等重要法律中均规定了保护妇女儿童的专门条款，并先后颁布了《妇幼卫生工作条例》(1986年)、《女职工劳动保护规定》(1988年)、《妇女权益保障法》(1992年)以及《中华人民共和国母婴保健法》(1994年)等重要法律法规。卫生部等有关方面颁布了一系列专门的法规及规章，以进一步落实并推进妇女、儿童的卫生保健。其中，在妇女保健方面，卫生部发布了《全国城乡孕产期保健质量标准和要求》(1985年)、《全国城市围产保健管理办法》(1987年)，卫生部、劳动部、人事部、全国总工会和全国妇联联合颁布了《女职工保健工作规定》

(1993年)。在儿童保健方面,卫生部先后发布了《城乡儿童保健工作要求》、《小儿四病防治方案》(1986年)、《散居儿童卫生保健管理制度》(1987年)、《卫生部关于加强儿童保健工作的通知》(1989年)及《卫生部关于进一步加强儿童保健工作的通知》(1990年);国务院批准国家教委发布了《幼儿园管理条例》(1989年);卫生部、国内贸易部、广电部等联合发布了《母乳代用品销售管理办法》(1995年)。此外,作为WHO重要会员国,1991年李鹏总理代表我国政府签署了《儿童生存、保护和发展世界宣言》和《九十年代行动计划》两个文件,并向国际社会承诺:"对儿童的权利,对他们的生存及对他们的保护和发展给予高度优先。"为此,1992年国务院批转了《九十年代中国儿童发展规划纲要》。卫生部颁布了《实施〈九十年代中国儿童发展规划纲要〉方案》,对妇幼保健工作提出了具体的指标、对策及措施。与此同时,各省、自治区、直辖市根据当地实际情况,还制定了相应的妇幼卫生地方性法规,从而初步形成了我国妇幼卫生法律体系。妇幼卫生法制建设的加强,有力地保障并推动了妇幼卫生保健事业的健康发展。

三、妇幼卫生组织机构及任务

妇幼卫生专业机构包括妇幼(婴)保健院、所(站),妇女保健所(院),儿童保健所,计划生育技术指导所,妇产(婴)医院,儿童医院及妇幼卫生专业研究机构等。这些机构受同级卫生行政部门领导和上一级妇幼保健机构的业务指导。妇幼卫生工作的基层组织包括街道、乡卫生院设立的妇幼保健组或防保组;村至少设1名女乡村医生或接生员负责妇幼保健工作;厂矿、企事业单位根据女工多少的实际情况,设妇幼保健所、站、室或专职人员,基层妇幼卫生组织受当地妇幼保健机构的业务指导。

妇幼卫生保健的对象是14岁以下儿童(主要是7岁以下儿童)以及从青春期到更年期的妇女。妇幼卫生工作的主要任务是:

第一,优生、优育工作。进行婚前检查,围产保健,产前诊断,优生、遗传疾病咨询和出生缺陷的监测等,预防和减少先天性、遗传性疾病。

第二,妇女保健工作。推广科学接生,实行孕产妇系统管理,做好围产期保健工作,提高住院分娩率,提高产科质量,防治妊娠并发症,降低孕妇和围产儿死亡率,在边远地区、少数民族地区继续普及新法接生;积极防治妇女常见病、多发病,调查分析发病因素,制定防治措施,降低发病率、提高治愈率;做好妇女经、孕、产、哺乳、更年期的卫生保健。

第三,儿童保健工作。做好7岁以下儿童保健工作;积极防治儿童常见病、多发病,调查分析发病因素,制定防治措施,降低发病率,提高治愈率;做好托儿所、幼儿园卫生保健的业务指导;推广科学育儿,提倡母乳喂养,会同有关部门做好婴幼儿早期教养工作;配合卫生防疫部门,做好预防接种及传染病管理工作。

第四,计划生育技术指导工作。推广以避孕为主的综合节育措施;对育龄夫妇指导和实施安全有效的节育方法,降低人工流产、引产率。

第五,妇幼卫生保健的科学研究及宣传教育工作。

第二节　母婴保健法律制度

一、母婴保健法的概念

母婴保健法是调整因保障母亲和婴儿健康、提高出生人口素质活动中产生的各种社会关系的法律规范的总和。

1995年6月1日,《母婴保健法》正式颁布施行。这是建国以来对母亲和婴儿保护的最重要立法,它既是保障下一代健康的重要立法,又是强化妇幼保健工作、维护妇女权益的重要立法。为了更好地贯彻实施《母婴保健法》,同年8月卫生部发布了《中华人民共和国母婴保健法实施办法》。《母婴保健法》及其实施办法的颁行，对于发展我国妇幼卫生事业，改善农村和边远贫困地区妇女儿童健康状况，提高全民族人口素质，促进家庭幸福和社会进步，都具有极其重要的意义。

二、母婴保健组织管理的法律规定

(一)监督管理机构及其职责规定

国务院卫生行政部门主管全国母婴保健工作，其他有关部门在各自职责范围内，配合卫生行政部门做好母婴保健工作。县级以上卫生行政部门负责管理本辖区内母婴保健工作，并实施监督，其主要职责是：第一，按照国务院卫生行政部门规定的条件和技术标准，对申请从事婚前医学检查、遗传病诊断、产前诊断以及结扎手术和终止妊娠手术的医疗保健机构进行审批。第二，对从事婚前医学检查、遗传病诊断、产前诊断、结扎手术和终止妊娠手术的人员以及从事家庭接生的人员进行考核，并颁发相应的证书。第三，对《母婴保健法》及其实施办法的执行情况进行监督检查。第四，依照《母婴保健法》及其实施办法决定行政处罚。县级以上地方人民政府卫生行政部门可以设立母婴保健监督员。母婴保健监督员从卫生行政部门或妇幼保健院中聘任，由同级卫生行政部门审核发证，主要职责是监督检查《母婴保健法》及其实施办法的执行情况，对违反《母婴保健法》及其实施办法的单位和个人提出处罚意见，对母婴保健工作提出改进的建议，完成卫生行政部门交给的其他监督管理任务。

(二)母婴保健机构管理规定

指依据《母婴保健法》开展母婴保健业务的各级妇幼保健机构以及其他开展母婴保健技术服务的机构。医疗保健机构按照国务院卫生行政部门的规定，负责其职责范围内的母婴保健工作。医疗保健机构依照《母婴保健法》的规定开展婚前医学检查、遗传病诊断、产前诊断以及实施结扎手术和终止妊娠手术的，必须符合国务院卫生行政部门规定的条件和技术标准，并经县以上地方人民政府卫生行政部门许可。医疗保健机构严禁采用技术手段对胎儿进行性别鉴定，但医学上确有需要的除外。

（三）母婴保健工作人员管理规定

《母婴保健法》规定，从事遗传诊断、产前诊断的人员，必须经过省、自治区、直辖市人民政府卫生行政部门的考核，并取得相应的合格证书；从事婚前医学检查、施行结扎手术和终止妊娠手术的人员以及从事家庭接生的人员，必须经过县级以上地方人民政府卫生行政部门的考核，并取得相应的合格证书。从事母婴保健的工作人员应当严格遵守职业道德，为当事人保密。

三、婚前保健的法律规定

《母婴保健法》及其实施办法规定，医疗保健机构应当为公民提供婚前保健服务。婚前保健服务的内容有：一是婚前卫生指导：关于性卫生知识、生育知识和遗传病知识的教育。二是婚前卫生咨询：对有关婚配、生育保健等问题提供医学意见。三是婚前医学检查：对准备结婚的男女双方可能患影响结婚和生育的疾病进行医学检查。婚前医学检查包括询问病史、体格及相关检查。经婚前医学检查，医疗保健机构应当出具婚前医学检查证明。经婚前医学检查，对患指定传染病在传染期内或者有关精神病在发病期内的，医师应当提出医学意见，准备结婚的男女双方应当暂缓结婚；对诊断患医学上认为不宜生育的严重遗传疾病的，医师应当向男女双方说明情况，提出医学意见，经男女双方同意，采取长效避孕措施或者施行结扎手术后不生育的，可以结婚，但《婚姻法》规定禁止结婚的除外。接受婚前医学检查的人员对检查结果持有异议的，可以申请医学技术鉴定，取得医学鉴定证明。

县级以上地方人民政府可以设立医学技术鉴定组织，负责对婚前医学检查、遗传病诊断和产前诊断结果有异议的进行医学技术鉴定。男女双方在结婚登记时，应当持有婚前医学证明或者医学鉴定证明。

四、孕产期保健的法律规定

医疗保健机构应当为育龄妇女和孕产妇提供孕产期保健服务。孕产期保健服务的内容有：一是母婴保健指导：对孕育健康后代以及严重遗传性疾病和碘缺乏病的发病原因、治疗和预防方法提供医学意见。二是孕妇、产妇保健：为孕妇、产妇提供卫生、营养、心理等方面的咨询和指导以及产前定期检查等医疗保健服务。三是胎儿保健：为胎儿生长发育提供监护，提供咨询和医学指导。四是新生儿保健：为新生儿生长发育、哺乳和护理提供医疗保健服务。

医疗保健机构对患严重疾病或者接触致畸物质，妊娠可能危及孕妇生命安全或者可能严重影响孕妇健康和胎儿正常发育的，应当予以医学指导。医师发现或者怀疑患严重遗传性疾病的育龄夫妻，应当提出医学意见，育龄夫妇应当根据医师的医学意见采取相应的措施。经产前检查，医师发现怀疑胎儿异常的，应当对孕妇进行产前诊断。经产前诊断，有下列情形之一的，医师应当向夫妻双方说明情况，并提出终止妊娠的医学意见：胎儿患严重遗传性疾病的；胎儿有严重缺陷的；因患严重疾病，继续妊娠可能危及孕妇生命安全或者严重危害孕妇健康的。需施行终止妊娠或者结扎手术，应当经本人同意，并签署意见；本人无行为能力的，应当经其监护人同意，并签署意见。依法施行终止妊娠或者结扎手术的，接受免费服务。

医疗保健机构为产妇提供科学育儿、合理营养和母乳喂养的指导；对婴幼儿进行体格检查和预防接种，逐步开展新生儿疾病筛查、婴儿多发病和常见病防治等医疗保健服务；母乳喂养是婴儿的权力，全社会都要保护和支持母乳喂养，在全国范围内严格执行《母乳代用品管理办法》，医疗保健机构应当为母乳喂养提供必要条件。

五、违反母婴保健法的法律责任

未取得国家颁发的有关合格证书，有下列行为之一的，县级以上地方人民政府卫生行政部门应当予以制止，并可根据情节给予警告或处以罚款：从事婚前医学检查、遗传病诊断、产前诊断或者医学技术鉴定的；施行终止妊娠手术的；出具法律规定的有关医学证明的。同时，非法出具的有关医学证明无效。

未取得国家颁发的有关合格证书，施行终止妊娠手术或者采取其他方法终止妊娠，致人死亡、残疾、丧失或者基本丧失劳动能力的，依照《刑法》第 134 条、135 条的规定追究刑事责任。

从事母婴保健的工作人员违反《母婴保健法》规定，出具有关虚假医学证明或者进行胎儿性别鉴定的，由医疗保健机构或者卫生行政部门根据情节给予处分；情节严重的，依法取消执业资格。

第三节　妇幼保健的法律规定

一、女职工保健的法律规定

(一)经期保健

女职工在月经期间，单位不得安排从事高空、低温、冷水和国家规定的三级体力劳动强度的劳动。女职工在 100 人以上的单位，应逐步建立女职工卫生室，健全相应的制度并设专人管理。女职工每班在 100 人以下的单位，应设置简易的温水箱及冲洗器。对流动、分散工作单位的女职工应发放单人自用冲洗器。

(二)孕前和孕期保健

积极开展优生宣传和咨询。对女职工应进行妊娠知识的健康教育，使她们在月经超期时主动接受检查。患有射线病、慢性职业中毒、近期内有过急性中毒史及其他碍于母体和胎儿健康疾病者，暂时不宜妊娠。对有过两次以上自然流产史现又无子女的女职工,应暂时调离有可能直接或间接导致流产的作业岗位。对妊娠女职工应建立孕产妇保健卡(册),对孕妇定期进行产前检查、孕期保健和营养指导。要避免孕妇在此期间接触有毒有害作业。怀孕7个月以上(含7个月)的女职工,一般不得安排其从事夜班劳动,在劳动时间内应安排一定的休息时间。

(三)产后和哺乳期保健

女职工产假为90天,其中产前休假15天。难产的增加产假15天。多胞胎生育的,每多生1个婴儿,增加产假15天。对产后女职工要进行产后访视及母乳喂养指导。产后42天对母子进行健康检查。产假期满恢复工作时,应允许有1至2周时间逐步恢复原工作量。对有未满1周岁婴儿的女职工,应当在每班劳动时间内给予其两次哺乳(含人工喂养)时间,每次30分钟。多胞胎生育的,每多哺乳1个婴儿,每次哺乳时间增加30分钟。在此期间不得安排女职工加班加点及从事有毒有害作业。

(四)更年期保健

宣传更年期生理卫生知识,对进入更年期的女职工应每1至2年进行一次以防癌为主的妇科疾病查治。经县(区)以上(含县、区)的医疗或妇幼保健机构诊断为更年期综合症者,经治疗效果仍不显著且不适应原工作的,应暂时安排适宜的工作。

二、孕产期保健的法律规定

孕产期包括孕期、产期及褥期。孕产期保健是指妇女从怀孕到产褥期这一特殊生理过程中所采取的保健措施。孕产期的卫生保健,涉及到母婴健康和安全,是妇幼卫生保健的重要内容之一。卫生部颁布的《全国城乡孕产期保健质量标准和要求》,根据我国城乡孕产期保健工作水平与条件的不同,将城市和农村各分为甲、乙、丙三类。就孕产妇死亡率、围产儿死亡率、胎位性难产发生率、癫痫发病率、Ⅲ度会阴裂伤率、新法接生率、新生儿破伤风发生率、产后出血发生率、产褥感染发生率和产后6—12小时抱奶率等提出了不同的标准和相应的要求。其中核心是孕产妇死亡率和围产儿死亡率。该规定要求城市甲类地区孕产妇死亡率降至2/万以下，围产儿死亡率降至15‰以下；乙类地区孕产妇死亡率降至3/万以下，围产儿死亡率降至20‰。农村甲类地区孕产妇死亡率要求降至4/万以下，围产儿死亡率降至25‰；乙类地区孕产妇死亡率降至5/万以下，围产儿死亡率降至33‰以下。无论城乡，达不到乙类标准的为丙类。这类地区要力争在3—5年内达到乙类的标准和要求。

三、围产期保健的法律规定

按WHO推荐的国际标准确认，从妊娠28周到产后1周为围产期。围产期保健是指围绕分娩前后一定时期内对孕产妇和胎婴儿所进行的保健工作，它直接关系到母婴的健康与安全，是妇幼保健工作的主要内容，是实现优生、优育提高民族健康水平的重要措施之一。其主要内容是防治孕产妇并发症，特别是危害胎儿和新生儿的各种疾病，对胎儿的成长和健康进行预测和监护，以降低围产儿死亡率和病残儿发生率。为做好围产期保健，卫生部颁布的《全国城市围产保健管理办法(试行)》对此作了明确规定：

(一)围产保健内容

我国的围产期保健，以母婴为共同的监护对象，把围产期保健管理划分为5个阶段，对不同的阶段规定了不同的要求。孕早期，对怀孕妇女做到“三早”，即早发现、早检查、早确诊，指导孕妇避免病毒感染和接触各种致畸物质从而影响胚胎的正常生长发育；孕中期，做好产前检查，注意胎儿宫内生长发育，指导孕期卫生和营养；孕晚期，定期进行产前检查，积极防治妊娠高血压综合症及其他合并症，防治早产、胎位异常，做好高危门诊及高危病房监护；分娩期，严格执行各产程常规，提高接产质量，做好“五防”(防滞产、防感染、防出血、防窒息、防产伤)、“一加强”(高危产妇的分娩监护)；产褥期、新生儿期，做好产妇及新生儿的保健，包括产褥期护理、新生儿护理、高危儿抢救、产后访视、产后健康检查和早产儿、体弱儿的管理等。

（二）围产保健管理

建立健全三级妇幼保健网，围产保健实行划片分工管理。基层街道妇幼保健站、医院或卫生院（所）、厂矿企业保健站为一级；县（区）妇幼保健院（所）、医院及有产科床位的厂矿医院为二级；省、市妇幼保健院（所）、医院、中央各部属医院及医科大学的附属医院为三级。各级妇幼保健机构要加强对围产原始资料的统计、分析和利用，进行质量控制和评价，不断提高围产保健的水平。

四、儿童保健的法律规定

（一）集体儿童保健

集体儿童保健是指对托儿所、幼儿园等集体儿童机构中的儿童所进行的保健工作。国家规定凡入托3岁以下儿童的为托儿所，3—6周岁的为幼儿园。集体儿童保健的管理规定包括：第一，预防疾病制度。婴幼儿入园（所）前必须进行全身健康检查，对有传染病接触史的婴幼儿除进行常规体检外，还必须经检疫观察，无症状者方可入园、所。集体儿童保教机构工作人员参加工作前也必须进行健康体检，合格者方可入园、所工作。不论托儿还是工作人员必须按照规定时间定期进行健康体检。建立消毒隔离制度，儿童及工作人员患传染病，应立即隔离治疗，所在班要彻底消毒。患者待隔离期满痊愈后，经医生证明方可回原班、组。对检疫的班，在此期间也不收新儿入托。工作人员或幼儿家中发现有传染病人时，应立即报告园所领导，以便采取必要措施。要坚持日常消毒制度和培养儿童卫生习惯，儿童玩具要定期消毒、清洗，保持清洁卫生，儿童活动场所要消灭蚊、蝇、蟑螂等害虫，婴幼儿日常生活用品要专人专用，并做好消毒。第二，生活管理和体格锻炼制度。托儿机构要根据儿童年龄、季节制订合理的生活管理制度，做到定时起居、生活有规律，有充足的睡眠和户外活动的时间。婴幼儿伙食应专人负责，制订适合婴幼儿年龄的食谱，同时要定期计算婴幼儿营养量，做好科学喂养和饮食卫生工作。要经常开展适合婴幼儿特点的游戏和体育活动，重视婴幼儿体格锻炼。第三，安全制度。托儿所、幼儿园必须设置在安全区域内，严禁设置在污染区和危险区。注意房屋、场地、家具、用具使用的卫生安全，避免婴幼儿被砸伤、摔伤、烫伤等事故的发生。药物必须妥善保管，婴幼儿服药时必须仔细核对。建立健全儿童接送制度，不得丢失儿童。

(二)散居儿童保健

散居儿童保健是指对不进托儿所、幼儿园等儿童保育机构而分散在家庭抚养的7岁以下儿童所进行的保健工作。其重点为新生儿和3岁以下婴幼儿。《散居儿童卫生保健管理制度》规定，由各级儿童保健机构组织各级医院，成立三级儿童保健网，对责任地段户口中的散居儿童，建立保健卡，定期进行健康检查、缺点矫治、体弱儿管理以及疾病监测工作，并完成基础免疫工作，提高儿童健康水平。尤其是对低体重儿和早产儿，除按新生儿管理外，应列专案管理。对佝偻病活动期、中度以上缺铁性贫血、Ⅱ度以上营养不良的体弱儿，要建专案病历。针对患儿的发病原因，指导喂养、护理及疾病防治。

(三)儿童计划免疫

计划免疫是根据疫情监测和儿童免疫状况分析，按照规定的免疫程序，有计划地利用生物制品进行预防接种，以提高免疫水平，达到控制以至最终消灭相应传染病的目的。搞好计划免疫，是确保儿童健康成长的重要措施。《全国计划免疫工作条例》规定，我国实行儿童基础免疫，所用制品包括：百日咳菌苗、白喉类毒素、破伤风类毒素混合制剂、卡介苗、脊髓灰质炎活疫苗、麻疹活疫苗，以争取控制相应6种严重危害儿童健康的传染病。儿童基础免疫要根据规定的免疫程序进行。

第四节 计划生育的法律制度

一、计划生育法概述

(一)计划生育立法

实行计划生育是我国的一项基本国策。我国《宪法》明确规定:国家推行计划生育,使人口的增长同经济和社会发展计划相适应;夫妻双方有实行计划生育的义务。《婚姻法》把计划生育作为一项基本原则加以规定。省、自治区、直辖市的权力机关或政府依据宪法和有关法律规定,从当地实际出发,制定了计划生育条例或规定,对生育、节育、社会保障和技术服务、组织管理、奖惩制度等作了明确规定。卫生部于1978年修订了《节育手术常规》;同年2月,国务院计划生育领导小组、卫生部颁发了《关于提高节育手术质量的通知》;1983年12月,卫生部颁发了《计划生育技术管理工作条例(试行)》、《女性节育手术并发症诊断标准(试行)》和《男性节育手术并发症的诊断标准(试行)》。1986年颁布的《妇幼卫生工作条例》中对计划生育技术指导作了专门规定。1992年12月,卫生部发布了《计划生育技术工作管理办法》。1998年9月,经国务院批准,国家计划生育委员会发布了《流动人口计划生育工作管理办法》。这些法律、法规、规章的颁布与实施,使我国计划生育工作全面走上了法制化轨道,有效地控制了人口增长的速度,人口素质得到了明显提高。现阶段,我国计划生育的工作重心是积极宣传节育、优生的科学知识,进行避孕技术指导,同时,采取积极措施加强对流动人口的计划生育工作管理。

(二)计划生育的法律规定

《婚姻法》及计划生育法规的主要规定有:(1)结婚必须达到法定年龄,男不得早于22周岁,女不得早于20周岁;禁止直系血亲和旁系近亲结婚,禁止患某些疾病者结婚。(2)国家鼓励晚婚晚育，推迟法定年龄3年以上结婚者，即男年满25周岁，女满23周岁的初婚为晚婚，已婚妇女年满24周岁的初育为晚育。(3)国家推行和鼓励一对夫妻只生育一个孩子，禁止无计划生育；准生二胎的，必须严格符合有关规定。少数民族地区也提倡计划生育。(4)国家对晚婚、晚育、终身不育和领取独生子女证的夫妻，给予精神鼓励、物质奖励或生活上的照顾。对在计划生育工作中作出显著成绩的单位和个人予以表彰和奖励，对违反计划生育法规的，依法进行处罚，构成犯罪的，追究刑事责任。

二、计划生育技术工作管理

(一)计划生育技术工作管理

计划生育技术工作管理，指对提供节制生育技术服务部门和单位的管理与监督工作，其目的是为提高计划生育技术工作质量，保护育龄男女的健康，维护计划生育技术工作的正常秩序。

国务院卫生行政部门主管计划生育技术管理工作，负责国家计划生育技术标准和法规的制定及技术质量的监督检查。县及县以上各级卫生行政部门主管所辖区内的计划生育技术质量监督检查工作。根据规定，县及县以上卫生行政部门应成立计划生育技术指导组，参加计划生育手术疑难病症和危重病例的会诊、抢救；组织和负责计划生育手术并发症的鉴定工作和死亡评审；对计划生育手术人员进行资格审定和技术考评；对当地的计划生育技术工作进行咨询、指导。省级妇幼保健院或计划生育技术指导所应成为本省(自治区、直辖市)计划生育技术工作的指导中心，并承担辖区内的下列任务：第一，计划生育技术指导和人员培训。第二，受同级卫生行政部门委托，起草有关技术工作规范、标准和要求及颁行后的组织实施。第三，承担转诊、会诊、疑难手术及并发症的诊治任务。第四，计划生育技术的统计、分析、上报和反馈。第五，计划生育、优生优育方面的健康教育及教材制作。第六，开展科学研究及适宜技术的推广工作。市、地妇幼保健院、所或计划生育技术指导所，被批准开展计划生育手术的县级妇幼保健或医疗单位、乡(镇)级单位应按规定完成各自的任务。村民委员会、街道居民委员会及各类卫生室指导育龄人群落实节育措施，不得开展任何计划生育手术。凡从事计划生育手术的单位及其人员，必须经县及县以上卫生行政部门的审查、考核批准，方可施术。施术单位及人员的资格审查每三年一次。计划生育手术考核不合格和未经考核审查的以及个体开业医生不得开展计划生育手术。

(二)节育手术质量管理

在节育手术中，要严格执行《节育手术常规》。术前认真询问和体检，切实掌握适应症和禁忌症，手术包和手术器械要严密消毒；术中一丝不苟，做好手术记录；术后加强观察护理，减少和防止术后事故和并发症的发生。对节育手术并发症的处理，应坚持严肃、认真和实事求是的原则。凡确诊为并发症的病人，应在指定的医疗单位进行治疗，按规定处理治疗费等有关费用。经医疗保健单位证明，在住院或休息、治疗期间，照发工资。造成死亡、丧失或基本丧失劳动能力而导致生活困难的，应比照工伤处理。

三、流动人口计划生育工作

已婚育龄流动人口是指现居住地不是户籍所在地，从事务工、经商等活动或者以生育为目的异地居住，可能生育子女的已婚育龄人员。1998 年 9 月 22 日国家计委发布了《流动人口计划生育管理办法》，以加强流动人口计划生育管理工作，有效地控制人口增长，维护流动人口的合法权益。

(一)流动人口计划生育的组织管理

国务院计划生育行政管理部门负责全国的流动人口计划生育管理工作。地方各级人民政府统一领导本行政区域内流动人口计划生育管理工作，组织、协调有关部门对流动人口计划生育工作实行综合管理并提供必要的保障；应当将流动人口计划生育管理纳入本行政区域内人口和计划生育目标管理责任制。县级以上地方各级人民政府计划生育行政管理部门负责本行政区域内流动人口计划生育管理工作。县级以上人民政府公安、工商行政管理、劳动就业、卫生、房产管理等行政部门应当配合同级计划生育行政管理部门,在各自的职责范围内做好流动人口计划生育管理和服务工作。流动人口的计划生育工作由其户籍所在地和现居住地的地方人民政府共同管理,以现居住地管理为主;流动人口现居住地的地方人民政府负责对流动人口计划生育工作的日常管理,并将流动人口计划生育工作纳入当地计划生育管理。与已婚育龄流动人口形成劳动关系的用人单位应当负责被招用的已婚育龄流动人口的计划生育管理工作,并接受其现居住地的乡(镇)人民政府或者街道办事处和县级以上地方人民政府计划生育行政管理部门监督检查。

(二)流动人口计划生育工作管理

1、婚育证明的管理。成年流动人口在离开户籍所在地前,应当凭其合法的婚姻、身份证件,到当地县级人民政府计划生育行政管理部门或者乡(镇)人民政府、街道办事处办理婚育证明。到现居住地后,应当向现居住地的乡(镇)人民政府或者街道办事处交验婚育证明。现居住地的乡(镇)人民政府或者街道办事处查验婚育证明后,对已婚育龄流动人口予以登记,并告知其接受当地乡(镇)人民政府或者街道办事处的管理;婚育证明不完备的,应当要求补办。有关部门审批成年流动人口的暂住证、营业执照、务工许可证等证件时,应当核查其现居住地的乡(镇)人民政府或者街道办事处查验过的婚育证明,并将审批结果报其现居住地的乡(镇)人民政府或者街道办事处;没有婚育证明的,不得批准。

2、生育、避孕与节育工作的管理。已婚育龄流动人口申请在现居住地生育子女的,应当在其户籍所在地的县级人民政府计划生育行政管理部门或者乡(镇)人民政府、街道办事处按照当地有关规定办理生育证明材料;凭其户籍所在地的县级人民政府计划生育行政管理部门或者乡(镇)人民政府、街道办事处出具的生育证明材料，方可在现居住地生育子女。流动人口现居住地的乡(镇)人民政府或者街道办事处应当向其中的已婚育龄流动人口进行人口与计划生育宣传，组织有关单位向育龄夫妻提供避孕节育措施服务，并与其户籍所在地的乡(镇)人民政府或者街道办事处建立联系，通报有关情况，或出具避孕节育的情况证明，由本人寄回其户籍所在地。

(三)法律责任

对已婚育龄流动人口中独生子女的父母的奖励，由其户籍所在地按照当地有关规定办理；对已婚育龄流动人口生育管理工作中做出显著成绩的单位和个人，由当地人民政府和计划生育行政管理部门给予奖励，对已婚育龄流动人口计划生育工作不负责任，未达到计划生育工作目标的单位和个人，以及已婚育龄流动人口违反计划生育规定的，由当地政府和有关部门按照本省、自治区、直辖市有关规定予以处理。

对伪造、出卖或者骗取婚育证明的，或不按规定办理婚育证明，经其现居住地的计划生育行政管理部门通知后，逾期仍拒不补办或者拒不交验婚育证明的，或与已婚育龄流动人口形成劳动关系的用人单位拒不履行流动人口计划生育管理职责的，由当地县级以上人民政府计划生育行政管理部门给予警告，可以并处罚款。

对拒绝为成年流动人口办理婚育证明或者为其出具假证明的，或县级以上地方人民政府公安、工商行政管理、劳动就业、卫生、房产管理等行政部门工作人员审批成年流动人口有关证件时，不查验婚育证明或者明知无婚育证明而予以批准的，依法给予行政处分。

第十五章　初级卫生保健法律制度

第一节　初级卫生保健概述

一、初级卫生保健的提出及其含义

20世纪70年代以来，世界卫生组织（WHO）本着“健康是每一个人的基本权利，各国政府对其人民的健康负有责任”的宗旨，提出了全球性卫生战略目标，并制定了相应策略，确定了适当的指标，以检查全球卫生战略的进展和评价其效果。作为实施全球性卫生战略的行动和实现卫生战略目标的途径，WHO各成员国尤其是发展中国家广泛开展了初级卫生保健。

1977年5月，在第30届世界卫生大会上，WHO向各成员国提出了未来几十年的努力目标：“到2000年使全世界人民的健康水平达到能在社会上和经济上过着富有生机和活力的生活水平”，即“2000年人人享有卫生保健”（Health For All by Year 2000，简缩HFA/2000）。1978年9月，在苏联阿拉木图举行国际初级卫生保健会议，发表了具有卫生革命性的《阿拉木图宣言》，明确了初级卫生保健的概念和途径，提出了初级卫生保健是实现“2000年人人享有卫生保健”的基石和关键。1982年，第34届世界卫生大会正式通过了“HFA/2000”的全球战略决议，决定由世界卫生大会定期检查其进展情况并评价其效果，该决议由第34届联合国大会确定为具有全球意义的卫生发展策略。二十多年来，WHO根据《阿拉木图宣言》的精神，采取了一系列积极措施，以推动各国初级卫生保健战略行动的实施。初级卫生保健作为一种途径，已成为了全球卫生战略的关键环节。

初级卫生保健(Primary Health Care,简缩 PHC)是指人群最先接触到的第一线卫生保健服务,也是国家提供给全体居民的最基本的医疗保健服务。根据阿拉木图会议的解释,这种保健是社区中的个人及其家庭能够普遍享受到的,其方法切实可行,学术上可靠,又能被社会所接受;国家或社区能负担得起其费用;社区中的个人及家庭积极参与的一种卫生服务。它是社区和整个社会经济发展的组成部分,是国家卫生系统的中心职能和主要环节。

初级卫生保健按其范围的不同,可以作狭义和广义的区别。狭义的含义仅属于医疗保健的最基本层次,常由一些基层医生及其辅助人员提供,与二级、三级医疗保健系统相比,具有其自身的功能特征:在地理上,它是与群众距离最近、最方便和最容易得到的,反应最迅速的医疗服务;它能够筛选出那些需要会诊的问题,而对广泛的常见问题提供简便易行的技术服务;其服务是连续性的,并能协调医疗保健的各个方面;它要求医务人员了解病人所处的整个环境,并与之建立包括心理上的持续的良好关系。广义的含义,除上述内涵外,还包括对个人及家庭实施健康教育咨询、疾病预防和健康促进方面的内容,是集基层医疗服务,基层卫生保健,以社区为导向的基层医疗和国家——全民健康保险于一体的具有综合性、连续性、协调性、方便性和负责性特点的工作。对于初级卫生保健的概念理解,广义的含义是符合 1978 年《阿拉木图宣言》的精神及"人人享有卫生保健"的目标所要求的。为此,初级卫生保健应体现以下原则:第一,全面的基本需要的可及性和覆盖率;第二,社区和个人参与及自力更生;第三,强调疾病预防和健康促进的综合卫生保健;第四,部门间的广泛合作;第五,在可以得到的资源内,采用适宜技术和成本效益,为社会能接受,经济上能够负担。

二、"2000 年人人享有卫生保健"的涵义及目标

"2000 年人人享有卫生保健"或"人人健康",是 1977 年 5 月第

30届世界卫生大会在决议中提出的全球卫生战略目标。WHO对这一目标解释为:“2000年人人达到最高可能的健康水平。”

按WHO的解释,“2000年人人享有卫生保健”具有两方面的基本涵义:首先,“HFA/2000”并不是指一个有限的单极目标。一方面,“HFA/2000”并不是指到2000年医生能为世界上每一个人治好疾病,也不是指不再会有人患病或致残,而是代表着到20世纪末全球人类健康所能达到的最高水平。另一方面,其内涵是多方面的,其一,健康是每个人的基本权利,医疗保健服务应该针对全体社会人员;其二,应从个人、家庭、学校和工厂等诸多方面去考虑卫生保健问题;其三,人们将用比现在更好的方法去预防疾病、减轻疾病和伤残的痛苦,并以更好的方式步入成年、老年并安然地告别生命;其四,在居民中均衡地分配一切卫生资源;其五,使所有个人及其家庭在尽可能的范围内,通过其充分参与,享受到最基本的医疗保健服务;其六,使人们懂得疾病是可以预防的,他们有能力摆脱疾病的困扰,应该积极创造自己和家庭的健康生活。其次,“HFA/2000”并不是指一个终极的目标,而是一个促进人民健康逐步改善的过程。它一方面强调政府的责任,要求卫生事业必须与社会、经济同步发展,另一方面要求社区中的个人及其家庭积极参与,从而形成卫生保健人员与其服务对象之间密切配合的卫生战略行动。人人享有卫生保健,并不局限于实现2000年的目标,而是人类对健康追求的一个永恒目标。21世纪人人享有卫生保健是2000年人人享有卫生保健目标的继续和发展,它将为全世界人民在其整个一生获得并保持最高健康水平创造条件。

1977年,WHO提出了“2000年人人享有卫生保健”的全球卫生战略十项目标:第一,每个国家的所有人至少已经使用基本卫生保健和第一级转诊设施。第二,所有人在其可能的范围内积极参与对他们自己及其家庭的保健工作,并且积极参加社区的卫生行动。第三,全世界的社区都能同政府共同承担对其成员的卫生保健责任。第四,所有政府对其人民的健康都负有责任。第五,全体人民都有安全的饮用水和环境卫生设备。第六,全体人民都得到足够的营养。第七,所有儿童都接受主要传染病的免疫接种。第八,发展中国家传染病在公共卫生学上的程度,2000年不超过发达国家在1980年的程度。第九,使用一切可能的方法,通过影响生活方式和控制自然、社会和心理环境,来预防和控制非传染病及促进精神卫生。第十,人人都得到基本的药物。

三、初级卫生保健的要素及全球卫生保健指标

初级卫生保健,作为实现"HFA/2000"目标的途径,不仅要求面向社会为每个人和家庭提供基本医疗服务,更主要的是适应人口变化、疾病谱及死因谱的改变,适应生物——心理——社会医学模式的需要而提供防病治病、预防保健及健康促进等综合性卫生保健服务。1978年,国际PHC会议提出了PHC应包含八个要素,并将其作为进入综合卫生系统的基本内容加以确立。这就是:第一,针对主要卫生问题及疾病预防开展健康教育。第二,改进食品卫生,增进营养,供应安全饮用水。第三,提供清洁的卫生环境。第四,开展妇幼卫生保健及计划生育工作。第五,主要传染病的预防接种。第六,预防和控制当地流行病。第七,常见病及伤残的有效处理。第八,提供基本的药品供应。以上PHC的八项要素,是世界各国在实现HFA目标时必须完成的基本项目。由于不同国家和地区的社会、政治和文化方面的差异,这些要素及其在PHC进展体系中的地位和实施的侧重点是不同的。如欧美发达国家在PHC开始实施阶段,已基本解决了人民的温饱和环境卫生问题,第一次卫生革命的任务已基本完成,PHC的重点已逐渐转向为社区中的个人和家庭提供综合性、连续性和协调性的医疗保健服务。开始重视老年病、慢性病、癌症的防治和意外事故、自杀的预防以及残疾人的康复,并致力于健康行为和生活方式的纠正。但是绝大多数发展中国家,却还有相当多的人民尚未解决温饱问题,近三分之二的人口得不到最基本的医疗保健服务,环境污染、营养不

良、各种传染病、寄生虫病仍严重威胁着人民的身体健康。因而，PHC 的八项要素则仍然是发展中国家政府和人民全面面临的艰巨而迫切需要解决的基本任务。为此，WHO 要求各成员国加强全球及区域合作，努力沟通国际支援，并特别敦请发达国家对发展中国家提供更多的技术与财务支持，共同推进全球卫生战略。

1981 年 5 月，第 34 届世界卫生大会确定了十二项指标作为对 2000 年人人享有卫生保健战略进行全球性检查与评价的指标：第一，人人享有卫生保健战略已经得到认可，作为官方的政策，国家元首承担义务；平等分配足够的资源；社区高度参加；为国家卫生发展建立一个适宜的组织体系及管理程序。第二，已经建立或加强吸收人民参加战略实施的机构，即有一个积极而有效的机构，让人民提出要求与需要；各政党和社团的代表，如工会、妇女组织、农民或其他团体能够积极参加；以及对卫生事宜的决策权充分下放到各个行政级别。第三，至少有 5% 的国民生产总值用于卫生事业。第四，有一个适当比例的卫生经费用于地方卫生保健，即用于除医院以外的第一级服务，其中包括社区卫生保健、卫生中心保健、诊疗所保健等。“适当”比例，将通过国家调整得出。第五，卫生资源分配公平，即不同人口组成或地理区域、城市和农村的按人口的经费以及从事初级卫生保健的人员和设施的分配大体相同。第六，发达国家的卫生经费至少有 0.7% 转拨给发展中国家，用以支持它们的人人健康策略。第七，全体居民都享有初级卫生保健，至少达到：在家中或步行 15 分钟的距离之内有安全水以及在家中或在邻近地方有适当的卫生设备；实施抗白喉、破伤风、百日咳、麻疹、小儿麻痹和结核的免疫接种；在步行或坐车 1 小时行程距离以内有当地的卫生保健，包括得到至少 20 种基本药物；有经过培训的人员接生及至少有护理儿童到 1 岁的措施。第八，儿童的营养状况应达到：至少 90% 新生儿的出生体重达到 2500g；到少 90% 儿童的体重符合发育标准。第九，所有可辨人口分组的婴儿死亡率为 50‰ 以下。第十，平均出生期望寿命在 60 岁以上。第十一，成年男女的受教育比率超过70%。第十二,每人平均国民生产总值超过500美元。以上该十二项指标是所有各成员国都能够使用的最低限度的标准。WHO要求各国单独地和在区域集团中共同地承担义务至少使用这些指标,并且提供关于这些指标的必要情报。此外,WHO还列出了有关指标种类供各国使用。从1983年起,WHO即采取该指标,每两年公布一份关于HFA/2000的进度报告。

第二节　初级卫生保健的实施与进展

一、WHO关于全球卫生战略的政策与措施

(一)WHO关于全球卫生战略的政策

WHO与各会员国通过许多决议作出了下列基本政策,以保障"2000年人人享有卫生保健"全球卫生战略的实施及目标的实现。

1、健康是一项基本人权,是全世界的一项目标。

2、在各国内部和在各国之间平均分配卫生资源,以便普遍都得到初级卫生保健及其支持性服务,缩小当前人民健康状况方面存在的巨大差异。

3、人民有权利也有义务单独地或集体地参加卫生保健的计划和实施工作。

4、政府对其人民健康负有责任,这种责任是整个国家,而不是单由卫生部门承担的一项政治义务,必须采取适当的卫生和其他社会措施来实现。

5、各国在卫生事业中要坚持自力更生与加强国际合作的协调统一。

6、卫生发展必须与社会和经济发展协调统一,要搞好卫生部门与农业、畜牧业、工业、教育、住房、公共工程、交通等部门的协作工作,卫生部门及有关机构在促进和协调这种协作中起重要作用。

7、必须充分而更好地利用世界的资源来促进卫生发展。

（二）WHO推动全球卫生战略的措施

WHO为了实现"2000年人人享有卫生保健"，推动初级卫生保健的发展，采取了一系列措施，促使各会员国切实有效地开展PHC行动计划。

1、健全初级卫生保健立法，敦促各国政府承担责任。

2、组织各部门协作，沟通国际合作及国际技术交流。

3、要求所有会员国积极筹措卫生资源，健全服务网络。

4、促使各国广泛开展健康教育，发动居民参与。

5、加强技术研究及开发，推广适宜技术，发展医学教育，培养卫生人力。

二、20世纪全球初级卫生保健的实施进展

（一）PHC的实施进展及制约因素

在20世纪末的近二十年中，"人人享有卫生保健"的战略，已逐步成为了全球各国卫生工作的战略目标。国际初级卫生保健会议及所发表的《阿拉木图宣言》的精神已为世界卫生组织成员国广泛付诸实施，并已深入到了全球广大的卫生人员和有关工作者之中。各国政府和非政府组织在他们努力增进健康的目标中已日益接受人人享有卫生保健作为总目标，并且大多数国家已经采纳了PHC，人们获得《阿拉木图宣言》所确立的PHC的各项要素已经稳步增加，全球实施PHC已取得显著进展。卫生服务和妇女儿童保健得到了充分重视，计划免疫覆盖率提高，传染病的发病率下降或得到有效的控制，天花得到根除，人均期望寿命已明显延长。生命质量的改善、人口素质的提高、环境及公害的控制、卫生设施的完备、PHC人力的增加等，已经成为全球大趋势。

尽管全球PHC已获得阶段性成果，但是由于一系列因素的存在，PHC的进展仍受到阻碍，一些国家之间和国家内部某些人群之间，在卫生状况和获得基本卫生保健要素方面的差距正在扩大。全球仍有数百万的人得不到PHC的某些要素，甚至在许多地方根

本不存在有效的 PHC 服务。由于贫困的绝对和相对地存在,又加剧了某些疾病的传播,人口与流行病学变化,人口老龄化,传染病,营养不良仍严重威胁着人们的健康,婴幼儿保健和孕产妇死亡率仍不令人满意。慢性非传染病发病率和暴力损伤上升并继续成为危害人群健康的主要问题。究其因素,主要有:对 PHC 的政治承诺不足;在获得 PHC 所有要素方面未能实现公平;妇女地位继续低下;社会经济发展缓慢;部门协作存在困难;人力资源分布不平衡,对其支持薄弱;健康促进活动普遍不足;卫生信息系统薄弱并缺乏基线数据;污染、不安全的食品、缺乏安全水供应和卫生设施;人口和流行病学的迅速变化;不适当使用昂贵技术和资源分配不当;自然和人为灾害等。

总之,20 世纪全球初级卫生保健的实施呈现良好状况,同时并存许多制约因素,许多问题有待于解决。

(二)全球 PHC 的检查评估状况

1995 年,WHO 对全球初级卫生保健策略实施情况的检查评估,反映了 PHC 的具体进展状况。

1、普及八项 PHC 基本要素是实现全球人人健康目标的最优途径。“人人享有卫生保健”以及 PHC 全球战略的精神已为世界各国政府及人民普遍接纳,健康教育及健康促进为各国政府普遍认可,并已得到各国政府及非政府组织政策的维护和支持。但表现在实际工作中仍存在问题,如缺乏高质量的卫生人员,缺乏培训机构,语言障碍,设施及权力过于集中,以及卫生保健服务系统的协调欠缺等。这是今后需要改进的几个方面。

2、五项健康指标(期望寿命、婴儿死亡率、5 岁以下儿童死亡率、孕产妇死亡率及新生儿体重大于 2500g 者占的百分比)都有所改善,且各国家和地区之间的差异普遍缩小。但存在以下不平衡表现:每年死亡人数中有 80% 发生在发展中国家,而其中 50% 以上死于传染性疾病;呼吸道和消化道感染病是全球主要病种。这两类多数是可以通过免疫预防的。每年因患结核病死亡的人数,有95%集中在发展中国家;在发达国家死亡人数中,有70%由非传染病引起,其中心血管疾病占50%,因癌症导致死亡的,有70%是由于不良生活方式所致。

3、全球普及安全饮用水及卫生设施是一项十分艰巨的任务,在发展中国家,卫生设施的增加几乎被人口的自然增长而抵消。据估计,大约75%的发展中国家的人口已得到安全饮用水,而大约56%的人可以享有安全的下水处理系统。但是各国及国内地区、城市与乡村间仍存在明显差异,尤其是城乡差异还很大。

4、妇女保健服务有相当大的改善,但服务设施的利用率仍然很低。人们普遍认为计划生育对健康、自尊、受教育和就业机会有重要影响,已有144个国家提供了计划生育服务活动,即对计划生育工作提供了直接或间接的支持和帮助。但在服务的公平性方面还存在差距,因而,尽管有满意的服务覆盖率,却同时并存较高的孕产妇死亡率。

5、大多数国家面临人口增长、卫生资源匮乏和卫生费用上涨的现实。许多国家缺少经费而尚未开展卫生服务研究,如评价PHC的适宜技术,却把更多的精力用在医疗技术的改进方面。卫生资源分布极不平衡:卫生人力在发达国家与发展中国家间、城市与乡村之间同时并存供给过剩与严重不足现象,人口病床数各地区差异很大。发展中国家因为人口增长过快,无法显著改善这种卫生资源缺乏状态。

三、21世纪HFA战略及PHC行动

1998年11月,为纪念国际PHC会议和关于PHC的《阿拉木图宣言》发表20周年,并继续把实施PHC全面推向21世纪,WHO总部和欧洲区办公室联合在哈萨克斯坦共和国的阿拉木图市召开了"面向21世纪的PHC"纪念大会,提出了今后20年初步的PHC战略和具体行动概要,为PHC注入了新的活力。

(一)21世纪人人享有卫生保健全球目标

1、21世纪HFA的全球总目标是:(1)使全体人民增加期望寿命和提高生活质量;(2)在国家间和国家内部促进卫生公平;(3)使全体人民获得可持续的卫生系统和服务。

2、21世纪前20年的全球具体目标是:(1)卫生公平:儿童期发育不良;(2)生存:孕产妇死亡率、儿童死亡率、期望寿命;(3)扭转5种主要大流行病的全球趋势;(4)根除和消灭某些疾病;(5)改进获得水、环境卫生、食品和住房;(6)促进健康的措施;(7)发展、实施和监测人人享有卫生保健的国家政策;(8)改进获得综合的基本、优势卫生保健;(9)实施全球和国家卫生信息和监测系统;(10)支持卫生研究。

3、所有会员国政策目标:为实现人人享有卫生保健总目标,需要所有会员国由两项政策目标予以指导:(1)使健康成为人类发展的中心;(2)发展可持续发展卫生系统以满足人民的需要。

(二)21世纪全球PHC实施行动

21世纪PHC面临着挑战,也给PHC带来了发展的机遇。阿拉木图纪念大会再次确认1978年关于PHC的《阿拉木图宣言》是人人享有卫生保健进程的历史性的分水岭。会议重申了《阿拉木图宣言》提出的平等、参与和协同发展的价值观念,号召全球联合行动,人人参与PHC,促进人人享有卫生保健的发展。纪念大会为推进PHC实施,提出了全球各层次需要采取如下主要行动:

1、在地方水平:通过创造伙伴关系和充分分配资源的机制,承认和支持社区的卫生发展行动;发展和实行责任机制保证当地居民的责任性;促进和支持以社区为基础的综合的卫生项目的发展,这些项目基于对需要的评估,明确优先解决的问题和有效的途径,并要重点满足脆弱人群的需要。

2、在国家水平:重新保证和提倡PHC全部的优先权,并确保政府不放弃对PHC的责任;保证对PHC优先分配稳定的可持续的经费来源;保证基本卫生问题在经济和社会发展以及政策和其他部门的行动上的优先权;加强PHC的核心地位和卫生专业人员的竞争力，成为一个家庭和社区关心的普通理解的问题；给予社区在领导卫生发展上的正确的位置，体现它的需要，在动员可能的资源方面提供适合的战略优先权；对 PHC 卫生保健系统的其他组成部分，采取一体化的途径；以共同的总目标、具体目标、具体战略和行动来建立伙伴关系、联盟及联合；加强地方适宜的卫生信息系统的发展，促进相关的卫生系统的研究，在全国范围内扩大试点项目和试验区研究；保证卫生改革做到增强公平性、参与性，促进健康进步，体现高质量与成本效益以及其他人人享有卫生保健价值观。

3、国际水平：提倡国际组织通过负责任的经济和商业政策、国际间合作的适当管理来推动人人享有卫生保健；推动和普及 PHC 政策发展方面的方法；保证给予 PHC 方面具有高度优先权，使不同的组织机构一起共同努力，保证国际团体和捐助者对国家的 PHC 项目提供完全的支持。

第三节　我国的初级卫生保健

一、20 世纪我国初级卫生保健概况

(一)我国初级卫生保健的进展

我国是最早推行初级卫生保健的国家。1973 年，毛泽东同志在《长冈乡调查》一文中指出："发动广大群众的卫生运动，减少疾病以至消灭疾病，是每个苏维埃的责任"。尽管处在革命战争年代，但解放区已广泛开展了群众性的卫生运动，"依靠群众，救死扶伤，全心全意为人民服务"的卫生思想深入到了卫生工作者和广大群众当中。新中国建立后，党和政府即制定了"面向工农兵，预防为主，团结中西医，卫生工作和群众运动相结合"，"把医疗卫生工作的重点放到农村去"的卫生方针政策，号召全国人民"动员起来，讲究卫生，减少疾病，提高人民健康水平"。50 年代，我国城乡广泛开展了爱国卫生运动。60 年代中央制定并实施《农业发展纲

要》,在农村倡导移风易俗,除害灭病,治理环境。经过几十年的努力,我国农村卫生工作已与经济社会发展相结合,从内容到形式富有创造性地形成了以县、乡、村三级医疗保健网,农村集资合作医疗保健和拥有适宜技术的基层卫生技术队伍为基本要素的自身模式。广大农村逐步摆脱了疾病流行、缺医少药的状况,农民健康水平得到了提高,传染病、地方病得到了较好的控制,城乡卫生面貌发生了巨大变化。我国长期坚持的卫生工作方针与WHO提出的初级卫生保健的原则和精神是一致的,实践是富有成效的,因而受到了WHO的高度评价。中国被誉为是初级卫生保健的故乡。1986年3月,我国政府在39届世界卫生大会上宣布:"WHO提出的'2000年人人享有卫生保健'的战略是英明的,实施是卓有成效的,我们必须同心协力支持它,为它的实现作出应有的贡献。中国政府已经从多方面加强措施,促进这一目标在我国的实现。"从而,标志着我国正式接受了WHO的初级卫生保健战略。

为进一步总结和推广我国农村卫生工作经验,全面实施初级卫生保健,WHO与我国卫生部合作,从1979年开始,先后在山东莱州、上海嘉定、广东从化、内蒙科左中旗建立了初级卫生保健合作中心,在黑龙江绥化建立了初级卫生保健信息合作中心,在浙江萧山、辽宁金县、天津蓟县、陕西蒲城、四川都江堰、广西武鸣建立了农村卫生示范县。1990年卫生部正式下发了《1990年"初级卫生保健合作中心"和"农村卫生示范县"初级卫生保健最低限标准》、《1988年～1990年"初级卫生保健合作中心"和"农村卫生示范县"工作评价指标》和《农村三级卫生情报信息工作方案》三个文件,并付诸实施,使合作中心和示范县的工作有了新发展。为推动全国农村初级卫生保健工作的开展,卫生部、国家计委、农业部、国家环保局、全国爱卫会根据我国的实际情况,参照WHO提出的最低限标准,又联合发布了《我国农村实现2000年人人享有卫生保健的规划目标》、《初级卫生保健工作管理程序》和《2000年人人享有卫生保健评价标准》等文件,确定了我国农村实行"2000年人人享有卫生保健”的10年规划和13项初级卫生保健指标及最低限标准预定值，并规定了分两步走的实施步骤。即：第一步，1995年以前50%的县达标；第二步，到2000年再有50%的县达标。整个工作分贫困，温饱，富裕，小康四类地区，按2年试点，5年普及，5年全面达标的三个阶段进行。1995年9月，《“九五”计划和2010年远景目标纲要》及1997年《中共中央、国务院关于卫生改革与发展的决定》进一步明确了2000年基本实现人人享有初级卫生保健的任务及2010年的奋斗目标；制定了“以农村为重点，预防为主，中西医并重，依靠科技和教育，动员全社会参与，为人民健康服务，为社会主义现代化建设服务”的卫生工作方针，并为进一步加强和完善初级卫生保健作出了具体规划及改革措施。表明了我国初级卫生保健开始进入了改革与发展的新阶段。

（二）我国初级卫生保健的实施

自1986年参加国际初级卫生保健行动战略以来，我国初级卫生保健的实施经历了三个阶段：

第一阶段（1989～1990年），为规划试点阶段。主要任务是：（1）全面进行初级卫生保健的宣传教育，重点是开发领导层，培训管理干部、技术队伍和群众卫生骨干。（2）健全农村三级医疗卫生保健网，改革与完善医疗保健制度，完成实施初级卫生保健的组织准备。（3）通过调查研究，在搞清各项规划指标摸底情况基础上，以最低限标准为依据，提出本县预定值，制定相应的实施办法。（4）选择条件适宜的县进行实施初级卫生保健的试点，建立在本地区具有典型意义的示范县，力争全国有10%的县首先达到规划目标的最低限标准。

第二阶段（1991～1995年），为全国普及阶段。主要任务是：在当地政府领导下，通过政府各职能部门的协作，群众的充分参与，全面实施发展规划。各省、自治区、直辖市至少有50%的县达到最低限标准。到1995年底我国已有64.14%的县达标，其中北京、上海、天津三市已全部完成任务，率先达标，提前6年实现“人人享有卫生保健"的战略目标。

第三阶段(1996～2000年),为全面达标阶段。主要任务是:(1)在社会经济条件进一步发展的基础上,完善发展初级卫生保健的内部机制,加快步伐,使所有的县都能达到最低限标准,完成第二个50%。(2)第二阶段已达标的县,要在新的基础上继续努力,以更丰富的内涵和更高的标准,向新的目标前进。(3)全国范围的检查考核、总结验收。

为实现初级卫生保健的规划目标,中央和地方采取了以下政策措施,以加快初级卫生保健的实施进度。(1)将初级卫生保健规划目标和行动计划纳入国民经济和社会发展的总体规划,使之成为各级政府的基本职能和任务。(2)1990年开始,实施了对初级卫生保健的阶段目标管理,明确了各个阶段的工作程序、进度要求和相应的评价指标。(3)建立和健全初级卫生保健的管理体制。各地方政府成立了领导协调组织,设立了相应的办事机构和专家咨询组,加强对初级卫生保健的组织管理,部门协调及科学规划。(4)开展了对初级卫生保健的监督评价考核工作,在评价基础上,调整规划方案,完善规划措施。(5)建立各级情报信息支持系统,完善信息的收集、管理、分析、贮存、传递、反馈、档案及使用等制度,加强国内外各类地区初级卫生保健工作信息及经验的交流,沟通合作。(6)普及全民健康的宣传和教育,以增强人人参与保健的意识。(7)完善对初级卫生保健的法律支持系统,使初级卫生保健逐步走上法制化轨道。一些省市人大已颁布实施了初级卫生保健的地方条例,国家《初级卫生保健法》亦已列入今后五年的立法规划。

我国是一个发展中的社会主义大国,人口多、底子薄,但兴办着世界上规模最大的卫生事业。初级卫生保健的实施,使我国走出了一条低投入、高产出、高效益的卫生发展道路,取得了举世公认的成就。到1997年,全国已建立各级各类卫生机构31.5万个,拥有卫生专业人员551万之多,承担着防病治病、计划免疫、妇幼保健、计划生育、健康教育和健康促进等卫生工作，使城乡广大人民群众得到了较好的卫生服务。根据1997年对初级卫生保健普及阶段评审技术报告的显示，截止到1995年底，全国农村三级医疗预防保健网得到了巩固和发展，行政村卫生室覆盖率达到了87.2%，已有64.14%的县达到了初级卫生保健规划目标的低限标准。县、乡两级计划免疫覆盖率已分别达到了85%；急性传染病基本得到控制，有些传染病已基本消灭；婴儿死亡率已从建国前的200‰下降为1995年的31.4‰，孕产妇死亡率从1500/10万降为61.9/10万，平均期望寿命已从35岁提高到了70岁，居发展中国家前列。同时，妇幼卫生保健及常见病防治已取得明显成效；老年病防治研究已有了较好的起步；食品卫生、居住卫生、饮水卫生及农村改厕等方面都有了很大改善。我国城乡居民的整体健康水平有了明显提高。

二、我国初级卫生保健的改革与发展

建国以来，我国卫生工作的实践已表明了实施初级卫生保健是符合我国基本国情，符合卫生事业发展规律的，符合人民群众健康利益的卫生行动策略。但是，随着我国经济与社会的改革与发展，人民群众对健康需求的水平发生了很大变化，然而，初级卫生保健却受到旧有卫生体制的制约，没有能够适应新形势的要求而发挥其应有的功能。目前，我国的初级卫生保健存在着较大的局限性。

第一，现行的初级卫生保健，是由各自独立的预防、治疗、保健及康复等项目组成，受不同系统的垂直控制和指导，缺乏连续性、整体性和协调性，没有形成一个预防、治疗、保健及康复一体化的整体卫生服务系统。

第二，初级卫生保健的任务主要由城乡一级医疗单位（如区、乡、街道卫生院）承担，但这些机构没有及时转变服务模式，仍以专科医疗为主体，与二、三级医疗机构也没有形成双向转诊运行机制，使初级卫生保健工作在一级医疗单位得不到落实，而二、三级医院又参与太少，因而，人民群众得不到第一线最基本的医疗卫生保健服务。承担初级卫生保健的基层服务网络，尤其是乡村预防保健网不健全，现有的卫生机构基础薄弱、设施落后；城市基层医院也因技术力量有限，却以专科医疗为功能定位，缺乏市场竞争力。从而导致了城乡整体基层卫生服务网络功能低下。

第三，实施初级卫生保健的人员主要由基层医务人员担任，队伍不稳定，观念未改变，未形成由不同专业人员共同承担的社会化卫生服务系统。

第四，初级卫生保健单一由国家和政府以规划性工作指标以及实施计划或政策来推动，缺乏个人、家庭和社区的联合性参与，既造成国家人力、财力的大量投入，造成不必要的浪费，又无法满足人民群众基本医疗保健服务需求。

改革现行的卫生体制和初级卫生保健系统，已成为面向21世纪卫生改革的一项重要任务，对于我国实施人人享有卫生保健的目标具有战略性意义。要克服目前初级卫生保健存在的局限性，就必须从以下两方面实施改革措施：

第一，建立和完善符合社会主义市场经济发展规律的，与初级卫生保健的功能定位与目标需求相适应的卫生服务体系和结构模式。这是我国初级卫生保健改革与完善的基础和关键。为适应经济发展和人民群众需求的变化，需要构建以社区卫生服务组织为基础，布局合理、功能明确、层次协调的卫生服务新体系。在农村，要以巩固和完善三级卫生服务网络为基本框架，以实现初级卫生保健规划目标为中心，与巩固乡村医生队伍和建立合作医疗制度相结合，进行配套改革与建设，使广大农民能真正享有基本的卫生服务。县级卫生机构应控制规模，健全功能，扩大服务范围；乡镇卫生院则要调整功能，加强管理，提高服务水平；村级卫生组织要有医有药，能防能治。有条件地区可试行乡村一体化管理。在城市，必须按照区域卫生规则的要求，根据本地区卫生服务需求，合理确定卫生服务设施规模、布局和功能，逐步解决自成体系、条块交叉、资源配置和服务功能与需求脱节的状况。通过实施区域卫生规划，实施卫生资源的优化配置和有效利用。使城市现有的一级医疗卫生机构成为直接面向个人、家庭和社区开展初级卫生保健的第一线卫生服务组织。城乡二、三级医疗卫生机构，要转变服务模式，通过“三下乡”形式或直接到社区设点，参与初级卫生保健服务，真正形成一个为城乡居民提供整体的、综合的、连续的、经济的、方便的一体化结构模式的社区卫生服务系统。

第二，引进和建立适应现代医学模式转变需要的，与初级卫生保健相协调的全科医疗与专科医疗相结合的卫生服务模式。这是我国初级卫生保健改革与发展的途径和方法。全科医疗体系是20世纪50年代以来，西方发达国家为适应人群对卫生保健需求的变化，根据医学模式从传统的生物医学向“生物——心理——社会医学模式”转变这一现实而逐步发展起来的，以社区为范畴、以家庭为单位、以个人为中心的服务系统。全科医疗不仅注重临床治疗，而且广泛关注服务对象的心理、社会因素与健康的关系，并提供预防、医疗、保健、康复的第一线综合卫生服务。它与初级卫生保健具有增加人群健康的共同目标和普遍的共性。在初级卫生保健系统中引进全科医疗模式，可以促进我国初级卫生保健的完善和发展，激活初级卫生保健的功能，缓解目前存在的医疗服务与群众需求的尖锐矛盾。实施全科医疗是为社区居民及其家庭提供初级卫生保健的最佳途径。同时，建立全科医疗与专科医疗相结合的服务模式，可以改变目前我国医疗制度上存在的片面专科化的发展倾向，从而形成分工明确，相互协调的卫生服务动态系统。一方面，使基层卫生组织能真正承担起社区医疗保健的第一线卫生服务职能，减轻病人对二、三级医疗保健的依赖性，又能让二、三级医院集中力量处理重危病和疑难疾病。另一方面，也可以加强初级卫生保健与二、三级医疗保健之间的联系，使专科医生更多地参与初级卫生保健，尤其是适应人口老龄化与疾病谱改变的需要，为慢性病的预防及康复提供高质量、高水平的初级卫生保健。

第十六章　医疗保障法律制度

第一节　医疗保障法律制度概述

一、医疗保障制度概述

医疗保障，是指人们在患病、负伤、年老、生育及失业情况下，需要获得诊断、检查、治疗及其他健康维护时，由国家和社会为其提供必要的医疗服务与物质帮助的一种社会保障。

医疗保障制度是国家和政府强制建立起来的保障人们能够有效获得基本医疗服务与物质帮助及其健康维护的基本制度，它是关于卫生资源配置、医疗卫生费用筹措及负担和提供适宜的卫生服务方式等方面的规章制度的总称。医疗保障制度是国家卫生制度的基本内容，合理的医疗保障制度对于发展卫生事业，保护人们身体健康具有重要意义。

医疗保障制度是构成社会保障体系的一个子系统。社会保障系统，从广义说，包括医疗、养老、失业等项社会保障和政府的救济、优扶及社会福利事业等，狭义的社会保障仅指社会保险部分。疾病与医疗、养老、失业、工伤、生育保险等项目共同构成基本的社会保障体系，形成一个基本的社会安全网络，起到安定社会生活的作用。医疗保障体系作为国家和社会为社会成员提供基本医疗及服务的社会保障项目，最广泛而直接地关系着全体社会成员的健康利益，它不仅可以解决或缓和一些尖锐的社会矛盾，而且作为一种开发人力资源不可缺少的健康投资，还有利于促进本国经济的可持续发展。因而，在整个社会保障体系中处于基础与核心地位，始终是世界各国及政府高度关注的社会系统工程。为此，许多国家根据本国政治、经济、文化和民俗等因素,相应地建立了适合本国特点的医疗保障制度,并随着经济和社会发展及人民健康需求模式的变化,不断地进行完善和改革。

世界各国的医疗保障制度,因基本国情的不同而呈现不同类型,甚至在同一国家的不同地区和不同历史阶段也呈现不同的医疗保障模式。各国医疗保障制度和服务方式大体可分为三类:国家保健服务制度,医疗健康保险制度及自费医疗制度。但就其特性而言,各国医疗保障制度均具有强制性、互济性、公平性及福利性的性质。强制性主要体现在医疗保障是政府的行为,一般都是通过立法加以推动的;互济性是指通过合理调剂资金而达到分散风险的目的;公平性是体现为合理配置医疗卫生资源,达到医疗待遇的均等性,体现对弱者的帮助;福利性是指以国家及政府的财政投入建立保障全体社会成员的基本医疗服务系统。享受医疗保健服务者,只要交较少的费用,便可享受较高水平的医疗保健服务。目前,世界医疗保障制度总的发展趋势是:政府承担全体公民健康的责任,医疗卫生费用由个人、集体、国家共同负担;医疗保障制度由自费医疗、自愿保险向社会保险、免费医疗方向发展。同时,各国政府也越来越重视社会性的预防保健工作,以提高卫生资源的利用率,降低卫生经费的总体支出。

二、国外医疗保障制度模式及其特征

(一)西方国家医疗保障制度的主要模式

自1883年德国制定了世界上第一部《疾病保险法》以来,医疗保障发展的历史已有一百多年。由于历史背景的不同,各国的医疗保障制度的模式也不相同,但从整体来看,西方市场经济国家的医疗保障制度,大致有四种模式,即国家卫生服务模式、社会医疗保险模式、商业医疗保险模式和储蓄医疗保险模式。

1、国家卫生服务模式。亦称全民保险制度,其卫生费用来源主要是政府筹资。政府筹资主要以总税收、通货膨胀和特别税费等方式筹集。在一般情况下，政府在财政预算支出中安排国民健康保障支出。政府对卫生投入通常主要用于由中央政府管理的计划免疫、妇幼保健等预防保健项目，修建公立卫生服务机构，提供免费的基本卫生服务。在这种体制下，卫生服务机构以国有为主，卫生人员是国家工作人员，全民普遍享有免费的综合卫生服务。目前，国家卫生服务模式有三种组织方式：一是由中央政府统一政策，并拥有、举办和管理各类服务机构，如英国；二是中央政府统一筹资，地方政府负责组织实施，如瑞士；三是中央政府和地方政府共同筹资，患者具有较大的就医选择权，如加拿大。

2、社会医疗保险模式。是国家立法强制推行的医疗服务制度。目前，世界上有一百多个国家采取了这一模式，如德国等欧洲多数国家及日本、韩国。其具体做法是：由雇主和雇员依法共同缴纳医疗保险费，政府通过社会医疗保险为参加者提供基本卫生服务。与国家卫生服务模式不同的是社会医疗保险不是一般意义上的公民权利，只有参加者才能获得相应的医疗服务，虽然参加者的医疗保险费是依法收取的，但不是国家税收。医疗保险基金独立核算，专户使用，向社会公开。医疗保险的缴费和收益均由法律来规范和调节，医疗保险提供的服务需要进行成本效益筛选。社会医疗保险模式主要有两种形式：一是政府制定并举办医疗保险计划的方式，政府不仅要组织进行医疗保险筹资，而且为此需要拥有、举办和管理医院、诊所等机构并直接提供医疗服务，如西班牙、葡萄牙。这种筹资和提供合二为一的体制可以节省社会卫生资源。二是政府规定参加医疗保险计划方式，政府制定总的医疗保险规划并以法律的方式强制人们普遍参加，但参加者可以选择不同的保险项目。在一般情况下，公立和私立的非盈利性组织举办各种医疗保险项目供人们选择，德国、日本、法国、韩国等都是采取这种方式。这种方式与政府举办医疗保障计划形式相比，避免了政治压力和官僚弊病，也由于竞争机制的引入而使之更富有效率。

3、商业医疗保险模式。主要以美国为代表，其特点是参保自由，灵活多样，政府仅负担老人和穷人等特殊群体的医疗保障。卫生服务机构以私立为主，大多数公民通过自愿参加商业性医疗保险获得卫生服务，有钱人买高档的保险，钱少的人买低档的。但是这种以盈利为目的的制度，往往导致公平性较差，健康条件差、低收入的人反而得不到较好的保障，也造成卫生总费用的失控。目前，虽然美国的卫生费用占其国内生产总值的14%，居全球之首，但仍然有3000万人得不到任何医疗保险。

4、储蓄医疗保险模式。是以新加坡为代表的。该模式因其强制推行个人医疗储蓄账户式的医疗保障制度而为各国普遍关注。其理论和经验对我国医疗保障制度的改革产生了一定的影响。新加坡的医疗保障制度以个人责任为基础，政府负担部分费用并严格控制医疗费用增长，但政府对全体国民的医疗服务却给予了较多的补贴。患者在国立诊所接受门诊服务，只需要支付50%的费用，儿童和老人只付25%，其余费用由政府负担。国立医院的病房分为三等四级，A级病房的患者负担100%费用，B_1级病房的患者负担80%，B_2级病房的患者负担35%，其余由政府补贴。政府的补贴是随患者就医的条件而确定标准的，条件越好补贴越少。政府还规定，在私立医疗机构接受服务，患者不享受政府补贴。在实行政府补贴的基础上，新加坡还推行了三个层次的医疗保障制度：

(1)医疗储蓄计划。全国每一个有工作的人必须按照法律要求参加医疗储蓄，把个人消费基金的一部分以储蓄个人公积金的方式转化为保障基金。医疗储蓄根据不同年龄组按工资的6%～8%缴纳，雇主和雇员平均分摊，存入个人公积金账户中的医疗储蓄分户。缴纳的医疗储蓄金免交个人所得税，月薪超过6000元的部分不再按比例提取医疗储蓄。医疗储蓄根据当年的平均利率获得利息。医疗储蓄金可用于支付本人及其家庭成员的住院医疗费和部分昂贵的门诊检查和治疗费。医疗储蓄账户在所有者去世后，可以以现金的方式兑现给其家属，且不缴纳遗产税。

(2)"健保双全"计划,即大病保障计划。社会统筹的大病保障计划,作为医疗储蓄计划的补充,个人自愿参加。参加者只需缴纳很少的保险费,而且可以用医疗储蓄金支付,具体保险费额与参加者的年龄相关。参加者及其家属因病住院或接受透析、放疗、化疗等昂贵的治疗时,一年内医疗费超过一定数额后,大病保险计划将支付超出部分的80%,其余的仍由医疗储蓄计划支付。

(3)医疗救助计划,即保健基金计划。这是由政府设立的捐赠基金或政府拨款建立的保健信托基金,专门为那些无钱支付医疗费的人提供一个"安全网"。无力支付医疗费的人可向医疗救助基金委员会提出申请,由委员会批准并发放资金。

在新加坡,政府补贴、医疗储蓄、"健保双全"和医疗资金四位一体,相辅相成,保证每个国民都能够获得基本医疗服务。新加坡的医疗保障制度全国统一,没有行业区别和特殊照顾,即使政府高级官员也和一般雇员享受同样的医疗服务。

(二)西方国家医疗保障制度模式的共同特征

西方国家医疗保障制度的主要模式虽然存在很大的不同,但从总体特性上看,却存在一些普遍的共性。

1、医疗保障制度法律化。在市场经济发达的国家,卫生服务的普及与健全的、覆盖面广的医疗保障制度密切相关。这些国家大部分颁布了国民健康保障法,对卫生费用的筹措、分配和利用等方面都有明确的规定。政府、雇主、公民个人、卫生服务机构和私人开业医生,在医疗保障各项活动中的责、权、利统一且比较明确。

2、政府干预为主,市场调节为辅。为使卫生资源能够发挥最大的效益,提高卫生服务的质量,西方市场经济国家一方面在医疗服务的领域里充分利用供需、竞争、价格等经济杠杆的作用,另一方面,也加强了政府的干预措施,通过强化组织和管理,以税收及限制投资等方式调整卫生服务的结构,以减少卫生资源配置的盲目性,保证公民卫生服务的公平性,引导医疗保障的健康发展。

3、卫生服务机构独立经营。在市场经济国家,一般都同时存在国立和私立的卫生服务机构,绝大多数属非盈利性质,政府给予免税支持。它们具有自筹自支、独立核算、自主经营的法人地位,在法律和有关政策的范围内独立经营,经济收益只能用于事业发展,国家对从业人员资格有严格限定。

三、国外医疗保障制度的改革

尽管西方市场经济国家的医疗保障制度相对完善,大多数国民对卫生保健较为满意,但由于社会经济的发展,社会医疗需求的提高以及人口结构老化与疾病谱的转变,各国的医疗保障制度均存在一些弊端,因而,各国的医疗保障体系几乎都处于变革时期,以求不断完善与发展。

(一)目前西方国家医疗保障存在的主要问题

1、医疗费用急剧上涨。医疗费用占国民生产总值的比例不断提高,且增长速度超过经济增长速度。1960 年至 1989 年间,美国、德国、英国、法国、日本、意大利、加拿大七个主要发达国家医疗费用占国民生产总值比例的增长幅度在 48.7% ~ 123.3% 之间。增长幅度最少的英国为 48.7%,而日本增长了一倍多。据测算,主要经济发达国家国民收入每增长 10%,医疗费用平均增长 13%。80 年代以来,美国医疗商品指数增长幅度与一般商品物价指数增长幅度相比,平均要高出 50%。

2、卫生资源分配不合理。西方经济发达国家普遍存在卫生资源分配的不合理情况,主要表现为:(1)资源投入偏重于医院,而对初级保健投入不足;偏重于少数大医院,却对提供重要医疗服务的社区医院投入不足。在美国,社区医院占全国总数的 80%,承担着 90% 的服务人数,但由于投入不足及经济问题,1980 年至 1985 年有 214 家社区医院关闭,到 1990 年,已有半数以上成为大医院的连锁医院。社会阶层没有能够从预防、免疫和健康促进服务中收益。(2)人力资源投入过多且比例失调。据德国情况分析,每年需要 6000 名医学毕业生,但实际招收却是 10000 名;全科医生与专科医生的比例应为6:4,但实际上却为4:6。(3)昂贵设备购置过多。(4)卫生资源分配与医疗服务提供严重失衡。

3、卫生资源利用效益不高。如美国,其医院床位利用率一直徘徊在63%~65%之间,如改进偿付办法,利用率可提高20%以上。德国年均每人每年用药13种,其中60%的药品是应病人要求而开的,从医学角度看是不必要的。

(二)西方国家改革医疗保障制度的主要措施

1、强化需方费用控制机制。需方费用控制是指对于患者分担的部分费用,通过调整经济利益,增强患者的费用意识,以达到控制费用的目的。其方法有:提高药品费用的分担;提高医疗服务项目价格,减少服务项目;引进奖励机制,对规定期间内没有就医的参保人返还保险费"红利";建立个人账户,促使其自觉控制费用;加强预防和健康促进。

2、加强供方费用控制。供方费用控制,就是通过医院预算,医院规模控制和发展非住院治疗方案等控制手段,使医疗服务供方自觉地调节其服务行为,以控制费用的上涨。各国采取的措施主要有:加强医院费用控制;推广非住院治疗方案;加强对诊所的费用控制;加强医疗监督;控制人力资源的投入;控制药品价格等。

(三)国外医疗保障制度的改革经验

西方市场经济国家的医疗保障制度,普遍经过了长期的建设和发展,无论其制度形式,还是实际内容,都已比较完善,对促进其本国国民健康素质的提高和经济社会的发展起到了积极的作用,其制度模式的许多内涵及改革措施,为我们提供了值得借鉴的经验,主要有以下几个方面:

1、国家通过立法,强制性要求本国企业和公民参加医疗保险,对具体受益人的资格和受益程度都有明文规定,从而为最广泛的公民提供基本的医疗保障。

2、医疗保险费用由国家、企业和个人共同承担,三者共同负责医疗费,有利于保证医疗,防止浪费。医疗保险投保人按"负担与受益相对应”的原则享受不同层次的医疗待遇，有利于满足不同层次患者的实际医疗服务需求。

3、政府设立专门的医疗保障管理机构负责医疗保险工作，专门机构根据法律实行统一政策，统一指导和管理，具体操作由政府的各授权部门负责。两者既相互协调，又责任分明，对医疗保险实行科学有效管理。

4、重视初级医疗服务。初级医疗服务不需要太专业化的人员和设备，能分散到地区，既方便患者又具有治疗性与预防性合二为一的功能，对合理利用医疗资源、控制医疗保险支出有显著作用。

5、发展民间医疗保险，追求更加有效的运营。民间医疗保险是相对于法定保险而言的，包括商业性医疗保险，非盈利性医疗保险，互助性医疗保险以及储蓄性医疗保险等。发展民间医疗保险，作为法定保险的补充，不仅能提高整体医疗保障水准，而且还能降低法定医疗保险费用，从而减轻国家和企业的负担。追求有效的运营，对于发展中国家而言，是加强集中管理，解决多头分散和低效率现状，实行管理计算机化；对于发达国家而言，是以建立统一的全国性医疗保险制度为其重要目标，以达到节约管理成本的目的。

6、严格控制医疗费用。国家在针对患者、医院和药品各个环节上，采取相应的具体措施，以控制费用的增长速度。

7、突出老年人医疗地位。这是适应世界各国普遍出现人口老龄化趋势而实行的医疗保障发展战略。从医疗保险范围看，有两个重要发展：一是设立专门的老人医疗保险制度；二是在通用保险制度中，突出老人医疗保障地位，强化老人医疗服务。

第二节　我国的医疗保障制度

我国的医疗保障制度经过了建立、发展、探索与改革的几个历史阶段，形成了以职工医疗保障与合作医疗保障为主体，其他医疗保险形式为补充的基本体系。在建国50年当中，国家机关、人民团体和事业单位实行“公费医疗”、国有企业职工实行“劳保医疗”、农民实行集体筹资的合作医疗。县以上卫生、防疫、医疗机构均由国家投资兴办。同时，以全民卫生保健为基础，建立了多种形式的医疗保障形式。

一、公费医疗制度

公费医疗制度，亦称国家免费医疗制度。1952年，政务院发布了《关于全国各级人民政府、党派、团体及所属单位的国家工作人员实行公费医疗预防的指示》，在全国范围内对国家干部实行公费医疗制度。公费医疗的享受对象主要是各级政府机关、党派、人民团体及文化、教育、科研、卫生等事业单位的工作人员，还有在乡二等乙级以上革命残废军人和高等学校的在校学生。国家以法律制度保障向享受对象提供免费医疗服务。服务范围包括疾病预防和治疗，非责任伤害、妇女生育等项目。享受对象一般需到指定医院就诊，无论门诊还是住院的医疗费用，均从公费医疗经费中支付，但必须符合公费报销范围。门诊挂号费及有关滋补营养品由个人自费。公费医疗的经费，由国家从国民收入的财政预算中开支，按人数定额拨款支付，超支部分，仍由国家负担。公费医疗经费的水平，由国家预算按定额规定，超标数额，由地方财政补贴。公费医疗经费实行专款专用，由财政部与卫生行政部门共同成立的公费医疗办公室负责统一掌握使用。各级公费医疗管理机构，定期审核各单位公费医疗享受的人数和金额，调节医疗服务机构与就医单位的协作与联系，统筹统支公费医疗经费，监督有关规定的贯彻执行。公费医疗制度体现了社会主义制度的优越性，对于保障国家干部的身体健康起到了积极的作用。

二、劳保医疗制度

劳保医疗制度是我国劳动保险制度的组成部分。1951年政务院《中华人民共和国劳动保险制度》的颁布和实施，标志着我国企业职工劳保医疗制度的诞生。劳保医疗的享受对象主要是全民所有制企业的职工，城镇集体企业参照执行。职工直系亲属按规定享受部分项目的半费待遇。劳保医疗经费直接来源于本企业的纯收入，属于职工福利资金。经费管理直接由企业负责。劳保医疗制度与公费医疗制度在本质上是一致的，是社会福利事业的不同形式。

三、合作医疗制度

合作医疗是在我国农村，以农民互助互济为基础，依靠集体经济和群众筹资而建立的医疗保障制度。主要形式是：农民个人缴纳一定的费用与乡村补助结合形成合作医疗基金，举办集体卫生机构，农民看病后减免或报销部分医药费。合作医疗的资金来源与医疗享受待遇与公费医疗、劳保医疗有着明显差异。个人筹集与乡村集体公益基金是合作医疗的来源渠道，医疗待遇水平取决于各地区经济发展状况。农村合作医疗在相当长的时期内，促进了农村卫生面貌的改善，减少了农村疾病，提高了农民健康水平。

四、医疗保险制度

医疗保险制度是指在一个国家里，一部分公民或全体公民自愿地充当保险人，由个人或所在单位（雇主）按照规定比例向保险机构缴纳保险基金，并依法享受全部或部分免费医疗待遇的一种保障制度。医疗保险是世界各国最普遍实行的医疗保障形式，体现了社会的平等与互助互济原则。医疗保险基金一般采取国家、集体、个人三者结合的方法筹集，国家在财力允许的范围内，从预算中向医疗保险机构提供补贴，实行低利率优惠借贷和减免税收等。企业提供大部分的医疗保险基金，向医疗保险机构交纳保险金。个人承担少量保险金和医疗费用，而普遍获得国家或社会提供的较高的医疗服务待遇。我国医疗保险制度建立较晚，有待于完善和发展。目前的主要形式有：

第一，普通疾病保险。给被保险人提供一般性医疗费用，其中主要包括急诊费用、检查费用和医疗费用等，这种保险保费的成本较低，相应保险待遇由保单明确规定。

第二，住院及手术保险。住院治疗及手术病人办理住院和手术保险，按照不同病种或手术大小分别收取不等的保险金。

第三，特种疾病保险。这是专为某些特种疾病设立的专项医疗保险项目，在确诊为特种疾病后，即为参保患者一次性支付保险金额。该项保险金额较大，以足够支付其产生的各种医疗费用。

第四，农村合作医疗健康保险。这是由地方政府、卫生行政部门、保险公司联办的农村新型医疗制度。其特点是保险公司参与联办，发挥农民互助合作精神，体现疾病风险分担的原则，整个医疗制度设计严密，基金测算科学，管理方法完善，费用计算受到审计和监督。

第五，母婴安康及妇女节育保险。这都是一种单项保险，产妇住院交一定数额保险费，由医疗单位代办。在保险期内，产妇分娩死亡、婴儿夭亡均给予相应赔偿费。妇女住院进行人工流产可交安康保险费，如发生事故，按照规定给予赔偿。

第六，中小学生牙齿健康保险。学生每年每人交少量保险金，由口腔医生定期进行口腔保健课程辅导和口腔检查，发现疾病及时治疗。

五、其他医疗卫生保障制度

第一，全民卫生保障制度。这是我国整个健康保障制度的基础。全民卫生保障是以国家财政拨款为主，同时吸收企业福利基金，通过举办各级各类预防保健机构，向全体公民实行计划免疫，提供对传染病、地方病等疾病的防治服务，以促进全民健康水平的一种制度。全民卫生保障由中央和地方卫生部门实施，重点为计划免疫、妇女儿童保健以及地方病、传染病的防治。同时广泛开展城乡爱国卫生运动,促进全民健康素质的整体发展。

第二,卫生保健制度。它是适应妇女、儿童的承受能力及保健需要而建立的重点保障妇女、儿童身心健康的预防保健制度。

计划免疫保偿制。其对象是0~7岁的儿童。根据当地的经济状况,保障对象向防保部门缴纳一定数额的保险费,按期接种疫苗,因卫生服务机构失职发生相应疾病,及时给予免费治疗,死亡或致残可得到一定的赔偿。这种以直接提供相关服务为前提的单项保险制,已在全国大多数地区试行。

妇女围产期保偿制。其对象是结婚妇女和准备生育的妇女。根据合同,交一定的保险金,由妇幼保健院或乡卫生院负责安排好妇女围产期保健和子女的计划免疫工作,有的规定了相应的赔偿办法,有的无赔偿规定。

此外,为加强农村初级卫生保健,由农民每年每人交少量保险金,由村民委员会与乡村医生签订合同,乡村医生负责全村的预防保健工作,不再收取费用。同时,在不少地方还推行了农民医疗保险、乡镇企业职工医疗保险等多种形式的健康保险制度。

第三节　农村合作医疗保健制度

一、农村合作医疗保健制度概况及其经验

农村合作医疗是以农村居民为对象,通过不同的筹资方式和管理办法,实行集体和个人共同筹集医疗卫生专用基金,按一定比例补偿农民的医疗及保健费用支出的各种形式的农村医疗保障制度。农村合作医疗最早起源于40年代陕、甘、宁边区的医疗合作社,群众采取集股的办法来解决医疗费用,共同承担疾病风险。新中国建立后,合作医疗逐渐兴起,1968年,毛泽东主席批示推广湖北省长阳县乐园公社办合作医疗的经验,合作医疗在全国迅速发展。到1976年,全国已在近90%的生产大队办起了合作医疗。合

作医疗的普遍建立以及从农民中选拔培训乡村医生，在当时的历史条件下，为解决广大农民的医疗保障问题，发挥了重要的作用，基本上解决了旧中国农村缺医少药的状况，使农村人口的身体素质和健康水平得到了很大的提高，在发展中国家处于领先地位，并受到了世界卫生组织、世界银行、联合国儿童基金会的国际卫生界的高度评价。80年代，农村实行经济体制改革，由于合作医疗没能及时适应改革新形势的需要，本身体制存在不完善，加上没有法律法规的保障，出现了合作医疗的解体。1989年实行合作医疗的行政村仅占全国行政村总数的4.8%。从90年代开始，开展初级卫生保健工作，合作医疗得以逐步恢复和发展，但目前的覆盖率也只占全国行政村总数的10%左右。全国范围内，农村合作医疗的大面积滑坡，使不少地方出现了农民看病难的问题，农村居民的健康缺乏了基本保障。

农村合作医疗保健制度，是在低生产力水平及国家财政很少投入的情况下，依靠农村集体经济组织的扶持和农民群众合作互济而形成的，曾对减少农村的传染病、控制地方病和解决农民基本医疗保健服务方面起到了巨大的作用。但在农村经济改革与发展时期，又出现了动荡与挫折，其教训是深刻的。造成合作医疗解体的原因是多方面的，主要表现在：第一，合作医疗的发展主要以解决农民缺医少药为目的，重视的是单纯医疗服务的提供，未能满足预防保健等方面的需求。第二，单纯强调合作医疗的福利性质，强调农民的受益面，在经费额度小、受益面大的情况下，疏于科学测算与管理。第三，过分依赖集体经济的支持，淡化了个人责任，不强调农民为增进健康所必须的投入，一旦集体经济组织发生变化，不愿或不能继续承担责任，合作医疗即面临困境。第四，受农村集体管理体制的影响，多数以村为兴办合作医疗的基本单位，参与人数少，经费基数小，社会化程度低。第五，管理水平差，制度不完善，缺乏监督机制，导致享受不平等，伤害了农民的感情，使农民失去了对合作医疗的信心，影响了农民参与的积极性。

半个世纪农村合作医疗的实践，虽然经过了一个曲折的过程，但为推进农村卫生工作，改进和完善农村医疗保障制度，积累了许多可贵的经验：第一，办好合作医疗，是保护农村居民健康，发展农村生产力的重要手段，建立与健全农村合作医疗是解决农民医疗保障问题的基本途径。第二，"自愿、适度、受益"是办好合作医疗的准则。第三，坚持国家、集体、个人多方面渠道筹集合作医疗基金是解决医疗基金的有效方法。第四，必须因地制宜地采取符合群众意愿的合作医疗管理体制和补偿机制，力求在现有经济条件下，使农民群众得到与之相适应的基本的医疗保健服务。第五，按照民主管理的原则，制定合作医疗章程，照章管理医疗服务和资金，增加透明度，在机会均等的前提下，保证参加者得到实惠。第六，加强乡、村两级卫生机构和卫生技术队伍的建设，使合作医疗有一个适宜的载体，以发挥其应有的医疗保障作用。第七，坚持预防为主，防治结合的方针，防患 于未然，防止小病酿成大灾，减轻合作医疗的费用负担，以较小的投入得到尽可能好的防治效果，发挥尽可能大的风险分担作用。

二、农村合作医疗保健制度的改革与发展

50年的实践表明，解决农村居民的医疗保健问题，实行农村合作医疗是符合我国基本国情的行之有效的方法。1993 年 11 月，《中共中央关于建立社会主义市场经济体制若干问题的决定》提出，要发展和完善农村合作医疗制度；《"九五"计划和 2010 年远景目标纲要》要求因地制宜发展和完善不同形式的农村合作医疗制度。《中共中央国务院关于卫生改革与发展的决定》明确了任务：力争到 2000 年在农村多数地区建立起各种形式的合作医疗制度，并逐步提高其社会化程度，有条件的地方可以逐步向社会医疗保障过渡。1997 年 5 月《关于发展和完善农村合作医疗的若干意见》进一步提出了改革与发展农村合作医疗的目标、原则以及具体的政策和措施。

农村合作医疗改革与发展的目标是，到20世纪末，在经济中等发达以上的农村地区，初步建立起与社会主义市场经济体制和农村经济发展水平相适应的、能保障农民享受基本医疗预防保健服务的多种形式的农村合作医疗和农村医疗保险。贫困地区的农村合作医疗有良好的起步。到2010年，争取合作医疗覆盖面扩大到80%以上的农村，保障水平、社会化程度及抗风险能力进一步提高。为实现这一目标，必须坚持“政府领导、集体扶持、多方筹集、因地制宜、量力而行、科学管理、民主监督”的原则。为积极稳妥地推进农村医疗保健制度的改革，发展和完善农村合作医疗，必须采取相应的政策和措施：

第一，强化政府职责，加强领导和组织协调。各级政府要把发展和完善合作医疗作为当前农村卫生工作的首要任务来抓，各有关部门必须在政府的组织领导下，各尽其责，密切配合；通过宣传教育提高农民的自我保健和互助共济意识，积极引导农民自愿参加合作医疗；认真抓好试点工作，从点到面，逐步推开；加强农村三级医疗预防保健网和农村卫生队伍建设，强化基本医疗服务功能；国家采取相应措施，支援与扶持贫困地区建立与发展合作医疗。

第二，健全合作医疗的基金筹集机制。合作医疗基金本着国家扶持，集体和农民个人共同负担的原则筹集，以农民个人负担为主。合作医疗筹集水平，根据各地经济水平和群众承受能力确定，既具有一定的保障水平和抗风险能力，又符合农民可及的基本医疗预防保健需求。农民个人筹集的数额应坚持适度的原则，但不应把农民个人缴纳的合作医疗基金列在农民提留的5%的限制内，政府要积极引导农民健康投资。乡镇企业职工以企业为单位缴纳合作医疗基金，集体参加合作医疗；农村中、小学由教育部门统一组织，以学校为单位缴纳合作医疗基金，集体参加合作医疗。

第三，加强合作医疗基金的管理。对合作医疗基金要加强民主监督和科学管理。严格基金管理制度，专款专用。坚持量入为出，略有节余，逐年积累，滚动发展的原则，经过科学测算来确定合作医疗的报销范围和比例。

第四,因地制宜确定合作医疗的举办形式。合作医疗的管理体制有“村办村管”、“村办乡管”、“全乡统筹”三种基本形式。在农民已达到或接近小康水平的经济发达地区,应以“全乡统筹”的形式为主,合作医疗基金的数额可占农民人均消费性支出的5%~10%左右;在广大的内地省份,一般应以“全乡统筹”或“村办乡管”的形式为主,合作医疗基金可占农民人均消费的3%~5%左右;在贫困地区,应以“村办村管”的形式为主,医疗基金的数额可占农民人均消费性支出的1%~3%左右,主要用于补偿预防保健和门诊医疗费用。政府对贫困地区的合作医疗应给予相应的投入。

第五,加快合作医疗有关法规建设步伐,以指导和推动各地合作医疗的发展和完善。

第四节　城镇职工基本医疗保险制度

一、城镇职工医疗保障制度概况及其改革

我国城镇职工医疗保障制度的确立是以50年代初公费医疗和劳保医疗制度的施行为标志的。在当时的历史条件下,人民生活水平较低,威胁人民健康的疾病谱和治疗疾病的医疗手段均比较单一。这种福利性的医疗服务体制基本解决了广大人民群众的医疗需求,促进了广大人民群众健康水平的提高。由于公费医疗制度和劳保制度基本上是国家或企业包办,个人不缴纳任何费用,而且享受的福利待遇较高,因此,从一开始就出现严重浪费的问题,同时还导致了两方面的不良后果:一是诱导了人口迅速增长和职工家庭大量涌入城市,二是滋生了职工对国家的依赖心理。一方面造成了国家和企业负担日趋沉重,另一方面却又出现了越来越严重的“看病难,住院难,手术难”和医疗待遇不公平现象。为此,党和政府一直进行着医疗保障制度的改革和探索。

1965年,公费医疗与劳保制度已实行十余年,针对制度的不完善和日益严重的浪费现象,中共中央就作出了指示:“公费医疗制度应做适当的改革,劳保制度的执行也应当适当整顿。”1978年,十一届三中全会以后,中央和地方政府着手研究医疗保障制度的改革,并进行了一些探索性的改革试点工作。这一时期,改革的主要内容是:针对解决医疗费用全部由国家、企业包下来的弊端,控制不合理需求,将医疗费用与个人挂钩,区分情况,由个人承担少量费用。同时,进行医疗经费管理形式的改革。劳保医疗制度的改革,除了医疗费用与个人挂钩外,还实行了职工大病、重病医疗费统筹,以解决中、小企业无力支付大病医疗费用的问题。到80年代后期,建立与我国市场经济体制相适应的新型的医疗保障制度,开始列入我国国民经济和社会发展的重要内容。各地在改革与完善公费医疗与劳保医疗制度的试点实践中,逐步指出了原有制度存在的关键弊端在于:一是医疗费用完全由国家和企业负担,没有建立合理的费用筹集机制,长此下去,国家和企业都难以承受;二是提供医疗服务和享受医疗服务的双方都不承担经济责任,缺乏有效的费用制约机制,造成极大的浪费和损失;三是医疗保障的覆盖面窄,社会化程度低,没有建立科学的合理的管理体制,现有制度只解决了机关、事业单位工作人员和全民、大集体职工的医疗体制问题,其他人员则没有享受到医疗保障;四是医疗费用浪费和部分职工得不到基本医疗保障的问题并存。

1993年,《中共中央关于建立社会主义市场经济体制若干问题的决定》提出:“城镇职工养老和医疗保险金由单位和个人共同承担,实行社会统筹和个人账户相结合。”从而为职工医疗保障制度的改革确定了总体方向和目标。1994年4月,国家体改委、财政部、劳动部、卫生部联合颁布了《关于职工医疗保障制度改革试点的意见》,规定了医疗保障制度改革试点的六项原则:一是适应社会主义市场经济体制的要求,使城镇全体劳动者都能获得基本医疗保障;二是基本医疗保障水平与方式要与我国社会生产力发展水平以及各方面承受能力相适应，国家和企业不能包揽全部医疗费用；三是公平与效率相结合；四是建立对医患双方的制约机制；五是公费医疗与劳保医疗按照新的制度同步改革，保险费用的筹集方式和基本结构要统一，但经费使用可以分别独立核算；六是实行政事分开。同时决定首先在江苏省镇江市和江西省九江市进行试点，并成立了国务院职工医疗保险改革试点领导小组，指导“两江”改革试点。1996年4月，国务院又制定了《关于职工医疗保障制度改革扩大试点的若干意见》，对试点的原则作了补充，就改革的主要内容，相关政策和措施提出了指导意见，并决定试点在全国范围内展开。1998年12月，国务院发布了《关于建立城镇职工基本医疗保险制度的决定》，明确了改革的原则、任务和建立城镇职工基本医疗保险制度的政策措施，标志着我国的医疗保障制度开始进入了一个新的历史阶段。

二、建立城镇职工基本医疗保险制度的主要规定

（一）城镇职工基本医疗保险的含义及范围

基本医疗，是指职工患病时，能得到目前所能提供给他的，能支付得起的，适宜的医疗技术。我国医疗保障制度改革把“保障基本医疗需求”作为确定医疗保险水平的目标。基本医疗保障的内容包括基本药物、基本服务、基本技术和基本费用等。其中，基本药物是指诊治疾病所必要的适宜药品。基本服务是指保证诊断治疗疾病所必需的适宜的医疗服务。基本技术是指那些为诊断和治疗疾病所必需的适宜的医疗技术。基本费用是基本医疗的经济学指标，即使是能满足患者治疗疾病必要的医疗服务，但若超过了费用标准，也不属基本医疗保障范围。基本医疗保障内容不是一成不变的，随着我国经济发展和国力增强，将逐步调整和扩大。

建立城镇职工医疗保险，应坚持“低水平、广覆盖、多层次”的原则，要求城镇所有用人单位，包括企业、机关、事业单位、社会团体、民办非企业单位及其职工，均参加基本医疗保险。乡镇企业及

其职工、城镇个体经济组织业主及其从业人员是否参加基本医疗保险,由各省、自治区、直辖市人民政府决定。

(二)建立城镇职工基本医疗保险的任务

建立城镇职工基本医疗保险的任务是适应社会主义市场经济体制,根据财政、企业和个人承受能力,建立保障职工基本医疗需求的社会医疗保险制度,逐步形成包括基本医疗保险,商业医疗保险、社会医疗救助等多层次的医疗保障体系。

建立城镇职工基本医疗保险制度的工作从1999年初开始启动,年底基本完成。

(三)城镇职工基本医疗保险制度的主要内容:

1、基本医疗保险费用由用人单位和职工个人共同缴纳,并统一缴费比例。在目前条件下用人单位的缴费率控制在工资总额的6%左右,个人缴费率为本人工资的2%比较适宜。该比例随着经济发展相应调整。

2、基本医疗费原则上以地级以上行政区(地、市、州、盟)及有条件的县(市)为单位统筹,京、津、沪可在全市范围内实行统筹,所有用人单位及其职工按照属地管理的原则参加所在地区的基本医疗保险,执行统一的政策,实行基本医疗保险基金的统一筹集、使用和管理。铁路、电力、远洋、运输等跨地区、生产流动性较大的企业及其职工,可以相对集中的方式异地参加统筹地区的基本医疗保险。

3、建立医疗保险统筹基金和个人账户。单位缴费一部分计入统筹基金,另一部分计入个人账户。统筹基金和个人账户要划定各自的支付范围,分别核算,不得相互挤占。统筹基金的起付标准原则上控制在当地职工年平均工资的10%左右,最高支付限额原则上控制在当地职工年平均工资的4倍左右。起付标准以下的医疗费用,从个人账户中支付或由个人自付。超过标准以上、最高支付限额以下的医疗费用,主要从统筹基金中支付,个人也要负担一定比例。超过最高支付限额的医疗费用,可以通过商业医疗保险等途径解决。统筹基金的具体起付标准,最高支付限额以及在起付标准以上和最高支付限额以下医疗费用的个人负担比例,由统筹地区根据以收定支、收支平衡的原则确定。

4、加强服务管理,制定基本医疗保险药品目录,治疗项目和医疗服务设施标准及相应的管理办法,对提供基本医疗服务的医疗机构和药店实行定点管理。目前,《城镇职工基本医疗保险定点医疗机构管理暂行办法》、《城镇职工基本医疗保险用药范围管理暂行办法》和《城镇职工基本医疗保险定点零售药店管理暂行办法》已相继颁布实施。职工应在定点医疗机构就医、购药,也可持处方到定点药店购药。国家药品监督管理机构会同有关部门制定定点药店购药事故处理办法。

5、加强基本医疗保险基金的监管工作。基本医疗保险基金实行财政专户管理,专款专用,不得挤占挪用。社会保险经办机构负责基本医疗保险基金的筹集、管理和支付,并要建立健全预决算制度、财务会计制度和内部审计制度。社会保险经办机构的事业经费不得从基金中提取,由各级财政预算解决。基本医疗保险基金存取计息,计息办法为当年筹集的部分,按活期存款利率计息;上年结转的基金本息,按 3 个月期整存整取银行存款利率计息;存入社会保障财政专户的沉淀资金,比照 3 年期零存整取储蓄存款利率计息,并不低于该档次利率水平。个人账户的本金和利息归个人所有,可以结转使用和继承。各级劳动保障和财政部门,要加强对基本医疗保险基金的监督管理。审计部门要定期对社会保险经办机构的基金收支情况和管理情况进行审计。统筹地区应设立由政府有关部门代表、用人单位代表、医疗机构代表、工会代表和有关专家参加的医疗保险基金监督组织,加强对基本医疗保险基金的社会监督。

6、实行医药分开核算、分别管理,合理提高医疗技术服务价格。同时,减员增效,降低成本,保证服务质量。各地要按照《中共中央、国务院关于卫生改革与发展的决定》的精神,积极推进医疗卫生服务体系结构的调整，加快医疗机构运行机制改革，强化内部管理。医院在经济上独立核算并自负盈亏，在业务上自主经营，彼此要有竞争。发展社区卫生服务，建立社区卫生服务机构与医院的双向转诊制度，社区卫生服务中的基本医疗服务项目纳入基本医疗保险支付范围。

7、坚持从实际出发，对一些特殊的群体采取特殊政策。对离休人员、老红军保持原待遇，医疗费用按原资金渠道解决，支付确有困难的，同级人民政府帮助解决。离休人员、老红军的医疗管理办法可由省级人民政府规定。二等乙级以上革命伤残军人的医疗待遇不变，医疗费用按原资金渠道解决，由社会保险经办机构单独列账管理。医疗费用不足部分应由当地政府解决。退休人员参加基本医疗保险，个人不缴纳基本医疗保险费。对退休人员个人账户的计入金额和个人负担的医疗费的比例给予适当照顾。国家公务员在参加基本医疗保险的基础上享受医疗补助政策。国有企业下岗职工的基本医疗保险费（包括单位缴费和个人缴费），应由再就业服务中心按照当地上年度职工平均工资的60%为基数缴纳。

8、对中央企业和一些特殊行业，可采取建立企业补充医疗保险的办法，确保平稳过渡。企业补充医疗保险费在工资总额4%以内部分，从职工福利费中列支，福利费不足列支的部分，经同级财经部门核准后列入成本。

第十七章 医学卫生教育与科研管理法律制度

第一节 医学卫生教育与科研管理法概述

一、医学卫生教育管理法概述

(一)医学卫生教育管理法的概念

医学卫生教育管理法是调整医学卫生教育管理活动中所产生的各种社会关系的法律法规的总和,是卫生立法重要的必不可少的组成部分。医学卫生教育管理法规是否健全、规范,对医学卫生教育事业的改革和发展乃至整个医疗卫生事业的改革与发展有着重大而深远的影响。

(二)医学卫生教育管理立法

建国以来,特别是党的十一届三中全会以后,党和政府高度重视医学卫生教育的法律法规建设。1980 年 6 月,国家卫生部、教育部联合召开全国高等医学教育工作会议,修订了《全国高等医学教育事业发展规划(草案)》。随着社会主义法制建设的发展,国家先后制定了涉及医学卫生教育改革、正规教育、继续教育、成人教育、学位管理、高等学校临床教学及其教学基地管理、师资队伍建设等诸多方面内容的法规,主要包括:《高等医药院校教学教研室工作条例(试行草案)》(1979 年 7 月)、《高等医药院校五年制学生基本技能训练项目(草案)》、《关于培养临床医学硕士和博士学位研究生的试行办法》、《继续医学教育暂行规定》(1991 年 7 月)、《关于加强部属高等学校临床教学的暂行规定》(1992 年 2 月)、《普通高等医学教育临床教学基地管理暂行规定》(1992 年 11 月)、

《关于卫生部直属高校深化改革，扩大办学自主权的若干意见》(1992年9月)、《九十年代医学成人教育发展规划》(1993年10月)、《社会力量办医科类学校管理办法》(1994年7月)、《医学成人高等学历教育暂行规定》(1994年7月)、《全国临床专业学位教育指导委员会章程》(1998年2月)等。这些法规的实施，使医学卫生教育管理纳入了法制化的轨道，为医学卫生教育事业的健康、深入发展提供了有力保证。

（三）医学卫生教育

教育是一种有目的、有计划、有组织地培养人才的社会实践活动。医学卫生教育是一项有目的、有计划、有组织地培养各类医学卫生人才的社会实践活动。

医学卫生教育是社会主义教育事业的重要组成部分。我国医学卫生事业需要大批各类医学卫生技术人才，人才的培养是发展社会主义医学卫生事业的关键。医学卫生教育的目标，就是培养一支适应社会需求、结构合理、德才兼备的医学卫生专业队伍。医学卫生教育的发展以医学的发展为前提，同时又促进医学卫生科学技术的进步与发展。

我国医学卫生教育历史悠久。早在公元443年，我国就创办了医学教育机构。到唐代，医学教育已经发展到了比较完善的程度。近百年来，随着西方科学技术的引进，现代医学教育体制也随之传入中国。但在新中国成立前，医学卫生教育非常落后，发展缓慢。新中国成立后，党和政府十分重视医学卫生事业，医学卫生教育得到了迅速发展，培养了一大批医学卫生专业人才，初步改变了我国城乡缺医少药的落后状况。特别是党的十一届三中全会以来，我国医学卫生教育改革不断深化，稳步发展，走上全面振兴和继续发展的道路。现在，我国已经形成了一个多学科、多层次、多渠道的医学卫生教育体系。据统计，截至1998年底，全国共有高等医药院校140所，普通中等医药学校538所，在校学生49.3万人。1981年我国建立学位制度，至今已经培养医学硕士和博士研究生 6.6 万人(其中博士生 9400 人)。

(四)医学卫生教育管理

医学卫生教育管理是对医学卫生教育过程中各个环节的管理,是深化医学卫生教育改革,全面提高医学卫生教育质量,培养大批各类医学卫生技术人才,发展社会主义医学卫生事业,保障人民健康,促进经济和社会发展的重要手段。

1997 年 1 月,《中共中央、国务院关于卫生改革与发展的决定》指出:“办好医学教育,培养一支适应社会需求、结构合理、德才兼备的专业卫生队伍。深化高等医学教育改革,提高教育质量和办学效益,完善研究生培养和学位制度以及继续教育制度。临床医生的培养既要注重基础理论,更要注重临床综合技能。加快发展全科医学,培养全科医生,高度重视卫生管理人才的培养,造就一批适应卫生事业发展的职业化管理队伍。重视学术带头人与技术带头人的培养,努力创造条件,使优秀人才尤其是中青年人才脱颖而出。鼓励留居海外的卫生科技人员回国工作或以各种形式为祖国服务。”“中等医学专业教育要根据社会需求调整专业,重点做好农村卫生队伍的正规化培养工作。对社会举办的医药专业学校,教育和卫生部门要严格审批,加强管理。”“各级各类卫生专业教育,都要突出职业道德教育,为全面提高卫生队伍素质打好基础。”这既是我国跨世纪医学卫生教育的整体目标,也是我国医学卫生教育管理总的指导思想。

二、医学卫生科学研究管理法概述

(一)医学卫生科学研究管理法的概念

医学卫生科学研究管理法是调整医学卫生科学研究活动中产生的各种社会关系的法律规范的总和。用法律法规的手段,规范、调整医学卫生科学技术活动,包括调整科研计划、科研机构和科研成果管理等,对于充分调动医学卫生科研人员的积极性和创造性,促进医学卫生科学技术的发展,具有重要作用。

(二)医学卫生科学研究管理立法

建国以来,为了发展我国的医学卫生科技事业,国家先后制订了《1956—1967年科学技术发展规划(医学科学)》、《1963—1972年医学科学发展规划》、《1978—1985年医学科学技术发展规划》、《1986—2000年医学科学技术发展规划轮廓设想》。1988年1月,为适应我国科技体制的改革,卫生部提出《关于医药卫生科学技术体制改革的意见》,明确规定了医学卫生科研要面向防病治病,以应用研究为主,重视理论研究,加强开发研究,继承和发扬传统医学,贯彻中西医结合方针,走出一条具有中国特色的医药卫生科学技术发展道路。《意见》提出医药卫生科学技术体制改革的主要内容,包括:改革科研拨款制度,试行医药卫生科研基金制;改革科研成果管理,促进成果推广应用,开拓技术市场;提高科研宏观管理水平;扩大研究所自主权等。党的十一届三中全会以来,为加强医学卫生科研管理,卫生部陆续颁布了《关于医药卫生科学技术体制改革的意见》、《医药卫生科学研究计划管理试行办法》、《医药卫生科学研究机构管理试行办法》、《附设性医学科学研究机构管理暂行办法》、《医药卫生科学研究成果管理试行办法》、《医学科学技术档案管理办法》、《医药卫生科研基金制试行办法》、《卫生部所属国家重点实验室管理细则》等法规,使我国的医学卫生科研管理逐步走上了法制化的轨道。

(三)医学卫生科学研究

医学卫生科学技术的进步是医疗卫生事业发展的重要条件。医学卫生科学研究的任务就在于认识和揭示医药卫生领域内客观现象的本质及其运动规律,从人的整体性及其与外界环境的辩证关系出发,用科学的方法认识和掌握人类生命活动与外界环境的相互关系,人类疾病的发生、发展及其防治规律,从而采取有效措施,达到控制、减少乃至消灭疾病,增进人民健康和造福人类的目的。

新中国成立后,我国医学卫生科学研究得到了巨大发展。特别是党的十一届三中全会以后,医学卫生科技战线积极探索适应社会主义市场经济的科技体制，开创了医学卫生科研工作新局面，取得了举世公认的丰硕成果，为增进人民健康和提高民族素质发挥了重要作用。现在，我国初步形成了国家、省部级科研院所及高等院校、医疗机构、大中型企业组成的科研体系和一支以专业科研人员为骨干、不同层次、不同学科的专业科研队伍。

（四）医学卫生科学研究管理

医学卫生科学研究管理就是对医学卫生科学技术创新活动进行现代科学管理，包括：科研计划、科研基金、科研经费、物质条件、科研机构、科技人才、科技成果、科技开发与科技市场、科技合作与交流、科技情报、科技档案以及科技统计的管理。

1997 年 1 月，《中共中央、国务院关于卫生改革与发展的决定》指出："贯彻科学技术是第一生产力的思想。针对严重危害我国人民健康的疾病，在关键性应用研究、高科技研究、医学基础研究等方面，突出重点，集中力量攻关，力求有新的突破，使我国卫生领域的主要学科和关键技术逐步接近或达到国际先进水平。""深化卫生科技体制改革，优化结构，分流人员，增强卫生科研机构的活力。保证重点卫生研究机构和重点学科、实验室的投入和建设。促进卫生科技与防病治病相结合，加强科技成果的转化和应用，大力推广适宜技术。高度重视科技信息的开发、利用和传播，加强信息管理。""扩大卫生领域的国际交流与合作。通过双边、多边、官方、民间等多种形式，积极引进先进技术、智力和管理经验。"这既明确提出了我国跨世纪医学卫生科学研究的基本目标，又为医学卫生科学研究的管理指明了方向。

第二节　医学卫生教育管理的法律规定

一、医学卫生教育管理机构及其职责

我国医学卫生教育由教育部和卫生部（或国家中医药管理局）

共同管理。教育部负责教育方针政策、规划、规章制度的制定和统一安排,卫生部负责管理医学卫生教育的具体业务。卫生部内设科技教育司,其管理医学卫生教育的具体职责是:拟定医学教育发展规划和成人医学教育管理办法;指导医学专业学位建设和高中等医学教育教学工作,指导部属院校的教学工作。

各级卫生行政管理部门设有相应的专门管理机构,负责本地区的医学卫生教育管理工作。

二、医学卫生教育体系和管理规定

(一)基本医学教育

1、初等医学教育。这是指培训城乡各级卫生保健人员的带有职业性质的教育,主要培养乡村不脱产的医疗卫生保健人员(包括乡村医生、接生员等)。培训管理工作由县级卫生学校负责。凡达到相当于中等卫生学校毕业水平,经县级卫生行政部门考试合格者,可授予乡村医生称号。

2、中等医学教育。这是培养中级卫生技术人员的职业教育,是我国医学卫生教育体系中专业结构比较完整的层次。中等医学教育具有投资少、建设快、培训学生周期短的特点,其专业培养目标是使学生具有中等卫生技术人才所必需的文化基础知识、基础理论、专业知识和实际技能。中等卫生学校招生对象主要是初中毕业生,学制 3 年,医士类专业,学制 4 年;招收高中毕业生或同等学历的,学制 2 年。中等卫生学校管理体制实行双重领导。凡专业面向省的,以省为主;面向地、市的,以地、市为主。学校发展规划、专业设置、招生计划、毕业分配和教育经费由省级卫生主管部门统一安排。为提高教育质量,卫生部对部分专业的教学计划、培养目标、学制、入学条件、教学及实习基地和经费标准等都作了明确规定,对加强师资队伍建设提出了具体要求。

3、高等医学教育。这是医学卫生教育体系中培养高级医药卫生技术人才的专门层次。高等医学院校集教学、医疗和科研于一体，既是培养高级医学卫生技术人才的教育中心，又是进行开拓医学科学技术新领域的研究中心，其附属医院则是具有较高医疗水平的医疗保健中心。

高等医学教育的专业培养目标是：使学生掌握本专业所需的基础理论、基本知识和基本技能，并能运用于实际工作，了解本专业范围内科学研究的新发展，比较熟练地运用一种外语阅读专业书刊，具有初步的科学研究能力。

高等医学院校的学制由国家统一管理。现行学制是：医学本科为5年—6年，少数为7年—8年；中医、儿科、卫生、口腔专业为5年—6年；药学专业为4年—5年；医学专科为3年。高等医学院校的教学计划、教学大纲和教材均由卫生部统一制定颁布，各院校参照执行。

4、研究生教育。这是大学本科毕业后继续培养高级医药卫生技术人才的高层次教育。其培养方向主要是医学科学研究人员和医学院校教师。研究生必须按照培养计划学习规定课程，并通过考试；在导师指导下完成研究课题，写出论文，通过答辩。毕业研究生符合学位条例规定要求的，分别授予硕士学位和博士学位。

攻读硕士学位研究生，必须在本学科内掌握坚实的基础理论和系统的专门知识，掌握一门外语，具有从事科学研究、教学工作或能独立担负专门技术工作的能力。脱产硕士研究生学制为3年，在职硕士研究生学制一般为4年。

攻读博士学位的研究生，必须掌握本学科坚实的基础理论和系统深入的专门知识，掌握两门外语，具有能够从事科学研究和教学的能力，在科学和专门技术上作出创造性成果。博士研究生招收已获硕士学位或具有相当水平的人才，学制一般为2年—3年。

（二）医学进修教育

医学进修教育是毕业后医学教育，是我国医学卫生教育体系的重要组成部分。医学进修教育是提高在职医疗卫生技术人员业务和管理水平的重要途径，对于提高医疗卫生服务水平和发展医学科学有着重要作用。卫生部制定颁布的《卫生技术人员进修工作条例(试行草案)》是医学进修教育工作的基本依据。

医学进修教育包括卫生技术人员进修教育、卫生管理干部培训、复训补课教育等。

医学进修教育实行四级管理体制。卫生部负责高、中等医学院校和省级重点专科进修任务,以举办全国性进修班为主;省卫生厅(局)负责本地区高、中等医学院校和县级以上医疗卫生单位的进修任务;地、县负责本地区各级医疗卫生单位的进修任务。

医学进修教育应坚持全面规划、统筹安排、就地培养、就地提高的原则。进修学习期限应根据需要和可能,长短结合,灵活安排,一般以一年左右为宜。

(三)医学成人教育

医学成人教育是传统学校教育向终身教育发展的一种新型医学卫生教育制度。1993年10月卫生部制订颁布的《九十年代医学成人教育发展规划》是医学成人教育工作的基本依据。

医学成人教育是我国医学卫生教育体系的重要组成部分,是医药卫生专业队伍建设的基础。医学成人教育利用多种卫生教育资源,对在职卫生技术人员进行补课教育、乡村医生教育、继续医学教育、岗位培训等多种形式的教育,不断提高专业卫生技术人员的整体素质,对实现"2000年人人享有卫生保健",不断提高全民素质,促进经济和社会发展具有重要作用。

我国医学成人教育发展的总目标是:从我国国情出发,逐步建立起主动适应社会主义市场经济和卫生事业发展需要,为"2000年人人享有卫生保健"服务,面向21世纪的具有中国特色的医学成人教育体系。

1、补课教育。这是对未经过培训和培训不足的卫生技术人员的一种补充性教育,重点是农村县、乡级卫生机构中师、士级卫生技术人员。经过补课教育,使未经培训和培训不足的卫生技术人员分别通过学历教育或资格证书教育,取得与现任专业技术职务岗位相应的规定学历或资格证书，成为合格的师、士级卫生技术人员。对高级卫生技术人员也要按照专业岗位对知识和技能的要求进行培训，经考试成绩合格，发给相应的资格证书。

2、乡村医生教育。这是对乡村医生进行系统化、正规化的中等医学教育。全国乡村医生教育规划要求："2000年全国平均每个行政村医生数达到1.5人以上，至少有80%的乡村医生通过系统化或正规化教育达到中专水平。"各级卫生行政部门要根据农村卫生工作的要求和乡村医生的实际情况，把乡村医生教育纳入当地教育系列，制定和完善有关配套措施，对在岗乡村医生实施系统化教育。暂时没有条件的地区要通过各种培训方式达到相当的业务要求；对新补充的乡村医生，要努力创造条件，使他们接受正规化中等医学教育。

3、继续医学教育。这是以学习新理论、新知识、新方法、新技术为主的一种终身性的医学教育，是医学卫生教育体系（基本医学教育、毕业后医学教育、继续医学教育）中的最高阶段。

继续医学教育的目的是使医疗卫生技术人员在整个专业生涯中，保持高尚的医德医风，不断提高专业工作能力和业务水平，跟上医学科学的发展。其对象是毕业后通过规范或非规范的专业培训，正在从事专业技术工作的各类卫生技术人员。参加继续医学教育，既是广大卫生技术人员应享的权利，又是应尽的义务。

继续医学教育的内容要适应各类专业卫生技术人员的实际需要，注重针对性、实用性和先进性，应以现代医学科学技术发展中的新理论、新技术和新方法为重点。继续医学教育以短期和业余学习为主，其具体形式包括：学术会议、学术讲座、专题讨论会、专题讲习班、专题调研和考察、案例分析讨论会、临床病理讨论会、技术操作示教、短期或长期培训等。自学亦是继续医学教育的重要形式。

为加强对继续医学教育的领导和质量监控，在卫生部领导下，建立全国和省（市）两级继续医学教育委员会，地、县建立相应的继续医学教育领导小组。建立和健全继续医学教育管理制度,推进继续医学教育的规范化、制度化。继续医学教育所需的经费采取多渠道筹集的办法解决,按照国家有关规定使用和管理。

4、岗位培训。这是对卫生管理干部开展岗位必备专业知识和能力的规范化培训。重点是有计划地、分期分批地对县及县以上卫生行政部门主要领导岗位的卫生管理干部进行岗位培训。同时,按照医政、护理、科研、教育、防疫监督、药政、妇幼、爱国卫生、地方病、初级卫生保健等类岗位培训规范的要求,组织好各类卫生管理干部的岗位培训。新上岗的卫生管理干部一般都要接受岗前培训。

(四)医学成人高等学历教育

这是我国高等医学教育的重要组成部分。1994 年 7 月,卫生部制订颁布的《医学成人高等学历教育暂行规定》是医学成人高等学历教育工作的基本依据。

医学成人高等学历教育的主要任务是通过成人高等医学院校、普通高等医学院校、其他高校医学专业和社会力量办学等多种渠道,采取全日制、业余夜大、函授、电视、自学考试等多种办学形式,以专科为主,兼有本科和研究生教育等多种层次,适应在职人员岗位特点不同的学习要求,对在职卫生技术人员进行高等学历教育,满足社会的需要。

医学成人高等学历教育的目标是培养坚持社会主义道路,适应社会需求,特别是适应广大农村的需要,具有与学历层次相当的理论知识、较强的实践技能和良好职业素质的应用型高等卫生技术人才。

医学成人专科层次学历教育的修业年限为 2 年—3 年;采用业余、夜大等形式的延长 1 年;采用函授形式的延长 2 年。专科续本科教育的修业年限为 2 年。

专科层次的成人高等学历教育主要招收中等卫生学校毕业、在专业岗位上工作两年以上的人员。本科层次的成人高等学历教育主要招收医学院校专科毕业、在专业岗位上工作两年以上的人员，续读同专业本科学历。应届成人专科毕业生中也可择优推荐免试续读本科学历。

医学成人高等学历教育的专业设置应遵循面向农村、面向基层，依据社会需求和医学科技发展趋势，拓宽专业面的原则。各专业的教学计划必须贯彻按需施教、学以致用的原则；重视预防和人群健康；重视心理因素和社会因素对疾病和健康的影响；重视实验、实习等实践性环节的教学；适当增加实用的新理论、新知识、新方法、新技术，逐步建立起高质量的主干课程。

卫生部负责制订适合医学成人高等学历教育的专业目录、培养目标、课程设置和教学计划，组织编写教材，供全国医学成人高等学历教育参考使用。建立医学成人高等学历教育办学水平和教育质量的评估制度，制定科学的评估体系，定期组织对成人高等医学院校和其他办学机构进行督导和评估。

第三节　医学卫生科学研究管理的法律规定

一、医学卫生科学研究管理机构及其职责

我国医学卫生科学研究由卫生部负责管理。卫生部内设科技教育司，其管理医学卫生科学研究的具体职责是：研究拟定国家重点医学科技发展规划，确定卫生科技优先发展领域；制定基础性研究、重大疾病研究、应用研究的政策和措施；组织协调国家重点医药科研攻关，指导医学科技成果的普及应用工作；组织研究医学卫生技术标准等。

各省、自治区、直辖市卫生厅（局）设相应的职能机构，负责本地区医药卫生科研的管理工作，安排落实卫生部下达的科研任务。

二、医学卫生科研机构体系和管理

《医药卫生科学研究机构管理试行办法》规定，医药卫生科研

机构的基本任务是:贯彻党和国家有关发展科学技术的方针政策和卫生工作方针,出成果、出人才,为实现医学科学现代化作出贡献。

新中国成立后,国家大力开展医学卫生科学技术研究工作,从中央到地方建立了一批医学卫生科学研究机构、医学科学咨询机构,成立了各种医学学会、研究会,初步形成了具有我国特色的医学卫生科学研究机构体系。由于医药卫生科研机构的科研活动类型极为复杂,其分类有多种方法,按组织形式不同可分为:独立性医学科研机构和附设性医学科研机构;按科学活动性质与进入物质生产的过程不同可分为:基础性医学科研机构、应用性医学科研机构和开发或试验发展性医学科研机构;按工作特点与知识含量不同可分为:研究密集型医学科研机构和发展密集型医学科研机构;按隶属关系不同可分为:卫生部直属医学科研机构和省(自治区、直辖市)所属医学科研机构。此外,还可以按医学科研机构总体研究目的、所有制的不同进行分类。

(一)医学科学研究机构

我国医学科学研究机构分为独立性研究机构和附设性研究机构两大类。

1、独立性医学科研机构。这是指直接隶属于各级卫生主管部门,具有独立财产、独立预算、独立法人地位、能以自己的名义进行经济活动和民事活动的医学科研机构。如卫生部直属的中国医学科学院、中国预防医学科学院、中国中医研究院以及各省、自治区、直辖市成立的地方性独立医学专业研究所。

2、附设性医学科学研究机构。这是指附设在医药院校、医院、卫生防疫机构及妇幼保健院等单位从事医学科研工作,但不具有法人地位的医学科研机构。建立附设性科研机构,必须具备三个条件:(1)有明确稳定的研究方向,研究工作有一定的基础,对其研究的主要课题有较活跃的学术思路;(2)有学术水平较高、能够指导科学研究工作的学术带头人,有一定数量的中层科研骨干及业务辅助人员,初步形成有一定科学水平的研究集体;(3)有一定的科研设备条件及专用的实验室。

(二)医学科学咨询机构

我国医学科学咨询性机构包括国家科学技术部下设的有关专业组或学科和国家卫生部医学科学委员会。

科学技术部按国家重大科研任务或学科设立有优秀专家为顾问或参谋组成的专业组或学科组,其主要任务是:研究国内外发展动向,提出本专业的技术政策、发展方向和重点任务建议;组织拟订本专业的长远发展规划;对重大研究项目进行论证,并组织协作和协调;评审和推荐重大科研成果等。医药卫生方面设有:医学、预防医学、中医学和计划生育专业组、医学工程学科组。

卫生部医学科学委员会是全国医学科学研究工作的咨询机构,其主要任务与国家科技部专业组的任务相类似。还有全国卫生技术标准委员会,其主要任务是制定各种卫生标准。

三、医学卫生科学研究计划和成果管理

(一)医学卫生科研计划管理

医学卫生科研计划管理是指组织制定和实施国家、卫生部、科研单位的科研计划的活动。卫生部制定颁布的《医药卫生科学研究计划管理试行办法》是医学卫生科研计划管理的基本依据。

医学卫生科研计划管理的任务是:通过运用学术讨论、计划平衡、经济调节和法律制约等手段,从宏观和微观两方面进行管理,以保证科研方向和重点符合我国卫生方针,使科技工作内部结构和重大比例不断变化,出成果与出人才协调发展,社会效益和经济效益同步增长,更好地为国民经济建设服务。

医学卫生科研分为医学基础理论研究、应用研究和发展研究(这是科学技术转化为直接生产力的重要环节,内容包括新产品试制和中间试验)三类。高等医学院校和大的研究所侧重于基础理论研究和重大应用研究;其他医药卫生单位侧重于应用研究和发

展研究。

医学卫生科学研究计划管理实行“专项管理，分级负责，同行评议，签订合同”的管理体制，其管理机构是研究院、所的职能机构和各省、自治区、直辖市卫生厅(局)及各高等医学院校的科研处。

(二)医学卫生科研成果管理

医学卫生科研成果管理是指对在实践或理论上有创造性的、具有一定科学水平和实用价值的新技术、新方法、新器材、新药物、新发现、新认识等的鉴定活动。卫生部制定颁布的《医药卫生科学研究成果管理试行办法》是医学卫生科研成果管理的基本依据。

医学卫生科研成果分为：第一，医学基础理论研究成果，即以认识生命现象和探索疾病的发生、发展规律为目的的研究成果。第二，应用研究成果，即以解决当前医药卫生提出的实际问题为目的的研究成果。第三，技术研究成果，即以提高预防、诊断、医疗效果和科研水平为目的的研究成果。第四，重大科研技术研究项目的阶段性成果，即探索性的理论课题和重大的应用课题，在研究工作未全部结束前取得的并经过鉴定具有一定学术意义或可独立应用的结果。

医学卫生科研成果经鉴定后，完成科研成果的单位应及时按级别逐级上报。组织鉴定的单位应负责安排或推荐应用技术性科研成果的推广工作。对提出投产的科研成果，必须经过严格审查并通过产品鉴定。对具有较高水平、在学术上有重要意义或在防病治病以及在科学研究上有明显贡献的科研成果，经过评审，根据国家有关条例，给予适当的奖励。

第四节　尸体解剖的法律规定

一、尸体解剖与尸体解剖立法

尸体解剖是通过对病死患者或死因不明的尸体进行病理解剖

和检查，确定死亡原因的一种手段和依据。

人体是一个复杂的有机体，尸体解剖是搞清人体结构的惟一可靠方法，是病理学形成和发展的基础，是精确分析死因和侦破某些刑事案件的依据，是验证临床诊断治疗的最好方法。尸体解剖是一种特殊的人体实验，对保证医学教育质量和提高医学科学水平，促进医学科学的发展进步，具有重要作用。

在医学发展史上，对尸体解剖的道德是非有过激烈争论和斗争。中外一些献身于医学的科学家，勇敢地冲破种种禁令，进行人体解剖研究，推动了医学科学的发展。在国外，比利时医学家维萨里（公元1514—1564年）冒着杀头的危险，到刑场上偷尸解剖，完成了《人体的构造》一书，为近代人体解剖学奠定了基础。我国清代医学家王清任（公元1768—1831年）冲破封建礼教束缚，对大量尸体进行观察、解剖，写成《医林改错》一书，为解剖学和临床医学作出了贡献。

尸体解剖率的高低，反映了一个国家的医学水平。国外一些医学较发达的国家对尸体解剖十分重视，尸解率都在60%以上，有的高达90%以上。一些国家还通过立法明确支持尸体解剖。在我国，由于几千年传统伦理观念的影响，尸体解剖的阻力仍然很大。近年来，各地医疗卫生机构做了很多实际工作，尸解率有所上升。

为提高医学卫生教育质量和临床诊疗水平，促进医学卫生科学事业的发展，1979年5月，卫生部制定颁布了《解剖尸体规则》；1993年，卫生部对如何处理尸体解剖脏器标本的问题作了批示。这就为尸体解剖提供了法律法规的依据，使尸体解剖工作有法可依，有章可循。

二、尸体解剖的种类及适用条件

《解剖尸体规则》规定，尸体解剖分为下列三种：

（一）普通解剖

限于医学院校和其他教学、科研单位的人体学科在教学、科研时施行。凡死者生前有遗嘱或家属自愿提供解剖者、无人认领的尸体,可收集作普通解剖之用。

(二)法医解剖

限于各级人民法院、检察院、公安局以及医学院校附设的法医科(室)施行。凡符合下列条件之一者应进行法医解剖:

1、涉及刑事案件,须经尸体解剖始能判明死因的尸体和无名尸体需查明死因及性质的;

2、急死或突然死亡,有他杀或自杀嫌疑的;

3、因工、农业中毒或烈性传染性死亡涉及法律问题的尸体。

(三)病理解剖

限于教学、医疗、医学科研和医疗预防机构的病理科(室)施行。凡符合下列条件之一者应进行病理解剖:

1、死因不清楚者;

2、有科学研究价值者;

3、死者生前有遗嘱或家属自愿提供解剖者;

4、疑似职业中毒、烈性传染病或集体中毒死亡者。

上述前二项尸体的解剖,一般应先取得家属或单位负责人的同意,但对享受国家公费医疗或劳保医疗并在国家医疗卫生机构住院病死者,医疗卫生机构认为有必要明确死因和诊断时,原则上应当进行病理解剖,有关单位应协助医疗卫生单位做好家属工作。

三、尸体解剖的管理

解剖尸体必须经医师进行死亡鉴定,签署死亡证明后方可进行。普通解剖的无主尸体,应保存一个月后方可使用。在一个月内,如发现死者姓名及通信地址时,应及时通知家属,在限期内前来认领。逾期不认领者,在呈报主管机关或公安部门批准后,即可解剖。

在施行病理解剖时,如发现有他杀或自杀可疑时,病理解剖单位应报请公安局派法医进行解剖或由法医与病理医生共同解剖。病理解剖科室只接受医疗、预防、科研、卫生行政机构和其他国家机关的委托进行尸体解剖。

凡病理解剖或法医解剖的尸体，可以留取部分组织器官作为诊断及研究之用。但应以尽量保持外形完整为原则，如有损坏外形的必要时，应征得家属或死者生前所在单位的同意。

病理解剖或法医解剖，一般应在1个月内向委托单位发出诊断报告，如发现其死因为烈性传染病者，应予确定诊断后12小时内报告当地卫生主管部门。

病理解剖应当尊重少数民族风俗习惯，积极宣传病理解剖的科学意义，提倡移风易俗。

凡施行病理解剖和法医解剖的单位，应建立解剖簿。具体登记事项包括：尸体编号、姓名、年龄、性别、籍贯（无法知姓名、籍贯者，可仅列编号、性别及估计年龄）；尸体来历；解剖原因；临床诊断；解剖日期；解剖人姓名；解剖后诊断；解剖报告日期及备注等。

施行病理解剖和法医解剖的单位，应将解剖尸体的情况（包括尸体解剖诊断），每年至少向主管部门书面报告一次。

第十八章　现代科学技术引起的卫生法律新问题

第一节　生殖技术与法律问题

一、生殖技术概述

生殖是地球上一切生物繁衍进化的先决条件。所有生物的生殖方式不外乎两种:无性生殖和有性生殖,前者由母体直接产生后代,后者则由两性细胞(精子和卵子)结合而成。人类的生殖方式属于有性繁殖,这种生殖方式是由男女两性性交、卵子与精子结合形成受精卵、受精卵植入子宫、宫内妊娠、最后分娩等步骤组成的一个复杂过程。几千年来,人类一直是按照这种传统的自然生殖方式进行自身繁殖的。但是由于现代生殖技术的问世和广泛应用,大大冲击了人类传统的自然生殖方式,围绕这种自然生殖方式而形成了一系列社会伦理观念、法律制度。

生殖技术是指用以代替自然生殖过程中某一环节或全部过程的人工技术方法。目前生殖技术主要指人工授精、体外受精、胚胎移植,同时也包括正在研究中的无性生殖、基因工程造人等技术(见第五节)。

据 WHO 报道,全世界育龄夫妇中有 5% ~ 15% 是不育症患者。我国 80 年代只有 0.3% 的夫妇不能生育,据最近报道适龄夫妇中不育患者达到 10%。而人工授精等生殖技术的出现,对于解决不育症和由此而引起的生理、心理、家庭和社会问题提供了必要的手段,为计划生育和优生提供了技术保障。

二、人工授精

(一)人工授精的概念

人工授精(AI, Artificial Insemination)是指用人工方法将精子注入女性生殖道内,让精子和卵子自然结合,以达到妊娠目的的一种生殖技术。它主要用来解决男性不育问题。人工授精按精液是否新鲜可分为冻精液人工授精和鲜精液人工授精;按精液来源可分为三种:同质人工授精、异质人工授精和混合人工授精。

同质人工授精(AIH, Artificial Insemination by Husband)也称夫精人工授精,是指用丈夫的精液对妻子进行人工授精的一种方法。AIH 的适应症主要有:双方都有足够的生育能力,但丈夫或妻子因为生理、心理障碍而无法进行成功的性交;精子缺少症患者;为生殖保险而冷冻丈夫精液,在必要时进行 AIH。

异质人工授精(AID, Artificial Insemination by Donor)也称捐精人工授精,俗称借种授精,是指使用捐赠者的精液对已婚妇女进行人工授精的一种方法。异质授精的适应症主要有:丈夫因精子缺损以致不育或生育能力严重低下;丈夫患有遗传性疾病不宜生育。

混合人工授精(Artificial Insemination with Mixtcl Semen)是指将捐精与丈夫精液混合后对妻子进行人工授精的方法,可应用于丈夫并非完全不育的情况。但医学界对此持反对意见,认为它降低了捐精人工授精的有效性,而且造成孩子身份不明确。

(二)人工授精的历史和现状

人类有文字记载的第一例人工授精于 1770 年发生在英国。1890 年,美国的杜莱姆逊首次将人工授精技术试用于临床。20 世纪 30 年代,人工授精在技术上有了一定突破。1953 年,美国阿肯色大学医学中心的谢尔曼和伯奇联合发表了著名的《人类冷冻精子的生育能力》的论文,报告了利用干冰冷冻精子并用于人工授精获得成功,从而证明经过冷冻、复温后的人类精子能正常授精,胚胎可以正常发育。60 年代以来,美国、法国、英国、意大利等国纷纷建立人类冷冻精子库，人工授精作为治疗男性不育的技术被广泛运用，由人工授精而生育的婴儿大量增加。仅美国，每年就约有1万名人工授精婴儿诞生。现在，全世界人工授精婴儿已超过30万。

我国人工授精的研究和应用比发达国家起步要晚，但发展也相当迅速。1982年，在著名人类和医学遗传学家卢惠霖教授指导下，首次用冻精进行人工授精获得成功。1986年，青岛医学院建立我国第一座人类精子库。目前，全国大多数省市已建有人工精子库并广泛开展人工授精业务。

(三)人工授精引起的法律问题

在人工授精中，AIH所生子女与生母之夫存在着自然血亲关系，所以一般不存在法律问题，AID所生子女由于与生母之夫不存在自然血亲关系，因而引出了一系列法律问题。

1、AID子女的法律地位

各国判例、法律对此问题反应不一。英美昔日的判例，认为在AID的情形下会构成通奸罪，而将出生子女视为非婚生子女。但随着AID的广泛使用，判例、法律也发生了相应的变化。1967年，美国俄克拉荷马州曾就AID出生婴儿的法律地位作过一项法律规定：凡由指定的开业医生进行的AID并附有夫妻双方同意书的，因AID出生的婴儿，对其生母的丈夫，具有婚生子女的身份。1968年，加利福尼亚州最高法院通过一项决议：在受精者及其丈夫双方同意下经过AID怀孕及所生的孩子，都是他们结合的合法后代。目前，美国已有25个州制定了这样的专门法规。

在日本，自1957年第一个AID婴儿诞生以来，日本民法学家对AID婴儿的法律地位进行了几十年时间的讨论，仍未取得一致意见，有的学者认为AID子女应视为婚生子女，享有一切权利，另一些学者则持反对意见，认为AID子女不得视为婚生子女。

在我国对AID子女的法律地位问题也未见明确法律规定，在解决AID子女纠纷案中，也存在两种观点，一种观点认为在丈夫同意下进行 AID 所生子女是拟制血亲关系，另一种观点认为在夫妻双方存在婚姻关系期间经夫妻双方同意而生育的 AID 子女，视为夫之合法子女。

各国对 AID 子女法律地位的认识存在分歧，但有逐步走向统一的趋势，一般都认为经夫妻同意后出生的 AID 子女应推定为婚生子女，与母之夫的关系视为亲生父子、父女关系。

2、AID 的匿名问题

随着 AID 广泛应用，已经发生多起 AID 子女寻找生父的案例。当这些孩子一旦知道现在的父亲不是亲生父亲，他们就千方百计地要解开生父之谜，这种心理如同收养关系中养子女的心理。从尊重和保护 AID 子女了解权的角度来看，AID 子女应有权利知道其生物学父亲是谁，有权知道自己的出生背景。

匿名为子女与捐精者之间的交往设置了一个不可逾越的障碍，并避免由于发现和认识捐精者而造成种种不平衡心理。从 AID 的夫妻来说，要求捐精者匿名是合理的。不然 AID 失去了其存在的意义，必将造成亲子关系的紊乱和父亲竟合的结果，不利于家庭和社会秩序的安定。

在 AID 中捐精者享有匿名权，即意味着接受 AID 的夫妇无权了解捐精者是谁，同时也意味着 AID 子女无权了解生父是谁。如前所述捐精者匿名是利弊共存，但笔者认为利大于弊，理由有：(1)符合捐精者意愿和要求，有利于供精者利益的保护；(2)有利于接受人工授精夫妇的利益；(3)有利于子女成长；(4)有利于家庭安宁和稳定；(5)避免公开供精者姓名而导致的法律、伦理问题，减少纠纷；(6)有利于防止精子商品化，在不匿名的情况下，人们可以根据自己的需要广泛自由地选择供精者，出于对优生的兴趣和需要，一些名人的精子会变成一种高价遗传资本出售。正是因为捐精者匿名在人工授精中具有决定性的重要地位，所以近年来各国制订的人工授精法案都严格要求供精者匿名。

三、体外受精

(一)体外受精的概念

体外受精(IVF, In Vitro Fertilization)指用人工方法取卵,使卵子和精子在试管中结合形成胚胎,然后再用人工方法将胚胎植入子宫妊娠的一种生殖技术。用这种技术生育出来的婴儿称为“试管婴儿”。

体外受精主要解决女性不育问题,同时对于开展人类胚胎学和遗传工程学的研究具有重要意义。世界上第一例试管婴儿于1978年7月25日诞生于英国,进入80年代,IVF技术得到广泛推广应用。我国首例试管婴儿于1988年3月10日诞生。全球目前健康存活的试管婴儿已逾10万。

从技术上看,人工授精只需简易的技术,但体外受精却是一种复杂的医学技术,必须由专门的医生来进行。体外受精比人工授精更多地替代了自然生殖的过程。从法律上看,体外受精也引起了许多法律问题,而且问题比人工授精更为复杂。

(二)体外受精引起的法律问题:

1、父母的确定。在IVF,由于配子来源的复杂性,法律上不仅要确定“谁是父亲”,要解决的问题扩大为“谁是试管婴儿的父母”,根据配子来源可分以下几种情况:

(1)在夫妻双方同意下,用妻子的卵子和丈夫的精子在体外受精,然后把胚胎植入妻子子宫妊娠生育。这种IVF所生育的婴儿遗传学的父母即法律上的父母,不存在法律问题。

(2)在夫妻双方同意下,使用妻卵和供精在体外受精然后将胚胎移植入妻子子宫妊娠生育。这种情形跟供精人工授精相似,有关试管婴儿法律地位的原理类同于AID子女。

(3)在夫妻双方同意下,使用供体卵子与夫精进行体外受精,然后将胚胎植入妻子子宫妊娠生育,这种情形涉及两个母亲:一是卵子提供者,即遗传学母亲,一是孕育母亲,是子宫的提供者,也称为生身母亲。在自然生殖方式下，母亲这一概念是统一的，集生物母亲、生身母亲、养育母亲为一体，但在 IVF 中，母亲的角色发生了裂变。笔者认为，这个法律母亲应是孕育母亲，与 AID 中并不提供精子的丈夫来说，妻子在孕育和生育过程中的贡献比丈夫大得多，而且与孩子的关系也更为密切。确认孕育母亲为法律母亲，既是合理，同时也有利于子女利益。

(4)在夫妻双方同意下，使用供卵和供精体外受精后再将胚胎植入妻子子宫妊娠生育。这种情况下的 IVF 比前三种情形更为复杂。所生子女有两个父亲和两个母亲。世界各国的法律观念一般都认为，生下婴儿的妇女应当是孩子的合法母亲。英国在 1990 年的《人工授精和胚胎学》法案中规定："一个由植入体内的胚胎或精子和卵子而孕育孩子的妇女应被视为该名孩子的母亲，而非其他妇女。"所以，一个孕育母亲在母权确定中应当比遗传母亲处于优势。至于父权的确定，与在 AID 中的情况一样，养育父亲在父权竞争中完全强于仅提供精子而不承担养育责任的遗传父亲。所以，尽管采用 IVF 技术出生的孩子与准备充当孩子养育父母的夫妇双方无任何遗传关系，但仍应确定这对夫妇为孩子的合法父母。因为孩子的遗传父母仅仅是分别提供了精子和卵子，他们互不认识，更谈不上有合法的婚姻关系；而养育父母则不同，他们有合法的婚姻关系，通过 IVF 所生子女是他们的婚生子女，享有婚生子女的一切权利。

2、代理母亲。代理母亲(Surrogate Mother)是指代人妊娠的妇女，是随着现代生殖技术的发展而出现的生殖现象，出现于本世纪 70 年代末，它的形式有以下两种：(1)用自己的卵子人工授精后妊娠，分娩后交给别人抚养；(2)利用他人的受精卵植入自己子宫妊娠，分娩后将孩子交给委托人抚养。

有人认为，一位妇女以收取酬金为目的，出租她的子宫，被他人看作生育机器，这是侵犯妇女的尊严。同时，把婴儿当作商品，在自由市场进行买卖，是不能接受的。再加之有的母亲替女儿代孕，姐姐替妹妹代孕，祖母替孙女代孕，造成出生婴儿在家庭中的地位微妙。因此，各国纷纷立法，禁止代理母亲。在瑞典，代理母亲被认为是违反了法律的基本原则，所以代生协议是无效的。在法国，根据1992年通过的《生物伦理法律草案》，代理母亲受到禁止，那些已替人怀孕的妇女只能将生下的孩子归为己有，否则要追究其法律责任。在英国，1985年的《代孕协议》法案规定，对从事商业性代孕行为和刊登与代孕有关的广告行为要进行刑事制裁。

四、遗传物质的法律管理

在自然生殖时代，精子与卵子的排出、受孕都是在人体内发生的，现代生殖技术不仅可以把精子和卵子从体内取出，还可以在体外如在试管内使精子和卵子结合成为胚胎。由于遗传物质可以在体外储存，这就使遗传物质的捐献、买卖、实验、移植、进口、出口成为可能，从而使遗传物质的法律管理就被提上了日程。

（一）精子和卵子

精子和卵子作为遗传物质是一种极为特殊的物。对精子和卵子的控制权只是一种与人身权相关联的不完全物权。在生殖技术中一般对以下两点达成共识：一是供精者在将自己的精子捐献给精子库后，他就失去了对这些精子的控制权，而精子库则由于供精者的捐赠得到控制权；另一是当供精者为已婚男子时，捐赠精子尚须征求其妻子同意。因为精子不同于人体其他细胞或组织，如血液每个人都有献血的权利和自由，不须征求他人同意，但精子捐献不同，它涉及到妻子的配偶权利。这两点也同样适用于卵子的法律地位。

（二）受精卵和胚胎

首先涉及的是受精卵和胚胎的法律地位，即受精卵和胚胎是不是人？对此，人们有两种截然不同的意见：一种意见认为是人，因此应尊重他们，不应把他们作为工具、手段来使用，不应伤害和未经主人同意就处理他们。另一种意见认为不是人，不应该具有同人一样的法律地位。

其次是胚胎的研究是否符合人道主义？将多余的胚胎销毁或丢弃是否构成杀人？冷藏的“孤儿胚胎”的法律地位如何确定？据报道，美国有22个州的法律禁止胚胎研究。1990年德国颁布的《胚胎保护法》规定，禁止人胚胎研究，不允许用已死亡的人的精子或卵子进行体外受精，而且决不允许提前鉴定胎儿性别，有严重遗传性连锁疾病危险的人是惟一的例外。对于胚胎的冷藏和保管，英国《人工授精和胚胎学》法案规定，配子的保管期为10年，胚胎的保管期为5年，任何配子或胚胎的保管期都不能超过其法定保管期限，而且还规定准许在保管期后任由它死去。法国《生命科学与人权》法律草案建议，冷冻胚胎在保存5年后，在其亲生父母由于死亡、离婚、分居而不再成为夫妻后必须销毁，但也可以转赠给其他夫妇。

再次是关于是否应允许商业性获取胚胎。IVF容易导致一胎多生。西方国家的一些商人，准备筹建“婴儿工厂”，从事婴儿的批量生产和投机买卖。许多国家担心人口贩子通过商业性获取胚胎后粗制滥造婴儿，影响人口素质。所以，各国法律都规定，禁止商业性获取胚胎。

五、我国生殖技术的立法构想

自从1982年我国首例使用冷冻精液进行的人工授精获得成功以来，人工授精业务已在全国各地展开；自1988年我国首例试管婴儿在北京诞生以来，近年也取得推广应用。目前我国生殖技术应用面临的主要问题有：人工授精严重失控；人工授精子女和试管婴儿的法律地位难以确定；有关生殖技术的纠纷无法可依。针对上述问题，1989年卫生部曾发出紧急通知，严禁滥用人工授精技术。1991年7月，最高人民法院在关于夫妻离婚后人工授精所生子女的法律地位如何确定的司法解释中指出：“在夫妻关系存续期间，双方一致同意进行人工授精，所生子女应视为夫妻双方的婚生子女。”但仅此是远远不够的，因此，有必要借鉴国外有关人工授精和体外受精的法律，结合我国的实际情况，尽快制定法律，对生殖技术进行法律管理，对生殖技术引起的一些新型社会关系加以法律调整。

（一）生殖技术的适用范围

凡男方不育或女方不育或男女双方不育的合法夫妇可以接受人工授精或体外受精手术。有生育能力的夫妇、单身男子或单身妇女不得接受人工授精或体外受精。禁止代理母亲，禁止人类无性生殖的研究和应用。

（二）生殖技术的实施程序

符合生殖技术适用范围的夫妇双方愿意采用生殖技术，必须就接受人工授精和体外受精事宜订立书面协议书。随后应将协议书递交公证机关，公证机关就协议书的真实性、合法性进行调查，认为符合条件的予以公证。夫妇双方持经过公证的协议书等有关文件去医院申请接受人工授精或体外受精，医院认为符合条件的，再由夫妇双方和医院签订有关协议，并根据协议实施有关生殖技术。

（三）遗传物质的管理

符合条件的供精者自愿捐献的供精，可由精子库冷冻贮存，以便用于捐精人工授精。配子和胚胎为生殖需要也可冷冻贮存，其控制权由提供者享有。为自己生育而冷冻的配子，在供体死亡后应销毁。为婚姻中生育子女的需要而冷冻的胚胎，夫妇双方死亡后，胚胎应销毁。禁止遗传物质的买卖。

（四）医疗单位

医疗单位和从事生殖技术操作的医务人员必须经过主管机关的审核批准并发给许可证后，方可开展生殖技术业务。医疗单位为业务需要，可采集供精，但应对供精者进行健康检查和严格筛选，并建立供精者档案。同一供精者的精子使用次数要有规定，对人工授精或体外受精出生的孩子建立档案，以防止将来可能出现的近亲婚配。医疗单位和从事生殖技术操作的人有为当事人保密的义务。

(五)子女的法律地位

在婚姻关系存续期间,经过夫妻双方同意,使用捐精人工授精所生子女应视为夫妻双方的婚生子女;使用夫精人工授精或者使用夫妻配子进行体外受精所生子女,与自然生育的子女具有相同的法律地位,是夫妻双方的婚生子女。

(六)法律责任

生殖技术立法,应对生殖技术应用中违反上述有关规定的违法犯罪行为,规定相应的法律责任。

第二节　脑死亡与法律问题

一、脑死亡的概念

脑死亡(Brain Death)是指原发于脑组织严重外伤或脑的原发性疾病,致使脑的全部机能不可逆地停止,最终导致人体死亡。脑死亡同心跳和呼吸停止一样,是人的生命现象的终止,是个体死亡的一种类型。

从远古社会开始一直延续到20世纪,人们都把心跳和呼吸停止作为死亡的确切无疑的象征。中国的《黄帝内经》称:“脉短、气绝,死。”在西方,1951年世界著名的《布莱克法律词典》的死亡定义为:“血液循环完全停止,呼吸、脉搏停止。”这一传统的死亡标准由于几千年的延续而天经地义地成为世界各国医学、哲学、宗教、伦理、法律及社会大众一致的认识。但是,自本世纪五六十年代以来,这一状况发生了重大变化。首先,在长期的医学实践中,人们发现人死亡是分层次进行的复杂过程,心肺死亡作为死亡的一个层次并不绝对预示或标志整个人体的死亡。其次,医学技术在抢救心跳、呼吸骤停方面有了突飞猛进的发展。人工心脏救护设备和人工呼吸机可以使心跳、呼吸停止数小时乃至十余小时的病人复苏，再加上人工营养维持，能使许多病人“起死回生”。第三，60年代以来，现代医学在心脏移植技术方面取得的突破性进展从根本上动摇了心肺死亡标准。于是，人们开始探寻新的死亡定义和死亡标准。在此背景下，适应现代医学发展的需要，一种被医学界认为更加科学的脑死亡概念和脑死亡标准便应运而生。这是生物医学科学技术发展的必然结果。

对脑死亡的最早研究开始于1959年。1968年，哈佛大学医学院提出了一个较为完善的脑死亡标准，该标准主要内容如下：不可逆的深度昏迷，病人无感受性、无反应；自发呼吸停止；脑干反射消失；脑电图平坦。同年世界卫生组织建立的国际医学科学组织委员会规定死亡标准为：对环境失去一切反应，完全没有反射和肌肉张力；停止自主呼吸；动脉压陡降和脑电图平直。此后各国专家先后提出了30余种关于脑死亡的诊断标准。目前，世界上许多国家正式采用了“哈佛标准”，并有三十多个国家立法通过了脑死亡标准。

二、确立脑死亡的意义

(一)有利于促进器官移植的开展

脑死亡概念和脑死亡标准虽然不是为器官移植而定，但器官移植却因此而得益。器官移植要求用于移植的尸体器官越新鲜越好。据有关专家介绍，用于器官移植的尸体器官不可以冷藏，在现代条件下存活的最长有效时间是：心脏4小时、肝脏24小时、肾脏48小时、角膜几个星期。实施器官移植术还要求摘取时其缺血和缺氧时间不能过长，心脏不超过3至5分钟、肝脏不超过15分钟、肾脏不超过45分钟，骨和角膜不超过24小时等，否则，器官会丧失机能而大大影响成活率。而依靠先进的科学技术维持脑死亡者的呼吸和循环功能，使之可以成为医学上最理想的器官移植的供体和极好的人体器官和组织的天然贮存库。医生可以根据移植的需要，在从容地做好各项移植准备工作后，适时地摘取供体器官，从而提高器官移植的成活率。然而，不确定脑死亡的概念和标准，摘除器官过早，会被认为是杀人；过晚了器官移植成活率降低，则失去了器官移植的意义。

（二）有利于医疗卫生资源的合理利用

医学技术虽然在抢救心跳、呼吸骤停方面有了迅猛发展，但随着时间的推移，尤其是危重症监护病房增多，使医生们敏锐地感到，尽管大多数病人可救治成功，也还有为数不多的只靠人工机械勉强维护心跳呼吸但已完全失去生命活力的、现代医学无力使之恢复意识的脑死亡者。无情的事实提出了一个敏感的问题：对现代医学无法挽救的脑死亡者，国家和家庭每时、每日、乃至长年支付高额医疗费用，医护人员及亲友日夜无休止地看护，其意义在哪里？而脑死亡概念和脑死亡标准的确认，可以适时地终止对脑死亡者的医疗措施，减少不必要的医疗支出，把有限的医疗卫生资源用于那些需要治疗而又能够达到预期效果的病人的身上，同时也可以减轻脑死亡者亲属的精神和经济负担。例如，在美国，每年约有 1 万个植物人被供养在各所医院，他们大都因车祸而引起不可逆的大脑死亡。为了维持这 1 万植物人的心跳、呼吸、营养，美国每年要花费 15 亿美元，平均每个植物人的全年费用在万元以上，而美国人均全年医疗保健费才为 1365 美元。不仅如此，植物人还占用了大量的医疗稀有资源的使用。据统计，我国 1994 年因车祸死亡的 5 万人中，大多数为脑死亡者。所作无效抢救费用平均每人需 3 万元左右。这样，不仅浪费了巨额抢救费用，还造成了大量可贵供体的浪费。

（三）有利于法律的正确实施

死亡对于《刑法》、《民法》、《婚姻法》、《继承法》等几乎每一个法律领域都具有重要意义。主要体现在：死亡决定杀人罪的成立，民事权力的终止，继承的开始，侵权行为的构成，婚姻关系的消灭，刑事责任的免除以及诸如合伙、代理等民事法律关系的变更和终止。因此,什么是死亡,如何科学地、准确地判断一个人的死亡时间,在司法实践中具有极其重要的意义。如前所述,传统的死亡标准的局限性已显而易见。这就要求立法者对现代医学引起的变化及时作出反应,对有关法律作出相应的调整,以利于法律的正确实施。

三、我国脑死亡立法构想

鉴于前述确定脑死亡的意义,我国医学界、社会学界、伦理学界、法学界有越来越多的人接受脑死亡定义,并呼吁尽快就脑死亡立法,建立我国的脑死亡诊断标准,以适应医学科学事业的发展。显然,讨论我国脑死亡立法已是一个十分现实和迫切的问题。在我国,由于文化传统和医学技术发达状况的不平衡,使人们对脑死亡的认识很模糊,要在短期内对脑死亡标准达到共识也是不可能的。但是,决不能以脑死亡标准是否被全社会承认来判断是否应当立法,这显然是不合理的。法律应当顺应形势积极调整各种矛盾着的社会关系。通过立法来确认脑死亡,从法律角度来统一认识,无疑是一种明智的选择。如我国香港建立了有关法律法规,规定可以脑死亡为死亡标准;我国台湾在 1987 年 9 月 17 日公布了《脑死判定步骤》,规定脑死判定作为“认定死亡事实标准之一”,但由于“其判定程序涉及严格医学技术之运用,无法广泛实施”,因此,与呼吸停止、心脏跳动停止的传统死亡认定标准并存。

借鉴国外和我国香港、台湾地区的脑死亡立法经验,我国在脑死亡立法时应考虑以下问题:

(一)两种死亡标准并存

根据我国国情,确立脑死亡标准和传统死亡标准同时并存的制度。首先,传统死亡标准虽然有其缺陷,但其观念已根深蒂固,同时现代医学并没有完全否定其科学性。特别在我国广大农村和边远贫困地区医疗条件比较落后的情况下,传统死亡标准仍是判断死亡的有效标准。这样就可因人因地而异,当医疗条件和设备达到一定程度时，就可采用脑死亡标准。

（二）制定严格的脑死亡诊断标准

借鉴哈佛标准，结合我国医疗实践的具体情况，制定严格的、具体的脑死亡诊断标准。

1、脑死亡判定的先决条件：(1)病人陷入深度昏迷，不能自行呼吸而必须依靠人工呼吸器维持呼吸；(2)导致昏迷的原因已经确定；(3)病人遭受无法复原的脑部结构损坏。

2、排除可逆性昏迷：(1)排除因为新陈代谢障碍、药物中毒与低体温所导致的昏迷；(2)如患病原因不明，则应排除而列入考虑。

3、在使用人工呼吸器的状况下，观察规定时间，其间病人应呈持续深度昏迷，不能自行呼吸且无自发性运动。

4、脑干功能测试：在符合上述条件的情况下，对脑干进行规定的次数测试后，病人仍完全符合无脑干反射与不能自行呼吸的条件，即可判定病人脑死。

（三）建立科学完整的脑死亡管理制度

脑死亡立法应规定哪些医生有权作出脑死亡诊断，应按什么程序进行，使用哪些检测手段等，以防止医生的草率诊断或者虚假诊断。

1、脑死亡确定医师的资格条件：(1)具有神经内科或神经外科或麻醉科专科医师资格；(2)接受过有关脑死亡确定的学习研究，并持有证明文件。

2、参与脑死亡确定的人员：(1)病人的原诊治医师；(2)具有确定脑死亡资格的医师2人。

3、可以确定脑死亡的医院必须具备规定的设备条件。

4、脑死亡诊断书的签发：由具有脑死亡确定资格的医师2人和病人原诊治医师共同签发死亡诊断书。

（四）法律责任

脑死亡立法应当明确规定违反脑死亡法律法规的法律责任，同时还应规定医生为了器官移植中器官新鲜的需要，当病人死亡诊断宣布后,不摘除死者身上的人工抢救装置而继续使用是否违法,究竟是对尸体的合理保存还是非法侵犯。

(五)应当对于植物人和脑死亡者加以严格区分

1996 年 4 月,中华急诊医学学会脑复苏研究中心组织国内著名医学专家初步制定了植物状态患者的诊断标准共 7 条:认知功能丧失,无意识活动,不能执行指令;保持自主呼吸和血压;有睡眠觉醒周期;不能理解和表达语言;能自动睁眼或在刺激下睁眼;可有无目的性眼球跟踪运动;丘脑下部及脑干功能基本保持。上述状态持续一个月以下者,即为人们通常说的"植物人"。根据这一标准,可见植物人不等于脑死亡,长期昏迷不醒、没有意识的病人与脑死亡的植物人是两种不同的病例。因此,脑死亡立法应明确规定,对植物状态患者中哪些植物人宣布为脑死者而不予以治疗抢救或者摘除其器官用于移植。

第三节　安乐死与法律问题

一、安乐死概述

安乐死,源于希腊文 eulhanasia 一词,原意为无痛苦死亡。安乐死现象早始于史前时代,在当初它只是抛弃老年人和身体有缺陷的人的一种习俗。1938 年美国查尔斯·皮特组建"自愿安乐死合法化协会"开辟了近代安乐死之先河。1975 年美国加利福尼亚州首先制定了《自然死法》,首次在立法上承认了"死的权利"。自此以后,世界各国对安乐死从医学伦理学、法学、社会学等角度进行了广泛的讨论。1976 年,在东京举行了"国际安乐死讨论会",提出尊重人的"生的意志"和"尊严的死"的权利。目前,安乐死在澳大利亚、荷兰等一些国家已得到法律的认可。

现代意义上的安乐死概念到目前为止尚无统一解释。《中国大百科全书·法学》的定义为:对于现在医学无可挽救的逼近死亡的病人，医生在患者本人真诚委托的前提下，为减少病人难以忍受的剧烈痛苦，可以采取措施提前结束病人的生命。我们可通过以下几层意思来理解安乐死的概念：

第一，安乐死的对象应是身患绝症、生命垂危、濒临死亡而且痛苦不堪、无法忍受疾病折磨的病人。

第二，安乐死的实施应严格按法定程序，在医务人员协助下进行。

第三，安乐死是一种死亡方式，死亡在法医学分类中，根据死因和死亡性质的不同分为暴力死和非暴力死。暴力死又称非自然死亡，根据死亡情节和方式不同又分为自杀死、他杀死、意外死。非暴力死又称自然死，包括老死和病死。安乐死兼有暴力死和非暴力死的特征。它既有疾病的内在因素，又有医务人员予以致死的外在因素。可见安乐死是有别于自杀死、他杀死、意外死、老死、病死的一种特殊死亡方式。

第四，安乐死有被动安乐死和主动安乐死之分。被动安乐死又称消极安乐死或不作为安乐死，它是医生终止治疗措施、使患者自行死亡。主动安乐死又称积极安乐死或作为安乐死，它是医生采取某种措施使患者无痛苦地死去，如注射某种药物等。

二、安乐死实践与现状

现代意义上的安乐死是从19世纪开始，那时安乐死已被看作一种减轻患者不幸的特殊医护措施，并已有人开始运用于临床实践。到20世纪二三十年代，安乐死在欧美各国日渐流行，著名的奥地利心理学家弗洛伊德就是服用吗啡结束自己生命的，瑞士则在1937年作出可以帮助自愿安乐死的人的法律规定。第二次世界大战期间，希特勒于1938年收到一位畸形儿父亲的信函，要求杀死他儿子，希特勒就此创立了一个强迫安乐死的纲领，借安乐死之名，滥杀慢性病和精神病患者、智力有缺陷或身体畸形的儿童，从而使安乐死黯然失色、声名狼藉。二战后，安乐死重新成为人们的热门话题，主张安乐死的队伍在不断壮大。在英美，尽管争取安乐死的立法提案一次次被否决，但人们的活动热情和兴趣仍在不断增长，例如荷兰的“安乐死协会”，目前已拥有24万多名会员；有10万荷兰公民立下遗嘱，要求医生在他们病入膏肓之际，采用安乐死术结束生命。自1976年以来，许多自愿安乐死协会相继在丹麦、瑞典、瑞士、比利时、意大利、法国、西班牙、英国等国出现。在日本，对安乐死的民意调查也反映民众越来越趋向于同意实行安乐死的意向潮流，这一潮流也波及不少发展中国家。

安乐死在我国也引起医学界、法学界、伦理学界、社会学界和公众的关注和讨论。在理论界，1987年12月24日，中国社会科学院哲学研究所、北京医学哲学研究会、中国自然辩证法研究会等单位联合邀请医学和哲学界人士在北京首次座谈讨论安乐死问题。1988年7月在上海医科大学召开了第一次全国安乐死学术讨论会。1994年10月，在上海又召开了第二次全国安乐死学术讨论会。随着讨论的深入，多数人认为选择安乐死是患绝症病人的一种权利，让安乐死合法化是人类理智、科学地对待死亡的一种表现，也是社会文明的一大进步。为减少绝症病人的痛苦和减少社会资源的损失，在条件成熟的时候应该对安乐死进行立法。

在社会公众中，1988年，北京有关方面对500人所作的一次问卷调查结果表明，认为我国可以实行安乐死的人占79.8%。1995年，上海黄浦区部分街道对60岁以上老人进行调查，赞成安乐死的占89.4%，有94.5%的人希望立法。1994年10月31日，陈蕃等人发出《关于建立“自愿安乐死协会”倡议书》，并拟就了《中国自愿安乐死协会章程(草案)》，受到社会公众的关注。

在医疗实践中，那些晚期癌症病人求安乐死不得，选择自杀途径解决痛苦的为数不少。面对痛苦的病人，医务人员思想上矛盾重重，因怕被告故意杀人，被斥有违医德，明知抢救已无意义，仍要尽一切可能延长病人的生命。但是，病人为早日摆脱痛苦而不去就医或中止治疗，实施所谓“被动安乐死”的已不鲜见。因这种方法只能免去延长痛苦时间，而不能减轻痛苦，在病人及其家属的强烈要求下，由医生悄悄为病人实施主动安乐死的也已有所闻。因此，有人指出：制定安乐死法规，既可解除不治病人的痛苦，又可减少卫生资源的浪费，也可以使医务人员早日摆脱困境，对推动社会文明进程具有重要的意义。

在法律界，对于被动的消极安乐死，无论是病人或其家属主动要求中止治疗，还是医院或医生动员病人出院或撤除病人的生命维持装置，一般都无须承担责任。但是，在尚未立法的情况下，实行主动安乐死，其非法性不容否定，是我国现行法律所不允许的一种违法行为，一旦有人控告，实施者就要受到法律制裁。此类案件近几年来在国内已发生数起，从对行为人的处罚结果看，还是从宽的，明显区别于其他性质的故意杀人行为。同时，病人家属要求司法机关批准施行安乐死或办理安乐死公证的事也有发生。在全国人代会上，人大代表已多次提出安乐死的立法问题。1994 年 3 月，在八届全国人大二次会议上，广东省代表团 32 位代表联名提出“要求结合我国国情尽快制定‘安乐死’的立法”议案。6 月，全国人大常委会法制工作委员会答复：“对‘安乐死’立法涉及法律、医学和伦理学等各方面的问题，目前世界上也没有取得一致认识，虽然有的国家制定了有关法律，但为数还很少，大多数国家对此持慎重态度。目前，可以促请有关部门积极研究这一问题。”1995 年，在八届全国人大三次会议上，有 170 位代表递交了 4 份有关安乐死立法问题的议案，成为大会的热门话题之一。1996 年 3 月召开的八届全国人大四次会议将人大代表提出的有关安乐死的议案予以立案受理。上海市代表在本次会议上还提出了一份呼吁国家允许在上海实施安乐死立法的议案。

三、我国安乐死立法构想

（一）安乐死的定义

安乐死是指对患有不治之症且极端痛苦的病人，在不违背其真实意愿的前提下,出于对其死亡权利和个人尊严的尊重,为解除病人痛苦而由医务人员实施的终止维持生命的措施使其自行死亡或采取积极措施使其加速死亡的一种医疗行为。

(二)安乐死的原则

实施安乐死应符合安乐死的三大特征,即无危害、无痛苦、不违背本人意志。具体是:第一,现代医学科学技术所不能救治的不治之症;第二,病人的剧烈痛苦无法抑制,且已迫近死亡;第三,病人有要求安乐死的真诚意愿;第四,在不违背病人意愿前提下,由医务人员提供的在无痛苦状态下加快结束或不再延长死亡过程的医疗性服务;第五,执行安乐死的方法在伦理学上被认为是正当的;第六,它是在特定情况下病人利益的最高体现。

(三)安乐死的对象

安乐死的范围不宜过宽,以下三种人可作为实施安乐死的对象:一是肉体和精神均处于极端痛苦之中的绝症患者(对绝症即不治之症应作出限制性规定);二是靠人工维持生命长期昏迷不醒、丧失自我意识的病人;三是有严重缺陷的新生儿。

(四)安乐死的方法

安乐死的方法应当是快速、无痛的,尽可能表达"安乐"的本质,体现出人道主义的精神。合法的安乐死形式既包括消极安乐死,也包括积极安乐死。安乐死的实施者应为合法的医务人员。

(五)安乐死的实施程序

1、请求程序。请求必须是病人在意识清楚的情况下,出自本人的真实意愿。对于陷入永久性昏迷状态、不能表达意愿的病人,可由其直系亲属请求,但需得到有关部门和医疗单位的同意,方为有效申请。

2、审查程序。设立由医学专家、法医、医学伦理学专家等共同组成的安乐死审查委员会,其任务是对安乐死的申请进行严格的审查,防止误诊和失控。经过审查在确认病人所患为现代医学技术无法救治的疾病,且病人意愿真实的情况下,再次询问本人或其亲属，得到明确的答复签名同意并经当地公证机关公证后，方可批准病人安乐死的请求。

3、操作程序。在安乐死审查委员会批准后，必须由病人所在医院两名以上的医务人员按批准的时间、地点等对病人实施安乐死。在实施前，病人表示反悔，不同意实施安乐死，应尊重病人的选择，不得强迫实施安乐死。

(六)法律责任

违反安乐死规定的法律责任包括：

1、擅自实行安乐死的责任，即出于善良的动机，病人亲属或医务人员对未提出请求或请求未获批准的患者实行安乐死的责任。

2、不履行或不认真履行职责的责任，即审查人员不认真履行审查职责，以致造成重大医疗纠纷的；医务人员用不人道的方法对病人实行安乐死应承担的责任。

3、违反有关保密规定的责任。

第四节　器官移植与法律问题

一、器官移植概述

器官移植(Organ Transplantation)是指通过手术等方法，替换体内已损伤的、病态的或衰竭的器官，以达到治疗目的的一种医疗措施。根据器官源的不同，器官移植可分为人工器官移植和自体器官移植。自体器官移植可分为同种器官移植和异种(动物器官)器官移植，同种器官移植又可分为同体器官移植(同一人体的此部位器官移植至彼部位，如某些非要害部位血管移植到重要部位中)和异体器官移植。所以一个人接受器官移植，理论上移植器官既可以是自身上所取，也可以取自他人，还可以取自其他动物(如猪、猩猩、狒狒)或人造器官。从器官移植效果来定，一般以自体移植最佳，异体器官次之，人造器官、异种器官较少采用。在器官移植的实践中采用最多是异体器官移植。由于篇幅有限,本文仅讨论异体器官移植。

器官移植的设想早在古希腊时代就已产生,但直到20世纪,由于现代科学技术的发展,为器官移植的应用提供了必要的条件,才使这一设想变为现实。20世纪初,法国的Carrel发展了血管吻合技术,同时由于低温生物学的发展,使器官移植在技术上成为可能。1954年人类第一例肾脏移植成功。其后,肝脏、肺脏、心脏、心肺联合移植等相继获得成功。到90年代初器官移植已经取得了辉煌的成就。现在全世界由于器官移植手术而获得"第二次生命"的人已有五十余万。目前,肾移植在许多国家中已成为一种常规治疗终末期肾病的有效手段;肝移植也已进入临床应用阶段;心脏移植、胰腺移植、肺、小肠移植以及骨髓移植也取得了飞跃的发展,并得到了临床应用。以骨髓移植为例,世界上每年以2500到3000例次的速度在递增,可以说单个器官移植已成为常规医疗技术。1993年9月16日英国女孩劳拉·古维斯在长达15小时的手术中同时接受了6个器官移植,医生为她更换了胃、大肠、小肠、肝、胰、肾,手术进行得十分顺利,多器官联合移植的成功标志着器官移植正在向新的高峰攀登。

在我国器官移植起步较晚,虽然个别项目已达到国际水平,但从总体上看,与发达国家相比仍有一定差距。肾移植是我国移植技术中开展最高最成功的。据最新统计,我国已进行肾移植22000余例,居亚洲之首。我国自行能实施的器官移植有:肾移植、心肺移植、胰腺、脾脏移植等18种人体器官移植。

虽然近三十年来器官移植取得了长足发展,但各国器官移植都面临着一个共同问题即器官源不能满足实际需要。为解决这一问题,许多国家都制定一些政策和法律进行干预,并引起一些新的法律问题。

二、器官移植的法律问题

器官移植在临床实践中的广泛应用，为医治某些疾病开辟了广阔的前景，但也带来了许多复杂的法律问题，诸如：每一个公民是否有承担提供器官的义务？器官采集在什么情况下是合法的？病人对自己的废弃器官是否享有所有权？未成年人可否捐献器官？胎儿可否作为供体？对尸体器官的提供能否采取强制措施予以解决？何时摘除器官最为适宜？人体器官是否可以进行买卖？利用动物器官进行移植是否损害了动物权利等。本书主要讨论同种异体器官移植中解决器官源产生的有关法律问题。

人体器官源严重不足，是阻碍器官移植发展的一个关键环节。即使在美国，由于缺乏人体器官，一年内约有31.1%的病人在等待作心脏移植的过程中死亡，23.2%的病人在等待作肝移植的过程中死亡。更令人担忧的是等待移植的病人每年以20%的速度递增，而器官源却呈下降趋势。至于发展中国家，情况更为严重。造成移植器官紧缺的原因是多方面的：首先，捐献器官的数量与社会对器官的需求量不能同步增长。其次，人体器官可分"成对的"（如肾脏、眼球）和"独一无二的"（如心脏、肝脏）两类。一般成对的器官可从活体或尸体上取得，而独一无二的器官只能来自尸体。人们对捐献已故亲人的器官感到非常悲痛，或出于宗教信仰，或处于文化习俗，不愿捐献器官。第三，死亡判断标准困扰着器官移植。

为了解决器官来源的问题，国外有些学者提出了可供选择的四种途径：一是"给"。死者生前或死后由家属捐献。二是"取"。当患者死亡时，把摘除一切有用的器官作为一种常规。三是"换"。范围可以是患者本人也可以是亲属。四是"售"。在保障生命不受影响的情况下，出售成对器官中的一个。上述方法均有反对意见，尤其是第四种。

1983年，美国弗吉尼亚州的医生建议成立一个"国际肾脏交易会”交易肾脏,并建议购买本国家人肾脏或从第三世界的贫民那里购买肾脏。鉴于大多数人都反对器官商品化,因此1984年9月美国政府通过一项立法,禁止人体器官买卖。目前世界上大多数国家都明令禁止买卖器官,其理由除器官买卖会导致两极分化和穷人被迫出卖器官外,还会影响器官质量,同时器官买卖违背医学人道主义精神,最严重的问题是会导致一系列违法犯罪行为。如盗窃人体器官、人体器官黑市倒卖、非法贩卖人口等。

三、我国器官移植立法构想

器官移植器官源的严重匮乏,且质量上没有保证,已成为我国器官移植临床救治工作和移植技术发展的障碍。如目前我国每年进行肾移植手术约2000例,而需要手术者则多达三十余万人,仅占总数的0.7%;不少地区地下器官市场已因此而成。据杭州市《都市快报》报道,由于肾脏供源的严重不足,在杭州已出现了地下的肾脏买卖交易。

器官移植立法在我国不仅必要,而且也是可行的。近年来学术界对安乐死、脑死亡、器官移植的讨论,新闻媒体的有关部门报道,已使公众对这些医学新问题有了一定的了解和立法心理准备。同时,国外的器官移植立法的成功经验也可供我们借鉴。器官移植立法应包括以下内容:

(一)器官移植立法目的

器官移植必须以医学为目的,为恢复人体器官之功能或挽救生命和促进器官移植的健康发展。

(二)器官移植的原则

提供移植的器官应以无偿方式为之。禁止人体器官买卖,禁止任何公民因提供器官而索取报酬,禁止任何单位和个人因接受他人器官而主动给予报酬。

(三)摘取器官的条件

1、摘取尸体器官的，采用自愿捐献和推定同意相结合的原则。出具死亡证明的医疗单位和医务人员不得摘取器官和进行移植手术。

2、摘取活体器官，仅限于没有合适的尸体器官的情况，以自愿为原则。供体的同意应以书面形式表示，及其最近亲属二人以上的书面证明。捐献器官者应为18岁以上的成年人，摘取其器官须不危害生命安全。在摘取器官前，捐献器官者随时有权撤回其同意。

3、摘取胎儿组织供体的，须得到胎儿父母的同意，参与人工流产的医务人员不得参与胎儿组织移植。

(四)许可证制度

开展器官移植的医疗单位，应事先提出申请，经卫生或法律授权的部门审查批准，发给器官移植许可证后方可进行。移植手术应由有经验的医生组成移植小组，按照医学规则进行手术。

(五)法律责任

尽管法律规定有摘取器官、移植器官的条件，但在实践中可能会出现各种违反法律规定的行为。为了保障实现器官移植造福人类的崇高目标，规定法律责任是完全必要的。

第五节　基因工程与法律问题

一、基因工程概述

基因是遗传的基本单位，它决定着生物的性状、生长与发育。基因工程，又称基因拼接技术或重组DNA，是指采取类似工程设计的方法，按照人们的需要，通过一定的程序将具有遗传信息的基因，在离体条件下进行剪接、组合、拼接，再把经过人工重组的基因转入宿主细胞大量复制，并使遗传信息在新的宿主细胞或个体中高速表达，最终产生出基因产物。

1953年，沃森(J. Waston)和克里克(F. Crick)提出的DNA双螺旋结构模型为分子生物学、分子遗传学奠定了基础，20年后的1973年柯恩(S. Cohen)和波尔(H. Boyer)等首次利用DNA拼接技术，将金黄色葡萄球菌的质粒DNA与大肠杆菌的质粒DNA成功地实现了DNA的重组，获得了双亲某些遗传特性的新菌种，开创了基因工程的先河。在以后的20年中基因工程取得了惊人的发展，它被广泛应用于农业、工业、医药、卫生、环保、食品等领域。应用于卫生领域的基因工程技术主要有基因诊断、基因治疗和无性繁殖等。

二、基因诊断

基因诊断也称DNA诊断、DNA探针技术或基因探针技术，是指通过直接探查基因的存在和缺陷来对人体的状态和疾病作出判断。

最早的基因诊断是1976年凯恩等人借助DNA分子杂交方法首次成功地进行的一地中海贫血的产前诊断。经过二十多年的发展，基因诊断取得了许多成果，目前正广泛应用于许多疾病的诊断。特别是在遗传病诊断方面成绩尤为显著，现在可以用不同途径进行基因诊断的遗传病已达上百种。显而易见，基因诊断的医学意义是巨大的，但它的应用也产生了许多法律问题，诸如，医生是否有为诊断出遗传病的病人保密的义务？如果医生为病人保密，是否损害了病人配偶或未来孩子的利益？如果医生泄密，影响了病人的婚姻、工作、保险，医生是否应负责任等。正是通过基因诊断查明的遗传病患者在社会上受到的歧视，使人们开始思考有关基因诊断的法律控制问题。因为从人权和人格尊严的角度，每个人的基因图谱应当是每个人的个人秘密，享有隐私保护权。为此，美国一些议员向美国议会提出了“人基因组隐私法”法案，旨在保护人的隐私，维护人的平等尊严。

三、基因治疗

基因疗法是指改变人体活细胞遗传物质的一种医学治疗方法，即通过基因诊断出异常的基因后，用正常的基因代替异常基因，达到治疗目的。基因治疗一般分为：体细胞基因治疗、生殖细胞基因治疗、增强基因工程和优生基因工程。

1980年基因治疗首次用于人体。1989年5月22日，世界上首项获准的临床基因标记试验开始进行。基因治疗作为治疗人类疾病的全新方法，在其诞生短短的几年时间里，以其迅速发展和成功的效果得到了医学界、产业界和政府的高度重视。目前，在美国、法国、意大利、荷兰、中国，已有几十个经批准的临床基因标记和治疗项目。在西方发达国家，基因治疗不仅得到政府的支持和基金导向，而且得到企业财团的投资。在商业利益的驱动下，仅美国就有15家基因治疗公司，希望基因治疗抢先占领国内甚至国际市场。

基因治疗为人类展示了美好的应用前景，但是，基因治疗涉及改变人类的遗传物质，有可能产生不可预知的严重后果。一般认为，体细胞基因治疗只涉及患者个体，而生殖细胞基因治疗则对人类未来产生深远影响。特别会在伦理、法律方面引发许多问题：人能否改变人？人的尊严何在？以什么标准来改变人？还涉及到人体基因是否允许买卖等。所以，目前许多国家对基因治疗采取非常审慎的态度，同时也考虑从法律角度对此作出调整、规范和控制。1985年，美国公布了《基因疗法实验准则》，对人类基因治疗实行有条件的开放。

我国目前仅同意体细胞基因治疗。1993年，卫生部制定了《人的体细胞治疗和基因治疗临床研究质控要点》，强调对基因治疗的临床试验要在运作之前进行安全性论证、有效性评价和免疫学考虑，同时注意社会伦理影响。

四、我国人类遗传资源管理的法律规定

(一)人类遗传资源的概念

人类遗传资源是指含有人体基因组、基因及其产物的器官、组织、细胞、血液、制备物、重组脱氧核糖核酸(DNA)构建体等遗传材料及相关的信息资料。

人类的全部遗传信息约有10万个基因,以阐明人类全部遗传信息为目标的人类基因组计划,是人类认识自身、揭开生命奥秘、奠定21世纪医学、生物学发展基础的重大工程,其研究成果将对生命科学、人类健康、伦理道德、社会行为和相关产业产生极其深刻的影响。我国众多的人口、五十六个民族和诸多遗传隔离人群,形成了丰富的人类遗传资源,是研究人类基因组多样性和疾病易感性/抗性的不可多得的材料。但由于管理上问题,在这一珍贵资源的采集、研究、开发中存在盲目、无序、流失的现象。为了加强人类遗传资源的管理,科学技术部、卫生部联合制定了《人类遗传资源管理暂行办法》。凡涉及我国人类遗传资源的采集、收集、研究、开发、买卖、出口、出境等活动,都必须遵守管理办法的规定,这是将我国人类遗传资源管理和人类基因研究开发纳入法制轨道的重要举措。

(二)人类遗传资源的管理原则

我国对人类遗传资源管理贯彻保护和利用相统一、加强管理与加强研究相并重的原则。第一,加强对研究工作的支持,以分离、研究、开发重要疾病相关基因为重点,力争在本世纪末有所突破,并为21世纪生物医药和生物技术产业的长远发展奠定基础;第二,积极推动在平等互利基础上的国际科技合作,提高我国研究水平和效率,使我国宝贵的人类遗传资源得到有效的利用和开发,为全面完成人类基因组计划作出贡献;第三,加强管理,建立重要人类遗传资源的登记报告制度、国际合作项目的批准制度和知识产权的分享制度。

（三）国际合作项目的申报程序

人类遗传资源管理办法规定，凡涉及我国人类遗传资源的国际合作项目，应经批准后签约。具体申报程序是：由中方合作单位填报申请书并附合同文本草案、人类遗传资源材料提供者及其亲属的知情同意证明等有关材料，中央所属单位按隶属关系报国务院有关部门，非中央所属单位报所在地的地方主管部门，经上述部门初步审查同意后，向中国人类遗传资源管理办公室提出申请。

（四）研究开发项目知识产权的处理

关于人类遗传资源研究开发项目知识产权的处理，人类遗传资源管理办法规定：

1、我国研究开发机构对于我国境内的人类遗传资源信息，包括遗传家系和特定地区遗传资源及其数据、资源、样本等，享有专属持有权。获得上述信息的外方合作单位和个人未经许可不得公开、发表、申请专利或以其他形式向他人披露。

2、有关人类遗传资源的国际合作项目应当遵循平等互利、诚实信用、共同参与、共享成果的原则处理知识产权归属和分享。合作研究开发成果属于专利保护范围的，应由双方共同申请专利，专利权归双方所有；合作研究开发产生的其他科技成果，其使用权、转让权和利益分享办法应由双方通过合作协议确定，所获得益按双方贡献大小分享。

（五）法律责任

我国单位和个人违反人类遗传资源管理办法的规定，未经批准私自携带、邮寄、运输人类遗传资源材料出口、出境的，由海关没收其携带、邮寄、运输的人类遗传资源材料，视情节轻重，给予行政处罚直至移送司法机关处理；未经批准擅自向外方机构或者个人提供人类遗传资源材料的，没收所提供的人类遗传资源材料并处以罚款；情节严重的，给予行政处罚直至追究法律责任。

国（境）外单位和个人违反人类遗传资源管理办法规定，未经批准，私自采集、收集、买卖我国人类遗传资源材料的，没收其所持有的人类遗传资源材料并处以罚款;情节严重的,依照我国有关法律追究其法律责任。私自携带、邮寄、运输的人类遗传资源材料,视情节轻重,给予处罚或移送司法机关处理。

人类遗传资源管理部门的工作人员和参与审核的专家有为申报者保守技术秘密的责任。玩忽职守、徇私舞弊,造成技术秘密泄漏或人类遗传资源流失的,视情节给予行政处罚直至追究法律责任。

五、无性生殖

(一)无性生殖的概念

无性生殖(Cloning),即无性繁殖,也称之为克隆(Clone),是指生物体并不是通过性细胞而受精,而是从一个共同的细胞、组织或器官繁殖得到一群遗传结构完全相同的细胞或生物。

1997年2月英国的克隆羊“多利”的问世,标志着20世纪又出现一项重大科技成果。克隆技术作为生物工程的关键性手段,在科技和社会发展中,具有不可忽视的重要作用。世界面临着日益严峻的人口问题、人类的生存和健康问题、粮食问题、资源问题、环境问题,在特定的条件下,粮食的增长和资源的利用都是有极限的,克隆等生物工程技术的应用为解决这些日益尖锐的问题和矛盾提供了多种途径和方法。它在基础生命科学、医学、农业科学研究与生产中,具有重大的理论价值和广阔的应用前景。

(二)“克隆人”引发的法律问题

现代生物基因工程技术发展表明,此类研究的下一步是“克隆人”的问世。因而由此引发了一场如何看待克隆技术的全球性争论:克隆技术给人类带来的是喜是忧?人类是否应该通过法律禁止克隆人的出现?对此,有两种观点:

一种观点认为,生殖崇拜是人类的一个古老情结,有性繁殖是高等生物繁衍生命的自然规律。但是,克隆人却以无性繁殖代替有性繁殖,这一程式化的制造生命方式是现行生殖观念所不能接受的，因为克隆人将给社会带来以下危害：造成人种退化；冲击法律观念；带来社会动荡；诱发社会失控，所以，应该禁止。

另一种观念认为，发现和发明是科学发展的动力。人类最终将会承认创造人的生命的方式不只有性繁殖一种，应该允许无性繁殖作为一种补充方式。两种方式所创造出来的都是人的生命，同样是神圣的。克隆技术对人类的危害可以通过法律来控制，一是在人体克隆试验研究阶段；二是在克隆人的诞生阶段。

人的生命复制或无性生殖问题，不同于克隆技术在医学、农业等领域的运用，它将使人类面临巨大的伦理和法律危机。从法律上讲，或从人权角度而言，每个人都有自己的尊严和价值。如果允许用克隆的方法在实验室内去复制人或者大批复制同一个人，人的尊严、价值和权利又从何体现？从家庭法律关系来说，任何人的出生都在其家庭关系乃至社会关系中具有明确的法律身份和地位。作为克隆人同样不能例外，应当确认其法律身份，且标准应是同一的。但是，人的复制完全违背了人类生育和人类亲属关系的基本准则。它不仅完全改变了人类自然的男女结合的生育方式，而且使“亲属关系是一种以婚姻和血缘为纽带的社会关系”这一法律概念发生根本动摇。

正因为如此，克隆人设想在全球遭到抵制，同时加强对克隆技术立法特别是克隆人的立法也已提到了议事日程。1997 年 11 月 12 日，联合国教科文组织在巴黎通过了指导基因研究的道德准则性文件《世界人类基因组与人权宣言》，要求禁止研究克隆人等损害人类权利和尊严的科研行为。1998 年 1 月 12 日，法国、丹麦、芬兰等 19 个欧洲国家在巴黎签署了《禁止克隆人协议》，禁止用任何技术创造与任何生者或死者基因相似的人。这一协议是人类第一份禁止克隆人的法律文件。1998 年 1 月 20 日，美国医学会宣布，他们已草拟了一份禁止克隆人试验的法律文本。与此同时，统管美国医药研究的美国食品和药物管理局表示，根据现行法律，该局拥有管制克隆人研究的权力。美国总统克林顿也敦促国会通过一项在5年内禁止克隆人研究的决议。

在我国，克隆技术也引起了社会各界的重视，卫生部为此还召开了专家座谈会。卫生部领导在会上指出，克隆技术是人类科学技术史上的一大进步，有突破性的意义，应当支持和保护科学家采用克隆技术探讨医学领域中的重大课题。但是在中国境内禁止开展克隆人的研究。目前克隆哺乳动物试验还很不成熟，盲目开展会造成不可估量的后果。即使技术成熟后，也不可能解决法律上和伦理上的问题。我国对任何人以任何形式开展克隆人研究的态度是：不赞成、不支持、不允许、不接受。同时要大力普及有关克隆的知识，引导人们正确理解克隆的概念，以更好地支持科学技术的发展。

附 论

第十九章　卫生民事争议处理

第一节　卫生民事争议概述

一、卫生民事争议的概念和特征

卫生民事争议是指平等卫生法律关系主体之间发生与卫生活动及卫生法调整范围相关的民事纠纷。卫生民事争议只是种类纷繁的民事纠纷中的一类,有别于其他民事争议,其特点主要有:

第一,其主体是平等的卫生法律关系主体。卫生法规定的受卫生法调整的社会关系主体即卫生法律关系主体,他们之间既有纵向的管理与被管理的关系,也有横向的平等的关系。卫生民事争议是平等的卫生法律关系主体,即受卫生法调整的平等的公民之间、公民与法人或其他组织之间,法人之间或法人与其他组织之间发生的民事纠纷。

第二,它是平等卫生法律关系主体之间发生的与卫生活动及卫生法调整范围相关的民事纠纷。在这里,卫生活动主要指医疗活动、预防、保健、公共卫生监督、监测等活动;卫生法的调整范围,主要如公民生命健康权、药品、食品卫生、化妆品卫生、职业病防治、学校卫生、计划生育等。卫生民事争议就是与卫生活动以及与卫生法调整范围有关的民事争议,否则,不能称之为卫生民事争议。

二、卫生民事争议的分类

根据调整范围,卫生民事争议可分为:与卫生活动有关的卫生民事争议和与卫生法调整范围相关的卫生民事争议。在进行医疗活动、预防、保健、公共卫生监督监测等卫生活动时发生的民事争议，是与卫生活动有关的卫生民事争议。生命健康权、药品、食品卫生、化妆品卫生、职业病防治、学校卫生、计划生育等虽不是严格意义上的卫生活动，但它们仍是卫生法的调整范围，在进行这些活动中产生的民事纠纷，虽不是与卫生活动有关的卫生民事争议，但仍是卫生民事争议，它属于与卫生法调整范围相关的卫生民事争议。

根据所涉内容的特殊性，卫生民事争议可分为诸如医疗纠纷、医疗欠费纠纷、违反食品卫生法的民事纠纷、违反药品管理法的民事纠纷、违反公共卫生法规的民事纠纷、违反医疗保健的民事纠纷、违反化妆品卫生的纠纷等等。

根据纠纷的发生原因，卫生民事争议可分为卫生民事侵权纠纷和卫生合同纠纷。卫生民事侵权，侵犯的客体既可以是一方当事人的财产权，也可以是其生命健康权(主要是发生在公民身上)。它发生的领域很广，比如，医疗单位对其诊疗活动存在过错，侵害了他人的健康权益和财产权；又如，食品生产经营单位违反《食品卫生法》，造成食物中毒事故或其他食源性疾患的，或者因其他违反该法行为给他人造成损害的；再如，未经批准擅自开办医疗机构行医或者非医师行医而给患者造成损害的。卫生合同纠纷，如医疗欠费纠纷，即患者在医疗机构住院接受抢救、治疗以后，拖欠或拒付医疗机构的医疗费用而产生的纠纷。

卫生民事争议在此仅作如上分类，根据不同的分类标准，可再作不同的分类，在此不赘。

三、处理卫生民事争议的主要方式

有了争议，就需要处理。解决卫生民事争议的方法主要有三种：一是当事人自决，即当事人自行和解，双方当事人平等协商，用和解的手段，消除争议，解决矛盾，处分自己的民事权益，这取决于双方当事人的自觉自愿。二是通过调解，双方当事人协商一致，或者由仲裁机构仲裁裁决,消除双方的争议和矛盾,这是“类法律式”的解决矛盾和冲突的手段。三是诉诸国家审判机关,即通过诉讼形式,由人民法院对卫生民事争议案件行使国家审判权,按照民事诉讼法规定的程序进行审理,查清事实,分清是非,明确责任,进而解决卫生民事争议。此外,对卫生民事争议的处理,有时也可采用行政裁决的方式。

卫生民事争议的和解,只要双方当事人自觉自愿,平等协商,便可实现。本章以下内容主要介绍卫生民事争议的调解与仲裁、卫生民事争议的行政裁决和卫生民事诉讼的主要制度。

第二节　卫生民事争议的调解与仲裁

一、卫生民事争议的调解

(一)卫生民事争议调解概述

1、卫生民事争议调解的概念和意义。调解是解决卫生民事争议常用的一种方式。卫生民事争议调解是指在一定组织机构的主持下,卫生民事争议的双方当事人就争议的问题,本着相互谅解的精神,通过自愿协商,达成一定协议、消除纷争的活动。它具有这样的特点:第一,在双方当事人自愿接受调解的基础上进行调解。如果双方或一方当事人不愿调解,不能进行调解。第二,它是双方当事人在一定组织主持下进行的。根据我国现有法律法规,可以主持调解的机构有人民调解委员会、仲裁庭和人民法院(由审判合议庭或合议庭之一审判人员主持)。这与和解有显著区别。和解是在没有第三者参与的情况下,是双方当事人在没有任何干预的情况下,对自己的民事权益的处分。第三,调解协议是调解主持者的职能活动同当事人的处分行为相结合的结果。如法院(仲裁)调解达成的协议是人民法院的审判职能活动(仲裁机构的裁决职能活动)同当事人的处分行为相结合的产物。第四,生效的调解书具有一定的法律上的执行力。生效的法院调解书,与法院的判决书具有同等法律效力,一方不履行义务,对方当事人可以申请法院强制执行;生效的仲裁调解协议,义务人不履行义务,权利人可以申请人民法院强制执行;人民调解委员会的调解,其协议不具有强制执行的效力;行政调解协议,一般也不能申请人民法院强制执行,法律另有规定的,才可以向人民法院申请执行。

以调解的方式解决民事纠纷是我国的优良传统和成功的经验,1991年《中华人民共和国民事诉讼法》(以下简称《民事诉讼法》)和1994年《中华人民共和国仲裁法》(以下简称《仲裁法》)确立了调解自愿合法的原则。实践证明,调解有利于及时、彻底解决纠纷,提高办案效率;同时,在调解过程中,调解主持人向双方当事人进行法制宣传和说服教育工作,这有利于普及法律知识,增强守法观念,使当事人依法行使权利,履行义务,预防纠纷。

2、卫生民事争议调解的分类。卫生民事争议调解分诉讼中的调解和诉讼外的调解,诉讼外的调解主要是人民调解、仲裁调解和行政性调解,诉讼中的调解又称法院调解。

卫生民事争议人民调解,是指在人民调解委员会主持下,以国家法律、法规、规章、政策和社会公德为依据,对卫生民事纠纷双方当事人进行说服教育,促使他们互相谅解,平等协商,自愿达成协议,消除纷争的活动。

卫生民事争议仲裁调解是指在仲裁庭主持下,卫生民事争议双方当事人自愿协商解决民事权益争议的活动。

卫生民事争议行政性调解是指由国家行政组织出面主持的、以国家法律和政策为依据,以自愿为原则,通过说服教育等方法,促使卫生民事争议双方当事人友好协商、互让互谅,达成协议,从而解决争议的方法和活动。

卫生民事争议法院调解是指在人民法院审判人员主持下,双方当事人就卫生民事争议通过自愿协商,达成协议的活动和结案方式。

3、卫生民事争议调解的原则。调解的原则是指争议双方当事人在调解主持人主持下进行调解，达成调解协议的过程中，调解主持人和双方当事人所必须共同遵守的行为准则。调解的原则主要有两个：一是自愿原则，一是合法原则。

(1)自愿原则。卫生民事争议调解的自愿原则是指对卫生民事争议进行调解，必须是卫生民事争议双方当事人自愿。这一原则可从以下两方面理解：①卫生民事争议调解的提出和进行必须争议双方自愿，但这并不意味着处理该争议的人民法院或仲裁庭或行政机关在处理过程中，不能依职权主动提出对争议进行调解；但调解主持人依职权主动提出进行调解，仍必须征得双方当事人的同意，否则调解也不能进行。②调解达成的协议的内容必须是双方当事人的真实意思表示，调解协议的内容，必须是双方当事人自愿协商的结果，否则，即使达成协议，事后也有可能被当事人推翻。

(2)合法原则。卫生民事争议调解的合法原则是指对卫生民事争议进行调解，调解主持人和双方当事人的调解活动及其协议内容，必须符合法律的规定。其具体要求是：①调解活动必须依照法律规定的程序和原则进行。如法院调解依照《民事诉讼法》，仲裁调解依照《仲裁法》。②当事人双方达成调解协议内容，必须符合有关法律、法规、规章和政策的规定。在调解中允许当事人双方互谅互让，对自己的民事权利作出处分，但当事人的处分不得违法或者损害国家、集体和其他公民的合法权益，这是合法原则的基本要求。这里必须明确自愿与合法的关系，达成调解协议必须当事人自愿，但当事人自愿的，不等于都是合法的。

(二)卫生民事争议的法院调解

法院调解，根据《民事诉讼法》的规定和司法实践，目前主要有两种：一是庭前调解，即人民法院受理案件后，在开庭审理前对法律关系明确、事实清楚的民事、经济案件，经当事人双方同意，在审判人员主持下进行的调解活动；如经调解，双方当事人未达成协议的，审判人员应及时将案件转入审判程序，进行审理和判决。二是审理中的调解，即人民法院在开庭审理民事、经济案件过程中，根据当事人的申请或法院依职权主持双方当事人进行的调解活动。根据《最高人民法院关于适用〈中华人民共和国民事诉讼法〉若干问题的意见》(以下简称《适用意见》)的规定，如无独立请求权第三人参加诉讼的，法院调解时需确定无独立请求权第三人承担义务的，应经第三人同意，调解书应当同时送达第三人。审理中的调解，在法院开庭审理卫生民事争议的各个诉讼阶段都可进行。

1、卫生民事争议法院调解的程序。一般分以下三个阶段：(1)调解开始。按调解制度的要求，应以当事人申请为原则，因为是否以调解方式解决纠纷是当事人的诉讼权利，但在司法实践中多数是由人民法院依职权主动提出调解而开始。根据《民事诉讼法》的规定，人民法院进行调解，可以由审判员一人主持，也可以由合议庭主持。根据案情需要，法院可以邀请有关单位和个人及当事人所在地的基层组织协助进行调解，被邀请的有关单位和个人应积极协助调解。(2)调解的进行。法院进行调解，应当在查明案件事实、分清是非的基础上进行。调解开始后，审判人员听取当事人关于案件事实和理由的陈述(需要证人作证的，证人在当事人陈述后发表证词)后，在查明事实的基础上，有针对性地对双方当事人宣传有关法律，并引导他们就具体的争议事项进行协商。在协商过程中，审判人员在必要时也可提出调解方案供双方当事人参考，但不能强迫当事人接受。(3)调解的结束。在审判人员的主持下，通过双方当事人充分协商，达成协议，结束调解程序或因调解未达成协议而终止调解。对于当事人自愿达成，内容又符合法律规定的，人民法院应批准协议成立，调解协议依法成立后，法院应制作调解书，送达双方当事人。当事人一方拒签调解书的，调解书不发生法律效力，法院要及时通知对方当事人。调解书不能当庭送达对方当事人的，应以后收到调解书的当事人签收的日期为调解书生效日期。调解未达成协议的，法院应及时判决。

2、法院调解的效力。《民事诉讼法》规定，调解达成协议，法院应制作调解书或对不需要制作调解书的协议，应记入笔录。调解书和调解笔录，在法律上具有同等的效力。生效的调解书与调解笔录具有以下法律效力：(1)确定当事人民事法律关系的效力。这是实体法上的效力。(2)结束案件诉讼的效力。这是程序上的效力。(3)强制执行的效力。如果调解书有给付内容的，一方当事人不履行确定的义务，另一方当事人有权向法院申请强制执行。

3、当事人反悔及其处理。调解协议虽然是双方当事人自愿达成的，但在司法实践中当事人对自己达成的协议反悔的，也屡见不鲜。根据《民事诉讼法》，调解书送达前一方反悔的，法院应及时判决(第91条)。调解书送达后反悔的，由于调解书已生效，告知当事人如确有证据证明调解违反自愿原则或协议内容违法的，可以向法院申请再审。根据《适用意见》，无独立请求权第三人在调解书送达前反悔的，法院也应及时判决(第97条)。

(三)卫生民事争议的仲裁调解

在数十年的仲裁实践中，仲裁与调解相结合取得了很好的效果。《仲裁法》第51条和第52条对仲裁调解作出了规定。仲裁庭在作出裁决前，可以先行调解。当事人自愿调解的，仲裁庭应当调解。调解不成的，应及时作出裁决；调解达成协议的，仲裁庭应当制作调解书或者根据协议结果制作裁决书；调解书与裁决书具有同等法律效力(第51条)。调解书应当写明仲裁请求和当事人协议的结果；调解书由仲裁员签名，加盖仲裁委员会印章，送达对方当事人；调解书经双方当事人签收后即发生法律效力；在调解书签收前当事人反悔的，仲裁庭应当及时作出裁决(第52条)。根据仲裁法的规定，卫生民事争议仲裁调解的内容有：

1、程序。仲裁庭在查清事实、分清是非的基础上，在符合法律规定的前提下，可以主动提出调解。双方当事人自愿接受调解的，可进行调解；如果双方或一方不愿意调解的，仲裁庭不能进行调解。假如当事人自愿提出仲裁调解的，仲裁庭当然应进行调解。

在调解过程中，仲裁庭可提出供当事人参考的处理争议的意见，但不能强迫当事人接受。调解因达成调解协议而结束或者因调解不成而终止。调解达成协议的，仲裁庭应当制作调解书或根据协议的结果制作裁决书。调解书与裁决书有同等法律效力，调解书经双方当事人签收后即发生法律效力。仲裁庭调解不成的，应及时作出裁决。如双方当事人或一方当事人要求停止调解，仲裁庭就应当停止调解，转入仲裁程序进行审理。如果在调解过程中，双方当事人分歧很大，迟迟不能达成协议，仲裁庭也不能久调不决，应及时作出裁决。当事人在调解过程中的意见、承诺等，不能在裁决中作为证据使用。

2、仲裁调解的效力。如果一方当事人不履行调解书或裁决书，另一方当事人可以依照民事诉讼法的有关规定向法院申请执行，受申请的法院应当执行。

3、在调解书由当事人签收前，当事人反悔的，仲裁庭应当及时作出裁决。

（四）卫生民事争议的行政调解

卫生民事争议也可采取行政调解的方式来处理。世界上不少国家把行政调解作为一种政府解决社会纠纷的手段而发挥其作用。在我国，行政调解构成政府机关一项工作内容，它对政府的领导、组织、指挥、监督等职能起了重要的辅助作用。政府的行政调解权由宪法所规定的政府职权（《宪法》第 89 条和第 107 条）所派生，并在具体法规中得到体现和明确。例如 1990 年 4 月 19 日司法部发布的《民间纠纷处理办法》，直接赋予基层人民政府对民间纠纷的调解权。对卫生民事争议的行政调解，似未有概括的、明确的法律依据，但其行政调解依附政府的一般职能而产生。如《药品管理法》（1984 年）第 56 条规定：违反本法，造成药品中毒事故的，致害单位或者个人应当负损害赔偿责任；受害人可以请求县级以上卫生行政部门处理。在这里，卫生行政部门对卫生民事争议进行处理的方法似应包括行政调解这一处理纠纷的手段。

1、行政调解的程序。行政调解的程序目前还缺乏法律的详细规定，但从行政司法实践中看，一般应经过以下三个阶段：(1)调解开始。行政组织经过与争议双方当事人接触，了解他们的想法和要求，如果发现有调解的基础，征得双方的同意后，即可进行调解。在当事人不同意调解时，不能作强制调解。(2)调解进行。行政组织出面主持双方当事人当面协商，对他们作说服教育，以求争议的解决。(3)调解结束。经当面协商取得一致意见后，应制作协议书，由主持机关和双方当事人盖章。协议书制定后，须送达双方当事人。正式调解协议书送达后，即产生法律效力。非正式调解的协议书送达后，双方应自觉遵守。

2、行政调解的效力。行政调解不属于具体行政行为，当事人对它不服，不适用行政复议和行政诉讼。它的法律效力体现在：(1)行政处理效果。行政调解成立后，行政主体不能就同一事件另作行政处理；行政调解后当事人不履行调解协议，行政主体可作行政处理(包括处罚)。(2)强制执行效果。正式行政调解成立后，一方当事人不履行，另一方当事人有权申请人民法院强制执行。

(五)卫生民事争议的人民调解

人民调解是我国社会主义法律制度的重要组成部分。卫生民事争议有时也可用人民调解的方式来处理。人民调解具有以下特点：一是由人民调解委员会主持，是一种群众性的自治活动。人民调解委员会是基层群众自我服务、自我教育、自我管理、自我解决纠纷的民主自治组织。二是调解的纠纷是公民之间有关人身、财产权益和其他日常生活中发生的民间纠纷。三是人民调解委员会主持下达成的调解协议不具有强制执行的效力。

卫生民事争议人民调解的程序。人民调解委员会对于卫生民事争议当事人提出的调解申请，应予受理并及时进行调解；当事人没有申请的，调解委员会在不违背当事人自愿的前提下也可主动调解。调解可由委员一人或数人进行，可以邀请有关单位和个人参加，被邀请的单位和个人应给予支持；跨地区跨单位的纠纷可由有关各方调解组织共同调解。调解纠纷应进行登记，制作笔录，根据需要或当事人请求，可以制作调解协议书。调解协议应有双方当事人和调解人员的签名，并加盖人民调解委员会的印章。对调解协议，当事人应当履行。经调解，如当事人未达成协议或达成协议后又反悔的，任何一方都可请求基层人民政府处理，或向法院起诉。

二、卫生民事争议的仲裁

仲裁也是处理卫生民事争议一种较常见的方式。仲裁是以民事原则处理争议的一种方式，一种国家认可的方式，也是一种法律制度。所谓卫生民事争议仲裁是指卫生民事争议的当事人协议将有关争议提交选定的第三者作出裁决，并有义务履行裁决的一种制度。卫生民事争议仲裁具有不少优点，如：快速解决争议，且费用也较低；当事人就争议的事项求诸精通专业、公正而有权威的人士解决乃为更妥当的选择，且就争议寻求公正权威的人士协调解决，对当事人的感情影响较小；当事人可选择仲裁地点、仲裁人，甚至可以选择仲裁程序及所适用的法律，当事人有更大的自由处理的权力和对仲裁的控制权，从各方面讲对当事人更加方便。

（一）卫生民事争议仲裁的适用范围

《仲裁法》规定，平等主体的公民、法人和其他组织之间发生的合同纠纷和其他财产权益纠纷，可以仲裁（第2条）。据此，卫生民事争议仲裁的适用范围是卫生合同纠纷和其他财产权益纠纷，这里的“其他财产权益纠纷”主要是指“卫生民事侵权纠纷”。

（二）卫生民事争议仲裁的基本原则

1、自愿原则。它是仲裁制度赖以存在与发展的基石，没有当事人意思自治的仲裁不是真正意义上的仲裁。自愿原则主要体现在：(1)以仲裁的方式解决纠纷，乃当事人双方的共同意愿。(2)向哪个仲裁机构提请仲裁，由当事人双方商定。当事人约定仲裁机构不受管辖的限制，不因当事人所在地、纠纷发生地在何处而受到地域管辖的限制,也不因争议标的额的大小,案件的复杂程度如何而受到级别管辖的限制,这是当事人自愿仲裁的进一步体现。(3)组成仲裁庭的仲裁员由当事人在仲裁员名册中自主选定,也可以委托仲裁机构主任代为指定,仲裁庭的组成形式也可以由当事人约定。(4)当事人可以约定交由仲裁解决的争议事项。(5)在开庭和裁决的程序中,当事人还可以约定审理方式、开庭形式等有关的程序事项。自愿原则是法律赋予当事人的诸项权利的集中体现,违背这一原则,必然会导致相应的法律后果。如没有仲裁协议,或者裁决的事项不属于仲裁协议约定的范围,或者仲裁庭的组成违反法定程序的,仲裁裁决无效。

2、仲裁独立原则。仲裁独立是指从仲裁机构的设置到仲裁纠纷的整个过程,都具有依法的独立性,包括仲裁机构不隶属于行政机关;仲裁庭享有独立的仲裁权,仲裁委员会也不作干预;法院对仲裁裁决虽然有着必要的监督,也并不意味着仲裁附属于法院。

3、公平合法原则。合法,即仲裁庭在查清事实的基础上,根据法律的有关规定确认当事人各方的权利义务,确定承担赔偿责任的方式以及赔偿数额的大小,不能撇开法律,随心所欲。公平,首先是指仲裁庭处理纠纷应公平公正,不偏不倚;仲裁员应处于公正地位,无论是由哪一方选定的,他都不代表任何一方当事人的利益,而是公平地对待双方当事人,公正处理争议。其次,还意味着在仲裁中所适用的法律对有关争议的处理未作明确规定时,可参照惯例来公平判别责任。这与诉讼不同。

(三)卫生民事争议仲裁的基本制度

1、协议仲裁制。这是国际通例,也为我国仲裁法所确立。它是自愿原则在仲裁过程中得以实现的最基本的保证。协议仲裁的内涵是:(1)将争议提交仲裁解决,须双方自愿并达成仲裁协议,否则,只能通过诉讼或其他途径来解决争议;(2)仲裁机构受理案件,须基于仲裁协议,对没有仲裁协议的仲裁申请,仲裁机构不能受理。

仲裁协议被人们誉为仲裁制度的基石。仲裁协议是双方当事人以书面协议方式请求仲裁委员会仲裁财产权益纠纷的意思表示。它应以书面形式订立,口头的无效。仲裁协议包括合同中订立的仲裁条款和以其他书面方式在纠纷发生前或发生后达成的请求仲裁的协议。仲裁协议应当具有以下内容:请求仲裁的意思表示;仲裁事项;选定的仲裁委员会。这三项是仲裁协议的必备内容,缺一不可。没有请求仲裁的意思表示,则不构成仲裁协议。假如仲裁协议对仲裁事项或者仲裁委员会没有约定或者约定不明确的,当事人可以补充协议,达不成补充协议的,仲裁协议无效。仲裁协议具有独立性,合同的变更、解除、终止或者无效,不影响仲裁协议的效力,在侵权纠纷中,它不与其他发生瓜葛。仲裁协议有下列情形之一的,为无效:(1)约定的仲裁事项超出法律规定的仲裁范围的;(2)无民事行为能力人或者限制民事行为能力人订立的仲裁协议;(3)一方采取胁迫手段,迫使对方订立仲裁协议的。当事人对仲裁协议的效力有异议的,双方可以请求仲裁委员会作出决定或者请求人民法院作出裁定,一方请求仲裁委作决定,一方请求法院作裁定的,由法院裁定。当事人对仲裁协议效力的异议,应在仲裁庭首次开庭前提出。

2、或裁或审制。《仲裁法》第5条规定:当事人达成仲裁协议,一方向人民法院起诉的,人民法院不予受理,但仲裁协议无效的除外。《仲裁法》的这一规定充分体现了"或裁或审制度":(1)当事人达成仲裁协议的,应当向仲裁机构申请仲裁,不能向法院起诉。(2)对于当事人在仲裁协议达成后发生的争议,其管辖权因当事人双方共同的仲裁意愿而归属于仲裁机构,法院的管辖权因此被排除。

3、一裁终局制。《仲裁法》第9条规定,仲裁实行一裁终局的制度,裁决作出后,当事人就同一纠纷再申请仲裁或者向人民法院起诉的,仲裁委或法院不予受理。一裁终局与协议仲裁、或裁或审相关联,自愿原则要求协议仲裁,坚持协议仲裁就要走或裁或审,一裁终局的道路，这是一个链条，不能割裂。

(四)卫生民事争议仲裁程序

1、申请和受理。仲裁程序始于当事人的申请，但是仅有申请还不能开始仲裁，惟有申请被仲裁委员会接受，仲裁委员会经审查决定受理该纠纷后，仲裁程序才算真正开始。申请仲裁的一方称为仲裁申请人，另一方当事人称被申请人。当事人申请仲裁应符合下列条件：(1)有仲裁协议；(2)有具体的仲裁请求和事实、理由；(3)属于仲裁委的受理范围。仲裁委收到仲裁申请书之日起5日内，认为符合受理条件的应当受理，并通知当事人；认为不符合受理条件的，应当书面通知当事人不予受理，并说明理由。案件一经受理，依照《仲裁法》的规定组成的仲裁庭将对案件进行审理和作出裁决。

2、仲裁庭的组成。仲裁委受理仲裁申请后，并不直接仲裁案件，而是组成仲裁庭来裁决案件。仲裁庭可以由三名仲裁员或者一名仲裁员组成。由三名组成的，设首席仲裁员。当事人约定由三名仲裁员组成仲裁庭的，应当各自选定或者各自委托仲裁委主任指定一名仲裁员，第三名由当事人共同选定或共同委托仲裁委主任指定，第三名仲裁员是首席仲裁员。当事人约定由一名仲裁员成立仲裁庭的，应当由当事人共同选定或者共同委托仲裁委主任指定仲裁员。当事人没有在仲裁规则规定的期限内约定仲裁庭的组成方式或者选定仲裁员的，由仲裁委主任指定。当事人可以根据法律的有关规定提出仲裁员的回避。

3、开庭和裁决。仲裁应当开庭进行，当事人协议不开庭的，仲裁庭可以根据仲裁申请书、答辩书以及其他材料作出裁决。仲裁不公开进行。当事人协议公开的，可以公开进行，但涉及国家秘密的除外。裁决应按照多数仲裁员的意见作出，少数仲裁员的不同意见可以记入笔录。仲裁庭不能形成多数意见时，裁决应按首席仲裁员的意见作出。裁决书自作出之日起发生法律效力。

(五)卫生民事争议仲裁的申请撤销和执行

卫生民事争议经过仲裁,作出仲裁裁决后,如果当事人提出证据证明裁决有以下情形之一的,在收到裁决书之日起六个月内可以向仲裁委所在地的中级人民法院申请撤销裁决:第一,没有仲裁协议的;第二,裁决的事项不属于仲裁协议的范围或者仲裁委无权仲裁的;第三,仲裁庭的组成或者仲裁的程序违反法定程序的;第四,裁决所根据的证据是伪造的;第五,对方当事人隐瞒了足以影响公正裁决的证据的;第六,仲裁员在仲裁该案时有索贿受贿、徇私舞弊、枉法裁决行为的。法院经组成合议庭审查核实裁决前有上述情形之一的,应裁定撤销;法院认为该裁决违背社会公共利益的,应裁定撤销。法院受理撤销裁决的申请后,认为可由仲裁庭重新仲裁的,通知仲裁庭在一定期限内重新仲裁,并裁定中止撤销程序。仲裁庭拒绝重新仲裁,法院应裁定恢复撤销程序。法院应在受理撤销申请之日起两个月内作出撤销裁决或者驳回申请的裁定。

对仲裁裁决,当事人应当履行。一方当事人不履行的,另一方当事人可以依照《民事诉讼法》的有关规定向法院申请执行,受申请的法院应当执行。一方当事人申请执行裁决,另一方当事人申请撤销裁决的,法院应当裁定中止执行。被申请人提出证据证明裁决有《民事诉讼法》第 217 条第 2 款规定的情形之一的,经法院组成合议庭审查核实,裁定不予执行。仲裁裁决被法院裁定不予执行的,当事人可以根据双方达成的书面仲裁协议重新申请仲裁,也可以向法院起诉。

第三节　卫生民事争议的行政裁决

当一个国家通过法律赋予行政机关处理一定的民事纠纷的权力的时候,行政裁决制度便应运而生了。行政裁决作为一种处理民事纠纷的方式,乃是行政主体以第三者的身份对平等主体间的民事争议进行裁决。当一些卫生民事争议发生后,根据有关法律的规定,可以采取行政裁决的方式进行处理。比如,《药品管理法》第 56 条规定,违反本法,造成药品中毒事故的,致害单位或者个人应负损害赔偿责任,受害人可以请求县级以上卫生行政部门处理;当事人不服的,可以向人民法院起诉。这里的卫生行政部门的“处理”,自应包括行政裁决。

一、卫生民事争议行政裁决的概念

卫生民事争议行政裁决是指行政主体依照法律授权,以中间人的身份,对特定的卫生民事纠纷进行审理和公断的具体行政行为。卫生民事争议行政裁决具有如下法律特征:第一,它是一种具体行政行为,它由行政主体就特定的卫生民事争议针对特定的行政相对人作出。第二,它是行政主体以中间人的身份对卫生民事争议的裁决。这是行政裁决作为一种具体行政行为与其他具体行政行为的不同之处。第三,它是行政主体对卫生民事纠纷而不是卫生行政纠纷的裁决。作为卫生民事争议行政裁决对象的卫生民事纠纷,包括卫生民事赔偿纠纷、卫生民事补偿纠纷和卫生民事权属纠纷等。第四,它的实施须有法律明文设定,如《药品管理法》第 56 条之规定,否则,行政主体不得实施。

二、卫生民事争议行政裁决的主要制度

从我国目前的法律法规来看,似尚无对卫生民事补偿纠纷和卫生民事权属纠纷作行政裁决的规定,下面讨论卫生民事赔偿纠纷行政裁决的主要制度。

对于一些卫生民事赔偿,在法律没有规定的情况下,可以适用行政裁决,如前引《药品管理法》第 56 条规定之赔偿纠纷,对此县级以上卫生行政管理部门可以强制形式作出赔偿决定,该赔偿决定属于具体行政行为中的行政裁决。

《药品管理法》第 56 条同时规定:“当事人不服的,可以向人民法院起诉。”在这里,当事人不服时向法院起诉,是提起请求赔偿的

民事诉讼，还是对赔偿纠纷的行政裁决提起行政诉讼呢？对这个问题的认识和处理有一个发展的过程：起初很长一段时期，人们认为，当事人对行政机关的这类行政裁决不服，不能以行政裁决机关为被告提起行政诉讼，只能以原当事人为原被告依据《民事诉讼法》提起民事诉讼。1991 年 7 月 11 日生效的最高人民法院《关于贯彻执行〈中华人民共和国行政诉讼法〉若干问题的意见》第 4 条规定，公民、法人或者其他组织对行政机关就赔偿问题所作出的裁决不服的，可以向人民法院提起行政诉讼。可见，现在对卫生民事赔偿纠纷的行政裁决不服的，是可以向人民法院提起行政诉讼的。

第四节　卫生民事诉讼

诉讼是解决社会矛盾和冲突的常见途径，由于诉讼是由国家审判机关依法进行审理和裁判，最具权威性，加之裁判发生法律效力后，以国家强制力保证裁判的实现，所以，诉讼也被认为是解决社会纠纷最有效的手段。卫生民事争议也可用诉讼的方法来处理，自不待言。卫生民事诉讼适用《民事诉讼法》，本节介绍卫生民事诉讼的基本制度，不作全面阐述，有选择地重点阐释其中的一些基本法律制度。

一、卫生民事诉讼概述

1、卫生民事诉讼的概念。卫生民事诉讼是指平等卫生民事法律关系主体之间发生与卫生活动及卫生法调整范围相关的民事纠纷后，人民法院在双方当事人和其他诉讼参与人的参加下，依法审理和解决卫生纠纷案件的各种诉讼活动，以及由此产生的各种诉讼法律关系的总和。与其他民事诉讼相比，其主要特点是：

(1)基于一方当事人的请求而启动诉讼程序，法院受理后，按民事诉讼程序进行审理裁判；当事人在法院主持下，参加诉讼活动，充分行使自己的诉讼权利，履行自己的诉讼义务，使纠纷最终得到解决。这是与其他民事诉讼的一致之处。

(2)发生纠纷进行诉讼的当事人是平等的卫生法律关系主体，即受卫生法律规范调整的平等的社会关系主体。通过诉讼来解决的纠纷不是一般的民事活动、民事权益纠纷，而是卫生法律关系主体之间发生的与卫生活动以及与卫生法的调整范围相关的民事纠纷，如与医疗活动、预防、保健、公共卫生监督监测等活动或者与药品、食品卫生、化妆品卫生、职业病防治、学校卫生等有关的民事纠纷。这是与其他民事诉讼的区别之处。

2、卫生民事诉讼的分类。卫生民事诉讼大多是侵权赔偿之诉和合同纠纷之诉。根据其所涉内容的特殊性，卫生民事诉讼可分为:(1)医疗纠纷民事诉讼;(2)医疗欠费民事诉讼;(3)预防保健纠纷民事诉讼;(4)公共卫生纠纷民事诉讼;(5)药品管理纠纷民事诉讼;(6)食品卫生纠纷民事诉讼;(7)计划生育纠纷民事诉讼;(8)其他卫生民事纠纷的诉讼。

3、卫生民事诉讼的基本原则。卫生民事诉讼只是诸多民事诉讼活动的一种特殊类型，在本质上仍是民事诉讼，因此，在整个诉讼活动中，卫生民事诉讼仍应遵循我国《民事诉讼法》规定的基本原则，如，诉讼权利平等原则、法院调解原则、辩论原则、处分原则、支持起诉原则。

卫生民事诉讼所要解决的是与卫生法调整的范围和卫生活动紧密相关的民事纠纷，要涉及到卫生法的特别规定和诸多医药卫生科学领域的问题，因此，在卫生民事诉讼中，除需遵循上述基本原则外，尚需特别注意以下几点:第一，在卫生民事诉讼中，必须遵循医学科学原理，以严格的科学态度对待有关的医学、卫生问题，不能简单从事，违背科学。第二，在卫生民事诉讼中，对医学专业问题应通过专门技术鉴定解决，不能由非专业人员认定，鉴定应当坚持法定机构鉴定为准，不能由个别鉴定人独立鉴定，也要避免因学术观点的不同而影响鉴定结论的科学性。

二、卫生民事诉讼的管辖

卫生民事诉讼管辖是指各级人民法院和同级人民法院之间受理第一审卫生民事案件的分工和权限。我国《民事诉讼法》根据便于当事人诉讼，便于法院行使审判权，保证案件的公正审判，兼顾各级法院的职能和工作均衡负担和有利于维护国家主权的原则，对管辖问题作了明确规定，主要分为级别管辖、地域管辖、移送管辖和指定管辖。兹介绍卫生民事诉讼的级别管辖和地域管辖。

(一)级别管辖

级别管辖是指划分上下级人民法院之间受理第一审民事案件的分工和权限。《民事诉讼法》规定：第一，基层人民法院，即区(县)一级人民法院，管辖一审卫生民事案件，但《民事诉讼法》明确规定由中级人民法院、高级人民法院和最高人民法院管辖的第一审案件不由基层人民法院管辖。第二，中级人民法院管辖重大涉外案件，在本辖区有重大影响的案件，最高人民法院确定的由中级人民法院管辖的案件(如诉讼标的大，或者诉讼单位属于省、自治区、直辖市以上的经济纠纷案件)。第三，高级人民法院管辖本区有重大影响案件。第四，最高人民法院管辖在全国范围内有重大影响的案件和认为应由本院审理的其他案件。

(二)地域管辖

地域管辖是指确定同级人民法院之间在各自的辖区受理第一审民事案件的分工和权限。《民事诉讼法》主要规定：第一，一般由被告所在地人民法院管辖。第二，特别情况由原告所在地人民法院管辖，如被告正在被劳教或监禁的。第三，合同纠纷由被告所在地或合同履行地人民法院管辖；第四，侵权诉讼由侵权行为发生地或被告所在地人民法院管辖。

三、卫生民事诉讼当事人

卫生民事诉讼当事人是指因发生卫生民事争议，以自己的名义进行诉讼，案件审理结果与其有法律上的利害关系，并受人民法院裁判拘束的人。当事人有广义和狭义之分，广义的包括原告、被告和第三人，狭义的仅指原告和被告。

卫生民事诉讼中的原告，是指认为自己的卫生民事权益或者受其管理支配的卫生民事权益受到侵害，或者与他人发生争议，为维护其合法权益而向人民法院提起诉讼，引起诉讼程序发生的人。被告则是指被诉称侵犯原告卫生民事权益或与原告发生卫生民事权益争议，被人民法院传唤应诉的人。原告和被告是最基本的诉讼主体，都以自己的名义参加诉讼，与案件有法律上的利害关系，为保护自己的民事权益而参加诉讼，受人民法院裁判的拘束。惟原告是引起诉讼程序发生的人，民事诉讼采取不告不理原则，只有原告起诉后，法院对原告的起诉经审查决定予以立案，诉讼程序才开始；而被告是被人民法院传唤应诉的人，他是被起诉的一方当事人。虽然原告、被告在诉讼中地位不同，但他们处于相对的地位，彼此相互依存；他们享有的诉讼权利和应承担的诉讼义务不相同，但彼此对等。在卫生民事诉讼中，原告控诉被告侵犯了自己的卫生民事权益，或者与自己就某一卫生民事权益发生争议，都只是一种假定。原告不一定就是实体权益的享有者，被告也不一定就是应对原告承担义务的人。原告与被告间的卫生民事权利义务关系到底如何，必须在法院将案件审理完毕作出终局裁判时才能明确。在卫生民事诉讼中，公民、法人和其他组织都可以作为原告起诉或被告应诉。

(一)确定原、被告时应注意的问题

在卫生民事诉讼中，侵权诉讼比较多。在侵权诉讼中，一般都是由受害人作原告，诉请侵权行为人赔偿损失。但是，如果受害人与侵权行为人在赔偿问题上存在争议，而受害人又不向法院起诉，侵权行为人可作为原告对受害人起诉，请求法院判明其赔偿责任范围，以消除争议。因为，侵权行为人虽然应对受害人承担赔偿责任，但这仍不能超出其法定限度；如果受害人提出过高的索赔要求，事实上就损害了原侵权行为人的合法民事权利。

在连环侵权诉讼中，受害人起诉加害人要求其承担民事责任的，根据民法通则、最高法院的有关司法解释，应以与原告存在直接的损害赔偿关系的当事人作被告，即应以与原告最相邻近，而且被认为直接对原告负有民事义务的当事人作被告。

法人的工作人员在工作时间致人损害，受害人起诉要求赔偿的，谁是被告？如果法人的工作人员是在执行职务时致人损害的，应由法人当被告；如果法人的工作人员是在工作时间实施了超出其职务范围的违法行为，致人损害的，应由工作人员作被告。因为，民法通则规定，法人的工作人员在执行职务过程中致人损害，应由法人负责。法人雇佣的临时工、非法人团体（即“其他组织”）的工作人员和临时工在工作时间致人损害，引起诉讼的，参照前述原理处理。

（二）共同诉讼人

在卫生民事诉讼中，常会出现当事人一方或双方为二人以上的情形，这种当事人一方或双方为二人以上的诉讼称为共同诉讼，在共同诉讼中，由二人以上组成的一方当事人就是共同诉讼人。《民事诉讼法》第53条规定：“当事人一方或者双方为二人以上，其诉讼标的是共同的，或者诉讼标的为同一种类，人民法院认为可以合并审理并经当事人同意，为共同诉讼。”共同诉讼就其本质而言，是诉的合并的一种形式，属于诉的主体的合并。共同诉讼人是当事人的一种，属广义的当事人。它与单一的原告、被告相比，有两个特征：一是诉讼主体人数二人以上；二是诉讼标的是共同的，或者同一种类。

1、必要的共同诉讼人。它是指当事人一方或双方为二人以上，诉讼标的是共同的，必须共同进行诉讼的当事人。其构成条件必须具备：一是诉讼标的共同，它包括：(1)权利义务关系共同，(2)同一事实和同一法律原因。比如在一起因输血造成医疗事故的侵权赔偿诉讼中，医疗单位和供血站有可能因所输血液不合格造成医疗事故而成为共同被告。二是法院必须予以合并审理。必要共同诉讼人中一人的诉讼行为经其他共同诉讼人承认,对其他共同诉讼人发生效力;如果其中一人的诉讼行为不能取得其他共同诉讼人承认的,这一诉讼行为只对实施行为的本人有效。任何一个共同诉讼人都有权处分自己的民事权利和诉讼权利,对第一审法院的判决不服都有权单独提起上诉。

2、普通的共同诉讼人。它是指当事人一方或双方为二人以上,诉讼标的属同一种类,人民法院认为可以合并审理,并经当事人同意而一同向人民法院起诉或一同在人民法院应诉的当事人。其特征是:(1)因同种类的权利受到侵害,或者因负有同种类的义务而参加诉讼。比如,A诉B饮食店和C诉B饮食店都是因食物中毒事故而提起的侵权赔偿诉讼,A、C是因同种类的权利受到侵害而起诉,B是因负有同种类的义务而应诉,A、B、C是普通共同诉讼人。(2)普通共同诉讼人没有必须共同进行诉讼的义务。比如上例,A、B、C可以一同参加诉讼,也可以A、C分别起诉,B分别应诉,法院不得以普通共同诉讼人未参加诉讼为由,追加其参诉。(3)普通共同诉讼人之一的诉讼行为对其他共同诉讼人不产生法律效力。再如上例,A撤诉,这只能对A有效,对C无拘束力,或者C同意调解,这也只对C有效,不等于A也同意调解。

(三)诉讼代表人

诉讼代表人是指当事人众多的一方,推选出代表,由其为维护本方当事人利益而进行诉讼活动的人。在卫生民事诉讼中,代表人诉讼是很常见的。比如,违反传染病防治法或有关卫生法规,对学生滥发碘制剂,损害学生利益,一旦发生民事赔偿诉讼,即可能是代表人诉讼。再如,违反《药品管理法》,生产、经营假冒伪劣药品,造成大范围人群健康受损或利益损害时,可能引发代表人诉讼。代表人诉讼时,当事人一方人数众多,一般指10人以上;诉讼代表人为2至5人。推选的诉讼代表人应该是与所代表的一方当事人有相同的利益,具有诉讼能力并能乐于为维护所代表的全体成员的利益服务的。

在起诉时人数确定的诉讼代表人代表该方当事人进行诉讼，代表人的诉讼行为对其所代表的当事人发生效力，但代表人变更、放弃诉讼请求或者承认对方当事人的诉讼请求，进行和解，必须经被代表的当事人同意。

当事人一方人数众多起诉时人数尚未确定的，人民法院可以发出公告，说明案件情况和诉讼请求，通知权利人在一定期间向人民法院登记。向人民法院登记的权利人可以推选代表人进行诉讼，推选不出代表人的，人民法院可以与参加登记的权利人商定代表人。代表人的诉讼行为对其所代表的当事人发生效力，但代表人变更、放弃诉讼请求或者承认对方当事人的诉讼请求，进行和解，必须经被代表的当事人同意。人民法院作出的判决、裁定，对参加登记的全体权利人发生效力。未参加登记的权利人在诉讼时效期间提起诉讼的，适用该判决、裁定。

四、卫生民事诉讼的证据

卫生民事诉讼证据是指能够证明卫生民事案件真实情况的事实。客观性、关联性和合法性是其三个最基本特征，只有具备这三个特征的，才能作为认定事实的根据。根据《民事诉讼法》的规定，证据有书证、物证、视听资料、证人证言、当事人的陈述、鉴定结论和勘验笔录等。

书证。凡是用文字、符号、图表等表达一定的思想或者行为，其内容能证明案件真实情况的物品，称为书证。书证是卫生民事诉讼中最常用、最重要的证据之一。例如，病案、处方、医学证明、检验报告、病危通知、医嘱、护理记录、与病人或其家属的谈话记录、收费凭证等等。这些是医疗纠纷、欠费纠纷中不可缺少的证据，缺少任何一项都有可能使诉讼活动难以顺利进行。

物证。它是指以自己存在的外形、重量、规格、损坏程度等标志来证明待证事实的一部或全部的物品及痕迹。在卫生民事诉讼中，符合或不符合卫生标准和质量的食品、药品、化妆品、医疗器械等可能是某一案件的物证。物证在一定意义上比书证更具证明力。书证应提交原件，物证应当提交原物，假如这样有困难的，可提交复制品、照片、副本或节录本。

视听资料。这是指采用先进科学技术，利用图像、音响及电脑贮存反映的数据和资料来证明案件真实情况的一种证据。它包括录像带、录音片、传真资料、电影胶卷、微型胶卷、电话录音、雷达扫描资料和电脑贮存数据和资料等。随着科学技术的发展，此类证据在卫生民事诉讼中将会越来越多地被使用。对视听资料，法院要辨其真伪，并结合本案的其他证据审查确定能否作为认定事实的根据。

鉴定结论。在卫生民事诉讼中，鉴定结论有时对诉讼结果起着决定性的作用。卫生民事诉讼中较多地涉及医疗、卫生科学问题，往往需要通过专门鉴定，才能最后确定某些案件的性质，如医疗事故鉴定、亲子鉴定、药品鉴定、食物中毒鉴定等。鉴定结论在诉讼中是一种独立证据，鉴定委员会的结论是法定的，具有排他性，任何单位和个人的鉴定、证言和文献资料，都不能否定鉴定委员会的鉴定结论。在医学科学问题上，往往有许多不同学术观点，是比较复杂的专业性问题，故在一些问题需作鉴定时，应交由法定鉴定部门鉴定，避免学术观点影响鉴定结论的科学性。

《民事诉讼法》规定，当事人对自己提出的主张，有责任提供证据。下面谈谈举证责任问题。举证责任是指对需要证明的案件事实，提出证据予以证明的责任。负有举证责任的当事人如果不举证，可能要承担不利于自己的法律后果。一般来说，举证责任的分配原则是“谁主张，谁举证”。但在卫生民事诉讼中，往往出现举证责任倒置。

所谓举证责任倒置，就是主张者可不负担举证责任，举证责任由相对方负担。比如在医疗纠纷、食品卫生侵权纠纷等案件中，常常采取举证责任倒置，即这些案件中的原告(主张者)无需提出证据证明自己所受损害系被告违法行为所致，但被告应提出证据证明原告所受损害非己所为或者自己具有法定免责条件，否则被告应承担不举证所产生的法律后果。在上述案件中实行举证责任倒置，主要是因为：一是受害方往往由于缺乏必要的检测工具和化验手段，难以取得证据；二是受害方对发生危害的复杂性和说明危害发生机制较困难，而难以举证；三是许多重要证据资料都在被告方手中；四是因受科学文化水平和专业知识限制，一般公民难以知道导致损害的成因机制，造成举证困难。比如，医疗纠纷的民事诉讼中，由于患者在医院治疗过程中，特别是住院治疗、病历等原始资料按规定是保存在医院的，因此，一旦发生诉讼，患者一方无法就病历过程举证，这时采举证责任倒置，医疗一方必须就自己所采取的医疗措施和病人的诊疗过程向法院举证，否则就可能承担败诉的后果。

近几年来，法院实行庭审改革，民事诉讼庭审已逐渐从过去的法院主持并负责案件事实的调查转变为抗辩式庭审，即一证一辩地进行审理，开庭调查过程，主要是双方质证的过程，这样，证据的作用就更显重要。

五、卫生民事诉讼的审理程序

卫生民事诉讼的审理程序与其他民事诉讼的审理程序是一致的，《民事诉讼法》规定，人民法院审理民事案件的程序大致分为：审判程序、执行程序和涉外民事诉讼程序。在审判程序中又分为第一审程序、第二审程序、审判监督程序等。

第一审程序有普通程序和简易程序之分。简易程序是在普通程序基础上的简化，具有简便易行的特点。普通程序是各级人民法院审判第一审民事权益争议案件通常适用的程序。普通程序包括起诉和受理、审理前的准备和开庭审理等法定诉讼阶段。

当事人起诉，并经人民法院审查后受理案件，进入民事诉讼程序。按照《民事诉讼法》之规定，民事起诉有两种形式，一是向人民法院递交起诉书，二是书写诉状确有困难的也可口头起诉。起诉须具备下列条件：原告是与案件有直接利害关系的民事主体、有明确的被告、有具体的请求和事实理由、属于人民法院受案范围和受诉法院管辖，此乃起诉之实质要件；尚须形式要件，即起诉应当向人民法院递交起诉状，并按被告人数提交副本。人民法院经过审查，受理后，根据案件情况可采取普通程序或简易程序，并将起诉状副本送被告答辩，答辩期一般是15天。

在开庭审理过程中，法院可以通过调解方式解决卫生民事诉讼案件，调解解决制作的调解书与判决书具有同等效力，一经送达即生效，不能提起上诉。对调解不成的，法院予以判决并制作民事判决书。

对一审判决不服，可以在15日内提起上诉，进入二审程序。二审程序是指上一级人民法院根据当事人的上诉，就下级人民法院的一审判决和裁定，在其发生法律效力前，对案件进行重新审理的程序。二审程序因当事人提起上诉而开始，故二审程序又称为上诉审程序。二审的程序主要包括上诉和对上诉的审查处理、上诉案件的审理和二审裁判。二审法院的判决、裁定是终审判决、裁定，送达即生效，当事人不得上诉。当事人不服的，可以提出申诉，但不能停止二审判决之执行。

审判监督程序是在判决、裁定和调解协议生效以后，发现或声明其有错误，并依法予以补救的程序。对已经发生法律效力的判决、裁定发现确有错误的，各级人民法院审判委员会及其上级人民法院有权决定再审，上级人民检察院对已生效的法院判决、裁定认为确有错误应提出抗诉，法院对抗诉案件应当再审；当事人对已生效的判决、裁定、调解协议认为有错，在裁判生效的2年内可申请再审，经法院审查属实的，应当再审。再审的程序：裁定中止原判决的执行，然后另行组成合议庭，分别适用第一、二审程序审理。

执行程序。发生法律效力的民事判决、裁定，以及刑事判决、裁定中的财产部分，由第一审人民法院执行。法律规定由人民法院执行的其他法律文书，由被执行人住所地或者被执行的财产所在地人民法院执行。执行开始的方式包括申请执行和移送执行。执行开始后，采取执行措施前，法院应作些准备工作，比如审查执行根据，进行必要的调查和了解，发出执行通知并指定履行期。被执行人未按执行通知履行法律文书确定的义务的，法院有权采取执行措施进行执行。

第二十章　卫生行政争议处理

第一节　卫生行政复议

一、卫生行政复议概述

卫生行政复议是指公民、法人或者其他组织，不服卫生行政主体所作的具体行政行为，依照法定的程序，向卫生行政复议机关提出申请，由复议机关对有争议的具体行政行为和一定的抽象行政行为进行审查并作出决定的法律制度。行政复议是行政机关解决行政争议的一种方式，也是行政机关自我纠正错误的一种监督制度。卫生行政是公共行政的重要组成部分，完善卫生行政复议制度，对于纠正违法和不当具体行政行为，监督卫生行政机关依法行使职权，保护公民、法人和其他组织的合法权益，具有重要意义。随着我国法治建设进程的推进，卫生行政复议工作已被作为一项十分重要的工作，纳入各级卫生行政部门的重要议事日程。

（一）卫生行政复议的特征

卫生行政复议制度作为一般行政复议制度在卫生行政领域的具体化，不仅具备行政复议的一般特征，同时还因卫生行政领域的特殊性而具有自身特征。

1、以卫生行政争议的存在和相对人申请为前提。卫生行政复议作为对卫生行政争议实施救济的制度之一，与其他行政领域的复议制度一样，它的程序启动必须以卫生行政争议的存在和相对人申请为其前提。卫生行政争议是指卫生行政主体在行使职权的过程中与公民、法人和其他组织之间，就卫生行政机关作出的具体行政行为是否合法和是否适当而发生的争执或纠纷。卫生行政争议具有如下特点：争议的一方必须是卫生行政主体；争议必须是针对卫生行政主体的具体行政行为，争议的中心问题是要解决卫生行政主体实施的具体行政行为是否合法和是否适当。

发生了卫生行政争议以后，相对人若要通过行政复议程序予以救济，必须依法向卫生行政复议机关提出复议申请，方有可能启动复议程序。行政复议制度系“行政司法活动”，卫生行政复议机关行使的职权虽系行政权的范围，但行政复议制度依循司法上“不告不理”的原则，卫生行政复议机关不得主动对卫生行政争议进行审查，卫生行政相对人申请复议是卫生行政复议程序启动的必要条件。

2、复议案件范围的广泛性。各级卫生行政机关和法律、法规授权的组织，依法享有相当广泛的卫生行政监督管理权，它们不仅享有行政处罚权，而且还享有颁发卫生许可、实施日常卫生监督等多项职权。这些职权的行使涉及到国境卫生检疫、药品卫生监督、食品卫生监督、医疗机构管理、母婴保健管理等社会生活的各个方面。根据我国《行政复议法》和有关法律、法规的规定，上述领域中因卫生行政职权的运作而引发的卫生行政争议大多属于卫生行政复议的范围。

3、以选择性复议为主。在大陆法系国家，行政复议一般做为行政诉讼的前置程序，即行政案件必须经过行政复议程序方得进入司法审查程序。我国的行政复议制度、行政诉讼制度规定了以当事人自由选择为原则，以复议前置为例外的原则，即：行政争议发生以后，在一般情况下当事人可自由选择提起行政复议或是行政诉讼；若法律、法规明确规定应当先向行政机关申请复议，对复议不服才可起诉的，则行政复议是必经程序。卫生行政复议制度亦遵奉此项原则，卫生法律、法规对卫生行政复议的规定基本上是选择复议。如《食品卫生法》第50条规定：当事人对行政处罚决定不服的，可以在接到处罚通知之日起15日内向作出处罚决定的机关的上级机关申请复议（值得注意的是，根据《行政复议法》的有关规定，相对人申请行政复议的时间至少有60天，下同）；当事人也可以在接到处罚通知之日起15日内直接向人民法院起诉。《传染病防治法》第36条、《学校卫生工作条例》第37条等大多数有关卫生行政复议的法律条款都作出了同样的规定。但也有少量卫生行政复议是前置性行政复议，如《化妆品卫生监督条例》第90条、《放射性同位素与射线装置放射保护条例》第32条均规定，当事人对卫生行政部门的行政处罚不服，可在接到处罚通知之日起15日内向上一级行政部门申请复议；对复议结果不服的，方可在收到复议书之日起15日内向人民法院起诉。

还有一些卫生法律、法规没有规定解决卫生行政争议的复议程序，仅规定了起诉程序，但根据《行政诉讼法》第37条的规定，凡属人民法院受案范围内的行政案件，只要法律、法规未规定复议前置，均可由当事人自行选择先提起行政复议或是直接提起行政诉讼。因此，这些卫生法律、法规尽管没有规定解决卫生行政争议的复议程序，相对人也可以先选择卫生行政复议。

4、复议内容的复杂性、专业性。卫生行政领域往往涉及到内容复杂、专业性很强的技术问题。比如：卫生行政机关处理造成食物中毒或者其他食源性疾患的违法案件后，在可能引起的卫生行政复议过程中，复议机关会面临许多复杂、具体的卫生专业知识，包括认定食品中毒的性质，确定其对人体健康的危害后果等。这不仅需要一定的监测化验和分析，而且还要涉及到生物、化学、病理、流行病学等多种学科的专业知识。上述专业知识都在客观上要求复议人员熟悉和了解有关方面的科学技术知识。由于卫生行政领域涉及诸多的专业技术，使得卫生行政复议的专业色彩浓于一般的行政复议。

（二）卫生行政复议基本原则

行政复议的基本原则，系指贯穿在整个行政复议制度中，指导和统帅具体的有关行政复议的法律规范并由它们所体现的基本精神，是行政复议机关及其相关人员在进行行政复议时必须遵循的基本行为准则。《行政复议法》第4条对行政复议应遵循的基本原则作出了规定，这些原则亦是卫生行政复议制度的基本原则。它们是：

1、合法原则。合法原则包含三层含义，首先是卫生行政复议机关应当合法，即卫生行政复议机关是依法律、法规赋予行政复议权的卫生行政机关，其对于受理行政争议事件具有行政复议的管辖权；其次，行政复议的程序必须合法，卫生行政复议机关在受理行政复议的申请、调查取证、审查具体行政行为以及作出行政复议的决定等各个环节，都要严格按照法律规定的程序和期限办理；第三，行政复议的依据必须合法，行政复议机关在审理复议事件时所依据的法律、法规、规章等必须是现行有效的，如果下位法与上位法相抵触，应以上位法为准，有抵触的下位法不能作为审理、判定复议的依据。例如：某省卫生厅制定的《卫生管理实施办法》的某一条款与《食品卫生法》相抵触，则该条款就不能作为行政复议的依据。

2、公正原则。所谓公正，即要求卫生行政复议机关严格依照法律的规定审理案件，不偏不倚、不徇私偏袒。行政复议是行政领域内的"准司法行为"，复议机关进行复议审理坚持公正原则应当是不言而喻的事情，但是实践证明，能否坚持公正并非易事。由于我国的行政复议机关大多是被申请复议机关的上级行政机关，许多复议机关在审理案件时基于部门本位主义的考虑，往往作出一些偏袒下级机关的复议决定，这使得行政相对人的合法权益无法通过复议程序得以救济。许多复议机关在未对案件进行认真审理的基础上便作出维持决定，这在一定程度上造成了在一些行政领域行政复议制度形同虚设的不良现象。因此，强调行政复议应遵循公正原则是十分必要的。

3、公开原则。公开原则就是要求卫生行政复议机关作出复议决定以及审理行政复议都应当向社会公开，将卫生行政复议机关复议的情况置于公众的监督之下，其目的是为了接受当事人和公众的监督，使卫生行政复议工作能够合法、公正。我国的行政复议原则上采取书面审查的办法，这似乎与公开原则不一致，但《行政复议法》第22条、第23条规定："行政复议原则上采取书面审查的办法，但申请人提出要求或者行政复议机关负责法制工作的机构认为有必要时，可以向有关组织和人员调查情况，听取申请人、被申请人和第三人的意见。""申请人、第三人可以查阅被申请人提出的书面答复，作出具体行政行为的证据、依据和其他有关材料，除涉及国家秘密、商业秘密或者个人隐私外，行政复议机关不得拒绝。"这两个条款其实是以公开审理、公开查阅等措施体现了公开原则。

4、及时原则。所谓及时，是指负责卫生行政复议的机构，应当严格执行《行政复议法》规定的复议期限，及时受理复议申请，及时进行复议，及时作出复议决定，不能久拖不办，久拖不决。规定及时原则，一方面是从维护公民、法人或者其他组织的合法权益出发，同时也是为了提高行政机关的工作效率。

5、便民原则。便民原则是指在卫生行政复议过程中，要方便于民，尽量为复议申请人着想，考虑到各种情况，在复议的受理、复议的审理、复议的手续等方面，使复议申请人感到快捷、简便、省事。《行政复议法》将申请复议的期限从原来规定的一般为15天延长到60天；申请复议可以书面申请也可以口头申请；可以本人参加复议，也可以委托他人参加复议；对于老百姓往往难以弄清楚向哪一个行政机关申请复议的复杂情况，复议申请人可以直接向具体行政行为发生地的县级人民政府提出复议申请，由该县级人民政府负责转送。这些规定，都是便民原则的体现。

（三）卫生行政复议法律渊源

1999年4月29日《中华人民共和国行政复议法》的通过标志着我国行政复议制度法治化进程进入了一个新阶段。该法作为行政复议制度的统一法典，将成为卫生行政复议制度的最主要法源；另外，我国诸多的卫生法律、法规、规章中有关卫生行政复议的条款也是卫生行政复议法律渊源的重要组成部分,《行政诉讼法》中的一些条款亦对行政复议制度作出了重要的规定(如第37条),这些条款也是卫生行政复议制度不可缺少的法源。

(四)卫生行政复议机关

根据《行政复议法》的要求,卫生行政复议机关应当是履行卫生行政复议职责的行政机关。它必须是法律赋予其行使卫生行政复议职权的行政机关,它可能是县级以上的某一级人民政府(国务院除外)和省级人民政府依法设立的派出机关,也可能是县级以上人民政府所属的卫生行政管理机关。根据《行政复议法》的要求,卫生行政复议事项由卫生行政复议机关内部负责法制工作的机构具体办理。由于卫生行政复议工作不仅数量大、涉及面广,而且专业性、法律性都很强,为了保证复议工作正常进行,需要有相应的工作机构具体办理复议事项。政府法制工作机构一般都应当熟悉有关的法律、法规的规定,由其以卫生行政复议机关的名义负责卫生行政复议的具体工作,对于卫生行政复议工作适用法律以及对具体行政行为的认定是有好处的。

根据《行政复议法》的规定,负责办理卫生行政复议事项的法制工作机构的职责主要有七项:第一,受理卫生行政复议申请;第二,向有关组织和人员调查取证、查阅文件和资料;第三,审查申请卫生行政复议的具体行政行为是否合法与适当,拟定行政复议决定;第四,处理或者转送卫生行政机关所作的有关抽象行政行为的审查申请;第五,对卫生行政机关违反《行政复议法》规定的行为依照规定的权限和程序提出处理建议;第六,办理因不服卫生行政复议决定提起行政诉讼的应诉事项;第七,法律、法规规定的其他职责。

二、卫生行政复议范围

并不是任何卫生行政争议都可以向卫生行政复议机关申请复议,只有法律规定的属于可以申请行政复议范围之内的行政争议才可以申请复议。根据《行政复议法》的有关规定，卫生行政机关的具体行政行为，不论是作为还是不作为，只要公民、法人或者其他组织认为这些行为是违法或者不当，侵犯了自己的合法权益，都可以依法申请复议。《行政复议法》第6条又对复议范围作了具体的列举式规定，结合我国现行卫生立法实践，卫生行政复议的范围具体地说应当包括以下几个方面：

(一)对卫生行政处罚不服而产生的行政争议

卫生行政处罚，是指卫生行政机关或者法律、法规授权的组织依法对违反卫生行政管理秩序的相对人所给予的行政制裁。《行政处罚法》第8条规定行政处罚的种类包括：警告；罚款；没收违法所得、没收非法财物；责令停产停业；暂扣或吊销许可证、执照；行政拘留；法律、法规规定的其他行政处罚。《行政复议法》第6条第1项规定：公民、法人或者其他组织对行政机关作出的警告、罚款、没收违法所得、没收非法财物、责令停产停业、暂扣或者吊销许可证、暂扣或者吊销执照、行政拘留等行政处罚决定不服的，可以提起行政复议。根据这一规定，卫生行政相对人对卫生行政机关作出的所有行政处罚不服都可以依法申请复议。

(二)对卫生行政强制措施不服产生的争议

卫生行政强制措施是指卫生行政主体为了预防或制止正在发生或可能发生的违法行为，或者为了保全证据，确保案件查处工作的顺利进行而对相对人的人身自由、财产予以强行限制的一种具体行政行为。

按照《国境卫生检疫法》、《传染病防治法》、《食品卫生法》等卫生法律的规定，在实施卫生行政管理过程中，可以依法对卫生行政管理相对人采取强制隔离、强制留验、查封、扣押、冻结财产等强制措施。按照《行政复议法》第6条第1项的规定，相对人对这些强制措施不服的，可以申请卫生行政复议。

(三)对变更、中止、撤销许可证、执照、资质证、资格证等证书的决定不服而产生的行政争议

《药品管理法》第25条规定,国务院卫生行政部门对疗效不确、不良反应大的已批准生产的药品或者其他危害人民健康的药品,应当撤销其批准文号。《执业医师法》第16条规定,医师注册后有死亡或者被宣告失踪、受刑事处罚、受吊销医师执行证书行政处罚的,中止医师执业活动满2年等情形的,卫生行政部门应当注销注册,收回医师执业证书。卫生行政相对人对此类行为不服的,可依法申请卫生行政复议。

(四)认为卫生行政机关侵犯合法的经营自主权产生的行政争议

各级卫生行政部门对药品生产企业、药品经营企业、医院、化妆品生产企业以及各级卫生防疫机构对食品生产经营企业进行管理的过程中,其作出的各种具体行政行为有可能会侵犯企业的经营自主权,如:卫生行政部门基于地方本位主义的考虑,下文命令本地的药品经营企业不得采购外地药品生产企业的某类药品;卫生防疫站命令辖区内所有饭店、宾馆到指定的厂家采购一次性卫生筷和面巾纸,并以不听命令者将收缴其卫生许可证相要挟等等。这类行为均系侵犯企业经营自由权的行政行为。根据《行政复议法》第6条第5项的规定,卫生行政机关此类侵犯企业经营自由权的行为属于相对人申请行政复议的范围。

(五)因违法要求相对人履行义务引起的争议

现代行政法治的法律保留原则要求卫生行政机关课以相对人义务时必须有明确的法律依据,并按照法定条件和程序进行。相对人对违法要求履行义务或认为依法不应当履行该项义务时,可以申请卫生行政复议。如卫生行政部门违法对食品经营企业摊派费用,此摊派费用的具体行政行为即属行政复议范围。

(六)因卫生许可或者其他的卫生审批、登记行为而引致的行政争议

卫生许可是行政许可制度的重要组成部分。所谓卫生许可,是指卫生行政机关,法律、法规授权的组织,根据卫生行政相对人

的申请，依法审查并赋予其从事某种法律所禁止事项的权利和资格的具体行政行为。卫生行政相对人要取得卫生许可，卫生法律、法规一般都规定了明确的条件和标准，卫生行政许可争议主要是在相对人认为符合取得卫生许可的法定条件和标准而卫生行政主体拒绝颁发许可证书或不予答复的情况下发生。此外，相对人申请卫生行政机关审批、登记、审核有关事项，卫生行政主体没有依法办理而引起的争议也属于行政复议的范围。在卫生行政领域中，卫生许可证照主要有如下几种形式：第一，药品生产企业许可证（《药品管理法》第 4 条）；第二，药品经营企业许可证（《药品管理法》第 10 条）；第三，卫生许可证（《食品卫生法》第 27 条）；第四，化妆品生产企业卫生许可证（《化妆品卫生监督条例》第 5 条）；第五，医疗机构执业许可证（《医疗机构管理条例》第 15 条）；第六，医师执业证书（《中华人民共和国执业医师法》第 13 条）。

（七）卫生行政机关不依法履行保护人身权、财产权的法定职责而引起的行政争议

对食品、药品、公共场所进行卫生监督，对传染病进行预防、控制，是卫生行政主体的法定职责。就国民而言，要求卫生行政主体履行法定职责，以保护他们的人身权、财产权，是他们的一项权利。根据《行政复议法》第 6 条第(9)项的规定，如果卫生行政主体在相对人提出请求后拒绝履行法定职责或不予答复，相对人有权对这种不作为申请行政复议。

（八）其他可以申请卫生行政复议的争议

相对人认为卫生行政主体的其他具体行政行为侵犯其合法权益的，可以依照《行政复议法》的规定申请卫生行政复议。

尤其需要指出的是，《行政复议法》第 7 条规定：公民、法人或者其他组织认为行政机关的具体行政行为所依据的规章以下的规范性文件不合法，在对具体行政行为申请行政复议时，可以一并向行政复议机关提出对该规定的审查申请。这意味着我国行政复议的审查范围较原来《行政复议条例》的规定取得了重大突破，我国

行政复议审查范围已不再局限于具体行政行为，规章以下的抽象行政行为在一定条件下亦可成为行政复议审查的对象。需要明确的是，这种对规范性文件的审查是附带审查，并不是对所有的规章以下的规范性都可以提出复议申请，相对人只能对作为具体行政行为依据的规章以下的规范性文件提出复议申请。

《行政复议法》第8条对行政复议的排除范围作出了规定。根据该法条的规定，在卫生行政领域中，对卫生行政机关作出的行政处分或者其他人事处理决定、卫生行政机关对民事纠纷作出的调解或者其他处理不能申请行政复议，对这些行为引起的争议只能通过申诉或者仲裁、民事诉讼等途径解决。

三、卫生行政复议申请

（一）申请卫生行政复议的期限和形式

《行政复议法》第9条规定："公民、法人或者其他组织认为具体行政行为侵犯其合法权益的，可以自知道该具体行政行为之日起60日内提起行政复议申请；但是法律规定的申请期限超过60日的除外。"根据该规定，相对人提起卫生行政复议的一般期限应为60日，即相对人应在知道卫生行政机关所作的具体行政行为之日起60日内提起复议申请。我国现行的卫生法律、法规大多规定了15日的提起复议的有效期限，这与《行政复议条例》的规定是一致的，但1999年10月1日《行政复议法》实施以后，一般复议期限应以60日计算，现行卫生法律尚未有规定复议期限超过60日的情形，因此，60日以上的特殊复议期限在目前的卫生行政复议制度中尚不存在。

公民、法人或者其他组织申请卫生行政复议的期限是从其确知行政机关作出具体行政行为的次日起计算的，期限届满的最后是法定节假日的，以节假日后的第一日为期限届满的日期；期限不包括在途时间，申请书在期限届满前交邮的，以邮局印戳诠明的时间为准，不算过期。因不可抗力或者其他正当理由耽误法定申请期限的，申请期限自障碍消除之日起继续计算。

根据《行政复议法》第 11 条的规定，相对人申请卫生行政复议，可以书面申请，也可以口头申请。口头申请的，卫生行政复议机关应当当场记录申请人的基本情况、复议请求、申请复议的主要事实、理由和时间。

(二)卫生行政复议参加人

卫生行政复议参加人，是指依法参加卫生行政复议活动、保护自己合法权益或者维护法定职权的公民、法人或者其他组织以及卫生行政主体，包括申请人、第三人、委托代理人和被申请人。

1、申请人。申请人是指对卫生行政主体的具体行政行为不服，依法以自己的名义向卫生行政复议机关提出复议申请，因而引起卫生行政复议程序发生的公民、法人及其他组织。在中国境内的自然人(包括外国人、无国籍人)，企事业单位、人民团体(包括外国企业、外国组织)和国家机关，均有可能因对卫生行政主体的具体行政行为不服提起复议申请而成为卫生行政复议的申请人。

2、被申请人。被申请人是与申请人相对称的一个概念，具体是指申请人认为所为之具体行政行为侵犯其合法权益，并由卫生行政复议机关通知其参加卫生行政复议的卫生行政机关或法律、法规授权的组织。被申请人必须符合以下条件：(1)是具有卫生行政管理职能的行政机关，或是法律、法规授予一定卫生行政管理权限的组织；(2)作出了申请人认为侵犯其合法权益的具体行政行为；(3)必须有申请人申请，卫生行政主体才能成为被申请人。根据现行卫生法律、法规的规定，卫生行政复议的被申请人主要有以下两种：其一是各级卫生行政机关，它是卫生行政执法的重要主体，拥有药品监督、传染病防治、学校卫生监督、化妆品卫生监督等大多数卫生行政职权。受卫生行政机关委托的组织作出具体行政行为的，委托的行政机关是被申请人；作出具体行政行为的卫生行政机关被撤销的，继续行使其职权的行政机关是被申请人；其二是法律法规授权的组织，如卫生防疫站经《公共场所卫生管理条例》

的授权拥有对公共场所的卫生监管职权。

3、第三人。在通常的情况下，卫生行政复议由申请人和被申请人参加。但在特定的情况下，还可能有第三人参加。所谓第三人是指与所复议的具体行政行为有利害关系、为维护自己的权益并经卫生行政复议机关批准参加卫生行政复议的公民、法人和其他组织。第三人应具备三个条件：一是与所复议的具体行政行为存在利害关系；二是参加到业已开始、尚未终结的复议活动中去；三是必须经卫生行政复议机关批准。

4、委托代理人。申请人、第三人可以委托他人代为参加卫生行政复议，受委托的人称为委托代理人。委托代理人，是指接受申请人、第三人的委托，在授权范围内以申请人、第三人的名义参加卫生行政复议的人。

（三）卫生行政复议管辖

卫生行政复议管辖，是指卫生行政复议机关受理卫生行政复议案件的分工与权限，主要解决哪一类行政争议应由哪一级和哪一个复议机关主管的问题。《行政复议法》第12条规定："对县级以上地方各级人民政府工作部门的具体行政行为不服的，由申请人选择，可以向该部门的本级人民政府申请行政复议，也可以向上一级主管部门申请行政复议"；只有"对海关、金融、国税、外汇管理等实行垂直领导的行政机关和国家安全机关的具体行政行为不服的，向上一级主管部门申请行政复议"。但现行的《食品卫生法》、《传染病防治法》规定对卫生行政处罚不服只能向上一级卫生行政机关申请复议，这与《行政复议条例》的规定是相衔接的。新的《行政复议法》实施以后，对食品卫生、传染病防治方面的行政处罚不服的，应由相对人自由选择向上级部门或是本级人民政府申请复议。

按照《行政复议法》第10条的规定，在卫生行政领域中，对国务院所属的国家卫生部，省、自治区、直辖市人民政府作出的具体行政行为不服的，申请人应向作出该具体行政行为的国家卫生部，省、自治区、直辖市人民政府申请卫生行政复议。如对国家卫生部撤销药品批准文号的行政决定不服而申请复议的，国家卫生部是复议机关；再如，省级人民政府作出对中央或省级人民政府直接管辖的药品生产、经营企业停产停业 7 天以上或者吊销许可证的处罚，相对人不服提起卫生行政复议，应由作出该处罚的省级人民政府管辖。对国家卫生部或者省级人民政府的复议决定不服的，相对人可以向人民法院提起行政诉讼，也可以向国务院申请裁决，国务院作出的裁决是最终裁决，相对人不得再提起诉讼。

《行政复议法》第 15 条是有关行政复议管辖特别规定的内容，其中与卫生行政复议有关的主要是：第一，对法律、法规授权组织的具体行政行为不服的，分别向直接管理该组织的地方人民政府、地方人民政府工作部门或者国务院部门申请行政复议。如，对经行政法规授权而取得对公共场所卫生监督管理权的卫生防疫站作出的具体行政行为不服而申请卫生行政复议的，应由直接主管该组织的卫生行政机关管辖。第二，对两个或者两个以上行政机关以共同名义作出的具体行政行为不服的，向其共同上一级行政机关申请行政复议。在卫生行政领域，两个不同的卫生行政机关以共同名义作出具体行政行为的情形殊为少见，但卫生行政机关与工商、公安、城建等部门共同作出行政决定的情况为数不少。如对无照经营，出售变质食品的饭店，工商局和卫生局联合作出处罚，对此处罚决定不服而申请复议时，应向工商局和卫生局的共同上一级机关提出申请。第三，对政府工作部门依法设立的派出机构依照法律、法规或者规章规定，以自己的名义作出的具体行政行为不服的，向设立该派出机构的部门或者该部门的本级地方人民政府申请行政复议。第四，对被撤销的行政机关在撤销前所作出的具体行政行为不服的，向继续行使其职权的行政机关的上一级行政机关申请行政复议。这种情况在许多行政领域中都可能出现，卫生行政领域亦不例外。另外，复议申请人亦可向县级地方人民政府递交复议申请书，由该人民政府负责向有复议管辖权的机关移交复议申请书。这项规定是行政复议便民原则的体现，若复议申请人不清楚何者为复议机关时，便可向县级地方人民政府递交复议申请，由该政府负责向复议机关移送。

四、卫生行政复议受理

卫生行政复议的受理，是指复议申请人在法定期限内提出复议申请后，卫生行政复议机关通过对复议申请进行审查，对符合法定条件的复议申请予以立案的活动。申请复议是公民、法人或其他组织的权利，对申请的审查则是卫生行政复议机关的一项职权。申请人提出复议申请后，复议机关必须依照法定条件审查决定是否受理。

根据《行政复议法》的规定，卫生行政复议机关应当在收到复议申请后 5 日内进行审查，对不符合规定的复议申请，决定不予受理，并书面告知申请人；对符合规定但是不属于本机关受理的行政复议申请，应当告知申请人向有关行政复议机关提出；符合规定的复议申请，自行政复议机关负责法制工作的机构收到之日即为受理之日。

卫生行政复议机关对申请人提出的复议申请应当从下列几个方面进行审查：

第一，是否符合卫生行政复议的范围。

第二，是否超过了提起卫生行政复议的法定期限。

第三，是否符合卫生行政复议申请人资格的要求。卫生行政复议的申请人必须是认为卫生行政机关的具体行政行为直接侵犯其合法权益的公民、法人或者其他组织。

第四，是否已经提起了行政诉讼。《行政复议法》第 16 条第 2 款规定，相对人向人民法院提起行政诉讼，人民法院已经依法受理的，不得申请行政复议。因此，卫生行政复议机关如经审查确认申请人已经向人民法院提起行政诉讼且人民法院已经依法受理的，则不应当受理。

第五，是否符合卫生行政复议管辖的规定。

对于前置性卫生行政复议（如《化妆品卫生监督条例》第30条、《放射性同位素与射线装置的保护条例》第32条规定的对卫生行政处罚不服提起的复议），卫生行政复议机关决定不予受理或者受理后超过行政复议期限不作答复的，相对人可以自收到不予受理决定书之日起或者复议期满之日起15日内，依法向人民法院提起行政诉讼。

为了保障相对人依法申请卫生行政复议的权利，也为了防止某些卫生行政复议机关办事推诿、不负责任的官僚主义作风，根据《行政复议法》的规定，相对人依法提出卫生行政复议申请，卫生行政复议机关无正当理由不予受理的，上级行政机关应当责令其受理；必要时，上级行政机关也可以直接受理。

卫生行政复议机关作出受理决定，即产生如下法律效果：

第一，受理决定标志着卫生行政复议程序的开始，并在非因法律规定的情况外，不得中止或终止复议程序的进行，卫生行政复议机关必须按照法律、法规的规定承担或履行复议义务。

第二，限制了申请人向人民法院起诉的权利，即在法定复议期限内，申请人不得就同一争议向人民法院提起卫生行政诉讼。

第三，卫生行政复议期间，被复议审查的具体行政行为原则上不停止执行，但是若出现下面的情况，则可以停止执行：(1)被申请人认为需要停止执行的；(2)卫生行政复议机关认为需要停止执行的；(3)申请人申请停止执行，卫生行政复议机关认为其要求合理，决定停止执行的；(4)法律规定停止执行的情形。

五、卫生行政复议审理与决定

卫生行政复议一经受理，就标志着卫生行政复议程序进入审理与决定阶段。受理是卫生行政复议机关对复议申请的程序性审查，旨在弄清复议申请是否符合法定条件；审理则是对被申请复议的具体行政行为及相应的抽象行政行为进行实体、程序的全面审查，其目的是要弄清该具体行政行为和相应的抽象行政行为是否合法和适当，决定是否维持、变更或撤销等。

（一）卫生行政复议审理

1、审理方式。根据《行政复议法》规定，卫生行政复议原则上采取书面审查的方式，这与世界上许多国家和地区的做法一致，如日本、韩国、中国台湾等。书面审理，是指行政复议机关主要是行政复议机关负责法制工作的机构在对被提出行政复议申请的具体行政行为进行审查时，以申请人与被申请人提交的有关材料为依据，不进行调查、取证、申请人与被申请人当面辩论等工作，直接作出行政复议决定的办法。但是申请人提出要求或者行政复议机关负责法制工作的机构认为有必要时，可以向有关组织和人员调查情况，听取申请人、被申请人和第三人的意见。

2、审理程序中的被申请人。在卫生行政法律关系中，卫生行政主体与相对人是管理者与被管理者的关系，双方地位显然不平等，进入卫生行政复议程序后，双方地位由不平等转化为平等。但卫生行政机关是拥有强大的行政职权的国家机关，相对人与之抗衡总是处于弱小的位置，为使在复议程序中双方当事人的权利、义务趋于平衡，《行政复议法》为行政复议的被申请人设置了多项义务，主要有：

（1）《行政复议法》规定，行政复议机关负责法制工作的机构应当自行政复议申请受理之日起 7 日内，将行政复议申请书副本或者行政复议申请笔录复印件发送被申请人，被申请人应当自收到申请书副本或者申请笔录复印件之日起 10 日内，提出书面答复，并提交当初作出具体行政行为的证据、依据和其他有关材料。这项规定既是对被申请人课以的义务，又是行政复议机关听取被申请人意见的途径。行政复议机关只有在听取申请人与被申请人双方的意见并结合有关事实证据、法律规定之后，才能依法作出复议决定。

（2）在行政复议过程中，被申请人不得自行向申请人和其他有关组织或者个人收集证据。这是对行政机关作出具体行政行为须遵守“先取证、后裁决”原则在复议程序中的反映。行政法治要求行政机关在作出具体行政行为前,应当掌握了充分的证据,而不应该在复议程序开始后再补充证据。

3、审理程序中的申请人。在卫生行政复议审理程序中,申请人、第三人可以查阅被申请人提出的书面答复,作出具体行政行为的证据、依据和其他有关材料,除涉及国家秘密、商业秘密或者个人隐私外,卫生行政复议机关不得拒绝。

在行政复议决定作出前,申请人可以要求撤回行政复议申请,但必须向复议机关说明理由,撤回复议后,行政复议终止。申请人要求撤回申请的原因可能是被申请人改变了具体行政行为,也可能是对具体行政行为有了新的认识,但也不排除申请人害怕被申请人报复或者其他来自外部压力的可能。法律之所以规定要向复议机关说明理由,是为了防止对违法或者不当的具体行政行为失去监督。需要指出的是,相对人经说明理由,即可撤回申请,而无须复议机关批准。

4、审理范围。卫生行政复议机关对具体行为进行全面审查,不受申请范围的限制,若被申请人的具体行政行为有两项以上的内容违法,而申请人仅就其中部分内容请求复议,复议机关有权进行全面审查。

卫生行政复议机关既审查具体行政行为的合法性,又审查其合理性。合法性和合理性审查的主要内容是:具体行政行为的事实是否清楚,证据是否充分,适用依据是否正确,是否违反了法定程序,是否超越了法定职权,有无滥用自由裁量权,有无明显不当之处。

卫生行政复议机关既审查具体行政行为,还可审查一定范围内的抽象行政行为。对抽象行政行为的审查分为两种情况:一是相对人在申请对具体行政行为的复议时,一并提出对作为该具体行政行为依据的规章以下的规范性文件的审查申请的,卫生行政复议机关经审查发现该依据不合法时，对该规定有权处理的，应当在30日内依法处理；无权处理的，应当在7日内按照法定程序转送有权处理的行政机关处理，有权处理的行政机关应当在60日内依法处理。处理期间，中止对具体行政行为的审查。界定卫生行政机关是否有权处理该规定，法律本身没有具体规定，一般情况下，是指行政复议机关与该规定制定机关的级别的差异，如果是地级市一级的卫生行政复议机关，显然很难就申请人提出的省一级政府部门的规定进行处理。关于卫生行政机关的上下级关系，按地方各级人民政府组织法以及有关卫生法律、法规的规定办理。二是卫生行政复议机关在对具体行政行为进行审查时，应主动对其依据进行审查（规章以下的规范性文件），认为其依据不合法的，本机关有权处理的，应当在30日内依法处理；无权处理的，应当在7日内按照法定程序转送有权处理的国家机关依法处理。处理期间，中止对具体行政行为的审查。

（二）卫生行政复议决定

所谓卫生行政复议决定，是指卫生行政复议机关经过审理，在查明行政争议的事实基础上，依据法律、法规和规章等规范性文件，对申请复议的具体行政行为所作的维持、变更或者撤销等决定。根据《行政复议法》的规定，卫生行政复议机关经过审理所要复议的具体行政行为后，根据不同的情况，应分别作出以下复议决定：

1、维持决定。经过审查，复议机关认为具体行政行为认定事实清楚，证据确凿、充分，适用依据正确，符合法定程序，内容适当，应作出维持具体行政行为的复议决定。

2、履行决定。被申请人不履行法定职责的，卫生行政复议机关应作出复议决定，令其在一定期限内履行。在卫生行政领域中，卫生行政机关不履行法定职责的情形主要是指相对人符合法定条件申请颁发卫生许可证或者申请其他卫生审批、登记事项而卫生行政机关拒绝颁发、审批、登记或者不予答复以及卫生行政机关不依法履行保护人身权、财产权的法定职责。

3、撤销、变更或者确认违法决定。卫生行政复议机关经审查，认为具体行政行为具有以下情形之一的，应作出撤销、变更或者确认该具体行政行为违法的复议决定：(1)主要事实不清、证据不足的，如卫生行政主体仅根据他人举报而未经调查取证即作出的行政处罚。(2)适用依据错误，如卫生行政部门依据规章作出的吊销药品经营许可证的行政处罚，根据《行政处罚法》的规定，规章无权设定吊销证照的行政处罚，因此这个行政处罚的依据是不合法的。(3)行为程序违反法律规定，如卫生行政行为作出责令停产停业、吊销营业执照、较大数额罚款的行政处罚，相对人依法申请听证，卫生行政机关不予听证的。(4)超越或者滥用职权，如《国境卫生检疫法》规定，国境卫生检疫部门对伪造或者涂改检疫单证、不如实申报疫情的相对人，可处以100元至500元的罚款，而某国境卫生检疫机关却越权处以10000元的罚款，系超越职权的行为；滥用职权，即滥用自由裁量权，是指行政主体及其工作人员在职务权限范围内违反行政合理性原则的自由裁量行为，其具体表现主要有：背离法定目的，如行政主体的工作人员基于个人恩怨对相对人处以的罚款；对不确定法律概念解释的严重不当等等。(5)具体行政行为明显不当的，未超越法定权限范围的自由裁量行为从结果上看明显不合理、不公正的违法称为显失公正。

另外，被申请人不按照《行政复议法》的规定提出书面答复，提交当初作出具体行政行为的证据，依据和其他有关材料的，卫生行政复议机关可视该具体行政行为为没有证据、依据，从而予以撤销。

4、重作决定。卫生行政复议机关对具体行政行为作出撤销或确认违法决定的，可以视情况责令被申请人在一定期限内重新作出具体行政行为，是为重作决定。如卫生行政机关对相对人的处罚因程序违法而被撤销，但该处罚在实体上并无问题，基于维护行政秩序的考虑，防止被申请人放弃行政处罚权，卫生行政复议机关应令作出原具体行政行为的被申请人重作一个具体行政行为。但被申请人不得以同一事实和理由作出与原具体行政行为相同或基本相同的具体行政行为(复议机关以违反法定程序为由,决定撤销被申请人具体行政行为的,被申请人重新作出具体行政行为时,不应受此规则限制)。

《行政复议法》规定,行政复议机关应当自受理申请之日起60日内作出行政复议决定,但是法律规定的期限少于60日的除外。此处的法律是指全国人大及其常委会制定的规范性文件,不包括法规、规章在内。卫生行政复议的期限亦应是60日,现行的卫生法律尚未有对复议期限作出特别规定的。《化妆品卫生监督条例》、《尘肺病防治条例》对行政复议的期限作出了30日的规定,但这两个规范性文件属行政法规,无权对复议期限作出特殊规定,《行政复议法》施行以后,应以《行政复议法》规定的期限为准。

按《行政诉讼法》的规定,行政复议机关作出复议决定后,复议决定一经生效,被申请人或者申请人都应当履行该决定。被申请人不履行或者无正当理由拖延行政复议决定的,行政复议机关或者有关上级行政机关应当责令其限期履行;申请人逾期不起诉又不履行行政复议决定的,对于维持决定,由作出具体行政行为的行政机关依法强制执行,或者申请人民法院强制执行,对于变更决定,由卫生行政复议机关或者申请人民法院强制执行。行政主体自行对相对人强制执行的,须有法律对其授予强制执行权,但卫生法律均未授予各级卫生行政机关强制执行权,因此,对卫生行政复议决定的执行均适用申请人民法院强制执行。

六、卫生行政复议法律责任

为了保证行政复议制度正常运行,切实起到控制行政权和保护相对人合法权益的立法目的,《行政复议法》对复议机关,被申请人违反法定复议程序的行为设置了相应的法律责任。这类规定同样适用于卫生行政复议。这些规定主要包括四方面的内容:

一是复议机关违反复议程序的法律责任；二是复议机关工作人员渎职、失职行为的法律责任；三是被申请人违反法定程序的法律责任；四是被申请人不履行复议决定的法律责任。承担法律责任的形式包括对直接负责的主管人员和其他直接责任人员处以警告、记过、记大过、降级、撤职、开除的行政处分以及对构成犯罪的有关人员移送司法机关追究刑事责任等。

第二节 卫生行政诉讼

一、卫生行政诉讼概述

法院拥有对纠纷的最终裁判权是法治社会司法制度的一项重要原则。在卫生行政领域，除了卫生行政复议是解决卫生行政争议的一种途径外，卫生行政诉讼则是对卫生行政争议施以救济的另一种重要的、最终的途径。行政诉讼制度是我国的基本法律制度之一，卫生行政诉讼是诸多行政诉讼中的一种，它是指人民法院在当事人双方和其他诉讼参与人的参与下，依法审理公民、法人或者其他组织认为卫生行政主体的具体行政行为侵犯其合法权益并以卫生行政机关为被告提起诉讼的卫生行政案件的诉讼活动。简单地讲，卫生行政诉讼是指人民法院通过司法审判活动处理卫生行政案件、解决卫生行政争议的活动。卫生行政诉讼具有以下特征：

第一，卫生行政诉讼是公民、法人或者其他组织不服卫生行政机关作出的具体行政行为，向人民法院提起的诉讼。

第二，卫生行政诉讼的被告是卫生机关或是法律、法规授予其卫生行政职权的组织。

第三，卫生行政诉讼的标的是卫生行政争议，即卫生行政主体在实施具体行政行为过程中与相对人发生的争议；卫生行政争议是卫生行政诉讼的基础和前提，没有卫生行政争议，就没有卫生行政诉讼。

第四，卫生行政诉讼是人民法院对卫生行政主体所作的具体行政行为进行司法审查的手段、方法，是司法权对卫生行政权进行监督、制约的形式。

第五，卫生行政诉讼的内容具有较强的专业性。在卫生行政领域中，往往涉及到传染病防治、疾病诊断与治疗、化妆品卫生监管等具有较强技术性的专业知识，这决定了卫生行政争议亦具有较强的专业性、技术性。

卫生行政诉讼制度的最主要法律渊源是《中华人民共和国行政诉讼法》和《最高人民法院关于贯彻执行〈中华人民共和国行政诉讼法〉若干问题的意见（试行）》。现行卫生法律、法规以及《行政复议法》中有关行政诉讼的规定也是卫生行政诉讼的法源。

二、卫生行政诉讼的一般规则

卫生行政诉讼除了要遵循诉讼制度的共同原则以外，它还有着一套与民事诉讼、刑事诉讼相比特有的、反映行政诉讼本质特征的一般规则。

（一）以卫生行政机关和法律、法规授权组织为当然被告

从《行政诉讼法》的有关规定看，卫生行政诉讼的被告只能是作出具体行政行为的行政机关和法律、法规授权组织，这是行政诉讼制度与民事诉讼制度相比的特殊之处。卫生行政诉讼的原告通常是不服卫生行政主体的具体行政行为，以自己的名义依法请求人民法院保护其合法权益的公民、法人或其他组织，而作为行政争议一方当事人的卫生行政主体是不能以原告身份向人民法院提起行政诉讼的，在诉讼过程中，卫生行政主体亦不能提起反诉。这是由行政诉讼制度的以司法权监督、制约行政权的宗旨决定的。

（二）司法裁判优于行政裁判

卫生行政诉讼的基本前提是人民法院有权审查卫生行政主体作出的各类具体行政行为，因此，行政机关的行政裁判必须服从人

民法院的司法裁判,这是由司法拥有对纠纷的最终裁判权的法治原则所决定的。司法裁判优于行政裁判这一规则具体包括如下内容:

1、那些既可向人民法院直接起诉又可向卫生行政复议机关申请复议的行政案件,若相对人直接向人民法院提起诉讼的,人民法院可直接作出司法裁判,不受该案件未经行政复议的影响。

2、那些依法必须复议前置的行政案件,若卫生行政复议机关逾期不决,当事人又向人民法院提起行政诉讼,人民法院也可直接对最初作出的具体行政行为进行审查,不受该复议机关有无复议裁决的影响。

3、那些经复议机关决定、当事人仍然不服的行政案件,人民法院可接受当事人的起诉,对复议决定进行司法审查并作出司法裁判。

(三)审查具体行政行为的合法性

《行政诉讼法》第5条规定:"人民法院审理行政案件,对具体行政行为是否合法进行审查"。具体行政行为可分为羁束性行为和裁量性行为。凡是法律、法规和规章对行为的内容、形式、程序、范围、手段等作了较详细、明确和具体的规定,行政主体无自由选择余地、不能参与主观意志的行为,叫羁束性具体行政行为。羁束性具体行政行为基本上只涉及合法与违法问题,审查时,主要看其是否与法定条件相符。裁量性具体行政行为是指法律对具体行政行为是否作出,如何作出,作出的幅度范围留有一定的余地,可由行政机关斟酌在法律规定的范围内决定的具体行政行为。规范裁量性具体行政行为的主要是行政合理性原则,一般地违反合理性原则不受司法审查,但严重地违反合理性原则可能导致违法,构成滥用职权,如行政处罚显失公正,根据《食品卫生法》的规定,对轻微的食品生产经营过程中的不符合卫生要求的行为可处以警告或5000元以下的罚款,此处的处罚是可参与行政机关主观意志的裁量性行为,卫生行政机关对非常轻微只需警告的违法行为处以

5000元的罚款是行政处罚显失公正的行为。这是一种严重违反合理性原则导致行政违法的具体行政行为。人民法院对具体行政行为的合法性进行审查(包括严重违反合理性从而导致违反合法性的具体行政行为),从而将一般地违反合理性原则的具体行政行为排除在审查范围之外,这是我国行政诉讼制度的一项基本规则。

(四)相对人选择复议

相对人选择复议是指对卫生行政主体的具体行政行为不服,既可以先向行政机关申请复议,对复议裁决不服再向人民法院提起行政诉讼;也可以不经复议而直接向人民法院提起行政诉讼,采取哪种救济方法,由相对人自由选择。《行政诉讼法》第37条第1款对此作了明确规定:"对属于人民法院受案范围的行政案件,公民、法人或者其他组织可以先向上一级行政机关或者法律、法规规定的行政机关申请复议,对复议不服的,再向人民法院提起诉讼;也可以直接向人民法院提起诉讼。"这一规则的出发点在于尊重和保护相对人的诉讼权利和实体权利,使他们能按照自己的意愿寻求适合自己的法律救济。这一规则应注意以下三种情况:第一,相对人已选择了卫生行政复议,复议机关也已受理,在法定期间内不得向法院起诉;第二,相对人已选择了行政复议,复议机关逾期不决,相对人可向法院起诉;第三,相对人选择了行政诉讼,人民法院也已受理,不得再申请卫生行政复议。

在卫生行政复议与卫生行政诉讼的关系上,当事人自由选择哪一种救济途径是原则性规定,但这一规则也存在着例外,《行政诉讼法》第37条第2款规定:"法律、法规规定应当先向行政机关申请复议,对复议不服再向人民法院提起诉讼的,依照法律、法规的规定。"在卫生行政领域,复议前置的情形也存在,比如《化妆品卫生监督条例》和《放射性同位素与射线装置放射防护条例》中的有关规定。

(五)被告负举证责任

举证责任是指承担责任的当事人必须对自己主张的事实举出

证据证明其确定存在，否则就要承担败诉后果。民事诉讼领域举证责任奉行“谁主张、谁举证”的规则，但在行政法领域，由于实行违法推定的归责原则，因而在行政诉讼中，首先要推定被诉的具体行政行为是违法的，行政机关有义务证明自己的具体行政行为是合法的，否则，便要承担败诉的风险，《行政诉讼法》第 32 条规定得相当明确：“被告对作出的行政行为负有举证责任，应当提供作出该具体行政行为的证据和所依据的规范性文件。”由此可见，在卫生行政诉讼中，被告对其所为之具体行政行为负有举证责任。如，某饭店诉某市卫生防疫站对其处以吊销卫生许可证的行政处罚违法，要求法院予以撤销，被告卫生防疫站就有义务证明其行政处罚是合法的，否则将导致败诉。这一特殊的举证规则是行政诉讼制度“监督行政机关依法行使行政职权”的立法目标的体现，因为具体行政行为大都基于行政机关单方面的意思表示而成立，对具体行政行为的事实依据、法律依据以及行政机关的职责权限、行为程序等，相对人往往缺乏了解，难以提供足以证明行政机关具体行政行为违法的各种证据。

（六）诉讼不停止执行

诉讼不停止执行，是指除非法律规定的特殊情况，引起争议的具体行政行为在行政诉讼中并不停止执行。《行政诉讼法》第 44 条规定：“诉讼期间，不停止具体行政行为的执行。”这一规则是基于具体行政行为的公定力而设定的，即卫生行政机关的具体行政行为是国家意志的体现，一经作出，便可推定其合法，对行政机关和相对人均有约束力，必须遵守执行；同时，这一规则又是适应公共利益、行政秩序安定性需要的具体表现。如果一旦行政机关的具体行政行为被诉至法院，相对人便可借口已提起诉讼而拒绝执行，则势必使卫生行政秩序处于停顿状态，从而危及社会公益。如国家卫生部对已经批准生产的药品，发现有疗效不确、不良反应大或者其他原因危害人民健康的，予以撤销批准文号的处罚，并责令其不得继续生产、销售。若该处罚决定可因受处罚人的起诉而停止执行，就可能对人民的生命安全、身体健康造成危害。

（七）不适用调解

调解是民事诉讼中人民法院审理民事案件所应遵循的一项规则，但在卫生行政诉讼及其他行政诉讼中，人民法院审理行政案件则不能适用调解为审理方式和结案方式，而由人民法院在查明事实、分清是非的基础上依法作出公正裁判。

调解在诉讼活动中得以成立的前提是当事人能自愿处分其权利，在民事诉讼中，当事人可自由处分其私权利，因而调解得以适用。但在行政诉讼中，被诉之具体行政行为其实质是行政机关行使国家公权力表现，公权力不能转让，更不能随意处置，否则便构成失职，因而也就谈不上卫生行政机关与相对人在行政诉讼中相互协商、彼此妥协进而达成和解的问题。

三、卫生行政诉讼范围

卫生行政诉讼范围即卫生行政诉讼受案范围，是指人民法院受理或主管一定范围内卫生行政争议案件的权限。换言之，它是指哪些卫生行政争议公民、法人或其他组织可以向法院提起行政诉讼、法院主管哪些卫生行政争议。按照《行政诉讼法》有关受案范围的规定和近年来卫生行政诉讼实践，目前，卫生行政诉讼的受案范围应包括：

（一）对罚款、吊销卫生许可证和执照、责令停产停业、没收财物等卫生行政处罚不服的

卫生行政机关对相对人可以作出的行政处罚的种类几乎囊括了《行政处罚法》规定的所有的处罚种类，如卫生防疫站对食品生产经营企业施以的吊销卫生许可证的处罚、卫生行政部门对药品生产经营企业处以的责令停产停业的处罚等。

（二）对限制人身自由或者对财产的查封、扣押、冻结等行政强制措施不服的

卫生行政机关为了履行卫生行政管理职能的需要，可以依法

采取的行政强制措施包括:强制隔离、强制留验、查封财产和扣押财物等。例如,按照《国境卫生检疫法》的有关规定,国境卫生检疫机关对检疫传染病患者立即将其隔离;对检疫传染病染疫嫌疑人应当留验。《传染病防治法》也明确规定,对甲类传染病病人和病原携带者,乙类传染病中的艾滋病病人,炭疽中的肺炭疽病人,予以隔离治疗。拒绝隔离治疗或者隔离期未满擅自脱离治疗的,可以由公安机关协助治疗单位采取强制隔离治疗措施。《食品卫生法》规定,县级以上地方人民政府卫生行政部门对已造成食物中毒事故或者有证据证明可能导致食物中毒事故的,可以对该食品生产经营者采取封存造成食物中毒或者可能导致食物中毒的食品及其原料,封存被污染的食品用工具及用具等强制措施。对这些强制措施不服的相对人可依法向人民法院提起诉讼。

(三)认为符合法定条件申请卫生行政机关颁发卫生许可证,或执照卫生行政机关拒绝颁发或不予答复的

卫生许可是我国行政许可制度的重要组成部分,有权作出卫生行政许可的主体,是各级卫生行政机关。

值得注意的是,目前我国卫生行政监督管理中还存在着一些类似于卫生行政许可的审批行为,如《医疗机构管理条例》关于"单位或者个人设置医疗机构,必须经县以上地方人民政府卫生行政部门审查批准,并取得设置医疗机构批准书,方可向有关部门办理其他手续"的规定。这些行为同样有可能损害相对人的合法权益。根据行政诉讼法的有关精神,这种活动,也是卫生行政主体进行行政许可的行为,相对人不服也可提起行政诉讼。

(四)认为卫生行政主体违法要求履行义务的

卫生行政机关违法要求相对人履行义务一般有两种情况,一是卫生法律、法规没有明确规定相对人必须履行一定的义务而卫生行政机关擅自要求其履行,如乱收费、乱罚款、乱摊派等行为。二是相对人虽有法定义务需履行,但卫生行政机关违背法定的条件和程序而要求其履行,如重复收费等。相对人对这些行为不服

可以依法提起行政诉讼。

（五）申请卫生行政主体履行保护人身权、财产权的法定职责，卫生行政主体拒绝履行或不予答复的

卫生行政机关依法具有对食品、药品、公共场所的卫生监督，防止各种污染对人体的危害，预防、控制和消除传染病的发生与流行，保障人民身体健康等法定职责。如《食品卫生法》规定，对食物中毒和食品污染事故进行调查，并采取控制措施是卫生行政主体食品卫生监督职责之一，如果卫生行政主体对食物中毒和食品污染事故受害人的举报不予调查并采取控制措施，受害人就可以以卫生行政机关拒绝履行法定职责或不予答复为由，向人民法院提起卫生行政诉讼。

除上述列举规定外，凡是公民、法人或者其他组织认为卫生行政主体作出的具体行政行为侵犯了其合法的人身权、财产权的，都可以依法提起卫生行政诉讼。

按照《行政诉讼法》的规定，卫生行政机关的下列行为不属行政诉讼受案范围：经国家特别授权，进行外交谈判，与有关国家、国际组织签订有关公约、条约等代表国家所为的外交行为；制定卫生规章或其他具有普遍约束力的决定、命令以及卫生标准的抽象行政行为；卫生行政机关对内部工作人员的奖惩、任免等内部行政行为；卫生行政机关对公民、法人或者其他组织之间以及他们相互之间的民事权益作调解或者根据法律、法规的规定作仲裁处理，当事人对调解、仲裁不服的。

四、卫生行政诉讼管辖

卫生行政诉讼管辖是指人民法院之间受理第一审卫生行政案件的权限和分工。按照《行政诉讼法》有关规定，卫生行政诉讼管辖主要有级别管辖、地域管辖和其他类型的管辖。

（一）级别管辖

级别管辖是指上下级人民法院之间受理第一审卫生行政案件

的分工。明确级别管辖的目的，就是确定第一审卫生行政案件中，哪些由基层人民法院审理，哪些分别由中级人民法院、高级人民法院、最高人民法院审理。按照我国《行政诉讼法》规定，卫生行政诉讼级别管辖的主要内容有：

1、基层人民法院受理除法律规定由上级人民法院管辖的第一审卫生行政案件以外的所有的第一审卫生行政案件。大量的卫生行政案件由基层人民法院作为第一审管辖，便于当事人参加诉讼，也便于人民法院调查取证。

2、中级人民法院受理对国家卫生部、省级人民政府作出的具体行政行为提起诉讼的卫生行政案件和本辖区内重大复杂的卫生行政案件。国家卫生部和省级人民政府所作的具体行政行为主要是有关卫生许可证、批文的颁发和某些重大行政处罚的决定。

3、高级人民法院管辖本辖区内、最高人民法院管辖全国范围内重大复杂的第一审卫生行政案件。至于哪些卫生行政案件是“重大、复杂”的案件，由高级人民法院、最高人民法院自行确定。

(二)地域管辖

地域管辖又称区域或土地管辖。它是指同级人民法院之间，在各自辖区内受理第一审卫生行政案件权限的划分。级别管辖只确定了卫生行政案件由哪一级人民法院受理，而地域管辖则是在确定了级别管辖之后，确定由哪个地方的人民法院管辖。因此，只有根据地域管辖的规定，才能最后确定某一具体的卫生行政案件由哪一个人民法院受理。地域管辖又可分为一般地域管辖和特殊地域管辖。一般地域管辖是指按照当事人的住所地划分案件管辖法院的法律制度。特殊地域管辖是指由于引起行政诉讼的特定因素存在，而确定专属某一法院管辖的制度。卫生行政诉讼地域管辖的规定主要有：

1、未经卫生行政复议机关复议直接向人民法院起诉的卫生行政案件，由最初作出具体行政行为的卫生行政机关所在地的人民法院管辖。

2、经卫生行政复议机关复议的卫生行政案件，复议机关维持原决定的，由最初作出具体行政行为的卫生行政主体所在地的人民法院管辖；经卫生行政复议机关复议的卫生行政案件，复议机关改变原具体行政行为的，原告可以根据自己的意愿在最初作出具体行政行为的卫生行政主体所在地人民法院和复议机关所在地人民法院之间选择其一提起诉讼。

3、不服卫生行政机关限制人身自由的行政强制措施的卫生行政案件，由原告所在地或被告所在地人民法院管辖。原告所在地包括原告的住所地、经常居住地和被限制人身自由的所在地。

4、两个以上人民法院都有管辖权的卫生行政案件，原告可以选择其中一个人民法院提起诉讼。原告向两个以上有管辖权的人民法院提起诉讼的，由最先收到诉讼的人民法院管辖。

（三）其他管辖

其他管辖相对法定管辖而言，是指由法律直接规定以确定诉讼的管辖以外的，由人民法院用裁定或决定的行为确定管辖的法律制度，主要有以下几种情形：

1、协议管辖。是指两个以上的人民法院，因管辖权引起争议，由有关法院相互商定管辖权的法律制度。

2、移送管辖。是指人民法院对已受理的卫生行政案件经审查发现不属于本法院管辖时，将该案件移送给有管辖权的人民法院管辖的一种法律制度。

3、指定管辖。是指由于特殊原因，使有管辖权的人民法院不能行使管辖权，或者由于两个以上人民法院对管辖权发生争议协商不成时，由上级人民法院指定某一法院进行管辖的法律制度。

4、管辖权的转移。是指由上级人民法院决定或者同意，把诉讼的管辖权由下级人民法院移交给上级人民法院，或者由上级人民法院移交给下级人民法院的法律制度。

五、卫生行政诉讼第一审程序

卫生行政诉讼审理程序包括第一审程序、第二审程序和审判监督程序。第一审程序是指人民法院对某一卫生行政案件第一次审理时所适用的程序，它是行政诉讼的基本程序。在此我们将着重介绍第一审程序的有关内容。

(一)起诉

起诉是指公民、法人或者其他组织认为卫生行政机关作出的具体行政行为侵犯了其合法权益，以自己的名义请求人民法院通过审判解决卫生行政争议的诉讼行为。

1、起诉的条件。按《行政诉讼法》的规定，提起卫生行政诉讼必须符合下列条件：

(1)原告必须是与本案有直接利害关系的公民、法人或者其他组织。即认为卫生行政机关的具体行政行为侵犯了其合法权益的公民、法人或者其他组织。中国境内的外国人、无国籍人、外国组织如对卫生行政机关作出的具体行政行为不服，亦可成为行政诉讼的原告。

(2)有明确的被告。被告是指被原告诉称侵犯其合法权益，经人民法院通知其应诉的卫生行政机关或法律、法规授权组织。被告是任何一个案件不可缺少的诉讼主体，在卫生行政诉讼中，作为被告的有以下几类主体：①相对人直接向人民法院提起卫生行政诉讼的，作出具体行政行为的卫生行政机关或法律、法规授权组织是被告。②具体行政行为经卫生行政复议机关复议，复议机关决定维持原具体行政行为的，作出原具体行政行为的卫生行政机关或法律、法规授权的组织是被告；复议机关改变原具体行政行为的，卫生行政复议机关是被告；复议机关在法定期间内不作复议决定，当事人对原具体行政行为不服的，作出原具体行政行为的卫生行政机关或法律、法规授权的组织是被告。③卫生行政机关与其他行政机关共同作出某一具体行政行为的，共同作出具体行政行为的行政机关是共同被告。④卫生行政机关委托某些组织作出具体行政行为的，卫生行政机关是被告，作出具体行政行为的卫生行政机关或法律、法规授权的组织被撤销的，继续行使其职权的机关是被告。

(3)有具体的诉讼请求和事实根据。具体的诉讼请求，是指原告通过人民法院向被告提出的实体权利主张和对人民法院作出何种判决的请求。事实根据主要是指提出诉讼请求所根据的案件事实和法律依据。

(4)属于人民法院受案范围和受诉人民法院管辖。即原告起诉的案件必须符合行政诉讼法受案范围的规定，不在人民法院主管范围内的案件，人民法院不予受理。

2、起诉的期限和方式。

(1)直接起诉的期限。没有经过卫生行政复议的案件，原告直接向人民法院起诉，具体的卫生法律没有规定起诉期限的，相对人应当在知道卫生行政机关作出的具体行政行为之日起3个月内提出；如果有关卫生法律、法规对起诉期限另有规定的，则应遵照其规定。目前，卫生法律另外规定的起诉期限主要是15日(如《食品卫生法》第50条)。

(2)对卫生行政复议不服的起诉期限。《行政诉讼法》第38条第2项规定，申请人对复议决定不服提起行政诉讼的期限是15日，因此，对卫生行政复议不服提起卫生行政诉讼的期限一般是15日。当事人申请卫生行政复议后，如果复议机关久拖不议，迟迟不作出复议决定，复议申请人可以在复议期满之日起15日内向人民法院提起诉讼，复议机关作出复议决定的期限是两个月。另外，相对人因不可抗力或者其他特殊情况耽误法定起诉期限的，在障碍消除后的10日内，可以申请延长期限，是否批准由人民法院决定。按照有关司法解释规定，卫生行政机关作出具体行政行为时，未告知当事人的诉权或者起诉期限，致使当事人逾期向人民法院起诉的，其起诉期限从当事人实际知道诉权或者起诉期限时计算，但逾期的期间最长不得超过 1 年。

(3)起诉的方式。起诉应当向人民法院递交起诉状，书写起诉状确有困难的，可以口述，由人民法院记入笔录，并告知被诉的卫生行政机关。起诉状应当具备下列内容：原告、被告的基本情况；诉讼请求和所依据的事实与理由；受诉法院的名称及提起诉讼的年月日，并由起诉人签名盖章。

(二)受理

受理是指人民法院通过审查当事人的起诉，认为符合法定的起诉条件，从而决定立案受理的诉讼行为。人民法院接到起诉状后，主要应从下面几个方面进行审查：

第一，起诉人是否具有原告资格，是否有明确的被告。

第二，起诉是否有具体的诉讼请求和事实根据。

第三，起诉是否属于行政诉讼的受案范围并属于受诉人民法院管辖。

第四，被诉的具体行政行为是否经过了必要的复议程序，起诉是否在法定期限内提起。

第五，起诉的形式是否合法与完备。

经过审查后，人民法院认为原告的起诉符合法定条件的，应当在接到起诉状之日起 7 日内立案受理；认为不符合法定条件，应当在 7 日内作出不予受理的书面裁定，并注明不予受理的理由。原告对裁定不服的，应当在接到裁定书之日起 10 日内向原审人民法院递交上诉状，由原审人民法院连同诉讼材料转交上一级人民法院，也可直接向上一级人民法院递交上诉状。

(三)审理与判决

第一审卫生行政诉讼案件的审理，一般包括审理前的准备、宣布开庭、法庭调查、法庭辩论和作出判决等四个阶段。

1、审理前的准备。审理前的准备，就是法院受理案件后至开庭审理前，为保证审判的顺利进行所作的一系列必要的准备工作。这些准备工作主要包括以下内容：

(1)通知被告应诉。法院应当在立案之日起5日内,将起诉状副本发送被告。被告应在收到起诉状副本之日起10日内向法院提交作出具体行政行为的有关材料,并提出答辩状。法院应在收到答辩状之日起5日内,将答辩状副本发送原告。提出答辩状是被告的法定权利,被告不提出答辩状的,不影响法院的审理。

(2)合议庭审查诉讼文书和证据材料。审判人员在审理前的准备阶段,需要认真审阅诉讼材料,了解原告提出的诉讼请求和事实根据以及被告的答辩材料和有关材料,在此基础上进行调查研究,如认为有必要可收集相关的证据。

(3)法院应在开庭3日前将开庭的时间、地点通知当事人和其他诉讼参与人;案件公开审理的,应事先公告当事人姓名、案由和开庭时间、地点等。

2、宣布开庭。在开庭前,首先由书记员查明当事人和其他诉讼参与人是否到庭并宣布法庭纪律。正式开庭由审判长宣布,宣布开庭的事项主要包括:宣布审判组织及合议庭组成人员及具体案由;核对当事人的基本情况,告知当事人诉讼权利和诉讼义务;询问当事人是否申请有关人员回避。

3、法庭调查。法庭调查是对卫生行政案件进行实体审理的主要阶段之一,其任务是查清争议事实,核对审查证据,全面揭示案情,为法庭辩论和裁判奠定基础。行政诉讼法庭调查的顺序参照《民事诉讼法》的规定,按下列顺序进行:

(1)询问当事人和当事人陈述。法庭调查开始,先询问原告的诉讼请求及其所根据的事实和理由,以及原告所提出的证据和证据来源。原告系统全面陈述后,接着询问被告,让被告对原告的陈述进行答辩。

(2)告知证人的权利义务,询问证人,宣读未到庭的证人证言。

(3)询问鉴定人,宣读鉴定结论。

(4)出示书证、物证和视听资料。

(5)宣读勘验笔录。

在调查阶段，当事人可以提出新的证据，也可以重新要求进行鉴定和调查勘验，是否批准，由法院决定。如法庭认为全部案件事实已经查清，审判长可以宣布法庭调查结束进入辩论阶段。

4、法庭辩论。法庭辩论就是在审判人员主持下，当事人双方根据法庭已经查明的事实和根据，用口头辩论方式陈述自己对诉讼争议和事实的看法、理由和依据，以明确是非和责任。辩论中如提出与案件有关的新的事实、新的证据，应停止辩论，重新进入法庭调查阶段。法庭辩论的顺序是：

(1)原告及其诉讼代理人发言。

(2)被告及其诉讼代理人发言，第三人参加诉讼的，一般应在原告、被告发言后再行发言。

(3)双方互相辩论。当事人和其他诉讼参加人要求发言必须经审判长许可，审判长应引导双方围绕案件事实进行辩论，制止带有人身攻击性的言语。

当事人辩论终结后，审判长应向原告和被告依次征询最后意见。

5、评议与裁判。法庭辩论结束后，全体合议庭成员便退庭进行评议。评议时，首先要研究、认定案件事实，然后对正确适用法律作出裁判。评议由审判长主持，实行少数服从多数原则，但对不同意见要如实记入笔录，评议笔录由审判人员、书记员签章。

卫生行政诉讼中的裁判系指人民法院运用国家审判权，对行政案件中的争议，依据法律、法规，参照规章，对具体行政行为的合法性作出权威性的裁定或判决。裁定是人民法院在审理行政案件过程中，针对本案的诉讼程序问题以及个别实体问题所作出的裁判。如对不予受理的裁定，停止执行和中止、终结审理的裁定等。判决是人民法院行使国家行政审判权，依据法律、法规，参照规章，对审理终结的案件的实体性问题所作出的裁判。根据《行政诉讼法》规定，人民法院经过审理，根据不同情况，分别作出以下判决：

(1)具体行政行为证据确凿，适用法律、法规正确，符合法定程序的，应当判决维持原具体行政行为。

(2)具体行政行为有下列情形之一的，判决撤销或者部分撤销原具体行政行为，并可以判决被告重新作出具体行政行为：第一，作出具体行政行为的主要证据不足的；第二，适用法律、法规错误的；第三，违反法定程序的；第四，超越职权的；第五，滥用职权的。

(3)被告不履行或者拖延履行法定职责的，判决其在一定期限内履行。

(4)行政处罚显失公正的，可以判决变更。

人民法院判决被告重新作出具体行政行为的，被告不得以同一事实和理由作出与原具体行政行为基本相同的具体行政行为。

人民法院宣告判决，应当一律公开进行。当庭宣判的，应在一定期限内发送判决书。定期宣判的，宣判后应立即发给当事人判决书。

需要强调的是，近年来，人民法院一直坚持庭审改革，行政诉讼庭审正逐步向抗辩式靠拢。

六、第二审程序与再审程序

按照《行政诉讼法》的规定，卫生行政诉讼实行两审终审制，即每个卫生行政诉讼案件可以经过一级人民法院审理，如果当事人不服第一审人民法院裁判的，可以依法上诉，由此而启动第二审程序。第二审程序又称上诉程序，是指行政诉讼当事人，对第一审人民法院判决或者裁定不服，在法定期限内，向上一级人民法院提起上诉，上一级人民法院对上诉的案件进行审理的程序。

当事人不服人民法院第一审判决的，有权在判决书送达之日起 15 日内向上一级人民法院提起上诉；对第一审裁定不服的，有权在裁定书送到之日起 10 日内向上一级人民法院提起上诉。逾期不提起上诉的，人民法院的第一审判决或裁定发生法律效力。

审理上诉案件的方式有两种，即开庭审理和书面审理。法院审理上诉卫生行政案件，一般采用开庭审理为主、书面审理为补充的原则。开庭审理的程序基本与第一审开庭审理的程序相同。法院审理上诉案件的期限为两个月,即从收到上诉状之日起两个月内作出终审判决。有特殊情况需要延长的,由高级法院批准;高级法院审理的上诉案件需要延长的,由最高法院批准。第二审的裁判为终审判决和裁定,一经作出立即发生法律效力,不管当事人服与不服,必须立即执行,不能再提起上诉,若当事人不服只能向原审法院或者上一级法院提出申诉,但不能停止判决、裁定的执行。第二审法院对经过审理的上诉卫生行政案件,有维持原判,依法改判,裁定撤销原判、发回重审的处理方式。其中当事人对发回重审的卫生行政案件的裁判,可以重新上诉。

人民法院依法对已经发生法律效力的行政案件的判决或裁定,发现违反法律、法规规定而进行再次审理的程序,称为行政审判监督程序,或者简称为再审程序。再审程序既不是任何行政案件必经的一审程序,也不是有些行政案件必经的继续一审二审的终审程序,而是纠正错误的再次审理程序。作为审判机关与当事人来说,是在原来审级上重新开始的审理程序,或者是一审,或者是二审。

再审程序必须由有审判监督权的机关或者公职人员提起。各级人民法院的院长对本院已经发生法律效力的判决、裁定,认为违反法律、法规规定需要再审的,提交审判委员会决定是否再审;最高人民法院、上级人民法院对下级人民法院的生效裁判,认为违反法律、法规规定,有权提审或者指令下级人民法院再审;人民检察院有权对违反法律、法规的生效裁判,按再审程序提出抗诉。需要指出的是,当事人的申诉并不一定导致再审程序的启动,当事人认为已经生效的裁判确有错误,可以向有审判监督权的机关和法院院长申诉,是否提起再审,则由各级人民法院、人民检察院审查后决定。

再审案件的程序根据原判决或裁定的审级以及再审方式分别适用第一审或第二审程序。无论是适用一审程序或是二审程序,都必须另行组织合议庭，原审合议庭的成员不得参加新组成的合议庭；而且都必须中止原判决的执行。对再审案件的裁判与第二审程序相似。

七、卫生行政诉讼执行程序

卫生行政诉讼执行，是指依法享有强制执行权的人民法院和行政机关，依照法定程序对拒不履行法院作出的已经生效的司法裁判的当事人，采取强制措施强制其履行义务的活动或法律制度，是实现法院裁判内容的重要法律保障。在卫生行政诉讼中，拒不履行法院作出的已生效的司法裁判的当事人可能是作为行政相对人的公民、法人和其他组织，也可能是卫生行政主体。根据《行政诉讼法》的规定，对行政相对人的执行可由行政机关申请人民法院执行，若法律、法规授予行政机关强制执行权的，可由行政机关强制执行(新通过的《行政复议法》则规定，行政机关须得到法律授予的强制执行权方可自行强制执行，将法规的授权排除在外，由此可见我国的立法趋势是，将行政机关强制执行权的授予限定在法律的层面上。)，但现行的卫生法律、法规均未授予卫生行政主体强制执行权，因此，在行政诉讼中对行政相对人的强制执行，均由卫生行政主体申请人民法院强制执行。

我国尚未制定统一的《强制执行法》，强制执行制度尚不完善，法律对强制执行的程序、强制执行的措施等没有作出详细规定。一般来说，人民法院对卫生行政相对人的执行程序包括：执行程序的提起，执行前的审查立案、执行前的准备、执行措施的实施、执行结束几个阶段。可采取的强制措施适用《民事诉讼法》的规定，大致包括：冻结、划拨、扣留、提取被执行人的存款或收入；查封、扣押、冻结、拍卖、变卖被执行人的财产等等。人民法院对卫生行政主体的执行程序与对相对人的执行程序相似，可采取的执行措施包括：划拨款项，指人民法院通知银行从卫生行政主体的账户中划拨款项；处以罚款，指人民法院对逾期不履行义务的卫生行政主体按日处以 50 元至 100 元的罚款；司法建议，指人民法院向被执行卫生行政主体的上级机关或监察、人事机关提出的司法性建议，内容通常为要求有关机关对有关人员作出处理；追究刑事责任，指人民法院依法对于拒不履行判决、裁定情节严重的卫生行政主体的主管人员和直接责任人员追究其刑事责任。

第二十一章　卫生犯罪与刑罚

第一节　犯罪与刑罚的一般原理

一、犯罪的概念及特征

(一)犯罪的概念

我国《刑法》第 13 条规定:“一切危害国家主权、领土完整和安全,分裂国家、颠覆人民民主专政的政权和推翻社会主义制度,破坏社会秩序和经济秩序,侵犯国有财产或劳动群众集体所有的财产,侵犯公民私人所有的财产,侵犯公民人身权利、民主权利的行为,依照法律应受刑罚处罚的,都是犯罪,但是情节显著轻微,危害不大的,不认为是犯罪。”这一定义不仅较为详细地揭示了我国现阶段犯罪的本质特征,而且揭示了犯罪的法律特征,同时将犯罪行为与普通违法行为区别开来。这一定义是认定犯罪,划分罪与非罪界限的基本依据。

(二)犯罪的特征

由《刑法》第 13 条关于犯罪的定义可见,我国刑法中的犯罪有以下三个基本特征或属性。

1、相当程度的社会危害性。犯罪是危害社会的行为,具有社会危害性,此乃犯罪最基本的特征。但是,社会危害性是一切违法行为,包括犯罪和一般违法行为的共同特征,是否具有社会危害性只能将违法行为同合法行为区别开来而无法将犯罪与一般违法行为区别开来。犯罪行为是违法行为中最严重的部分,其社会危害性要重于一般违法行为。因此,相当程度的社会危害性才是犯罪的基本特征之一。正因为如此,某种行为虽然具有一定的社会危害性，但是如果其情节显著轻微危害不大的，也不认为是犯罪。

2、刑事违法性。违法行为有各种各样的情况，有的叫民事违法行为、经济违法行为，有的叫行政违法行为等。犯罪也是违法行为，但不是一般违法行为，而是触犯刑律的行为，是刑事违法行为。违法并不都构成犯罪，只有违反刑法的才构成犯罪。行为的社会危害性是刑事违法性的基础；刑事违法性是社会危害性在刑法上的表现。只有当行为不仅具有社会危害性而且违反了刑法，具有刑事违法性，才能被认为犯罪。

3、应受刑罚处罚性。任何违法行为，都要承担相应的法律后果。民事或行政违法行为要承担民事责任或行政责任。对于违反刑法的犯罪行为来说，则要承担刑罚的法律后果。犯罪是适用刑罚的前提，刑罚是犯罪的法律后果。因此，应受刑罚处罚性也是犯罪的一个基本特征。

二、犯罪构成的概念与要件

(一)犯罪构成的概念

犯罪构成是指依我国《刑法》的规定，决定某一具体行为的社会危害性及其程度而为该行为构成犯罪所必需的一切客观和主观要件的有机统一。任何一种犯罪的成立都必须具备四个方面的构成要件即犯罪主体、犯罪主观方面、犯罪客体和犯罪客观方面。

(二)犯罪构成要件

1、犯罪主体。犯罪主体，是指实施危害社会的行为并且承担刑事责任的人。

犯罪主体可以从两个不同的角度进行分类：一是从主体的自然属性上分，犯罪主体包括自然人主体和单位主体。在我国刑法中具有普遍意义的犯罪主体是自然人主体。自然人主体是指达到刑事责任年龄、具备刑事责任能力、实施危害社会行为并且依法应承担刑事责任的自然人。单位主体在我国刑法中不具有普遍意义。公司、企业、事业单位、机关、团体实施的危害社会的行为，法律规定为单位犯罪的，应当负刑事责任。二是从法律属性上专门对自然人主体进行分类，犯罪主体可分为一般主体和特殊主体。根据我国刑法的规定，刑事责任年龄和刑事责任能力是构成自然人犯罪主体的必备要件。其中只要求达到刑事责任年龄和具备刑事责任能力的自然人即可构成的犯罪主体，是一般主体。除具备上述两个要件外还要求具有特定的职务或者身份的人才能构成的犯罪主体，是特殊主体。

2、犯罪主观方面。

(1)犯罪主观方面的概念。犯罪主观方面，是指犯罪主体对自己行为及其危害结果所持的心理态度。它包括罪过(犯罪的故意或者犯罪的过失)以及犯罪的目的和动机，其中罪过是一切犯罪构成所必备的主观要件，犯罪目的只是某些犯罪构成所必备的主观要件，它一般不影响定罪，只影响量刑。犯罪主观方面在区分罪与非罪、此罪与彼罪的界限以及量刑方面，均具有重要作用。

罪过是任何犯罪的必备要件，包括故意和过失两种表现形式：第一，犯罪的故意。根据《刑法》第14条的规定，犯罪的故意是指明知自己的行为会发生危害社会的结果，并且希望或者放任这种结果发生的一种心理态度。“明知”，就是预见到、认识到；“会发生”包括必然发生和可能发生。按照行为人对危害结果所持的心理态度，刑法理论上把犯罪故意区分为直接故意和间接故意两种类型。犯罪的直接故意，是指行为人明知自己的行为必然或者可能发生危害社会的结果，并且希望这种结果发生的心理态度；犯罪的间接故意，是指行为人明知自己的行为可能会发生危害社会的结果，并且放任这种结果发生的心理态度。第二，犯罪的过失。犯罪的过失是与犯罪的故意相并列的犯罪的主观罪过形式之一，是过失犯罪的主观心理态度。根据《刑法》第15条的规定，犯罪的过失是指行为人应当预见自己的行为可能会发生危害社会的结果，因为疏忽大意而没有预见，或者已经预见而轻信能够避免，以致发生这种结果的心理态度。按照犯罪过失心理态度的不同内容，刑法理论上把犯罪的过失区分为过于自信的过失与疏忽大意的过失两种类型。过于自信的过失,是指行为人预见到自己的行为可能会发生危害社会的结果,但轻信能够避免,以致发生这种结果的心理态度。疏忽大意的过失,是指行为人应当预见到自己的行为可能会发生危害社会的结果,因为疏忽大意而没有预见,以致发生这种结果的心理态度。

(2)犯罪目的和犯罪动机。犯罪目的,是指犯罪人希望通过实施犯罪行为达到某种结果的心理状态。犯罪动机,是指刺激犯罪人实施犯罪行为以达到犯罪目的的内心冲动或者起因。只有直接故意犯罪中才存在犯罪目的和动机,间接故意犯罪和过失犯罪则没有。

3、犯罪客观方面。

(1)犯罪客观方面的概念。犯罪客观方面,是指犯罪活动的客观外在表现。人的犯罪活动可以分为主观和客观两个方面:一是主观方面有意识、有意志的思维活动,亦可称为形成犯意的活动;二是将形成的犯意付诸实施,表现为某种特定的犯罪行为。前者属于犯罪的主观方面,后者属于犯罪的客观方面。这两个方面存在着有机的联系,是任何犯罪构成都不可缺少的基本内容。说明犯罪客观方面的事实特征有:危害行为、危害结果以及犯罪的方法、时间、地点等。其中危害行为是一切犯罪构成的必要要件;危害结果是绝大多数犯罪构成的必要要件;犯罪的方法、时间、地点仅仅是某些犯罪构成的必要要件。所以危害结果和犯罪的方法、时间、地点均可称为犯罪客观方面的选择要件。

犯罪客观方面,是一切犯罪构成必备的基本要件,是行为人构成犯罪并进而承担刑事责任的客观基础,它在犯罪构成诸方面要件中占据核心地位。缺乏犯罪的客观方面,就没有犯罪构成,不能认定为犯罪。

(2)危害行为。犯罪构成客观要件中的危害行为,是指由人的故意或过失的心理所支配的危害社会的身体活动。这一概念包含两个方面的含义：从客观上看，这是人的危害社会的行为。从主观上看，刑法中的危害行为是表现人的意志或意识的行为。

(3)危害结果。危害结果是指危害行为给客体造成的损害，包括直接损害和间接损害，也包括物质性结果和非物质性结果。

(4)危害行为与危害结果之间的因果关系。我国刑法罪责自负的基本原则要求，一个人只能对自己的危害行为及其造成的危害结果承担刑事责任。因此，当危害结果发生时，要使某人对该结果负责，就必须查明他所实施的危害行为与该结果之间所具有的因果关系。这种因果关系，是在危害结果发生时使行为人负刑事责任的必要条件。危害行为与危害结果之间的因果关系，即危害行为与危害结果引起与被引起的关系。

4、犯罪客体。

(1)犯罪客体的概念与分类。犯罪客体，是指我国刑法所保护而为犯罪行为所侵犯的社会主义社会关系。犯罪客体是行为构成犯罪的必备要件之一。某种行为，如果没有或者不可能危害任何一种刑法所保护的社会关系，就不可能构成犯罪。在我国刑法理论上，为更深刻地分析犯罪客体的作用和意义，通常从层次上将犯罪客体分为三种：一般客体、同类客体、直接客体。

犯罪的一般客体，乃指一切犯罪所共同侵犯的客体，亦即我国刑法所保护的社会主义社会关系的整体。犯罪的一般客体体现了一切犯罪之共性。

犯罪的同类客体，是指某一些犯罪所共同侵犯的客体，亦即我国刑法所保护的社会主义社会关系的某一部分或某一方面，我国现行刑法分则将犯罪分为十类，其依据即是犯罪的同类客体。

犯罪的直接客体，是指某一具体犯罪所直接侵犯的具体的社会主义社会关系，亦即中国刑法所保护的某种具体的社会关系。例如故意杀人罪所直接侵犯的是他人的生命权利，故意伤害罪所直接侵犯的是他人的健康权利，这些受到故意杀人罪、故意伤害罪直接侵犯的社会关系就是这两种犯罪的直接客体。犯罪的直接客体揭示了具体犯罪所侵犯社会关系的性质以及该犯罪社会危害性的程度。

(2)犯罪客体与犯罪对象。犯罪客体与犯罪对象是两个既有联系又有区别的概念。犯罪客体是指受刑法保护而为犯罪行为所侵犯的社会关系;犯罪对象则是指犯罪行为直接作用的具体物或具体人。犯罪客体与犯罪对象的联系是:具体物是具体社会关系的物质表现,而具体人则是社会关系的主体。犯罪客体与犯罪对象的区别则在于:第一,犯罪客体决定犯罪的性质,犯罪对象则未必。第二,所有犯罪都有犯罪客体,但不是所有犯罪都有犯罪对象。第三,任何犯罪都危害客体,但未必都危害犯罪对象。第四,犯罪客体是犯罪分类的基础,犯罪对象则不是。

(三)犯罪构成的意义

我国刑法中的犯罪构成,是使行为人承担刑事责任的根据。因此,它对于准确、合法、及时地同犯罪行为作斗争,切实有效地保障公民的人身权利和民主权利,保证无辜者不受非法追究,都具有重要意义。具体地说,犯罪构成的意义表现在以下四个方面:

1、有助于区分罪与非罪。犯罪构成为区分罪与非罪提供了明确而具体的法律标准。这些标准有些规定在刑法总则中,更大量地规定在刑法分则中。认真查明这些犯罪构成的要件,在司法实践中就可以准确地把罪与非罪的界限加以区分。

2、有助于区分此罪与彼罪。犯罪构成不仅为罪与非罪的区分提供法律依据,而且为此罪与彼罪的区分提供了法律标准,因为一切犯罪虽然都必须具有共同的犯罪构成要件,但各种不同的犯罪存在各自不同的犯罪构成。因此,只要掌握了每个犯罪的犯罪构成要件,就可以正确地区分此罪与彼罪的界限。

3、有助于正确裁量刑罚。犯罪构成的主要作用是为正确地定罪提供法律标准,但这并不意味着它对量刑毫无意义。因为定罪是量刑的前提和基础,只有定性准确,才能量刑适当。因此,犯罪构成对正确量刑也具有一定的意义。尤其是在加重构成与减轻构成的情况下,正确地适用犯罪构成对于量刑更具重要意义。

4、保障无罪者不受非法追究。既然犯罪构成是使行为人承担刑事责任的根据,在行为人的行为不符合某一罪的构成要件时,就不得对其进行刑事追究,否则便是非法的。在这个意义上讲,犯罪构成是无罪人的法律保护伞。

三、刑罚的概念及种类

(一)刑罚的概念和特征

刑罚,是刑法中明文规定的由国家审判机关依法对犯罪人所适用的限制或剥夺其某种权益的最严厉的法律制裁方法。

刑罚具有以下特征:

1、刑罚是以限制或剥夺犯罪人权益为内容的最严厉的法律制裁方法。作为一种最严厉的法律制裁方法,刑罚以限制或剥夺犯罪人的特定权益为基本内容。刑罚的这种严厉性,是其区别于其他法律制裁方法的主要特征。

2、刑罚的适用对象只能是犯罪人。犯罪是刑罚的前提,刑罚是犯罪的当然法律后果,即"无犯罪则无刑罚"。所以,刑罚只能适用于构成犯罪的人,任何未触犯刑律的自然人或单位,即使其行为违法,也决不能成为刑罚适用的对象。

3、刑罚适用的主体只能是国家审判机关。刑罚只能由国家审判机关的刑事审判部门适用,其他任何国家机关、单位、团体、个人等,都无权适用刑罚。

4、刑罚的种类及适用标准必须以刑法明文规定为依据。按照罪刑法定原则的要求,刑法总则必须对刑罚的种类、量刑的原则和情节等作出明确规定,刑法分则应对各种具体犯罪的法定刑予以明文规定。不以刑法的明文规定为根据适用刑罚,与刑罚的属性不符,是违法行为。

5、刑罚适用必须依照刑事诉讼的程序。刑罚是剥夺或限制犯罪人的某种权益的制裁方法,在适用时必须慎之又慎。为保证刑罚适用的准确性,国家又以刑事诉讼法规规定了严格的诉讼程序。凡是未经法定程序或者违反法定程序而适用的刑罚,都是违法的。

6、刑罚适用以国家强制力作保障。刑罚适用与其他法律制裁方法适用都是以国家强制力作保障的,但是,刑罚适用的强制性更严格。这种严格的强制性集中体现于:除属于刑法规定告诉才处理和其他自诉刑事案件以外,国家审判机关依法适用刑罚具有绝对的效力,不允许被害人与被告人自行和解,也不能在人民法院的主持下进行调解,更不以犯罪人是否接受刑罚为条件。

(二)刑罚的种类

根据《刑法》第 32 条的规定,我国的刑罚分为主刑和附加刑两大类:

1、主刑。主刑是对犯罪分子适用的主要刑罚方法。其特点为:只能独立适用,不能附加适用。我国刑法规定的主刑有管制、拘役、有期徒刑、无期徒刑和死刑五种。

(1)管制。管制是对犯罪分子不予关押,但限制其一定人身自由,交由公安机关监督改造的刑罚方法。管制是较轻的主刑,适用于罪刑较轻的犯罪分子。管制的期限为 3 个月以上 2 年以下,数罪并罚时最高不能超过 3 年。管制的刑期,从判决执行之日起计算,判决执行以前先行羁押的,羁押 1 日折抵刑期 2 日。

(2)拘役。拘役是剥夺犯罪分子短期人身自由,就近关押并强制实行劳动改造的刑罚方法。拘役是介于管制与有期徒刑之间的一种较轻的刑罚,主要适用于犯罪较轻但仍需短期关押改造的犯罪分子。拘役的期限,为 1 个月以上 6 个月以下。数罪并罚时最高不能超过 1 年。拘役的刑期,从判决执行之日起计算,判决以前先行羁押的,羁押 1 日折抵刑期 1 日。

(3)有期徒刑。有期徒刑是剥夺犯罪分子一定期限的人身自由,予以关押并强制劳动改造的刑罚方法,是我国刑法中适用范围最为广泛的一种刑罚,在我国刑罚体系中占有极为重要的地位。有期徒刑的期限,为 6 个月以上 15 年以下;被判处死刑缓期 2 年执行期间如果确有重大立功表现的，2年期满之后，减为15年以上20年以下有期徒刑；数罪并罚时，最高不能超过20年。有期徒刑的刑期，从判决执行之日起计算；判决执行以前先行羁押的，羁押1日折抵刑期1日。

(4)无期徒刑。无期徒刑是剥夺犯罪分子终身自由，予以关押并强制劳动改造的刑罚方法。是仅次于死刑的一种严厉的刑罚。

无期徒刑固然是剥夺终身自由，关押没有期限，但在实际执行中，并不一定把犯罪分子终身关押，而是给其悔过自新、重返社会的机会。依照刑法规定，被判处无期徒刑的犯罪分子，在服刑期间确有悔改或立功表现，在刑罚执行一定期限后，可予以减刑或假释。

(5)死刑。死刑是剥夺犯罪分子生命的刑罚方法。我国一贯坚持保留死刑，坚持少杀，防止错杀的死刑政策。根据这一政策，刑法对死刑的适用条件作了严格的限制。《刑法》第48条规定："死刑只适用于罪行极其严重的犯罪分子。"在这里，"罪行极其严重"，应当理解为既包括犯罪性质和危害后果特别严重，又包括犯罪人的主观恶性特别巨大。在司法实践中，法院应综合考察犯罪人是否罪行极其严重，而决定是否判处死刑。

根据《刑法》第49条规定，犯罪时候不满18周岁的人和审判时候怀孕的妇女，不适用死刑。不适用死刑，既包括不适用死刑立即执行，又包括不适用死刑缓期2年执行。

根据《刑法》第48条规定，对于应当判处死刑的犯罪分子，如果不是必须立即执行的，可以在判处死刑的同时宣告缓期2年执行。但死缓不是独立的刑种而只是死刑的一种执行制度。根据《刑法》第51条规定："死刑缓期执行的期间，从判决确定之日起计算。死刑缓期执行减为有期徒刑的刑期，从死刑缓期执行期满之日起计算。"

2、附加刑。附加刑，是补充主刑适用的刑罚方法。其特点为：既能独立适用，又能附加于主刑适用；在附加适用时，可以同时适用两个以上的附加刑。我国刑法规定的附加刑有罚金、剥夺政治权利、没收财产以及驱逐出境四种。

(1)罚金。罚金是人民法院判处犯罪分子向国家缴纳一定数额金钱的刑罚方法。罚金不同于罚款,罚金是人民法院对犯罪分子适用的刑罚,罚款则是公安、海关、税务、工商机关等对违反行政管理规定者的行政处罚。罚金也不同于赔偿损失,赔偿损失是被告人对被害人的一种赔偿,所支付的金钱交给被害人,而罚金则收归国库。关于罚金刑数额,《刑法》总则未作具体的规定,而只是在第 52 条规定:法院应当根据犯罪情节决定罚金数额。

(2)剥夺政治权利。剥夺政治权利是剥夺犯罪分子参加国家管理和政治生活权利的刑罚方法。剥夺政治权利的内容,根据《刑法》第 54 条的规定,是剥夺下列权利:选举权和被选举权;言论、出版、集会、结社、游行、示威自由的权利;担任国家机关职务的权利;担任国有公司、企业、事业单位和人民团体领导职务的权利。剥夺政治权利可以附加适用,也可以独立适用。剥夺政治权利在独立适用时,是作为一种不剥夺人身自由的轻刑而适用于较轻的犯罪。附加适用剥夺政治权利,依照《刑法》第 56 条、第 57 条的规定,有以下 3 种情况:对于危害国家安全的犯罪分子应当附加剥夺政治权利;对于故意杀人、强奸、放火、爆炸、投毒、抢劫等严重破坏社会秩序的犯罪分子,可以附加剥夺政治权利;对于被判处死刑、无期徒刑的犯罪分子,应当剥夺政治权利终身。

(3)没收财产。没收财产是将犯罪分子个人所有财产的一部或者全部强制无偿地收归国有的刑罚方法。没收财产主要适用于危害国家安全犯罪、经济犯罪和其他贪利性犯罪。对这些犯罪分子适用没收财产,既对他们贪财图利的犯罪予以惩罚,也从经济上摧垮他们赖以犯罪的物质基础。

(4)驱逐出境。驱逐出境是强制犯罪的外国人离开中国国(边)境的刑罚方法。《刑法》第 35 条规定:“对于犯罪的外国人,可以独立适用或者附加适用驱逐出境。”所谓外国人,包括具有外国国籍的人和无国籍的人。由于驱逐出境仅适用于犯罪的外国人，不适用于犯罪的本国人，不具有普遍适用的性质，所以刑法没有将其列在一般附加刑之中，而作了专条规定。实际上，驱逐出境也是一种附加刑。刑法中的驱逐出境与《中华人民共和国外国人入境出境管理法》第 30 条规定的驱逐出境，虽然都是对在我国境内的外国人的制裁，但二者有原则的区别：前者是一种刑事处罚，后者是一种行政处罚。

第二节　卫生犯罪的构成特征与范围

一、卫生犯罪的概念和一般构成特征

卫生犯罪，是指我国刑法所规定的，以国家卫生管理制度和正常秩序为主要客体，以人们的人体健康、生命安全为次要客体，应当负刑事责任的行为。卫生犯罪的构成特征主要表现在下列方面：

(一)卫生犯罪的主体

卫生犯罪的主体比较复杂。从总体上讲，卫生犯罪主体是一般主体，但也有几种卫生犯罪是特殊主体，如医疗事故罪的主体是医务人员即经过考核和卫生行政机关批准或承认取得相应资格的各级各类卫生技术人员。有的卫生犯罪的主体只能是特定的单位，而不能是自然人，如采集、供应血液、制作、供应血液制品事故罪的主体是特殊的单位，即必须是经国家主管部门批准的有权从事采集、供应血液或者制作供应血液制品活动的单位，包括采供血液机构和血液制品生产单位。有的犯罪如强迫卖血罪之主体只能是自然人，单位不能构成本罪。有的犯罪如妨害国境卫生检疫罪，自然人和单位都可成为该罪主体。

(二)卫生犯罪的主观方面

卫生犯罪主观方面既可以是故意也可以是过失。有的罪其罪

过形式只能是故意如生产销售假药罪、生产销售劣药罪、生产销售不符合卫生标准食品罪、非法组织卖血罪、非法行医罪等;有些卫生犯罪其罪过形式只能是过失,如采集、供应血液、制作、供应血液制品事故罪和医疗事故罪。这里需注意的是,根据我国刑法的有关规定,过失行为本身虽然包含着发生危险结果的可能性,但是如果这种可能性没有成为现实,尚不能认为是犯罪行为,可能发生危害结果的过失行为只有与实际发生的危害结果相结合,才能表现严重的社会危害性,从而为刑法所禁止。因此,举凡过失性的卫生犯罪,只有发生实际的危害结果时才能构成。

(三)卫生犯罪的客体

从总体讲,卫生犯罪侵犯的是复杂客体,其主要客体是国家对卫生事业的管理制度,次要客体是公民的生命、健康权。

研究归纳卫生犯罪的客体特征比较困难,因为卫生犯罪的罪名散见于新《刑法》的不同章节中,如危险物品肇事罪规定在第二章“危害公共安全罪”中;生产不符合卫生标准的食品罪,生产、销售有毒有害的食品罪,生产不符合标准的医用器材罪,生产不符合卫生标准的化妆品罪等六个罪名规定在第三章“破坏社会主义市场经济秩序罪”的第一节“生产销售伪劣商品罪”中。有的学者把“重大环境污染事故罪的某些具体情形、擅自进口固体废物罪的某些具体情形以及走私、贩卖、运输、制造毒品罪都视为卫生犯罪。而这几个罪又都规定在几个不同的章(节)中。《刑法》分则的编排,主要根据各个犯罪的同类客体,因此,每个章(节)各有其客体特征。就卫生犯罪来说,只有第六章“妨害社会管理秩序罪”第三节“危害公共卫生罪”中所规定的十一个罪名,其客体特征较好把握。尽管卫生犯罪的客体比较复杂,但都有一个共同的特征也就是所有这些犯罪所侵犯的社会关系要么是由卫生法规与其他法规共同调整的,如生产、销售假药罪,要么是由卫生法规单独调整的,如有关血液及血液制品方面的犯罪,而且这些犯罪都直接危害人们的生命健康或对人们的生命健康构成潜在的危险。从这个意义讲，卫生犯罪的罪名虽然散见于《刑法》分则的众多章节中，但并不影响我们对其客体特征进行理论上的概括。

(四)卫生犯罪的客观方面

卫生犯罪在客观方面表现为实施违反国家卫生管理法规，危害不特定多数人的健康、生命安全，情节严重的行为。

首先，违反卫生管理法规是构成卫生犯罪的前提，这是法定犯的共同特征。

其次，违反卫生管理法规的行为危害了特定的或不特定人的生命、健康。卫生犯罪中的大多数危害的是不特定多数人的健康、生命安全，尤其是十一个危害公共卫生罪，而极个别的犯罪危害的则是特定人的健康和生命安全，比如强迫卖血罪。危害的表现形式多种多样，有的是行为犯，有的是实害犯，有的还是情节犯。具体的在下面分析常见卫生犯罪之构成特征时再加以论述。

二、卫生犯罪的范围

卫生犯罪的范围，有狭义和广义之分。狭义的卫生犯罪仅指《刑法》第六章第五节“危害公共卫生罪”中所列的十一种犯罪(第330条至第337条)，具体罪名是：妨害传染病防治罪(第331条)，妨害国境卫生检疫罪(第332条)，非法组织卖血罪(第333条)，强迫卖血罪(第333条)，非法采集、供应血液、制作、供应血液制品罪(第334条第1款)，医疗事故罪(第335条)，非法行医罪(第336条第1款)，非法进行节育手术罪(第336条第2款)，逃避动植物检疫罪(第337条)。广义的卫生犯罪，除危害公共卫生罪外，还包括下述罪名：危险物品肇事罪(第136条)，生产、销售假药罪(第141条)，生产、销售劣药罪(第142条)，生产、销售不符合卫生标准的食品罪(第143条)，生产、销售有毒有害食品罪(第144条)，生产、销售不符合标准的医用器材罪(第145条)，生产、销售不符合卫生标准的化妆品罪(第148条)，重大环境污染事故罪中的某些具体情形(第338条)，擅自进口固体废物罪的某些具体情形(第339条第1款)非法处置进口的固体废物罪的某些具体情形(第339条第2款),走私、贩卖、运输、制造毒品罪(第347条至第357条),传播性病罪(第360条第1款),环境监管失职罪的某些具体情形(第408条),传染病防治失职罪(第409条),动植物检疫徇私舞弊罪(第413条第1款),动植物检疫失职罪(第413条第2款),放纵制售伪劣商品犯罪行为罪的某些具体情形(第414条)。

第三节 常见卫生犯罪构成特征

一、生产、销售假药罪

(一)本罪的概念及构成要件

根据《刑法》第141条的规定:生产、销售假药罪是指生产者、销售者明知是违反《药品管理法》第33条规定的假药而进行生产、销售,足以严重危害人体健康的行为。本罪的构成要件是:

1、本罪的主体是一般主体,单位和自然人都可构成。

2、主观方面只能由故意构成。对于生产者来说明知生产的药品是假药仍故意生产;对于销售者来说,明知是国家禁止销售的假药而故意卖给他人。行为人的动机大都是为了牟利,但动机为何不影响定罪。

3、本罪侵犯的客体是国家药品管理制度和人们的生命、健康权利,犯罪的对象仅限于假药。本罪中的假药,是指依照《药品管理法》第33条第1、2款的规定属于假药或按假药处理的药品。

4、本罪的客观方面表现为生产者、销售者实施故意生产、销售假药足以严重危害人体健康的行为。本罪是危险犯,即行为人生产、销售假药,只要"足以严重危害人体健康"就构成本罪的既遂。行为人生产、销售假药,如果造成了严重的后果,就是结果加重犯,对其应判处较重的刑罚。本罪中的"足以严重危害人体健康",不仅是指假药直接对人体有害,也包括用于治病的假药可能因延误治疗而严重危害患者身体健康的情况。在衡量是否“足以严重危害人体健康”时应采用客观的、一般的标准，即只要经有关部门鉴定，该假药可能对一般人的人体健康造成严重危害的，就应认为“足以严重危害人体健康”。

（二）本罪的刑事责任

依照《刑法》第141条规定：生产、销售假药，足以严重危害人体健康的，处3年以下有期徒刑、拘役、管制、并处或者单处销售金额50%以上2倍以下罚金。对人体健康造成严重危害的处3年以上10年以下有期徒刑，并处销售金额50%以上2倍以下罚金。致人死亡或者对人体健康造成其他特别严重危害的处10年以上有期徒刑、无期徒刑或者死刑，并处销售金额50%以上2倍以下罚金或者没收财产。

二、生产、销售劣药罪

（一）本罪的概念及构成要件

生产、销售劣药罪，是指生产者、销售者明知生产、销售的药品违反《药品管理法》第34条之规定而进行生产和销售，并对人体健康造成严重危害的行为。本罪的主体、主观方面的构成要件与前罪基本相同，此处不加赘述。本罪侵犯的客体是国家的药品管理制度和公民的健康权利，犯罪对象仅限于劣药，即药品成分的含量与国家药品标准或省、自治区、直辖市药品标准规定不符合的；超过有效期的；其他不符合药品标准规定的。客观方面表现为生产、销售劣药，对人体健康造成严重危害的行为。与前述生产、销售假药罪相比，前者是危险犯，只要足以严重危害人体健康就可以构成犯罪，而后者是结果犯，行为人生产、销售劣药，只有对人体健康造成严重危害的才能构成。如果没有造成严重危害的结果，但又符合《刑法》第140条规定的，可按生产、销售伪劣产品罪定罪处罚；前者的最高刑为死刑，后者的最高刑为无期徒刑。行为人既生产、销售假药，又生产、销售劣药，均构成犯罪的，应分别定罪，实行数罪并罚。

(二)本罪的刑事责任

《刑法》第142条规定:犯本罪的,处3年以上10年以下有期徒刑,并处销售金额50%以上2倍以下罚金。犯本罪后果特别严重的,处10年以上有期徒刑或者无期徒刑并处销售金额50%以上2倍以下罚金或者没收财产。

三、生产、销售有毒、有害食品罪

(一)本罪的概念及构成要件

根据《刑法》第144条的规定:生产、销售有毒、有害食品罪,是指生产者、销售者故意在生产、销售的食品中掺入有毒、有害的非食品原料或者销售明知掺有有毒、有害的非食品原料的食品的行为。本罪的构成要件是:

1、本罪的主体是一般主体,自然人与单位均可构成。

2、本罪的主观方面是故意,即故意在食品中掺入有毒、有害的非食品原料,或者明知是掺有有毒、有害的非食品原料的食品而仍然予以销售。具体地说,本罪主观上的故意属间接故意,也即生产者、销售者对于行为所可能造成的危害结果持放任的态度。

3、本罪侵犯的客体是复杂客体,其主要客体是国家对食品卫生的管理制度,次要客体是人的生命健康权。

4、本罪在客观方面表现为两种行为:一是行为人在生产、销售的食品中掺入有毒、有害的非食品原料的行为。所谓非食品原料,即从营养学的角度看是根本不能食用的原料,如用工业酒精兑制白酒、用阴沟里的污水兑制酱油等。如果掺入的有害物属于食品原料,如食品添加剂、防腐剂等,不构成本罪,但如果足以造成严重食物中毒事故或者其他严重食源性疾病的,可定生产、销售不符合卫生标准的食品罪。至于非食品原料是否有毒、有害,要经过有关机关鉴定确定。二是行为人明知是掺有有毒、有害的非食品原料的食品而予以销售。即行为人虽未实施掺入有毒、有害非食品原料的行为，但他明知是有毒、有害食品仍予以销售。认定这种行为，要注意查明行为人主观上必须是“明知”。

本罪是行为犯，即只要行为人实施了在生产、销售的食品中掺有毒、有害的非食品原料或者销售明知是掺有有毒、有害的非食品原料的食品的行为，就构成犯罪既遂。如果行为人实施上述行为造成了严重的食物中毒或者其他严重食源性疾患等危害人体健康后果的，属于结果加重犯，应处较重的刑罚。

本罪是选择性罪名，不仅指行为方式（生产、销售）选择，也包括犯罪对象（有毒、有害食品）选择。在司法实践中，不能简单地一律定为生产、销售有毒、有害食品罪，要根据行为特征，准确确定犯罪罪名，如生产有毒食品罪、销售有害食品罪等。

（二）本罪的刑事责任

依照《刑法》第 144 条规定：犯生产、销售有毒、有害食品罪的，处 5 年以下有期徒刑或者拘役，并处或者单处销售金额 50% 以上 2 倍以下罚金。造成严重食物中毒事故或者其他严重食源性疾患，对人体健康造成严重危害的，处 5 年以上 10 年以下有期徒刑，并处销售金额 50% 以上 2 倍以下罚金。致人死亡或者对人体健康造成特别严重危害的，依照《刑法》第 141 条的规定处罚，即处 10 年以上有期徒刑、无期徒刑或者死刑，并处销售金额 50% 以上 2 倍以下罚金或者没收财产。

四、非法组织卖血罪

（一）本罪的概念及构成要件

非法组织卖血罪是刑法中所设的一个新罪名。根据《刑法》第 333 条第 1 款的规定，本罪是指非法组织他人出卖血液的行为。本罪的构成要件是：

1、非法组织卖血罪的主体是一般主体，即达到刑事责任年龄（16 周岁），具有刑事责任能力的人，都可以构成本罪。从实践中看，构成本罪的既有社会上的人，也有血站、医疗单位的工作人员。

该罪的主体从理论上讲是一种以组织行为为实行行为的特殊的组织犯。法律只对非法卖血的组织者定罪处罚,对被组织者不追究刑事责任。

2、本罪在主观方面只能是出于故意,即行为人明知自己的行为是策划、领导、指挥他人进行非法出卖血液的活动,但仍实施该行为。本罪一般都有非法营利的目的,但犯罪目的为何不影响定罪。

3、本罪侵犯的客体是复体客体,其主要客体是国家对献血工作的管理制度,次要客体是公共卫生,即不特定多数人的生命、健康权利。

4、本罪在客观方面表现为行为人实施了非法组织他人出卖血液的行为。本罪客观特征集中表现为行为人将血液视为商品而组织他人加以出卖。“非法”是指违反我国献血法规定的无偿献血制度。非法组织他人出卖血液的行为,具体说来,是行为人在组织他人卖血过程中实施了策划、指挥、领导的行为。在实践中,这种行为一般表现为动员、拉拢、联络、串联、制定计划、下达命令、分配任务、出谋划策等形式。组织他人卖血指向的对象,必须是那些愿意出卖血液的人。如果被组织者不同意卖血的,行为人以强制手段迫使其卖血的,则不构成非法组织卖血罪,而应以强迫卖血罪论处。非法组织卖血罪是行为犯。行为犯是指只要实施《刑法》分则规定的某种危害社会的行为就构成既遂的犯罪形态。

(二)本罪的刑事责任

根据《刑法》第333条规定,非法组织他人出卖血液的处5年以下有期徒刑,并处罚金。有前款行为,对他人造成伤害的,依照本法第234条的规定定罪处罚,即以故意伤害罪定罪处罚。

五、采集、供应血液、制作、供应血液制品事故罪

(一)本罪的概念及构成要件

采集、供应血液、制作、供应血液制品事故罪,是指经国家主管

部门批准采集、供应血液或者制作、供应血液制品的部门,不依照规定进行检测或者违背其他操作规定,造成危害他人身体健康后果的行为。

1、本罪的主体是特殊单位,即必须是经国家主管部门批准的有权从事采集、供应血液或者制作、供应血液制品活动的单位,包括采供血机构和血液制品生产单位。

采供血机构,是指采集、储存血站,并向临床或者血液制品生产单位供血的医疗卫生机构,分为血站、单采血浆站和血库。血站、单采血浆站是由卫生行政部门设置的卫生事业单位。血液制品生产单位,是经国家主管部门批准而从事制作、供应血液制品的单位。

只有上述经国家主管部门批准的血站、单采血浆站、血库、血液制品生产单位,才能依法从事血液采集、供应或者血液制品的制作、供应活动,也才能成为本罪的主体,其他任何单位或个人若从事该活动,即为非法,而不能成为本罪之主体。

2、本罪在主观方面只能表现为过失,即依法从事血液采集、供应或血液制品制作、供应的单位,应当预见到本单位不依照规定进行检测或者违背其他操作规定的行为,可能造成危害他人身体健康的后果,但因为疏忽大意而没有预见,或者已经预见但轻信能够避免,以致发生他人身体健康遭受损害的后果。可见本罪属于单位过失犯罪。此处单位犯罪之过失,是通过其决策成员主观上表现出来的过失。至于行为人对于违反国家有关血液采集、供应或者血液制品的制作、供应的检测规定及其他操作规定的行为本身,则既可能是出于故意即是明知的,也可能是出于过失。但这种故意与过失不表明犯罪的罪过形式。

3、本罪侵犯的客体是复杂客体,其主要客体是国家对血液、血液制品的管理制度,次要客体是公共卫生。本罪侵犯的对象是血液和血液制品。血液是指用于临床的全血、成人血和用于血液制品生产的原料血浆。血液制品,则特指各种人血浆蛋白制品。

4、本罪在客观方面表现为采集、供应血液或者制作、供应血液制品时，不依照规定进行检测或者违背其他操作规定，造成危害他人身体健康的后果。具体地说：

(1)行为发生于采集、供应血液或者制作、供应血液制品过程中。这是构成本罪的前提条件。它为行为人实施犯罪行为确定了隐含的时间条件，从而对界定犯罪对象的外延，以及正确的定罪，都有重要意义。

(2)存在不依照规定进行检测或者违背其他操作规定的行为。其一，不依照规定进行检测的行为，比如血站、单采血浆站采集血液、血浆前，未按照国务院卫生行政部门颁布的健康检查标准对供血者、供血浆者进行健康检查和血液化验；血站、单采血浆站未使用有产品批准文号并经国家药品生物制品检定机构逐批检定合格的体外诊断试剂进行检测等。其二，违背其他操作规定的行为，比如血站(库)、单采血浆站采集非划定区域内的供血者、供血浆者或者其他人员血液、血浆的，或者不对供血者、供血浆者进行身份识别，采集冒名顶替者、健康检查不合格或者无《供血证》、《供血浆证》者的血液、血浆的；制作、供应血液制品生产单位使用无《单采血浆许可证》的单采血浆站或者未与其签订质量责任书的单采血浆站及其他任何单位供应的原料血浆的，或者擅自采集原料血浆的；或者擅自更改生产工艺和质量标准等。

(3)必须造成了危害他人身体健康的后果。这是本罪的结果要件。也就是说，本罪属于实害犯，只有实际上造成了危害人民群众的身体健康的后果，才能构成本罪。至于何谓“造成危害他人身体健康后果”，法律没有明文规定，通常是指由于血液或血液制品的质量问题而致使不特定受血者、使用者正常的生理机能遭受严重损害，或者由于采血器材、医疗器械材料的卫生清洁问题，或采血制血的具体技术、手法问题而导致供血者、受血者等正常的生理机能遭受严重损害。

(二)本罪的刑事责任

根据《刑法》第334条第2款之规定，犯本罪的，对单位判处罚金，并对直接负责的主管人员和其他直接责任人员，处5年以下有期徒刑或者拘役。

六、医疗事故罪

（一）本罪的概念与构成要件

医疗事故罪，是指医务人员由于严重不负责任，造成就诊人死亡或者严重损害就诊人健康的行为。本罪的构成要件是：

1、本罪的主体是特殊主体，即医务人员。医务人员，是指经过考核和卫生行政机关批准或承认取得相应资格的各级各类卫生技术人员。我国医务人员按其业务性质分为四类：医疗防疫人员、药剂人员、护理人员和其他技术人员。

2、本罪的主观方面只能是过失，故意不构成本罪。本罪的过失既包括疏忽大意的过失，也包括过于自信的过失。在医疗事故发生中，疏忽大意过失表现为根据行为人相应职称和岗位责任制要求，应当预见到和可以预见到自己的行为可能造成对病员的危害后果，应当做到有效的防范，因疏忽大意而未能做到，致使危害结果发生。过于自信的过失，表现为行为人虽然预见到自己的行为可能给病员导致危害结果，但是轻信借助自己的技术、经验或者有利的客观条件能够避免，因而导致判断上和行为上的失误，致使对病员危害结果的发生。至于行为人对于违反规章制度和诊疗护理常规则可能是故意的，有的甚至是明知故犯。在司法实践中，切记不能因为医务人员对规章制度和诊疗常规的明知故犯，就误认为本罪的主观方面是故意。

3、本罪侵犯的客体是复杂客体，其主要客体是国家对医疗机构的管理制度，次要客体是公共卫生。

4、本罪在客观方面表现为严重不负责任，造成就诊人死亡或者严重损害就诊人身体健康的行为。具体而言，包括以下三个方面：

(1)医务人员在诊疗护理工作中有严重不负责任的行为。“严重不负责任”，是指在诊疗护理工作中违反规章制度和诊疗护理常规，是构成本罪的必要要件之一，这一必要要件将本罪限定于责任事故的范畴。《医疗事故处理办法》按事故发生的原因将医疗事故分为责任事故和技术事故。医疗技术事故，不构成犯罪。

(2)上述严重不负责任的行为，造成了就诊人死亡或严重损害就诊人身体健康的后果。《医疗事故处理办法》第6条将医疗事故划分为三级。一级医疗事故为造成病员死亡的；二级医疗事故为造成病员严重残废或者严重功能障碍的；三级医疗事故为造成病员残废或功能障碍的。卫生部在此基础上制定的《医疗事故分级标准(试行草案)》中进一步把医疗事故细分，把原二、三级医疗事故又分别细分为甲等、乙等。造成死亡的后果无疑构成医疗事故罪。而对“严重损害就诊人身体健康”不能随意扩大解释，应限定在《医疗事故处理办法》第6条所指的二级、三级医疗事故范围内。

(3)医务人员严重不负责任的行为，与就诊人死亡或身体健康受损的结果之间具有刑法上的因果关系。我国《刑法》罪责自负原则要求，一个人只能对自己的危害行为及其造成的危害结果承担刑事责任。因此，当危害结果发生时，要使某人对该结果负责，就必须查明他所实施的危害行为与该结果之间具有因果关系。这种因果关系，是在危害结果发生时使行为人负责的必要条件。分析判断行为与结果间的因果关系，是正确认定医疗事故罪的关键之一。

(二)本罪的刑事责任

根据《刑法》第335条规定，犯医疗事故罪的，处3年以下有期徒刑或者拘役。

七、非法行医罪

(一)本罪的概念及构成要件

非法行医罪，是指未取得医生执业资格的人，擅自从事医疗活

动,情节严重的行为。本罪的构成要件是:

1、本罪的主体是特殊主体,即未取得医生资格的人。根据有关卫生法规的规定,行医首先必须具备一定的技术资格,其次需经所在市、区、县的卫生主管机关进行考核审查,发给执业许可证,否则即为非法行医。对照《执业医师法》等相关法规的规定,本罪的主体,不光是指未取得卫生技术资格的人,还包括虽具有卫生技术资格,但依法不能申请执业的人,甚至还包括同时具备卫生技术资格和申请执业资格,但经有关卫生主管部门审核,未发给执业许可证的人。

2、本罪的主观方面是故意,即行为人明知自己未取得医生执业资格而仍实施非法行医的行为。但行为人对造成就诊人死亡,身体健康受损的后果,则可能是过失,也可能是间接故意,但不包括直接故意。

3、本罪的客体是复杂客体,其主要客体是国家对医疗卫生工作的管理制度,次要客体是公共卫生。

4、本罪的客观特征表现为两个方面:(1)必须有擅自从事医疗活动的行为,如非医务人员开设诊所,非医疗机构超服务范围进行治疗活动和利用仪器或技能开展非法治疗活动、利用非法行医的手段推销产品等等。(2)擅自从事的医疗活动,须达到"情节严重"的程度,即本罪是"情节"犯。何为"情节严重",法律没有规定,根据司法实践,通常包括:非法行医行为屡禁不止;骗取大量钱财;由于就诊、误治使患者病情加重等都可以视为"情节严重"。

(二)本罪的刑事责任

根据《刑法》第336条规定,非法行医,情节严重的,处3年以下有期徒刑、拘役或管制,并处或单处罚金;严重损害就诊人身体健康,处3年以上10年以下有期徒刑,并处罚金;造成就诊人死亡的,处10年以上有期徒刑,并处罚金。

八、非法进行节育手术罪

(一)本罪的概念及构成要件

非法进行节育手术罪是指未取得医生执业资格的人擅自为他人进行节育复通手术、假节育手术、终止妊娠手术或者摘取宫内节育器,情节严重的行为。本罪的构成要件是:

1、本罪的主体必须是未取得医生执业资格的人,如果是已经取得医生执业资格的人实施这类行为,则不构成本罪。未取得医生资格的人是本罪主体的必备要件,如果是其他人员,构成其他罪的按相应犯罪处理。

2、非法进行节育手术罪的主观方面是故意,即行为人明知自己没有医生执业资格,但为了牟取不法利益或出于其他私利考虑而为他人进行节育复通手术、假节育手术、终止妊娠手术或者摘取宫内节育器。

3、本罪侵犯的是复杂客体,其主要客体是国家的计划生育政策和制度,次要客体是公共卫生。

4、本罪的客观方面表现为行为人实施了擅自为他人进行节育复通手术、假节育手术、终止妊娠手术或者摘取宫内节育器的行为。必须指出,构成本罪要求"情节严重",即本罪是情节犯。在刑法理论上,情节犯是以一定严重或者恶劣之情节作犯罪构成的必备条件的犯罪。认定本罪必须注意,本罪的犯罪构成属于选择的犯罪构成,即刑法条文规定有供选择的构成要件的犯罪构成。选择的犯罪构成的情况除了行为的不同方式的选择外,主要还有不同犯罪对象的选择、不同危害结果的选择、不同犯罪主体的选择以及不同犯罪目的的选择等。本罪即属于行为的不同方式的选择这一类复杂的犯罪构成。具体而言,行为人并不需要同时擅自为他人进行四种手术,只要实施其中的一种即可构成本罪。

(二)本罪的刑事责任

《刑法》第 336 条第 2 款规定:犯非法进行节育手术罪,处 3 年以下有期徒刑、拘役或管制，并处或单处罚金；严重损害就诊人身体健康的处3年以上10年以下有期徒刑，并处罚金；造成就诊人死亡的，处10年以上有期徒刑，并处罚金。

第二十二章 卫生国家赔偿

第一节 国家赔偿概述

一、国家赔偿的概念

所谓国家赔偿，是指国家机关及其工作人员违法行使职权，侵犯公民、法人和其他组织的合法权益并造成损害由国家承担损害赔偿责任的制度。

国家赔偿具有以下特点：

第一，国家赔偿以国家机关及其工作人员违法行使职权为前提。

第二，国家赔偿以侵犯公民、法人和其他组织的合法权益且造成损害为条件。

第三，国家赔偿是由国家承担赔偿责任，即由国家予以赔偿。

二、国家赔偿责任的构成要件

国家赔偿责任的构成要件，是指国家在何种情况下具备何种条件，才承担因国家机关及其工作人员侵犯公民、法人和其他组织合法权益而造成损害的赔偿责任。

国家赔偿责任的构成要件有以下三个方面：

第一，存在损害事实。任何赔偿都是针对损害而言，没有损害的存在，赔偿就无从谈起。但并非所有损害都能得到赔偿，损害必须具备某种性质，才能得到国家赔偿：一是损害后果必须已经发生；二是损害的必须是人身权、财产权；三是损害的必须是受法律保护的权益。

第二，存在违法行使职权的行为。损害大多数情况下是由于某种行为所引起的，但并不是一切产生损害的行为都能引起国家赔偿责任。根据《国家赔偿法》的规定，引起国家赔偿责任的必须是国家机关及其工作人员违法行使职权的行为。其要义是：一是产生损害的行为必须是行使国家职权的行为；二是必须是违法行使职权的行为。

第三，违法行为与损害后果间必须有因果关系。国家赔偿责任，必须在国家侵权行为与损害事实之间存在某种客观联系时才产生。国家侵权行为是原因，受害人所遭受的损害是结果，二者之间存在这种因果关系是国家赔偿责任成立的必要条件。因果关系是一个复杂的问题，一个损害的产生可能包含多种原因。从法律角度看，不能认为所有的原因都是引起损害的原因。法律上的因果关系中的原因限于那些和损害有直接联系的原因，即行为与结果之间的联系应当是必然的内在联系，此结果必须且必定是某种行为而不是其他行为造成的，否则便不是法律上的因果关系。

三、国家赔偿的范围

国家赔偿的范围，从国家的角度讲，是指国家对哪些国家机关及其工作人员的行为承担赔偿责任；从公民的角度而言，是指国家对公民的哪些权利受到侵害承担赔偿责任。

（一）国家侵权行为的范围

依照《国家赔偿法》的规定，国家承担赔偿责任的范围是行政赔偿和司法赔偿。依据我国宪法规定，国家享有四种职权：立法权、行政权、司法权和武装力量领导权。在这四种职权中，与公民关系最为密切的是行政权和司法权的行使。因而，我国《国家赔偿法》将行政赔偿与司法赔偿列入国家赔偿的范围，而将立法行为、军事行为所生赔偿以及公有公共设施因设置或管理不善而产生的赔偿排除在国家赔偿范围之外。行政赔偿是指行政机关作为赔偿义务机关对本机关及其工作人员因违法行使行政职权对公民、法人和其他组织的合法权益造成损害所给予的赔偿。司法赔偿是指国家司法机关及其工作人员在行使司法权过程中对公民、法人和其他组织的合法权益造成的损害，由国家司法机关作为赔偿义务机关所给予的赔偿。

(二)权利范围

受到行政机关或司法机关及其工作人员违法行使职权侵害的合法权益，在实体权利方面，主要有民事权利和政治权利。但国家赔偿的范围仅限于对民事权利中的人身自由权、生命健康权、财产权的侵害，除人身自由权、生命健康权和财产权外的民事权利和政治权利以及程序方面的权利被排除在国家赔偿的权利范围之外。

1、人身自由权的损害赔偿。人身自由权损害赔偿的完备形态应当包括在丧失自由权期间的财产损害和非财产损害的赔偿。在我国，目前只对受害人应得到之利益即工资或收入给予适当赔偿。

2、生命健康权的损害赔偿。对生命健康权的损害赔偿，《国家赔偿法》规定：医疗费用全部由国家承担，对伤残的受害人应当得到的利益，如工资或收入给予适当赔偿。除此之外，还规定了对死亡的人支付死亡赔偿金和丧葬费，对因国家侵权而造成残疾的人支付赔偿金等。

3、财产权的损害赔偿。主要是以恢复原状、返还财产的方式填补损害，必须支付赔偿金的，以赔偿直接损失为限。

四、国家赔偿的方式与计算标准

(一)国家赔偿的方式

根据《国家赔偿法》第25条和第30条的规定，国家赔偿的方式有四种：一是支付赔偿金；二是返还财产；三是恢复原状；四是消除影响，恢复名誉，赔礼道歉。

上述赔偿方式中，前三种为物质方式，最后一种为精神方式。在物质方式中，支付赔偿金为主要方式，但它不是优先方式。《国家赔偿法》第25条第2款规定："能够返还财产或者恢复原状的，予以返还或者恢复原状。”这就意味着，只有不能够返还财产或者恢复原状的，才支付赔偿金。

（二）国家赔偿的计算标准

关于国家赔偿的计算标准，《国家赔偿法》针对不同情况作了不同的规定：

第一，对侵犯人身自由权的赔偿标准。根据《国家赔偿法》第26条规定，侵犯公民人身自由的，每日的赔偿金按照国家上年度职工日平均工资计算。

第二，对侵犯健康权的赔偿标准。根据《国家赔偿法》第27条第1、2款规定，侵犯公民健康权的，赔偿金按下列标准计算：(1)造成身体伤害的，应当支付医疗费以及赔偿因误工减少的收入。减少的收入每日的赔偿金按照国家上年度职工日平均工资计算，最高额为国家上年度职工年平均工资的5倍。(2)造成部分或者全部丧失劳动能力的，应当支付医疗费以及残疾赔偿金。残疾赔偿金根据丧失劳动能力的程度确定，部分丧失劳动能力的最高额为国家上年度职工年平均工资的10倍，全部丧失劳动能力的为国家上年度职工年平均工资的20倍。造成全部丧失劳动能力的，对其抚养的无劳动能力的人，还应当支付生活费。生活费的发放标准参照当地民政部门有关生活救济的规定办理。被抚养的人是未成年人的，生活费给付至18周岁；其他无劳动能力的人，生活费给付至死亡时止。

第三，对侵犯生命权的赔偿标准。侵犯生命权的赔偿，系指造成人死亡的赔偿。根据《国家赔偿法》第27条第3款规定，造成死亡的应当支付死亡赔偿金、丧葬费，总额为国家上年度职工年平均工资的20倍。对死者生前抚养的无劳动能力的人，还应当支付生活费。生活费的标准与上一项相同。

第四，对侵犯财产权的赔偿标准。根据《国家赔偿法》第28条规定，侵犯公民、法人和其他组织的财产权造成损害的，按照下列规定处理：(1)处罚款、罚金、追缴、没收财产或者违反国家规定征收财物、摊派费用的，返还财产。(2)查封、扣押、冻结财产的，解除对财产的查封、扣押、冻结，造成财产损坏或者灭失的，按以下两种规则办理赔偿：应当返还的财产损坏，能够恢复原状的恢复原状，不能恢复的，按照损害程度给付相应的赔偿金；应当返还的财产灭失的，给付相应的赔偿金。(3)财产已经拍卖的，给付拍卖所得的价款。(4)吊销许可证和执照、责令停产停业的，赔偿停产停业期间必要的经常性费用开支。(5)对财产权造成其他损害的，按照直接损失给予赔偿。

五、国家赔偿的其他规定

(一)国家赔偿费用的来源及支付

《国家赔偿法》第29条第1款规定："赔偿费用，列入各级财政预算，具体办法，由国务院规定。"这表明，赔偿费用由国库支出。政府应在每年度的国家财政预算中列出赔偿费用，专款专用。

国家赔偿费用由各级政府财政列支，由各级财政部门拨款，由赔偿义务机关向请求权人支付。如果各级政府为赔偿义务机关的，由政府直接从国家赔偿准备金的账户内提取，转交给请求权人，或通知银行协助将该项金额划至请求权人的账户内。赔偿义务机关为各级政府所属部门或其他国家机关的，除按上述程序支付外，赔偿义务机关应将请求权人的请求支付书以及有关的法律文书送交政府备案。

(二)赔偿收费

《国家赔偿法》第34条第1款规定："赔偿请求人要求国家赔偿的，赔偿义务机关、复议机关和人民法院不得向赔偿请求人收取任何费用。"对赔偿请求人提出的赔偿请求，不论处理结果如何，所有因受理及处理国家赔偿引起的一切费用均由赔偿义务机关、复议机关和人民法院负担。

(三)赔偿金与税收

赔偿请求人取得的赔偿金是其合法权益受到损害以后所获得

的填补,不属于应征税的收入,《国家赔偿法》第34条第2款规定,对赔偿请求人取得的赔偿金不予征税。

(四)涉外国家赔偿

所谓涉外国家赔偿,是指赔偿请求权人为外国人、外国企业和组织的国家赔偿。根据《国家赔偿法》第33条的规定,外国人、外国企业和组织在中华人民共和国领域内要求中华人民共和国国家赔偿的,同样适用《国家赔偿法》。但外国人、外国企业和组织的所属国对中华人民共和国公民、法人和其他组织要求该国国家赔偿的权利不予保护或限制的,中华人民共和国对该外国人、外国企业和组织的所属国实行对等原则。

第二节　卫生行政赔偿

卫生行政赔偿是指国家各级卫生行政机关作为赔偿义务机关,对本机关及其工作人员因违法行使卫生行政职权对公民、法人和其他组织的合法权益造成损害所给予的赔偿。

一、卫生行政赔偿的范围

卫生行政赔偿的范围自然包含在《国家赔偿法》所规定的行政赔偿范围内。行政赔偿范围包括侵犯人身权的违法行政行为与侵犯财产权的违法行政行为两种:

第一,根据《国家赔偿法》第3条规定,行政机关及其工作人员在行使行政职权时有下列侵犯人身权情形之一的,受害人有取得赔偿的权利:(1)违法拘留或违法采取限制人身自由的行政强制措施的。(2)非法拘禁或者以其他方法非法剥夺公民人身自由的。(3)以殴打等暴力行为或者唆使他人以殴打等暴力行为造成公民身体伤害或者死亡的。(4)违法使用武器、警械造成公民身体伤害与死亡的。(5)造成公民伤害或者死亡的其他违法行为。

第二,根据《国家赔偿法》第4条规定,行政机关及其工作人员在行使行政职权时有下列侵犯财产权情形之一的，受害人有取得赔偿的权利：(1)违法实施罚款、吊销许可证和执照、责令停产停业、没收财物等行政处罚。(2)违法对财产采取查封、扣押、冻结等行政强制措施的。(3)违反国家规定征收财物、摊派费用的。(4)违法侵犯财产权造成损害的其他违法行为。

二、卫生行政赔偿主体

(一)卫生行政赔偿请求人

卫生行政赔偿请求人是指因其合法权益受到卫生行政机关及其工作人员的不法侵害而依法要求赔偿的当事人。《国家赔偿法》第6条第1款规定："受害的公民、法人和其他组织有权要求赔偿。"这是对行政赔偿请求人一般资格的基本规定。

根据《国家赔偿法》第6条第2款规定和最高人民法院《关于审理行政赔偿案件若干问题的规定》第15条规定，受害公民死亡，其继承人和其他有抚养关系的亲属以及死者生前抚养的无劳动能力的人有权以赔偿请求人身份要求赔偿。

根据《国家赔偿法》第6条第3款规定，受害的法人和其他组织终止，承受其权利的法人和其他组织有权以赔偿请求人的身份要求赔偿。

(二)卫生行政赔偿义务机关

卫生行政赔偿义务机关，系指因其本身或者由其委托的其他组织及其所属的工作人员，违法行使职权侵犯行政相对人的合法权益，而依法必须承担赔偿责任的卫生行政机关。

根据《国家赔偿法》、《中华人民共和国行政诉讼法》和最高人民法院《关于审理行政赔偿案件若干问题的规定》，卫生行政赔偿义务机关的具体认定规则如下：

第一，卫生行政机关及其工作人员行使行政职权侵犯公民、法人和其他组织合法权益，并造成损害的，该行政机关为赔偿义务机关。

第二，两个以上卫生行政机关共同行使行政职权时侵犯公民、法人和其他组织的合法权益造成损害的，共同行使职权的卫生行政机关为共同赔偿义务机关。在这种情况下，赔偿请求人有权向其中的任何一个提出赔偿请求，该机关必须受理，不能互相推诿。

第三，法律、法规授权的组织在行使被授予的卫生行政职权时侵犯公民、法人和其他组织的合法权益造成损害的，被授权的组织为赔偿义务机关。

第四，受卫生行政机关委托的组织或者个人在行使受委托的卫生行政职权时侵犯公民、法人和其他组织的合法权益造成损害的，委托的卫生行政机关为赔偿义务机关。

第五，赔偿义务机关被撤销的，继续行使其职权的卫生行政机关为赔偿义务机关；没有继续行使其职权的卫生行政机关，撤销该赔偿义务机关的卫生行政机关为赔偿义务机关。

第六，经复议机关复议的，最初造成侵权行为的卫生行政机关为赔偿义务机关。但复议机关的复议决定加重处罚的，复议机关对加重的部分履行赔偿义务。

三、卫生行政赔偿的程序

卫生行政赔偿的程序当然适用《国家赔偿法》第 2 章第 3 节所规定的行政赔偿程序。

（一）行政赔偿程序及其特点

行政赔偿程序，系指赔偿请求人请求赔偿以及行政机关和人民法院处理赔偿案件的整个过程。它是公民、法人和其他组织依法获得行政赔偿这一实体权利的程序保障。

行政赔偿程序有两种类型：一是单独请求行政赔偿的程序，二是附带请求行政赔偿的程序。前者是指赔偿请求人没有提出其他行政诉讼的请求，单就行政赔偿提出请求和诉讼；后者是指行政相对人在提起行政复议和行政诉讼的同时一并提出行政赔偿请求。附带请求行政赔偿的程序，完全适用行政复议和行政诉讼程序，这里仅限于阐述单独请求行政赔偿的程序。

与附带请求行政赔偿的程序即行政复议和行政诉讼程序相比较，单独请求行政赔偿的程序有以下几个特点：

1、行政先行处理。在行政复议和行政诉讼程序中，行政相对人在申请行政复议或者提起行政诉讼之前，不必经过有关行政机关的先行处理。但对于行政相对人单独要求行政赔偿的，必须经过行政赔偿义务机关的先行处理，对行政机关处理不服的方可提起行政赔偿诉讼。《行政诉讼法》第 67 条第 2 款规定："公民、法人或者其他组织单独就损害赔偿提出请求，应当先由行政机关解决。对行政机关的处理不服，可以向人民法院提起诉讼。"《国家赔偿法》第 9 条第 2 款规定："赔偿请求人要求赔偿应当先向赔偿义务机关提出，也可以在申请行政复议和提起行政诉讼时一并提出。"可见，单独请求行政赔偿实行行政先行处理原则。

2、诉讼中可以调解。《行政诉讼法》第 50 条规定："人民法院审理行政案件，不适用调解。"但根据《行政诉讼法》第 67 条第 3 款规定，赔偿诉讼可以适用调解。最高人民法院《关于审理行政赔偿案件若干问题的规定》第 30 条规定："人民法院审理行政赔偿案件在坚持合法、自愿的前提下，可以就赔偿范围、赔偿方式和赔偿数额进行调解。调解成立的，应当制作行政赔偿调解书。"

3、诉讼中适用司法变更权。在行政诉讼中，根据《行政诉讼法》第 54 条第 4 款规定，人民法院对于被诉讼的行政主体的具体行政行为，原则上不能判决变更，但行政处罚显失公正的例外。但对于行政赔偿案件，人民法院可以判决变更。最高人民法院《关于贯彻执行〈中华人民共和国行政诉讼法〉若干问题的意见(试行)》第 100 条规定："行政赔偿诉讼可以适用调解，也可以直接判决维持或者改变行政赔偿决定。"

(二)行政赔偿请求的提出与行政处理

1、行政赔偿请求的提出。根据《国家赔偿法》第 32 条规定，行政赔偿请求人有权自行政侵权事件发生之日起两年内，向行政赔偿义务机关书面提出赔偿请求。行政赔偿请求人向行政赔偿义务机关请求赔偿,必须提交书面申请书。赔偿请求人书写申请确有困难的,可以委托他人代书;也可以口头申请,由赔偿义务机关记入笔录。

2、对赔偿请求的行政处理。根据《国家赔偿法》第13条规定,行政赔偿义务机关应当自收到赔偿请求人提交的"行政赔偿申请书"之日起两个月内依法作出给予行政赔偿或不予行政赔偿的决定。行政赔偿义务机关作出行政赔偿处理决定时,应当制作"行政赔偿决定书"。"行政赔偿决定书"应当载明下列内容:(1)赔偿请求人及其赔偿请求;(2)所认定的事实、理由和依据;(3)是否给予赔偿的结论;(4)不服该决定的诉权。

(三)行政赔偿诉讼的提起和受理

1、行政赔偿诉讼的提起。根据《国家赔偿法》第13条规定,赔偿义务机关逾期不予赔偿或者赔偿请求人对赔偿数额有异议的,赔偿请求人可以自期间(两个月)届满之日起3个月内向人民法院提起行政诉讼。赔偿请求人单独提起行政赔偿诉讼,按照最高人民法院《关于审理行政赔偿案件若干问题的规定》第21条的要求,应当符合下列条件:(1)原告具有请求资格。(2)有明确的被告。(3)有具体的赔偿请求和受损害的事实根据。(4)加害行为为具体行政行为的,该行为已被确认为违法。(5)赔偿义务机关已先行处理或超过法定期限不予处理。(6)属于人民法院行政赔偿诉讼的受案范围并受诉人民法院管辖。(7)符合法律规定的起诉期限。

2、行政赔偿诉讼的受理。根据最高人民法院《关于审理行政赔偿案件若干问题的规定》第27条规定,人民法院接到原告单独提起的行政赔偿起诉状,应当进行审查,并在7日内立案或者作出不予受理的裁定。人民法院在审理中发现不符合受理条件的,应当裁定驳回起诉。当事人对不予受理或者驳回起诉的裁定不服的,可以在裁定书送达之日起10日内向上一级人民法院提起上诉。

(四)行政赔偿的审理、判决与执行

1、行政赔偿的审理。(1)当事人在提起行政诉讼的同时一并提出行政赔偿请求,或者因具体行政行为和与行使职权有关的其他行为侵权造成损害一并提出行政赔偿请求的,人民法院应当分别立案,根据具体情况可以合并审理,也可以单独审理。人民法院在审理行政赔偿案件中可以适用调解。(2)被告在一审判决前同原告达成赔偿协议,原告申请撤诉的,人民法院应当依法予以审查并裁定是否准许。(3)原告在行政赔偿诉讼中对自己的主张承担举证责任。被告有权提供不予赔偿或者减少赔偿数额方面的证据。(4)被告的具体行政行为违法但尚未对原告合法权益造成损害的,或者原告的请求没有事实根据或法律根据的,人民法院应当判决驳回原告的赔偿请求。(5)人民法院对赔偿请求人未经确认程序而直接提起行政赔偿诉讼的案件,在判决时应当对赔偿义务机关致害行为是否违法予以确认。(6)单独受理的第一审行政赔偿案件的审理期限为3个月,第二审为2个月,一并受理行政赔偿请求案件的审理期限与该行政案件的审理期限相同。如因特殊情况不能按期结案,需要延长审理期限的,应按行政诉讼法的有关规定报请批准。

2、行政赔偿的判决。人民法院对单独提起行政赔偿案件经过审理后,依法作出以下判决:(1)维持赔偿义务机关作出的赔偿处理决定。(2)改变赔偿义务机关作出的赔偿处理决定。(3)驳回赔偿请求人提出的赔偿请求。

3、行政赔偿的执行。发生法律效力的行政赔偿判决、裁定或调解协议,当事人必须履行。一方拒绝履行的,对方当事人可以向第一审人民法院申请强制执行。申请执行的期限,申请人是公民的为1年,申请人是法人或者其他组织的为6个月。

第三节　与卫生相关的司法赔偿

与卫生相关的司法赔偿即是指国家侦查、检察、审判、监狱管理机关在对卫生犯罪进行查处以及执行刑罚时侵犯公民的人身权或公民、法人或其他组织的财产权所产生的赔偿，以及人民法院在卫生民事争议诉讼、卫生行政诉讼过程中，违法采取对妨害诉讼的强制措施、保全措施或者对判决、裁定及其他法律文书执行错误，造成损害而产生的赔偿，其当然属于司法赔偿的范畴，因此本节以阐述司法赔偿的一般内容为主题。

一、司法赔偿概述

司法赔偿是指国家司法机关及其工作人员在行使司法权过程中对公民、法人和其他组织的合法权益造成的损害，由国家司法机关作为赔偿义务机关所给予的赔偿。根据《国家赔偿法》的规定，司法赔偿包括两部分：一是刑事赔偿，即行使侦查、检察、审判、监狱管理职权的机关及其工作人员在行使职权时侵犯公民的人身权或侵犯公民、法人和其他组织的财产权所产生的赔偿；二是民事、行政审判赔偿，即《国家赔偿法》第 31 条规定的，人民法院在民事诉讼、行政诉讼过程中，违法采取对妨害诉讼的强制措施、保全措施或者对判决、裁定及其他生效文书执行错误，造成损害时所产生的赔偿，这种类型的司法赔偿适用刑事赔偿程序。

二、司法赔偿的范围

(一)刑事赔偿的范围

1、根据《国家赔偿法》第 15 条规定，行使侦查、检察、审判、监狱管理职权的机关及其工作人员在行使职权时有下列侵犯人身权情形之一的，受害人有取得赔偿的权利：(1)对没有犯罪事实或者没有事实证明有犯罪重大嫌疑的人错误拘留的；(2)对没有犯罪事实的人错误逮捕的；(3)依照审判监督程序再审改判无罪，原判刑罚已经执行的；(4)刑讯逼供或者以殴打等暴力行为或者唆使他人以殴打等暴力行为造成公民身体伤害或者死亡的；(5)违法使用武器、警械造成公民身体伤害或者死亡的。

2、根据《国家赔偿法》第16条规定，上述机关及其工作人员在行使职权时有下列侵犯财产权情形之一的，受害人有取得赔偿的权利：一是违法对财产采取查封、扣押、冻结、追缴等措施的；二是依照审判监督程序再审改判无罪，原判罚金、没收财产已经执行的。

（二）民事、行政审判赔偿的范围

根据《国家赔偿法》第31条的规定，人民法院在民事、行政诉讼过程中，发生下列情形之一的，受害人有要求赔偿的权利：(1)违法采取对妨害诉讼的强制措施、保全措施，造成损害的；(2)对判决、裁定及其他生效法律文书执行错误，造成损害的。

三、赔偿请求人和赔偿义务机关

（一）赔偿请求人

1、司法赔偿请求人有刑事赔偿请求人和民事、行政审判赔偿请求人之分。刑事赔偿请求人，是指因行使侦查、检察、审判和监狱管理职权的机关及其工作人员在行使职权时违法侵犯其人身权和财产权，依照《国家赔偿法》的有关规定有权提起国家赔偿请求的人，包括公民、法人和其他组织。

2、民事、行政审判赔偿请求人是指人民法院在民事、行政诉讼中违法行使特定的审判职权侵犯其人身权、财产权，依照《国家赔偿法》的有关规定有权提起国家赔偿请求的公民、法人和其他组织。

3、《国家赔偿法》第18条规定："赔偿请求人的确定依照本法第6条的规定。"这里不再详述。

（二）赔偿义务机关

司法赔偿义务机关有刑事赔偿义务机关和民事、行政审判赔偿义务机关之分。

1、刑事赔偿义务机关。是指接受刑事赔偿请求，支付赔偿费用，参加赔偿诉讼的机关。《国家赔偿法》第19条规定："行使国家侦查、检察、审判、监狱管理职权的机关及其工作人员在行使职权时侵犯公民、法人和其他组织的合法权益造成损害的，该机关为赔偿义务机关。"根据这一规定，我国刑事赔偿义务机关依照不同情况分别是公安机关、国家安全机关、军队保卫部门（享有军队内部刑事案件的侦查权）以及检察机关、审判机关和监狱管理部门。

2、民事、行政审判赔偿义务机关。根据《国家赔偿法》第31条的规定，民事、行政审判赔偿责任是人民法院在民事、行政诉讼过程中产生的。因此这类司法赔偿的义务机关只能是各级人民法院，包括海事法院、军事法院和铁路运输法院。

四、司法赔偿程序

因民事、行政审判赔偿适用刑事赔偿程序的规定，因此，司法赔偿程序就是刑事赔偿程序。刑事赔偿程序是指国家对因司法机关及其工作人员在刑事诉讼过程中侵犯公民、法人和其他组织的合法权益而受到损害的当事人予以赔偿的程序。

（一）赔偿义务机关的先处理程序

1、赔偿请求的提起。根据《国家赔偿法》第32条的规定，赔偿请求人请求司法赔偿的时效为两年，自国家司法机关以及其工作人员行使职权时的行为被依法确认为违法之日起计算，但被羁押期间不计算在内。《国家赔偿法》第20条规定："赔偿请求人要求赔偿的，应当先向赔偿义务机关提出。"可见，我国对刑事赔偿实行赔偿义务机关先行处理原则。请求赔偿，应当向赔偿义务机关递交书面申请。书写有困难的，也可委托他人代书，或向赔偿义务机关口头申请，由赔偿义务机关记入笔录。书面申请应附具有关的法律文书副本以及其他的证明材料。根据《国家赔偿法》第11条和第20条第4款规定，赔偿请求人根据受到的不同损害，可以同时提出数项赔偿请求。

2、赔偿请求的受理。赔偿义务机关在收到申请人的赔偿申请书后，应予以审查，决定是否受理。审查的内容包括：(1)申请人是否具有请求权;(2)请求赔偿的事实和理由是否确实、充分;(3)呈送的义务机关是否正确;(4)是否在法定时效期限内提出申请。

赔偿义务机关对申请进行审查后,应根据不同情况,作出处理:(1)对于无请求权的申请人,应书面通知其不予受理,并告知理由;(2)对于不符合赔偿条件,不属于赔偿范围内的请求,应书面通知其不予赔偿,并说明理由;(3)收到申请书的机关为非赔偿义务机关的,应告知其向正确的赔偿义务机关申请;(4)对于申请书内事项不符合法律规定或有遗漏的,应通知其在限期内补正;(5)对于符合赔偿条件的,应将受理决定送达申请人。赔偿请求提出后,申请人也可以在赔偿决定作出之前撤回请求,但申请人一旦撤回请求,则不得对本案重新提出赔偿请求。

3、处理决定的作出。赔偿义务机关受理受害人的赔偿请求后,应当自收到申请书之日起两个月内依照《国家赔偿法》第4章的规定作出处理决定并给予赔偿。赔偿义务机关以何种方式作出处理决定,《国家赔偿法》中未予规定。参考世界各国和地区有关的立法例,主要有两种方式:一是由赔偿义务机关与请求人双方协商,达成赔偿协议的方式;二是由赔偿义务机关单方面就赔与不赔、赔偿方式和金额作出裁决的方式。无论是协议成立而作出的赔偿决定还是协议不成立而由赔偿义务机关单方面作出的裁决,都应以书面形式制作。

(二)刑事赔偿的复议程序

《国家赔偿法》第21条第1款规定:"赔偿义务机关应当自收到申请之日起两个月内依照本法第4章的规定给予赔偿;逾期不予赔偿或者赔偿请求人对赔偿数额有异议的,赔偿请求人可以自期间届满之日起30日内向其上一级机关申请复议。"根据《国家赔偿法》第22条第1款的规定,复议机关应当自收到申请之日起两个月内作出复议决定。

请求人提起复议申请必须递交申请书。申请书的内容可以参照赔偿请求申请书的有关规定,同时应附具赔偿义务机关的书面决定。复议机关作出的复议决定内容不受原赔偿义务机关所作书面决定的制约。既可以维持原决定,也可以撤销原决定而重新作出决定,或改变原决定的内容。

需要指出的是,当赔偿义务机关是人民法院时,请求人如果逾期得不到赔偿或对法院所作的赔偿数额有异议时,不是向其上一级人民法院提起复议申请,而是申请上一级人民法院赔偿委员会作出赔偿决定。

(三)法院赔偿委员会的决定程序

1、赔偿义务机关为人民法院的,根据《国家赔偿法》第21条第2款之规定,赔偿请求人在赔偿义务机关自收到申请之日起两个月内不予赔偿或对赔偿数额有异议的情况下,可以自两个月的期间届满之日起30日内向上一级人民法院的赔偿委员会申请作出赔偿决定。

2、赔偿义务机关为人民法院以外的其他司法机关的,根据《国家赔偿法》第22条第2款的规定,赔偿请求人不服复议机关的复议决定或复议机关逾期不作决定的,赔偿请求人可以自期间届满之日起30日内向复议机关所在地同级人民法院赔偿委员会申请作出赔偿决定。根据《国家赔偿法》第23条规定,中级以上的人民法院设立赔偿委员会,由人民法院3名至7名审判员组成,赔偿委员会作赔偿决定,实行少数服从多数的原则,其所作的赔偿决定是发生法律效力的决定,必须执行。

主要参考书目

1、胡建淼著:《行政法学》 法律出版社 1998 年版
2、胡建淼主编:《行政诉讼法学》 杭州大学出版社 1992 年版
3、孙笑侠主编:《法律原理》 浙江教育出版社 1998 年版
4、朱新力著:《行政法基本原理》 浙江大学出版社 1995 年版
5、罗豪才主编:《行政法学》 北京大学出版社 1996 年版
6、王利明主编:《民法、侵权行为法》 中国人民大学出版社 1993 年版
7、王利明主编:《中国民法案例与学理研究》 法律出版社 1998 年版
8、彭万林主编:《民法学》 中国政法大学出版社 1994 年版
9、常怡主编:《民事诉讼法学》 中国政法大学出版社 1994 年版
10、何秉松主编:《刑法学教科书》 中国法制出版社 1997 年版
11、周道鸾主编:《刑法的修改与适用》 人民法院出版社 1997 年版
12、刘远主编:《危害公共卫生罪》 中国人民公安大学出版社 1998 年版
13、梁华仁著:《医疗事故的认定与法律处理》 法律出版社 1998 年版
14、乔世明著:《医疗纠纷与法律责任》 人民军医出版社 1999 年版
15、袁惠章主编:《卫生执法简明教程》 上海科学技术出版社 1992 年版
16、张桂龙、刘淑强主编:《中华人民共和国行政复议法详解》 北京大学出版社 1999 年版
17、皮纯协、冯军主编:《国家赔偿法释论》 中国法制出版社 1996 年版
18、陈明光、刘本仁主编:《卫生法学》 上海医科大学出版社 1992

年版
19、达庆东等主编:《卫生法学纲要》 上海医科大学出版社 1996 年版
20、吴崇其、达庆东主编:《卫生法学》 法律出版社 1999 年版
21、应松年、王镭、梁华仁主编:《最新医疗卫生法规全书》 中医古籍出版社 1997 年版
22、王传益、李博主编:《最新医疗纠纷防范与处理实务全书》 警官出版社 1998 年版
23、侯文若、叶子成主编:《城镇职工基本医疗保险制度全书》 中国言实出版社 1998 年版
24、蔡仁华主编:《中国医疗保障制度改革实用全书》 中国人事出版社 1998 年版
25、邵国红主编:《医药卫生执法全书》 中国物资出版社 1999 年版
26、王平主编:《最新药物事故防范与事故鉴定赔偿》 中国物资出版社 1999 年版
27、潘贤主编:《药品质量监督与药品管理全书》 中国环境科学出版社 1999 年版
28、关舟主编:《中华人民共和国药品管理实用全书》 红旗出版社 1997 年版
29、钱信忠主编:《中华人民共和国执业医师法实务全书》 中国民主法制出版社 1998 年版
30、刘良述主编:《药事法规解说》 中国医药科技出版社 1996 年版
31、《卫生监督执法全书》 中国人民大学出版社 1999 年版
32、《常用卫生法规手册》 卫生部政策法规司编
33、《健康相关产品管理法规汇编》 卫生部卫生法制与监督司编
34、《中华人民共和国卫生法规汇编》 法律出版社
35、《中国卫生年鉴》 人民卫生出版社

责任编辑:夏　青
装帧设计:刘林林
版式设计:赵迎珂
责任校对:李兰亭

图书在版编目(CIP)数据

卫生法学/朱新力、王国平主编
-北京:人民出版社,2000.1
ISBN 7-01-003135-5

Ⅰ.卫…
Ⅱ.①朱… ②王…
Ⅲ.卫生法-法的理论-中国
Ⅳ.D922.161

卫 生 法 学
WEISHENG　FAXUE

朱新力　王国平　主编
人民出版社 出版发行
(100706　北京朝阳门内大街166号)

北京建筑工业印刷厂印刷　新华书店经销

2000年1月第1版　2001年8月北京第2次印刷
开本:850毫米×1168毫米　1/32　印张:17
字数:437千字　印数:5,001-11,000册

ISBN 7-01-003135-5/D·874　定价:28.20元